制造强国建设

2019—2020 年中国工业和信息化发展系列蓝皮书

2019—2020 年中国制造业创新中心建设蓝皮书

中国电子信息产业发展研究院 **编 著**

王 鹏 **主 编**

何 颖 宋 亮 **副主编**

电子工业出版社
Publishing House of Electronics Industry
北京·BEIJING

内 容 简 介

本书系统地介绍了我国制造业创新中心的建设背景、建设要求和 17 家国家制造业创新中心的建设进展，以及江苏省、河南省、四川省、湖北省、江西省、北京市、上海市、广东省、山东省、湖南省、安徽省、宁夏回族自治区、福建省、云南省 14 个地区省级制造业创新中心的建设情况。希望通过本书，读者可以了解我国制造业创新中心建设工程的基本概况、取得的成效及未来发展趋势。

图书在版编目（CIP）数据

2019—2020 年中国制造业创新中心建设蓝皮书 / 中国电子信息产业发展研究院编著；王鹏主编. —北京：电子工业出版社，2020.12
（2019—2020 年中国工业和信息化发展系列蓝皮书）
ISBN 978-7-121-32747-6

Ⅰ. ①2⋯　Ⅱ. ①中⋯　②王⋯　Ⅲ. ①制造工业—科技中心—建设—研究报告—中国—2019-2020　Ⅳ.①F426.4

中国版本图书馆 CIP 数据核字（2020）第 217748 号

责任编辑：管晓伟
印　　刷：固安县铭成印刷有限公司
装　　订：固安县铭成印刷有限公司
出版发行：电子工业出版社
　　　　　北京市海淀区万寿路 173 信箱　　邮编：100036
开　　本：720×1 000　1/16　印张：24.5　字数：627 千字　彩插：1
版　　次：2020 年 12 月第 1 版
印　　次：2020 年 12 月第 1 次印刷
定　　价：198.00 元

凡所购买电子工业出版社图书有缺损问题，请向购买书店调换。若书店售缺，请与本社发行部联系，联系及邮购电话：(010) 88254888，88258888。
质量投诉请发邮件至 zlts@phei.com.cn，盗版侵权举报请发邮件至 dbqq@phei.com.cn。
本书咨询联系方式：(010) 88254460，guanxw@phei.com.cn。

《国之重器出版工程》
编辑委员会

专家委员会委员（按姓氏笔画排列）：

于　全	中国工程院院士
王　越	中国科学院院士、中国工程院院士
王小谟	中国工程院院士
王少萍	"长江学者奖励计划"特聘教授
王建民	清华大学软件学院院长
王哲荣	中国工程院院士
尤肖虎	"长江学者奖励计划"特聘教授
邓玉林	国际宇航科学院院士
邓宗全	中国工程院院士
甘晓华	中国工程院院士
叶培建	人民科学家、中国科学院院士
朱英富	中国工程院院士
朵英贤	中国工程院院士
邬贺铨	中国工程院院士
刘大响	中国工程院院士
刘辛军	"长江学者奖励计划"特聘教授
刘怡昕	中国工程院院士
刘韵洁	中国工程院院士
孙逢春	中国工程院院士
苏东林	中国工程院院士
苏彦庆	"长江学者奖励计划"特聘教授
苏哲子	中国工程院院士
李寿平	国际宇航科学院院士

郑纬民　　中国工程院院士

郑建华　　中国科学院院士

屈贤明　　国家制造强国建设战略咨询委员会委员、工业
　　　　　和信息化部智能制造专家咨询委员会副主任

项昌乐　　中国工程院院士

赵沁平　　中国工程院院士

郝　跃　　中国科学院院士

柳百成　　中国工程院院士

段海滨　　"长江学者奖励计划"特聘教授

侯增广　　国家杰出青年科学基金获得者

闻雪友　　中国工程院院士

姜会林　　中国工程院院士

徐德民　　中国工程院院士

唐长红　　中国工程院院士

黄　维　　中国科学院院士

黄卫东　　"长江学者奖励计划"特聘教授

黄先祥　　中国工程院院士

康　锐　　"长江学者奖励计划"特聘教授

董景辰　　工业和信息化部智能制造专家咨询委员会委员

焦宗夏　　"长江学者奖励计划"特聘教授

谭春林　　航天系统开发总师

前 言

　　制造业是技术创新最活跃的领域。当前，新一轮科技革命与产业变革加快推进，全球进入了空前的创新密集期，制造业创新体系正加速重构，世界各国纷纷构建以新型创新载体为关键节点的协同创新网络，全面提升制造业核心竞争力，抢占未来竞争制高点。主要发达国家加强在人工智能、大数据、区块链、网络安全、通信技术、航空航天、高端装备制造、新能源、新材料等重点前沿技术领域的战略部署，谋求重塑未来全球竞争版图的主导权。同时，以美国为代表的西方国家采取战略上遏制、技术上脱钩、规则上打压、体制上抹黑等多种手段对中国施行长期化、常态化的打压遏制。技术创新与制造业发展的交织互促日趋显著，围绕制造业创新的全球竞争愈演愈烈，发达国家在前沿领域形成的科技竞争压力和供应链关键节点上的技术封锁将给中国制造业创新带来三大且长期的风险与挑战。

　　经过改革开放 40 多年的追赶，中国与先进国家在制造业创新上的落差已经大大缩小，在部分领域逐渐实现了从过去的"追随、跟跑"到"并跑、领跑"的历史性转变，甚至某些领域的技术已经进入"无人区"。同时，西方国家也有意识地逐步减少、控制甚至掐断向中国的技术转移。中国的制造业创新已经处于艰难阶段，支撑实现经济高质量发展的技术来源和供给面临巨大挑战，必须依靠内生创新能力突破这一困局。

制造业创新中心作为新型创新载体，自 2016 年启动建设以来，已布局建设了 17 家国家制造业创新中心，各地认定的省级制造业创新中心已达到 137 家。建设制造业创新中心旨在聚集产业创新资源，打通技术、组织、商业、资本之间的分割与壁垒，推动机制创新、模式创新和管理创新，解决制造业创新链和供应链的薄弱环节与共性难题，促进技术成果转移、扩散和首次商业化，最终形成以制造业创新中心为核心节点的制造业创新网络。

　　本书系统地介绍了我国制造业创新中心的建设背景、建设要求和 17 家国家制造业创新中心的建设进展，以及江苏省、河南省、四川省、湖北省、江西省、北京市、上海市、广东省、山东省、湖南省、安徽省、宁夏回族自治区、福建省、云南省 14 个地区省级制造业创新中心的建设情况。希望通过本书，读者可以了解我国制造业创新中心建设工程的基本概况、取得的成效及未来发展趋势。

目 录

综 述 篇

进 展 篇

区 域 篇

目录

综 述 篇

第一章

国家制造业创新中心总体进展

第一节　建设背景

当前，全球新一轮科技革命与产业变革正在加速推进，本轮变革呈现了多学科多领域相互渗透、交叉融合的基本特征，行业关键共性技术正发挥着重要的引领和支撑作用。顺应这一形势，世界主要发达国家纷纷布局建设新型制造业创新载体，提升行业关键共性技术供给能力，跨越创新链上的"死亡峡谷"。例如，美国已经建成 14 家制造业创新研究院，英国已建成 11 家"弹射中心"。长期以来，中国制造业创新体系存在两个短板：基础科研与产业应用衔接不畅、行业共性技术供给能力不足。为补齐短板，提升制造业创新效能，2016 年，中国启动建设制造业创新中心，集中行业创新资源和创新力量，重点开展共性技术和竞争前技术研发，消除制造业创新链现有的梗阻与断裂，将科技创新能力转化为产业创新能力。

第二节　政策解读

2016 年以来，工业和信息化部先后出台《制造业创新中心建设工程实施指南（2016—2020 年）》（以下简称《实施指南》）、《关于完善制造业创新体系，推进制造业创新中心建设的指导意见》（以下简称《指导意见》）、《省级制造业创新中心升级为国家制造业创新中心条件》（以下简称《升级条件》）、《国家制造业创新中心考核评估管理办法（暂行）》（以下简称《考评办法》）、《国家制造业创新中心建设领域总体布局（2018 年新增）》（以下简称《总体布局》）5 份指导性文件，逐步形成了制造业创新中心顶层设计的政策体系，对创新中心建设的规范性进行要求。

从总体部署看，要形成以两级创新中心为核心节点的制造业创新网络。制造业创新中心包括国家制造业创新中心和省级制造业创新中心。《实施指南》《指导意见》先后对制造业创新中心的建设提出了具体目标，到 2020 年，建成 15 家左右国家制造业创新中心；到 2025 年，建成 40 家左右国家制造业创新中心。对于省级制造业创新中心，《指导意见》进一步提出，在有条件、综合实力较强的地区，建成一批省级制造业创新中心，作为国家制造业创新中心的支撑和补充。

从领域布局看，要在 36 个重点领域内充分汇聚行业创新资源。国家制造业创新中心建设要求每个领域内只建设 1 家国家制造业创新中心，最大程度汇聚创新资源，瞄准改变行业竞争规则的新技术、新产业、新模式和新业态，重点突破行业关键共性技术。《升级条件》提出了 22 个未来制造业创新中心重点建设升级的领域；《总体布局》又新增 14 个重点建设的升级领域，主要涵盖战略必争领域、竞争优势领域、深化两化融合领域和民生保障领域 4 大类。未来 3～5 年，我国将在这 36 个重点领域内总体布局，逐步推进国家制造业创新中心建设。

从功能定位看，要完成关键共性技术的研发供给、转移扩散和首次商业化。《实施指南》提出了制造业创新中心建设的功能定位。制造业创新中心要按照技术路线开展本领域关键共性技术研发、转移扩散和首次商业化应用，并为行业提供检测验证、标准制定等公共服务，有序推进共性技术成果向行业扩散、向产业转移，将创新成果快速引入生产系统和市场，加快大规模商用进程，解决长期以来行业内关键共性技术供给薄弱和市场失灵的问题，破解基础研究和商业化应用之间的"死亡峡谷"，提升行业创新能力和竞争力。

从组织运行看，要形成"产学研用"协同和高度市场化的新型创新机制。制造业创新中心以"公司+联盟"的形式组建，其中，公司由多家股东共同出资建立，要建立拥有现代企业制度且责权明晰的董事会和经营管理团队，真正实现企业化运行。公司股东包括"产学研用"等各类主体作用，要通过内部管理制度建设，明确各类主体的"责权利"，形成"产学研用"协同的创新机制。同时要做好内部运行机制设计，包括市场化运营、成果转移扩散、知识产权协同运用等机制，通过机制建设，实现自负盈亏、自我发展。

从考核评估看，要对建设运营效果开展全方位、审计式评价。《考评办法》明确了对制造业创新中心进行考评的具体内容,从设定目标的完成程度、创新资源集聚情况、核心定位情况、协同化水平、市场化水平、产业化水平及可持续发展状况 7 个方面,全面衡量创新中心的建设和运营状态。对于已建成运行满 1 年的国家制造业创新中心要进行考评,考评结果不佳的国家制造业创新中心,须进行整改完善,确保国家制造业创新中心建设和运行符合国家战略预期。

第三节 布局特征

2016 年至今,我国已论证通过和启动建设 17 家国家制造业创新中心,制造业创新中心建设工程 2020 年建设 15 家的阶段目标已经完成。表 1-1 为我国 17 家国家制造业创新中心建设概况。

表 1-1 我国 17 家国家制造业创新中心建设概况

序号	启动建设时间	名　　称	运　营　单　位
1	2016 年	国家动力电池创新中心	国联汽车动力电池研究院有限公司
2	2017 年	国家增材制造创新中心	西安增材制造国家研究院有限公司
3	2018 年	国家印刷及柔性显示创新中心	广东聚华印刷显示技术有限公司
4	2018 年	国家信息光电子创新中心	武汉光谷信息光电子创新中心有限公司
5	2018 年	国家机器人创新中心	沈阳智能机器人国家研究院有限公司
6	2018 年	国家智能传感器创新中心	上海芯物科技有限公司
7	2018 年	国家集成电路创新中心	上海集成电路制造创新中心有限公司
8	2018 年	国家数字化设计与制造创新中心	武汉数字化设计与制造创新中心有限公司
9	2018 年	国家轻量化材料成形技术及装备创新中心	北京机科国创轻量化科学研究院有限公司
10	2019 年	国家先进轨道交通装备创新中心	株洲国创轨道科技有限公司
11	2019 年	国家农机装备创新中心	洛阳智能农业装备研究院有限公司
12	2019 年	国家智能网联汽车创新中心	国汽(北京)智能网联汽车研究院有限公司

序号	启动建设时间	名　　称	运　营　单　位
13	2019 年	国家先进功能纤维创新中心	江苏新视界先进功能纤维创新中心有限公司
14	2020 年	国家稀土功能材料创新中心	国瑞科创稀土功能材料有限公司
15	2020 年	国家集成电路特色工艺及封装测试创新中心	华进半导体封装先导技术研发中心有限公司
16	2020 年	国家高性能医疗器械创新中心	深圳高性能医疗器械国家研究院有限公司
17	2020 年	国家先进印染技术创新中心	山东中康国创先进印染技术研究院有限公司

从地域分布看，国家制造业创新中心建设已经形成“东部多极、中西一带”的总体空间布局。“东部多极”是指包括位于东北地区的黑龙江省、辽宁省，以及北京市、江苏省、上海市、广东省 6 个省级行政区，从北向南呈点状分布；“中西一带”是指北起内蒙古自治区、南至湖南省的带状分布区，由位于西部地区的内蒙古自治区、陕西省，以及位于中部地区的河南省、湖北省、江西省、湖南省 5 个省级行政区组成。目前，17 家国家制造业创新中心中，北京市分布有 3 家，上海市、湖北省、江苏省、广东省各分布有 2 家，辽宁省与黑龙江省共建 1 家，江西省与内蒙古自治区共建 1 家，河南省、湖南省、陕西省和山东省各布局了 1 家国家制造业创新中心。总体来看，国家制造业创新中心建设布局与地方优势领域的产业基础和创新资源相吻合。我国 17 家国家制造业创新中心区域布局情况（截至 2020 年 5 月）如表 1-2 所示。

表 1-2　我国 17 家国家制造业创新中心区域分布（截至 2020 年 5 月）

序　　号	省级行政区	国家制造业创新中心
1	北京市	国家动力电池创新中心
2	北京市	国家轻量化材料成形技术及装备创新中心
3	北京市	国家智能网联汽车创新中心
4	上海市	国家智能传感器创新中心
5	上海市	国家集成电路创新中心
6	湖北省	国家信息光电子创新中心
7	湖北省	国家数字化设计与制造创新中心

续表

序　号	省级行政区	国家制造业创新中心
8	江苏省	国家先进功能纤维创新中心
9	江苏省	国家集成电路特色工艺及封装测试创新中心
10	广东省	国家印刷及柔性显示创新中心
11	广东省	国家高性能医疗器械创新中心
12	辽宁省与黑龙江省共建	国家机器人创新中心
13	江西省与内蒙古自治区共建	国家稀土功能材料创新中心
14	河南省	国家农机装备创新中心
15	湖南省	国家先进轨道交通装备创新中心
16	陕西省	国家增材制造创新中心
17	山东省	国家先进印染制造业创新中心

　　从领域分布看，已建成的创新中心聚焦于关键工艺、核心器件、基础材料、软件及重大装备 5 个领域。国家制造业创新中心面向我国制造业创新发展的重大需求，充分汇聚行业创新力量，对上述 5 个领域的产业技术创新发挥重大影响。其中，国家制造业创新中心在核心器件领域布局最多，共有 6 家；其次为重大装备领域，布局有 4 家；软件领域目前布局最少，只有国家智能网联汽车创新中心 1 家。图 1-1 为我国 17 个国家制造业创新中心的领域分布情况。

图 1-1　我国 17 个国家制造业创新中心的领域分布情况

第二章

省级制造业创新中心总体进展

制造业创新中心作为新型创新载体，自 2016 年启动建设以来，已布局建设了 17 家国家制造业创新中心，全国已有 25 个省级行政区开展了省级制造业创新中心的认定和培育工作，覆盖了全国 70%以上的省级行政区。其中，20 个省级行政区共认定 137 家省级制造业创新中心。省级制造业创新中心已经在管理方式、成果产出、作用成效等方面取得了有益进展。

第一节　区域布局

我国省级制造业创新中心区域布局呈现"多点开花、东快西慢"的特点。东部地区的省级制造业创新中心建设进展最快，建设数量排名前 5 的省级行政区中，广东省、北京市、浙江省和山东省均位于东部地区，省级制造业创新中心数量分别为 18 家、15 家、15 家和 12 家。中部地区的建设进展总体上慢于东部地区的建设进展，但其中安徽省表现最为亮眼，省级制造业创新中心数量为 28 家，居全国之首。西部地区的建设进展最慢，除四川省建设 6 家、云南省建设 4 家外，陕西省、重庆市、内蒙古自治区、甘肃省等省级行政区的省级制造业创新中心认定数量均不足 2 家。

第二节　领域布局

我国各地区省级制造业创新中心基本按照兼顾国家战略导向和自身产业优势的原则，进行布局建设。目前，已认定的省级制造业创新中心分布在 56 个领域，这些领域总体分为 3 类：第 1 类是"建成领域"，指已建有国家制造业创新中心的领域，目前为 14 个；第二类是"储备领域"，指属于国家布局的重点领域，即未建设国家制造业创新中心，但建有省级制造业创新中心的领域，目前为 18 个；第三类是"潜力领域"，指不属于国家布局的重点领域，但建有省级制造业创新中心的领域，目前为 24 个。此外，值得注意的是，国家布局的重点领域中仍然有先进陶瓷材料、存储器、先进操作系统等 3 个领域未建设国家制造业创新中心和省级制造业创新中心。3 类领域省级制造业创新中心建设情况如表 2-1 所示。

表 2-1　3 类领域省级制造业创新中心建设情况

类　型	覆盖领域个数	建有省级制造业创新中心数量
第 1 类："建成领域"	14	43
第 2 类："储备领域"	18	49
第 3 类："潜力领域"	24	45

从"建成领域"看，部分领域内已形成两级创新资源的高度集聚。《关于完善制造业创新体系，推进制造业创新中心建设的指导意见》出台后，省级制造业创新中心建设逐渐进入快车道，受国家战略导向，以及技术和市场等集中需求的影响，部分领域已形成国家制造业创新中心和省级制造业创新中心共存共生、共同攻克关键共性技术的格局。目前，在 14 个"建成领域"中，不仅已建成国家制造业创新中心，还建有 43 家省级制造业创新中心。在动力电池及新能源汽车、数字化设计与制造、智能网联汽车和高性能医疗器械 4 个领域，省级制造业创新中心数量均超过 5 家。这些省级制造业创新中心，有望成为国家制造业创新中心的重要补充和合作伙伴。图 2-1 为"建成领域"中省级制造业创新中心的数量分布情况，图形面积的大小代表数量的多少。

从储备梯队看，已形成一批国家制造业创新中心建设的重要资源力量。目前，在 18 个"储备领域"中，已经储备了大量的基础资源和力量，建设了 49 家省级制造业创新中心。其中，医药高端制剂与绿色制药、深远海海洋工程装备、石墨烯、高端智能化家用电器及资源循环利用 5 个领域的省级制造业创新中心数量最多，都超过了 4 家，其他 13 个领域也分别建有 1～3 家省级制造业创新中心，是国家制造业创新中心的重要补充，有望在两级创新中心核心节点的梯度培养中发挥积极作用。图 2-2 为"储备领域"中省级制造业创新中心数量分布情况，图形面积的大小代表数量的多少。

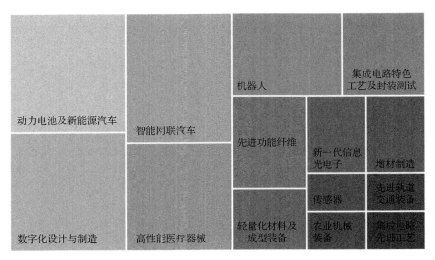

图 2-1 "建成领域"中省级制造业创新中心的数量分布情况

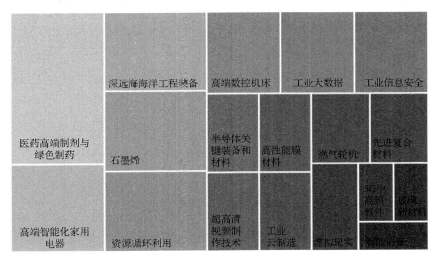

图 2-2 "储备领域"中省级制造业创新中心数量分布情况

从发展潜力看，已经有部分国家重点布局领域外的省级制造业创新中心建设取得了积极进展。近年来，部分省级行政区积极探索在 36 个领域布局建设省级制造业创新中心的同时，聚焦高端装备、新材料、人工智能、工程机械核心零部件、现代煤化工等"潜力领域"建设省级制造业创新中心。目前，我国已经有 24 个"潜力领域"，建有 45 家省级制造业创新中心。这些"潜力领域"中的一些制造业创新中心在行业的关键共性技术研发、技术成果转化扩散、技术服务、人才培养、国际合作等方面发挥了积极作用，取得

了一些实质性成效。图 2-3 为"潜力领域"中省级制造业创新中心数量分布
情况，图形面积的大小代表数量的多少。

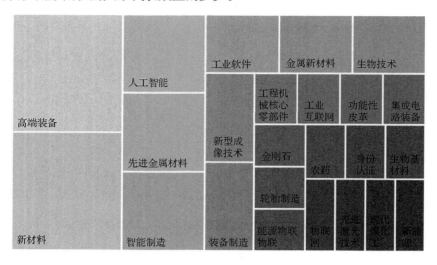

图 2-3 "潜力领域"中省级制造业创新中心数量分布情况

第三章

热点事件

热点1：国家数字化设计与制造创新中心、国家印刷及柔性显示创新中心正式签署战略合作协议

　　国家数字化设计与制造创新中心、国家印刷及柔性显示创新中心于2019年12月正式签订合作协议，两家国家制造业创新中心深入合作，共同研发和突破新型显示领域关键共性技术，标志着国家制造业创新中心之间的互动与联合开始迈入网络化协同创新的新时代。这是国家制造业创新中心之间的首次合作，对工业和信息化部制造业创新中心建设工作意义重大。这是在政府引导下的市场自由选择和结合，体现了工业和信息化部建设制造业创新中心的意义和价值。两家制造业创新中心作为各自领域的代表，在交叉区域碰撞出了火花，强强联合、优势互补，在国内的空白领域开展合作，对于冲破国外技术瓶颈和贸易壁垒具有重要意义。

　　制造业创新中心的出现为行业和领域间的合作打开了一扇新的希望之门，也提供了一种新的模式，改变了以往各个企业"欲寻合作却难得其门"的窘境。建立制造业创新中心的目的是要通过突破重点领域共性关键技术，加速科技成果商业化和产业化，优化制造业创新生态环境，形成以国家制造业创新中心和省级制造业创新中心为核心节点的多层次、网络化制造业创新体系，显著提升国家制造业创新能力。而这一次两家制造业创新中心之间的首次合作，正是该目标引领下的一次成功探索，更为以后制造业创新中心之间的合作提供了方向和范本。

热点 2：国家农机装备创新中心发布国内首台新能源动力无人驾驶拖拉机

国家农机装备创新中心于 2018 年 10 月发布了国内首台新能源动力无人驾驶拖拉机——超级拖拉机 I 号（以下简称超拖 I 号），为一款中马力电动拖拉机。依据当前的农机产业环境及科技发展趋势，通过新型设计理念，以锂电池为能源储备，永磁同步电机作为动力源，采用中置电机结构，配以科幻的外形，打造一款纯电动无人拖拉机。超拖 I 号使用的无人驾驶技术登陆 CCTV-1《机智过人》节目，三台超拖 I 号登陆 CCTV-4《中国新闻》"河南洛阳：中国制造自主创新促进工业转型升级"栏目。此处，超拖 I 号还荣获 2018 年中国农业机械 TOP50 金奖，获得国资委举办的 2018 年中央企业熠星双创大赛创新组三等奖，入选中国农机行业年度盛典农机行业 10 大营销事件，获得"豫创天下"洛阳赛区创业组三等奖等。目前，超拖 I 号已服务于山东潍坊大田示范项目，签订 2 台订单。国家农机装备创新中心正在与通辽大田示范、洛阳万亩农田等进行合作洽谈，为其做成套无人化服务；同时，积极布局超大马力纯电动拖拉机——超级拖拉机 II 号研发。

热点 3：国家智能网联汽车创新中心牵头发布《智能网联汽车信息物理系统参考架构 1.0》

2019 年 10 月 22 日，在 2019 中国汽车工程学会年会暨展览会（SAECCE）上，由国家智能网联汽车创新中心首席科学家李克强教授隆重发布《智能网联汽车信息物理系统参考架构 1.0》（以下简称《参考架构》）。《参考架构》由国家智能网联汽车创新中心牵头，联合清华大学、中国信息通信研究院、中国电子信息产业发展研究院、交通运输部公路科学研究院、公安部交通管理科学研究所、中国第一汽车股份有限公司、北京汽车研究总院有限公司、联通智网科技有限公司、华为技术有限公司、大唐高鸿数据网络技术股份有限公司、北京四维图新科技股份有限公司、北京北斗星通导航技术股份有限公司、启迪云控（北京）科技有限公司共同研究和编写。

当前，新一代人工智能、大数据与云计算技术带来革命性变化，以智能网联汽车为核心的智能交通系统改变了交通系统的构成。传统的智能交通系统虽已基本成型并开展大量创新，但并不能满足新的车辆交通特点和出行需求。V2X 信息交互提升了安全和效率，但能否满足汽车运动控制对安全性、实时性、可靠性和精确性的严格要求，需进行系统性评估。其中，解决上述技术问题亟须汽车、通信、交通、信息等行业相关机构和企业的协同研发、部署和运营，也亟须建立行业认同的体系架构。

国际上，美国交通运输部提出了协作式智能交通参考架构，为智能交通系统的规划、定义和集成提供了一个通用框架；欧盟在"地平线 2020 计划"（Horizon 2020）中提出协作式智能交通（C-ITS）体系架构，DRIVE C2X、C-Mobile 等项目均参考该架构进行建设。

为支持智能网联汽车中国方案的构建，为复杂系统的总体设计、重构设计和中国标准体系的完善提供基础支撑，推动汽车、交通和信息技术链和产业链的转型升级，国家智能网联汽车创新中心组织开展智能网联汽车信息物理系统架构研究。《参考架构》作为阶段性成果，构建了支持"车-路-云"协同控制、面向业务可灵活定制、技术中立可持续演进的设计方法和参考框架，从产业、功能、物理和通信 4 个视图描述架构，形成基于参考架构的模型、模型库和设计工具。

《参考架构》的描述遵循 ISO 42010-2011《系统和软件工程-架构描述》标准，向产业参与者和利益相关方呈现科学、完备的智能网联汽车信息物理系统参考架构，确保各方对系统参考架构形成一致理解。针对设计、开发、集成和运营的复杂性问题，《参考架构》设计基于模型的系统工程方法（Model-Based Systems Engineering，MBSE）以提高系统的开发效率，保障产品质量和系统可靠性，支持系统快速迭代和持续演进。

《参考架构》将为国家和地方智能网联汽车和智能交通系统规划与建设提供参考性框架，支撑相关产业技术发展和创新；通过梳理产业关键利益相关方，定义系统建设过程中角色和依赖关系，推进达成行业共识，促进智能网联汽车产业健康发展；通过构建支持智能网联汽车和智能交通项目开发的工具集和模型库，为系统集成和部署提供技术框架和指南；通过系统化建模、仿真测试和项目示范，为智能网联汽车与智能交通融合发展提供具有示范作用的成熟解决方案。

智能网联汽车信息物理系统参考架构将持续更新优化，协同各行业进一步完善模型库和设计工具，共同推动智能网联驾驶基础设施建设，推进产业的转型升级，构建中国智能网联汽车产业生态体系。

热点 4：国家先进功能纤维创新中心成立医用纺织品专家小组支撑抗疫工作

国家先进功能纤维创新中心发挥行业领军和模范带头作用，成立医用纺织品专家小组，梳理了我国医用防护服和口罩的生产现状、原料供应情况、技术水平、产业链情况、检测标准与规范、存在的问题，以及制约产能的关键因素等，提交了《关于充分应用新技术新工艺新设备解决当前医用防护服紧缺问题的报告》《应用新技术新工艺新设备提高口罩产能的报告》《可重复使用医用防护服方案》3 份报告，并参与了《重复性使用医用防护服》行业标准的制定，为广大医务工作者和群众的生命安全提供保障。

此外，国家先进功能纤维创新中心联合东华大学纤维材料改性国家重点实验室开展了新型冠状病毒（2019-nCoV）医卫防护材料应急专项，对我国医卫防护材料及纺织品行业的发展现状进行梳理和研究。针对疫情期间产生的大量医卫废弃物，国家先进功能纤维创新中心与东华大学开展了口罩、防护服等医卫废弃物的处理研究，形成《口罩、防护服等医卫废弃物的处理建议》报告。

热点 5：国家印刷及柔性显示创新中心发布全球首款 31 英寸喷墨打印可卷绕柔性样机

2020 年 1 月，在年度全球性消费电子展盛会——美国拉斯维加斯国际消费类电子产品展览会（CES 2020）上，国家印刷及柔性显示创新中心研制的全球首款 31 英寸喷墨打印可卷绕柔性样机首次面世，这是国家印刷及柔性显示创新中心继 CES 2019 发布全球首款结合量子点（QD）与 OLED 双重优势的 31 英寸喷墨打印 H-QLED 显示样机（以下简称 H-QLED 显示样机）之后，再一次展示引领行业方向的技术。

印刷 OLED 显示技术是将印刷工艺与 OLED 显示相结合的一种新型显示技术，与传统蒸镀技术相比，印刷 OLED 显示技术不需要精细金属掩模板（Fine Metal Mask，FMM），具有器件结构简单、材料利用率高、低成本和柔性化等优势，是未来显示产业的重要发展方向。

H-QLED 显示样机尺寸为 31 英寸，采用氧化物薄膜晶体管（TFT）背板驱动和顶发射器件结构，开口率达到 50% 以上，白场亮度达到 200nits，整机 DCI-P3 色域达到 90%（无彩色滤光膜），为全球首款基于印刷技术的可卷绕柔性 OLED 样机。H-QLED 显示样机的正式亮相，展现了大面积印刷 OLED 显示与柔性技术相结合的魅力。

国家印刷及柔性显示创新中心通过 H-QLED 显示样机的开发，正逐步攻克柔性背板技术、高精度喷墨打印 Mura-free 技术、柔性封装技术及可卷绕柔性机构等技术难点，为实现大尺寸印刷可卷绕柔性 OLED 显示技术的量产奠定基础，为未来大尺寸显示产品提供更多应用场景。

热点 6：国家信息光电子创新中心技术成果成功应用于国内首款混合集成 25Gb/s 可调谐发射光组件

随着光通信的快速发展，光纤传输的容量呈几何式增长，对密集型光波复用（DWDM）网络系统管理和调度灵活性的要求也在不断提高。波长可调谐光模块因具有波长可调的特性，可以满足对 DWDM 网络系统管理和调度灵活性的要求，广泛应用于波分复用系统、5G 网络。国家信息光电子创新中心整合自身在 III-V 族光芯片和硅基集成芯片的优势，联合股东单位光迅科技合作开发出 25Gb/s 可调谐发射光组件（TOSA），并有望由光迅科技实现商用。

该款自主研发的 25Gb/s 可调谐 TOSA，结合光迅科技自制的磷化铟基的波长可调谐激光器芯片和国家信息光电子创新中心研制的硅基光调制器芯片，并通过混合集成技术实现了高集成度的 25Gb/s 可调谐 TOSA。其参数为 25Gb/s C-Band 全波段 96 波可调谐，通道间隔为 50GHz，内置波长锁定结构，锁波精度为 ±2.5GHz，性能完全满足距离为 10km 时的传输要求，在 5Gb/s 前传光模块中具有重要应用前景。下一步，还将基于 25Gb/s 可调谐 TOSA 推出一系列 25～100Gb/s 的可调式光收发模块产品。

热点 7：国家智能传感器创新中心推动红外热堆温度传感器创新发展助力抗疫复工复产

国家智能传感器创新中心在实践中逐步摸索出"技术+标准+技术链/产业链"转移扩散和溢出模式，并以新型冠状病毒肺炎的防控工作为契机开始实践。

一是夯实红外热堆温度传感器的技术创新能力。在抗击新型冠状病毒肺炎疫情的应急战略物资保障行动中，通过千万量级红外热堆温度传感器的生产制造及其在额温枪等产品中的集成应用，国家智能传感器创新中心建立了经实战检验的红外热堆温度传感器关键共性技术平台。

二是推动红外热堆温度传感器的行业标准制定。国家智能传感器创新中心与中国电子技术标准化研究院及国内相关企业合作，通过牵头提交热电堆阵列红外探测器行业标准、参与制定热电堆单元红外探测器行业标准，解决关键共性技术，为国家智能传感器创新中心红外热堆温度传感器技术转移和溢出建立必要的标准保护墙。在当前的市场环境下，制定统一的热电堆阵列红外探测器产品标准，有利于引导和规范产品向标准化、系列化的方向发展，保证产品质量，提高产品可靠性，为指导企业设计、生产和使用红外探测器提供科学、可靠的依据，对健全和完善我国红外探测器的标准体系，对后续相关产品规范的制定具有积极的指导意义，同时，对国产智能传感器行业标准的制定及全面推进起到带动作用。

三是与技术链和产业链上下游企业合作开展技术转移扩散。国家智能传感器创新中心与上下游龙头企业建立了传感器技术与封装（物料+加工）供应链，实现传感器技术与专用集成电路（ASIC）技术的整合，互补增强，有效提升技术转移扩散的成功率和溢出价值。

进 展 篇

第四章

国家动力电池创新中心

第一节 建设进展

一、组建情况

（一）公司

国家动力电池创新中心（以下简称创新中心）按照"公司+联盟"的模式，以国联汽车动力电池研究院有限责任公司（以下简称国联研究院）为核心、联盟为外延，建成了"小核心、大协作、广开放"的创新体系。国联研究院有股东单位14家，注册资本为9.3亿元，包括有研科技集团有限公司（以下简称有研集团）1家研发机构，华鼎新动力股权投资基金1家社会资本，中国一汽、东风汽车、长安汽车、上汽集团、北汽集团、广汽集团、华晨汽车、宇通客车8家整车企业，深圳贝特瑞1家电池材料企业，宁德时代、天津力神2家电池企业，东软睿驰1家电池系统企业。

（二）联盟

联盟成员单位有172家，包括行业企业144家、行业组织3家、高等院校17家、科研院所8家。其中，行业企业包括新能源汽车企业15家、动力电池和电池系统企业44家、电池材料企业28家、电池装备企业25家、资源回收企业8家、燃料电池企业13家、测试及其他企业11家。联盟成员单位覆盖动力电池产业链上下游企业，以及技术链、创新链的各领域和各环节，涵盖国家重点实验室、国家工程技术研究中心、国家工程研究中心等国家级创新平台8个。

二、队伍建设

（一）管理团队

国联研究院自 2014 年 9 月成立以来，不断完善股东结构和法人治理结构，目前有股东单位 14 家，注册资本为 9.3 亿元。国联研究院依据《中华人民共和国公司法》制定了公司章程，设立了股东会、董事会、监事会，由有研集团党委副书记、总经理熊柏青担任董事长，中国汽车工业协会原常务副会长董扬担任副董事长，中国汽车工业协会专务副秘书长许艳华担任监事会主席。

（二）科研团队

国联研究院已经建成了高水平的研究队伍，目前拥有骨干研发人员 100 余人，其中，获得博士和硕士学位的有近 100 人，获得高级职称的有 50 余人（包括正高级职称 12 人），博士生导师 3 人、硕士生导师 5 人，享受国务院特殊津贴，以及拥有百千万人才工程等国家级人才称号的有 3 人。国联研究院通过建立联合实验室、分支机构，吸纳研究人员 30 余人，包括加拿大皇家科学院、皇家工程院院士孙学良教授，原加拿大 Moli 公司高级研究经理黄欢博士。国联研究院还聘请了国内外知名学者、专家担任技术顾问，此外，通过委托研发和合作研发，吸纳国内外研发团队 20 余个。

三、机制建设

创新中心按照"公司+联盟"的模式组建，原工业和信息化部苗圩部长在创新成立大会上指出，国家动力电池创新中心是由企业、科研院所、高校、产业基金和社会资本等各类创新资源，以及动力电池的需求方、技术的研制方、产品的制造方等多个方面自愿组合形成的以资本为纽带的核心层和以上下游企业为联盟的紧密层。

第二节　运行成果

创新中心在建设运行的过程中，组织实施锂电升级工程，开展科技成果孵化转化，推动产业协同发展，取得了较好进展。

创新中心完成了以高镍三元材料为正极、石墨为负极的锂离子动力电池产品设计开发验证及制造过程设计开发验证，25A·h 软包装动力电池比能量可达到 180W·h/kg，形成了"高比能量动力电池及其正极材料的产业化"技术成果，通过成果鉴定，获 2017 年中国有色金属工业协会科技进步一等奖。采用高镍三元材料为正极、硅碳复合材料为负极设计的比能量分别为 260W·h/kg、280W·h/kg 的锂离子动力电池，通过了单体和模块的国家强制检测，围绕单体比能量为 300W·h/kg 的动力电池，开展了电池体系设计、安全设计和制造设计，电池性能达到国标要求。

创新中心突破了新型锂离子电池关键材料工程化和动力电池设计的关键技术，新型富锂锰基固溶体正极材料实现了百公斤级的小批量制备，材料比容量为 236mA·h/g、循环 500 周容量保持 83%，基本解决了基于该材料新型锂离子电池设计的关键技术，正在重点开发比能量为 350W·h/kg、其他性能满足国家标准要求的动力电池。创新中心联合北京大学，突破了比容量为 300mA·h/g 新型富锂正极材料的工程化装备和工艺等关键技术问题，设计开发比能量提升至 400W·h/kg 的动力电池。

创新中心积极推进前沿技术的研究，设立加拿大固态电池研发分支机构和西安大略大学联合实验室，发展在空气中稳定的硫化物固态电解质、金属锂电极、氧化物固态电解质膜，以及固态锂离子电池、锂硫电池、锂空气电池等新体系，在国际高水平期刊发表论文 30 余篇，申请发明专利 10 余项，形成了具有自主知识产权的关键技术。2019 年 8 月，创新中心组织召开固态电池国际高端论坛暨国家动力电池创新中心 2019 年度专家报告会，会议邀请了该领域在国内外享有盛誉的学者做专题报告和学术交流讨论，明确了未来动力电池产业的关键技术方向，为整车企业未来产品设计开发、动力电池产业技术发展提供了参考意见。

创新中心完成了测试验证能力建设，测试验证能力通过了中国合格评定国家认可委员会（CNAS）和中国计量认证（CMA）资质认证，覆盖了我国动力电池和系统产品国家标准所涉及的所有检测项目（166 项）。2019 年 11 月，创新中心获得了汽车产品公告强制检测机构的资质，正在组织申报国家动力电池产品质量监督中心。此外，创新中心加强测试服务市场推广能力的建设，以股东单位、联盟成员单位为重点，加强产品研发测试服务、强制检测服务和测试方法标准的推广与合作，服务企业近 50 家。

创新中心自 2016 年建立以来，承担国家和北京市政府科研计划项目课题 30 余项，包括国家重点研发计划新能源汽车试点专项课题"动力电池复杂构效关系评价技术"和"动力锂离子电池电化学过程与极化模型研究"、北京市重点科研项目"锂空气电池的研究"、北京市产业创新集群重点支撑项目"汽车动力电池系统设计验证平台及智能制造示范线建设",以及中关村重大协同创新平台项目"动力电池关键材料及其应用协同创新平台"。

创新中心积极推动科技成果转移转化,实现了两项技术成果的技术授权,向华鼎国联电池材料公司授权使用高镍三元正极材料成套技术。其中,向华鼎国联动力电池公司授权使用 180～260W·h/kg 锂离子动力电池成套技术,支持在四川省成都市建设年产 4000 吨正极材料生产示范线和年产 30 亿 W·h 动力电池示范生产线,目前,正极材料示范生产线和动力电池生产线已投入运行。

创新中心围绕产业发展重大问题组织成员单位开展研究,共同促进产业发展。针对新能源汽车安全事故频发的问题,创新中心参与编制了《电动汽车安全指南》(2019 版),并向全世界公开发布,得到了政府部门和行业的广泛好评。针对产业发展相关问题,创新中心参与编写《新能源汽车产业发展规划(2020—2035 年)》,提出动力电池技术突破行动和加强国家动力电池创新中心市场化机制建设等建议;参与编写《节能与新能源汽车技术路线图 2.0》,负责动力电池关键材料技术路线图的研究和编写。

创新中心自 2016 年设立以来,累计申请专利 139 项,其中,发明专利 124 项,获得授权专利 89 项。发明专利中,国内发明专利 24 项,国际发明专利 5 项。创新中心牵头制定国家标准 1 项(《汽车动力蓄电池编码规则》),参与制定国家标准 2 项(《电动汽车用动力蓄电池产品规格尺寸》《电力储能用锂离子电池》),还参与了多项团体标准的制定。此外,创新中心发表 SCI 论文 60 篇,培养博士研究生 5 名、硕士研究生 7 名、博士后研究人员 2 名,现有在站博士后研究人员、在读博士研究生和硕士研究生 29 名。

创新中心的建设产生了良好的社会效益。一方面,创新中心按照"公司+联盟"模式建设"小核心、大合作、广开放"的创新体系,受到了中央、地方政府和社会的广泛关注,为建设我国制造业创新中心体系发挥了示范作用。另一方面,创新中心以推动产业协同发展为目标,开展产业研究、标准制定、国际合作和人才培养,为推动我国动力电池产业发展发挥了积极作用。2019 年 1 月 17 日,工业和信息化部辛国斌副部长在中国汽车动力电池产业创新联盟 2018 年度会议暨动力电池协同创新研讨会指出,创新中心要持续完善协同创新平台、加强创新中心能力建设、继续强化行业服务工作和做好政府部门智库支撑。

第五章

国家增材制造创新中心

第一节　建设进展

一、组建情况

（一）公司

西安增材制造国家研究院有限公司（以下简称公司）作为国家增材制造创新中心（以下简称创新中心）的依托单位和承载主体，由西安交通大学、北京航空航天大学、西北工业大学、清华大学和华中科技大学5所大学，以及涉及增材制造装备、材料、软件生产及研发的13家重点企业共同组建，其中包括以机械科学研究总院江苏分院为代表的3家优势科研院所、以武汉华科三维科技有限公司为代表的5家行业优势企业、以陕西煤业化工新型能源有限公司为代表的2家典型用户和以陕西金融控股集团有限公司为代表的3家金融机构与特色产业园区。

公司建设了科学合理的运营机制，实现现代化企业管理；设立股东会、监事会、董事会、技术专家委员会、研发、市场、技术服务7个职能部门，以及创新设计、软件与大数据、金属材料、非金属材料、检测认证、装备研发6个专业研究所，同时面向航空航天、生物医疗、汽车工业等领域增材制造关键共性技术需求，布局若干项目组，实现"项目组+研究所"矩阵式管理。

（二）联盟

全国增材制造（3D打印）产业技术创新战略联盟（以下简称联盟），由中国工程院院士、西交通大学教授卢秉恒院士担任理事长，由中国工程院院士、上海交通大学教授戴尅戎院士担任名誉理事长，由中国工程院院士、北京航空航天大学教授王华明院士和西北工业大学黄卫东教授担任副理事长。

联盟面向整合行业的优势资源与发展需求，与公司共同担负创新中心关于服务增材制造行业、组织业务交流、共性关键技术开发、成果转化等促进行业发展的任务，通过举办中国（西安）国际 3D 打印博览会（IAME）、国际工程科技发展战略高端论坛、中国（国际）3D 打印创意设计大赛，组织增材制造技术路线图和标准研讨，开展增材制造技术的国内外专利预警分析等，为行业搭建一个交流平台，推动行业发展。

联盟紧密结合航空航天、生物医疗、工业工程、文创教育等 3D 打印重点应用行业，已发展成员单位 254 家，包括增材制造产业上下游企业 182 家（72%）、高校院所 60 家（23%）、金融投资机构 5 家（2%）、海外企业 7 家（3%），依联盟章程，对会员单位实行金卡、银卡和普通会员三级管理。

二、队伍建设

（一）管理团队

公司组建了高效的精英运营班子，由卢秉恒院士担任董事长、赵纪元博士担任总经理，此外，还有副总工程师 9 人、职能部门经理人 7 人，构成合理、完善的管理团队。

董事长卢秉恒院士在国内倡导和开拓了增材制造、微纳制造、生物制造、高速切削机床等先进制造技术。作为公司董事长，卢秉恒院士结合增材制造产业发展需求及公司运营规划，确定了适用于创新中心发展的战略目标和方向，带领创新中心在共性技术研发方面取得突破性进展。总经理赵纪元博士组建公司经营班子并负责日常管理与运行，建立了完善的运营机制和管理体系，逐步实现可持续发展。赵纪元博士现已获评"国家百千万人才工程"有突出贡献中青年专家、第九批陕西省"百人计划"长期创新人才。

（二）科研团队

创新中心成立了开放式的技术专家委员会，邀请行业专家研讨行业发展重大需求并为创新中心筛选、确定研究方向，还对公司的发展和在研项目进行战略研讨。技术专家委员会由干勇院士担任名誉主席，王华明院士担任主任，卢秉恒院士担任副主任，50 余位海内外学术界、企业界、金融投资领域专家担任技术委员。

创新中心组建了多学科交叉、实力雄厚的科研团队，包括以中国工程院卢秉恒院士、王华明院士为技术带头人，以 5 名特聘教授，以及一大批行业技术专家、高级工程师和博士学历工程师为技术骨干，以硕士学历工程师、专业技术人员为实施主体的核心研发队伍。创新中心现有员工 240 余人，其中研发人员占 80%，硕士以上学历人员占 80%，并获得了陕西省"三秦学者"创新团队荣誉称号。

三、机制建设

（一）项目管理机制

创新中心面向市场需求，聚焦重大装备、关键工艺、核心元器件等领域技术研发，布局多个项目组开展关键技术研究和技术成熟度提升；同时 6 个专业研究所作为技术研发中心为项目组提供技术指导和技术支持，实现项目组、研究所矩阵式管理。

创新中心建立了完善的项目资金管理机制、项目例会及研究所例会制度。项目实行项目经理负责制，由项目经理全面负责项目的实施、人员配置、资金管控等，再由创新中心综合办公室进行各项目组的管理和协调，包括进度管理、监督任务执行效果及组织过程资产管理。

（二）资源共享机制

创新中心依托研发中试、公共测试平台，集成了国内外 100 余台 3D 打印设备、70 余台先进仪器设备等资源，面向成员单位和行业企业开放共享。同时，创新中心依托共性技术服务平台，打造了面向全行业的"网联筑梦 3D 打印"云平台，将创新中心、行业内中小企业、研究所和高校的 3D 打印设备及检测设备集结联网，形成 3D 打印云工厂，推动增材制造行业设备仪器资源整合，现已入网 80 家服务企业、200 家用户、1200 台设备，并开始对外提供服务。

（三）人才管理机制

创新中心建立了吸引人才和激励人才的各项机制。面向西安交通大学、清华大学、北京航空航天大学、西北工业大学和华中科技大学 5 所大学，汇集基础研究成果，吸引优秀人才和团队加盟，提供中试条件、资金和智力支持，吸引项目和团队加入并帮助企业进行成果孵化。考虑创新中心所处陕西省西安市的地域因素，专门制定了针对西安交通大学、西北工业大学、西安光机所、西北有色金属研究院等当地的高校和科研院所的柔性政策。同时，创新中心制定了项目立项奖励、技术成果激励等多种奖励措施，对内部技术人员进行激励，取得了较好效果。

（四）知识产权机制

创新中心提出"创新技术、转移技术、孵化技术"的发展理念，从健全管理、强化保护、转移转化和支撑服务 4 个层面构建了公司的知识产权管理机制。创新中心建立和完善了知识产权制度，明确了转移转化原则，建立了知识产权转移转化的具体办法、收益分配和激励制度，把专利布局设计、专利挖掘和高价值专利培育融入创新中心的知识产权日常机制。为规范知识产权工作，创新中心通过了企业知识产权贯标体系认证，有效地管理和防控知识产权风险。创新中心构建核心技术知识产权保护体系，积极推动专利、商标、著作权和商业秘密等各类知识产权申报和保护，进行国内、国际布局，保障创新主体合法权益。

由知识产权办公室负责，创新中心面向行业重点领域及时发布专利分析报告，围绕专利开展知识产权交易业务。此外，创新中心依托产业联盟、行业组织，联合专业机构，监测产业知识产权风险，发布产业知识产权竞争动态和发展态势报告，开展产业知识产权风险预警和应对策略分析。

四、平台建设

（一）研发中试平台

研发中试平台拥有对增材制造工艺、装备、材料、软件等行业应用的产业化技术研发并进行中试验证的能力，其中包括 1 条通用研发中试线和 6 条专用研发中试线。

通用研发中试线拥有各类金属、非金属 3D 打印成型设备及配套机加工设备 60 余台，面向制造业用户的技术验证和加工需求，为行业企业提供材料制备及检测、创新设计、前处理、打印制造、后处理、检测等全方位的服务，现已为中国科学院、中航迈特等 100 余家机构和企业提供了服务。

专用研发中试线针对不同应用领域开展定制式服务。例如，航空航天大型结构件打印研发中试线可实现大型铝合金、高强钢、钛合金构件的高效增减材制造和无损检测；微滴喷射 3D 打印头研发中试线实现了打印头微尺度结构系统设计、产业化制造和封装测试；航空航天精密复杂零件快速制造研发中试线可实现机匣、叶片、整体叶盘等航空发动机零件的增减材复合制造及修复；微型航空发动机研发中试线可实现微型涡喷、涡轴发动机零件的创新设计与快速制造，以及微型航空发动机的地面测试、性能检测；高性能复合材料增材制造中试线可实现工业级、大尺寸、高性能复合材料终端功能件的增材制造、后处理及检测；精准医疗与生物 3D 打印研发中试线可实现导航模板、齿科修复矫形、手术模型、康复工程等方面 3D 打印技术应用。

（二）公共测试平台

公共测试平台针对增材制造领域的专用材料、制造装备和核心器件等测量需求，加强具有产业特点的测试技术和测试方法研究，为增材制造提供"全溯源链、全寿命周期、全产业链"及具有前瞻性的计量测试技术服务，不断完善增材制造产业计量测试服务。现已建成 14 间检测实验室，并根据 CNAS-CL01：2018《检测和校准实验室能力认可准则》和 RB/T 214-2017《检验检测机构资质认定能力评价　检验检测机构通用要求》建立实验室管理体系，共有国际先进水平检测设备、辅助设备总计 70 台，包括工业 CT、激光超声检测系统、扫描电镜、疲劳试验机等，可进行力学性能测试、物理性能测试、化学分析测试、金相检验及物相鉴定、无损检测、可靠性试验、几何量测量及逆向成形等服务。公共测试平台面向行业用户，积极开展针对材料、增材制件性能的检测服务，已为西安航天发动机有限公司、吉林大学、西安交通大学、中国兵器某院、陕西纽兰德实业有限公司等多个单位提供检测服务，累计提供 7400 余项检测服务。同时，公共测试平台利用网络平台进行业务推广，借助"网联筑梦 3D 打印"云平台进行线上推广，通过加盟科研伴侣平台进行线上线下双向推广。

（三）共性技术服务平台

共性技术服务平台已完成"网联筑梦 3D 打印"云平台系统、3D 打印设备集群控制、移动监测系统的开发，可实现远程网络连接、在线监测多厂家、多型号打印设备的功能，已入网 80 家服务企业、200 家用户、1200 台设备。共性技术服务平台可实现利用线上打印-检测订单服务、设备集控系统定制服务、定制化软件开发服务。

（1）利用线上打印-检测订单服务。用户可登录线上平台自助下单，由线上平台完成打印及检测服务。

（2）设备集控系统定制服务。根据用户需求，定制设备集控系统、移动 App。其中，利用设备集控系统可实现设备生产实时监测、监控功能，同时采集生产工艺参数并积累形成工艺大数据，通过大数据分析处理，对工艺优化提供数据支持；利用移动 App 可实现手机端远程监控打印设备功能，实时查询生产动态数据和设备状态参数，实现无人值守生产。

（3）定制化软件开发服务。根据用户需求，面向特定增材制造工艺装备，提供定制化软件开发服务、软件解决方案、技术咨询，已开发了包括选择性激光熔化（SLM）、丝材电弧增材制造（WAAM）、挤出沉积成型（EDP）、激光同轴送粉（LMD）、熔融沉积成型（FDM）、电子束选区熔化（EBSM）模型处理及工艺规划软件等。

第二节 运行成果

一、技术创新

（一）面向国家重大需求，服务国之重器，攻克关键工艺装备

突破了大型结构件熔丝沉积成形关键工艺技术，开发了 5m 增减材一体机、等离子熔丝增材制造设备系列装备，完成大尺寸铝合金火箭贮箱制造、1m 尺寸进气道舱整体成形制造；突破了镍基高温合金、钛合金等难加工材料激光送粉式增减材复合工艺，开发了五轴增减材一体机系列装备，并自主开发了用于增减材复合制造的数控编程软件包；建立了耐高温透波材料体系和成型工艺规范，初步形成了耐高温陶瓷导弹天线罩的快速成型技术；开发了激光超声在线非接触式缺陷检测系统和大型金属结构件在线工业 CT 检测系统；开发了工业级 3D 微滴喷射打印机系列装备，实现了多色彩从刚性到柔性特性的材料复合一次打印成型；开发了增材制造后处理工具，解决了叠层复合材料孔加工缺陷突出的问题；面向以增材制造技术制备的零部件，特

别是超长细孔零部件的后处理技术需求，开发了电解质等离子体抛光机，实现了碳钢、不锈钢、高温合金、铜合金、铝合金、钛合金等材质零部件内外表面和细长孔的精整加工。

（二）面向增材制造领域核心元器件进行攻关

开发了 3 种型号的激光同轴送粉熔覆头和 1 种型号的激光旁轴送丝熔覆头，实现了工作平面内光斑直径的手动调节和自动调节功能；集成了高温仪，实现了熔池温度的同轴在线监测；突破了微喷 3D 打印头设计集成制造技术，实现了小批量试产；攻克了长寿命电子束枪、FDM 螺杆打印挤出头的设计和制造难点。

（三）面向国民经济主战场，在精准医疗和万辆汽车项目方面取得突破

医疗项目获得了国内首个个体化定制骨科内植物器械注册证，设计了打印瓣周漏模型，完成了个体化 3D 打印精准辅助经颈静脉肝内门体分流手术（TIPS）。万辆汽车项目开发了工业级大型复合材料零件打印装备，实现了复合材料车身及其模具的一体化制造、组件大尺寸轻量化。

（四）面向科技前沿，探索关键技术，开拓应用前景

探索空间环境条件下 3D 打印工艺、装备与材料体系的可行性，攻占前沿科学技术。模拟太空真空条件下金属高精度成形工艺及原理样机取得突破进展，为金属零件的高精度、高效率成形探索了方向。

二、成果转化和企业孵化

创新中心自主研发的面向回转体零件的激光连续动态铺粉设备、底面弱黏附面曝光 3D 打印机、高性能复合材料增材制造装备、5 款微型涡喷航空发动机等装备和技术成果，已进入技术转移和产业孵化阶段；此外，激光连续动态铺粉设备、五轴增减材一体机、以铣代镗机床、面曝光机等已实现首次商业化。

三、行业服务

创新中心针对航空航天、军工兵器、汽车能源、轨道交通、快速模具、精准医疗等领域，凝练用户具体需求，提供定制化的产品服务与技术支持。

针对航空航天金属大构件提供大尺寸（5m 级）铝合金、钛合金、合金钢、高温合金、难熔合金等金属构件熔丝高效、低成本增减材制造服务。已为航天某单位完成了 1m 直径贮箱的研制，为某用户提供和验证了首个 1.5m 大尺寸飞机翼肋拓扑结构件，为北京航空航天大学、南京市锅炉压力容器检验研究院、西安威康明动力科技有限公司等提供了技术验证服务。

针对航空航天精密复杂零件提供中小型复杂精密结构件制造与修复。已与中国航发集团某厂合作开展了不锈钢和高温合金机匣的增减材复合样件试制；与航天科技集团某厂合作 开展了液体火箭发动机诱导轮的增减材复合样件试制；此外，还为福莱帕特（厦门）航空部件服务有限公司、南京市锅炉压力容器检验研究等提供服务。

针对创新设计提供拓扑优化、一体化结构设计，以及流固耦合、热力耦合仿真计算，实现产品轻量化、一体化等要求。为中国航发商发提供的一体化设计中央传动壳体，突破了某型中央传动壳体的一体化设计、流道优化与增材制造技术。

针对大尺寸工业级树脂增材制造提供大尺寸、中等复杂程度的 ABS、PLA、PP、PC 等纯树脂材料，及其相应的含玻纤或者碳纤的复合材料零部件增材制造服务工作。已为汽车及医疗行业提供了技术研发服务，服务企业包括郑州宇通模具有限公司、上海蓝佩模具科技有限公司等。

针对金属喷涂快速模具制造，可为汽车、航空等行业内客户提供低成本的冲压、模压、吸塑、发泡等小批量产品模具的快速制造服务及整体解决方案。已为波导汽车成功完成 40 副样车试制模具的制作，为长安汽车 CM5 车型提供样车、样件快速制造服务，为郑州宇通客车有限公司提供 PU 发泡模具。

针对复杂结构陶瓷精细化控形、控性增材制造提供复杂结构 Al_2O_3、ZrO_2、SiO_2、Si_3N_4 陶瓷构件的高精度增材制造服务。已为航天科工集团某公司提供天线窗打印服务，为航天科技集团某公司提供了天线罩打印服务，为中国科学院城市环境研究所提供雾化器打印服务，为东莞理工大学提供民用牙冠打印服务等。

针对微喷 3D 打印及彩色打印提供全彩复杂模型打印定制、微结构制造及精密封装、压电式微喷 3D 打印头及材料喷打评测系列服务。例如，陶瓷、金属、玻璃等材料微结构图案化、高阵列密度柔性引线，超薄胶膜图案化制备等服务。已承担军委装备发展部"增材制造技术"项目、科技部"砂型 3D

打印在铝镁合金智能化铸造中的产业化应用示范"项目,并为西北工业大学、西安交通大学提供技术服务。

针对增材制件后处理需求,提供复杂金属构件内外表面精整代加工及专用电解质等离子加工设备定制服务,加工范围包括内外表面抛光、去毛刺、倒角、倒圆、除锈除油清洗、大长径比超细内孔精整加工等。已为中国航发西空发动机有限公司、航天科工集团等单位提供了后处理服务。

针对精准医疗提供新型医疗个体化定制产品、医疗模型,导航模板、牙科修复矫形、康复工程等方面的定制化服务。与西安交通大学第一附属医院团队合作开展个体化 3D 打印精准辅助 TIPS;与运城市第一医院合作设计椎弓根导板辅助进行手术;与贵州省骨科医院合作,采用导航模板辅助完成全膝关节置换手术。

四、交流合作

(一)国际交流合作

创新中心围绕增材制造领域产业链上下游国际知名高校、企业开展合作交流,公司被认定为陕西省国际科技合作基地。创新中心联合 GE、西门子、英国 TWI、3D System、Altair、Stratasys 公司联合成立增材制造研发、检测机构,共同开展技术研发、项目合作、人才交流等合作。创新中心与欧特克公司、英国克兰菲尔德大学、美国佐治亚理工大学、美国西北大学、英国谢菲尔德大学、美国路易斯安那州立大学签署国际合作协议,拓展国际项目合作。创新中心加入 2 个国际知名行业组织:美国材料与试验协会(American Society for Testing and Materials,ASTM)、英国焊接技术研究所(The Welding Institute,TWI)。

(二)与中国工程院和中国机械工程学会合作,发布增材制造行业发展路线图

创新中心组织业内专家学者共同探讨增材制造技术的整体发展趋势,研讨增材制造的技术发展、应用发展、材料、产业发展、推广应用等领域的科学与产业问题。创新中心与中国工程院和中国机械工程学会合作,发布了《增材制造行业发展路线图》《2035 增材制造路线图》。

（三）牵头组织增材制造全产业链"一条龙"项目

创新中心牵头组织实施了工业和信息化部高性能难熔难加工合金大型复杂构件增材制造（3D 打印）"一条龙"项目，吸引了 45 家企业参评，包括高温难熔难加工合金的原材料、高性能合金大型复杂构件高效增材制造（3D 打印）工艺、系列化/工程化成套装备、质量和性能控制及工程化应用等关键环节的基础材料、工艺和装备及下游领域应用等产业链环节的主要企业。

第六章

国家印刷及柔性显示创新中心

第一节 建设进展

一、组建情况

（一）公司

1. 股东总体情况

目前，国家印刷及柔性显示创新中心（以下简称创新中心）依托单位——广东聚华印刷显示技术有限公司（以下称广东聚华）注册资本为 12159.3 万元，股东单位共有 7 个，分别是 TCL 华星光电技术有限公司（以下简称 TCL 华星光电）、天马微电子股份有限公司（以下简称天马微电子）、南京华东电子信息科技股份有限公司（也称中电熊猫）、华南理工大学、华中科技大学、福州大学、中国科学院福建物质结构研究所（以下简称中科院福建物构所）。

2. 新增股东情况

2019 年，创新中心与广州国资发展控股有限公司达成投资意向，后者作为广东聚华的新股东，将持有 5%的股权。目前双方正在磋商入股具体细节，包括入股形式、入股节点安排、协议条款确认等。待双方正式协议签订后，将加紧进行工商变更程序，预计 2020 年年底完成新股东入股程序。

3. 公司组织架构

创新中心通过广东聚华实现运作，广东聚华的决策以平台建设及共性关键技术研发目标为导向，设立了印刷及柔性显示战略委员会（以下简称战略委员会）。战略委员会由国内显示领域的院士和知名专家构成，在新型显示技术发展的战略层面，协助广东聚华董事会进行决策。广东聚华的技术工作研发接受印刷及柔性显示技术委员会（以下简称技术委员会）指导，技术委员会由广东聚华投东单位的技术专家与外聘专家组成，负责制定和研制广东聚华的技术发展规划、研发重点等事宜。创新中心依托单位组织架构如图 6-1 所示。

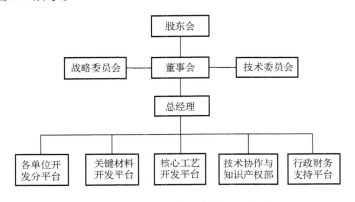

图 6-1　创新中心依托单位组织架构

（二）联盟

1. 联盟情况

广东省印刷显示产业技术创新联盟（以下简称联盟）于 2014 年年底成立，推动形成了广东省新型印刷及柔性显示领域协同创新机制。目前，联盟成员单位涵盖了国内显示领域各大优势企业、高等院校、科研院所等 20 多家单位，具体包括广东聚华、TCL 华星光电、天马微电子、中电熊猫、华南理工大学、华中科技大学、福州大学、中科院福建物构所、广东粤财基金、TCL 科技集团、广州新视界、广州华睿、华南师范大学、工业和信息化部电子五所、中山大学、上海交通大学、浙江大学、纳晶科技、广东普加福、深圳 TCL 工研院、深圳国华光电、复旦大学、上海大学、东南大学、南方科技大学、北京大学深研院、中科院长春应化所、中科院苏州纳米研究所、中科院深圳先进技术研究院等。

2. 国家级平台情况

创新中心股东及联盟成员单位覆盖了本领域 80% 的国家重点实验室、国家工程实验室、国家工程技术中心、国家工程研究中心等国家级创新平台，包括 TCL 集团企业技术中心（TCL 科技集团股份有限公司）、发光材料与器件国家重点实验室（华南理工大学）、光电材料与技术国家重点实验室（中山大学）、武汉光电国家实验室（华中科技大学）、高分子物理与化学国家重点实验室（中科院长春应化所）、AMOLED 工艺技术国家工程实验室（深圳华星光电技术有限公司）、TFT-LCD 关键材料及技术国家工程实验室（天马微电子/上海交通大学）、数字制造装备与技术国家重点实验室（华中科技大学）、海西新型显示器件与系统集成协同创新中心（福州大学）、国家绿色光电子国际联合研究中心（华南师范大学）。

二、队伍建设

（一）管理团队

1. 战略委员会

创新中心为适应产业战略发展需要，增强核心竞争力，加强决策与战略制定的科学性，强化战略规划的执行力，完善治理结构，特设立战略委员会。由曹镛院士担任战略委员会主任。战略委员会部分成员包括干勇院士、任咏华院士、欧阳钟灿院士、TCL 集团首席技术官闫晓林等。

曹镛，华南理工大学教授、高分子光电材料与器件研究所所长，中国科学院院士。2001 年，当选为中国科学院院士；2008 年，当选为发展中国家科学院（TWAS）院士。

干勇，中国钢研科技集团公司董事长兼党委副书记，中国工程院副院长，中国科协常委，中国工程院化工、冶金与材料工程学部主任，中国工程院院士、博士生导师。

任咏华，博士，无机化学家，中国科学院院士、美国科学院外籍院士、香港大学化学系讲座教授兼系主任，曾荣获裘槎基金会"优秀科研者"称号。

欧阳钟灿，中国科学院院士，中国科学院理论物理研究所研究员，现任中国科学技术大学物理学院院长。1993 年，获海外华人物理学会亚洲华裔物理学杰出成就奖；1994 年，获首届中国博士后"国氏奖"；1995 年，获中科院自然科学一等奖；1996 年，被评为国家有突出贡献中青年专家。

闫晓林，TCL 集团首席技术官、高级副总裁，兼 TCL 集团工业研究院院长。国家"863"计划新型显示重点专项总体专家组负责人、国家"863"计划 3D 显示技术首席专家、国家新材料研发与工程化重大专项编制专家组成员，荣获"南粤百杰"称号。

2．技术委员会

创新中心为进一步激发技术创新活力，增强自主创新能力，营造良好的技术创新氛围与机制，保证广东聚华技术决策的科学性、合理性、经济性和安全性，特成立技术委员会。技术委员会主任由闫晓林担任，技术委员会其他成员来自股东单位的行业内著名专家。

（二）科研团队

创新中心凭借优异的研发平台和研究环境，吸引了一批国际一流人才，形成包括国内外院士领衔的创新团队、国家重大人才工程入选者、海归博士、各地市技术领军人才在内的人才队伍近 300 人。此外，创新中心不断吸引和聚集其股东单位研发人员，包含 OLED 材料领域、墨水领域、喷墨印刷领域、器件领域、背板领域的专家。通过人才共享机制的融合，形成产业技术创新的源泉。

目前，创新中心已引入国家重大人才工程入选者数名，其中包括李正吉博士。李正吉博士是显示领域著名专家，在 OLED 器件研发、氧化物 TFT 研发和整体显示产品集成等方面经验丰富。27 年来，李正吉博士在显示领域进行了深入研究，拥有 70 件以上相关专利，并在美国、韩国、日本等地的多家公司带头承担了很多关键研发项目。

三、机制建设

（一）项目管理机制

创新中心根据国家各级政府发布的印刷与柔性显示技术规划和指南，组织联盟成员单位共同申请并承担国家级或省部级研究项目，共同开展印刷及柔性显示器件与材料关键技术的开发。此类研发项目，以创新中心为核心，推动基础研究与应用研究紧密结合，形成分工明确、风险共担、利益共享的印刷及柔性显示创新链，提升我国印刷及柔性显示领域的科技创新能力。

创新中心充分发挥广东聚华独立法人的优势，以项目绩效考核为基础，提高项目运作和管理效力，采用静态和动态相结合的项目管理方式，对实施过程与运行效果进行灵活管理与动态调整。

创新中心建立各单位负责人—联络人机制，定期举行项目工作会议，进行项目技术研讨，及时通报项目进展成果，共同协商解决所遇到的技术难题。

（二）资源共享机制

创新中心建立科技资源信息互联互通、有偿计费和开放共享制度，分析各成员单位现有和即将建设的研发平台、工程示范线、表征分析检测平台等资源，鼓励成员单位充分利用其他单位已有研发条件，避免重复建设，大幅提升现有科技资源的利用效率，保证"多快好省"地推进印刷及柔性显示领域内各项目实施。

（三）人才管理机制

引入一批国际一流人才，将高新技术与经验带入创新中心，同时通过国际交流与合作，吸引优秀人才为创新中心贡献才智。同时，以创新中心为基地，与高校、科研院所展开相关合作，设立博士后工作站、院士工作站、高校特派员工作站、高校实训基地等，为行业输出有实际经验的高层次人才。

创新中心采取聘任合同制，按需设岗，合理流动、动态平衡，为行业输出一批高素质研究人才。针对重大技术难题设立开放研究基金，吸引海内外高水平科研人员到创新中心兼职、作为访问学者或开展合作研究。创新中心也接受产业内的企业委托培养要求，联合创新中心的高校、企业，对有需求的人才进行全方位的培训。利用创新中心既含高校、科研院所，又有企业的优势，为高校的本科生、研究生进入印刷及柔性显示领域的企业实习提供助力，为行业"新鲜血液"的培养提供支持。创新中心人才培养体系由初中级人才、高级人才和专家人才和综合管理人才 4 部分组成，由这 4 部分共同构成创新中心战略人才库。通过专业和综合培养，使人才在专业能力和综合管理能力上不断成长。

（四）知识产权机制

1. 专利所有权

创新中心在技术项目研发过程中产生的知识产权，遵循"共同研发、共同所有，独立研发、独立所有"的基本原则。创新中心将构建从材料、器件、加工工艺到相关产品的完整知识产权布局，同时基于创新的平台运作模式，进行相关知识产权成果的保护及分享。创新中心在遵照国家关于知识产权归属的有关法律法规的前提下，将与项目参与或合作单位分别签署知识产权归属文件，确保知识产权权益明晰，降低技术风险，保障各方利益。

2. 技术专利池建设

创新中心通过对印刷及柔性显示领域关键性技术的突破，布局一批核心专利，占领专利地图核心位置，形成不可取代的技术优势；同时开发一批保护性专利，建立起对核心专利的保护网，最后形成创新中心依托单位、联合共建单位、战略合作方统一规划建设的技术专利池，从而巩固创新中心在印刷及柔性显示领域的技术及知识产权地位，并通过专利相互许可机制互惠互利，发展壮大与印刷及柔性显示相关的上下游产业链，从而突破国际技术专利壁垒，为中国印刷及柔性显示行业的高科技创新企业走向国际化提供知识产权后盾。

四、平台建设

目前，创新中心已于广州科学城建成印刷及柔性显示技术园区，其研发中心实验基地建筑面积为 2.3 万 m^2，包括各种印刷及柔性显示技术开发平台、实验室及测试中心，其中大面积无尘车间（千级，局部百级洁净度）5800m^2，层高为 10m。创新中心具备从小尺寸（200mm）开发到大尺寸 G4.5（730mm×460mm）中式放大的测试验证能力，围绕印刷及柔性显示 OLED/QLED 材料、印刷 OLED/QLED 墨水、无 Mura 喷墨印刷工艺、TFT 阵列工艺、多层薄膜印刷与图形化工艺、工艺集成、封装及背板驱动技术等方向，开展 OLED/QLED 材料、OLED/QLED 墨水、器件结构等领域的量产测试/验证工作。创新中心主要平台建设情况如下。

（一）G4.5 印刷显示中试平台

G4.5 印刷显示中试平台涵盖印刷及柔性显示工艺流程的各个环节，其工艺处理能力包含 TFT 基板前处理能力、TFT 基板表面处理能力、喷墨印刷工艺处理能力、真空干燥工艺处理能力、低温层膜工艺处理能力、薄膜封装、切割整合等。目前，该平台正在进行柔性显示开发能力完善拓展，已实现 31 英寸级印刷 OLED 显示样机开发，分辨率达到 3851×2167dpi，亮度达到 550cd/m^2 以上；对比度大于 100000:1；制备并展示了 31 英寸柔性可卷绕印刷 OLED 电视原理样机，开始形成柔性可卷绕印刷 OLED 的开发能力。

（二）印刷 OLED 材料平台

印刷 OLED 材料平台包括材料开发实验室、中试车间、千级净化实验室，以及具备大批量化学合成的反应釜，可实现在低温、常温、加热多种合成提纯条件下应用。目前，创新中心已建成具备合成与检验检测能力的 OLED 材料开发与放量平台，包括有机合成能力、材料纯化能力、材料检测能力、材料放量能力等；已开发红、绿、蓝发光显示材料，其性能分别达到 23cd/A、68cd/A、7cd/A。

（三）印刷 QLED 材料平台

目前，创新中心已建成了全套的量子点电致发光显示技术的材料开发、器件制备、喷墨打印实验平台，包括量子点材料合成系统、材料提纯系统、材料表征测试与品质控制平台、惰性无尘手套箱操作平台、溶液旋涂仪、真空蒸镀仪、器件快速表征测试系统、器件后处理系统、测试校准系统等。目前，创新中心已开发红、绿、蓝发光量子点材料，性能分别达到 20cd/A、80cd/A、10cd/A。

第二节　运行成果

一、技术创新

（一）实现超高分辨率印刷 AM-OLED 显示样机开发

创新中心与天马微电子合作，开发了超高分辨率印刷 AM-OLED 显示样机。该样机由天马微电子提供 LTPS-TFT 基板，LTPS-TFT 基板采用特殊的像素设计、全新的驱动方式及先进的补偿技术。基于 LTPS-TFT 基板，创新中心成功实现了超高分辨率印刷 AM-OLED 显示样机开发。

（二）实现 31 英寸 UHD 印刷 AM-OLED 显示样机开发

创新中心利用 G4.5 印刷显示中试平台，成功制作并点亮了 31 英寸超高清（UHD/4K）印刷 OLED 显示屏，其分辨率达到 3840×2160dpi，亮度超过 200nit，峰值亮度超过 350nit，显示效果良好。

（三）实现 31 英寸 UHD 顶发射印刷 H-QLED 显示样机开发

创新中心利用高色域量子点材料，成功开发了 31 英寸 UHD 顶发射印刷 H-QLED 显示样机。该样机采用顶发射器件结构，大大提高了样机的开口率，使开口率达到 50% 以上；采用顶栅氧化物 TFT 驱动，使色域达到 105% DCI-P3，当场亮度超过 150nit，亮度可视角大于 160°，色度可视角达到 120°。该样机分辨率达到 3840×2160dpi，是全球最高分辨率的印刷 QLED 样机之一。

（四）实现 31 英寸喷墨印刷 4K RGB 全量子点 AM-QLED 样机开发

完成了 31 英寸喷墨打印 4K RGB 全量子点 AM-QLED 显示屏的制备和点亮。在 H-QLED 混合型量子点显示屏的基础上，将蓝色像素从 OLED 转换成 QLED，并对红、绿像素的器件结构和色坐标进行了进一步优化，使全量子点显示屏的色域在无 CF 的情况下达到 NTSC 100% 以上，体现出 QLED 自发光显示的独特优势。

（五）实现 31 英寸柔性可卷绕印刷 AM-QLED 样机开发

制备并展示了 31 英寸柔性可卷绕印刷 AM-OLED 样机，该样机结合了柔性可卷绕技术及印刷显示技术。未来将继续针对可卷曲半径、薄膜封装力学与光学性能、剥离工艺、多次卷曲可靠性等关键技术展开攻关。

二、企业孵化和技术成果转化

（一）企业孵化

创新中心联合产业链上游材料、设备初创企业，共同开展材料和设备的产业孵化技术开发。目前，创新中心已经与广东思谷智能技术有限公司、季华实验室、苏州星烁纳米科技有限公司、广东普加福光电科技有限公司、广州新视界光电科技有限公司、苏州欧谱科显示科技有限公司 6 家企业或科研机构签订协议，开展印刷及柔性显示材料和设备孵化。

（二）技术成果转化

基于目前的技术开发基础与取得的成果，TCL 华星光电已经决定开展广州印刷及可卷绕显示项目，建设 G8.5 代印刷及柔性显示生产线。创新中心基于已有的成果与技术积累，持续为 TCL 华星光电进行技术支持，开发创新型的印刷及柔性显示器件结构，进行超高精度的喷墨印刷技术开发，进行新材料、新墨水体系的验证及技术瓶颈攻关，同时为 TCL 华星光电提供技术开发平台。

在显示装备领域，季华实验室、广东思谷智能技术有限公司、武汉数字化设计与制造创新中心有限公司、华中科技大学、大族激光科技产业集团股份有限公司等国内装备领域优势企业及科研机构开发的印刷及柔性显示装备，通过聚华公司的平台进行中试验证，对印刷及柔性显示装备的工艺能力、性能参数进行评估并提出反馈，促进印刷及柔性显示领域关键上游装备的自主化突破和产业化应用。

创新中心还积极推动大尺寸印刷 OLED 面板用氧化物 TFT 技术工程化。广州新视界光电科技有限公司联合华南理工大学开发的稀土氧化物 TFT 技术具有自主知识产权，有潜力突破国外在氧化物 TFT 技术方面的垄断。该技术自开发初始阶段至今已经超过 10 年，但因缺乏量产条件下的中试验证和工程化综合开发，一直未能走向实际应用。创新中心充分发挥其"承上启下"的作用，联结高校、科研机构的科研成果与下游产业需求，依托完备的中试应用验证及评价平台，对该技术进行中试验证、孵化熟化和工程化开发，促进其成果转化和工程化落地。目前，创新中心已经与新视界（华南理工大学）合作进行了多轮实验评估，并达成了进一步的合作协议，将进行更深入的技术工程化开发和产业导入。

三、行业服务

创新中心根据新型印刷及柔性显示技术特点，主要针对以下 3 个领域开展平台技术服务与委托开发服务。

1. 关键基础开发服务

关键基础开发服务包括印刷 OLED 材料验证与墨水开发服务、印刷 QELD 材料验证与墨水开发服务。

2. 核心共性技术开发服务

核心共性技术开发服务包括印刷及柔性显示共性技术开发平台服务、喷墨印刷器件结构开发服务、喷墨印刷与成膜技术服务。

3. 集成一体化技术开发服务

集成一体化技术开发服务包括喷墨印刷设备验证服务、高性能的 TFT 背板集成服务、印刷及柔性显示薄膜封装开发与器件集成服务。

目前，接受创新中心服务的企业数量近 30 家。一方面，不同于一般的企业，创新中心开放研发平台，并不以营利为目的；另一方面，考虑到印刷及柔性显示技术目前在世界范围内尚未规模量产应用，创新中心的服务对象主要为领域内的中小企业。创新中心采取技术合作、产业孵化等形式无偿提供技术服务，待项目技术成熟产业化再以股权收益或专利许可等方式获取后期收益。

四、交流合作

（一）国际交流与合作

创新中心积极参与国际交流与合作，已与德国默克、美国杜邦、日本住友化学、日产化学、Cynora 等材料厂商，日本爱发科、韩国周星工程、以色列奥宝科技、美国柯狄等设备厂商，以及庆熙大学等国际高校，展开了战略合作，研发先进材料和设备技术，共建联合实验室。

创新中心还积极组织或参与国际技术交流活动。2018 年，创新中心与华南理工大学等单位联合承办了国际显示技术会议（ICDT）。近年来，创新中心陆续在年度全球性消费电子展盛会——美国拉斯维加斯 CES 展会上展出31 英寸喷墨打印 H-QLED 显示样机、31 英寸喷墨打印可卷绕柔性样机等全球引领行业方向的技术成果，令世界瞩目。

（二）创新中心之间交流与合作

国家印刷及柔性显示创新中心积极与其他国家制造业创新中心交流，促进制造业创新中心之间的协作。

国家印刷及柔性显示创新中心与国家数字化设计与制造创新中心于2019 年 12 月正式签订战略合作协议，两家国家制造业创新中心深入合作，共同研发和突破新型显示制造关键共性技术，标志着国家制造业创新中心之间的互动与联合开始迈入网络化协同创新的新时代。这是国家制造业创新中心之间的首次合作，对工业和信息化部制造业创新中心建设工作意义重大。这是在政府引导下的市场自由选择和结合，体现了工业和信息化部建设制造业创新中心的意义和价值。两家国家制造业创新中心作为各自领域的代表，强强联合、优势互补，在国内的空白领域开展合作，对于冲破国外技术瓶颈和贸易壁垒具有重要意义。

（三）创新中心成员单位之间交流与合作

创新中心涵盖了国内印刷及柔性显示的主要创新载体，如广东聚华、

TCL 华星光电、天马微电子、中电熊猫、TCL、广州华睿光电、纳晶科技、国华光电、普加福，以及国内印刷及柔性显示相关的高校与科研机构，覆盖了显示领域从材料、器件、工艺、装备到终端产品全产业链，形成了从基础研发、技术攻关、实验验证、装备仪器到应用示范的完整创新链。创新中心充分发挥"承上启下"的作用，有效联结高校及科研机构的科研成果与下游产业需求，促进创新链、创新链协同合作。在促进成员单位交流和创新链协作方面，创新中心运行以来已有多个成功案例，包括 31 英寸喷墨打印 H-QLED 显示样机开发、400ppi 高分辨印刷 OLED 样机开发、印刷及柔性显示装备中试验证、大尺寸印刷显示用氧化物 TFT 技术开发。

（四）与创新中心以外单位交流与合作

创新中心积极促进国际、国内行业内技术交流，2018 年与华南理工大学等单位联合承办了 2018 国际显示技术会议（ICDT），吸引了 1000 多人参会；2019 年，创新中心先后组织召开了新型显示领域技术研讨会、柔性显示技术研讨会、新型显示制造创新峰会等行业交流会议，上述会议规模均在数百人，充分促进行业间交流，促成创新中心成员单位与创新中心以外单位的技术合作，进一步扩大创新中心的行业影响力。

第七章

国家信息光电子创新中心

第一节　建设进展

一、组建情况

（一）公司

国家信息光电子创新中心（以下简称创新中心）以武汉光谷信息光电子创新中心有限公司为基础，以光电子发展联盟为依托，采取"公司+联盟"模式运行。

武汉光谷信息光电子创新中心有限公司（以下简称公司）成立于 2017 年 1 月 6 日，注册资本为 1.6 亿元，股东单位包括武汉光迅科技股份有限公司（以下简称光迅科技）、烽火通信科技股份有限公司（以下简称烽火通信）、江苏亨通光电股份有限公司（以下简称亨通光电）在内的 11 家单位，覆盖了"产学研用融"各领域，武汉光谷信息光电子创新中心有限公司股东构成如表 7-1 所示。公司作为国家信息光电子创新中心运营的主体，由信息光电子领域骨干企业及产业链上下游单位以资本为纽带组成独立企业法人，主要开展信息光电子关键共性技术的研发及成果转化，并提供委托研发、企业孵化和测试验证等服务。

表 7-1　武汉光谷信息光电子创新中心有限公司股东构成

序号	类别	单位名称	金额/万元	股权比例
1	产	武汉光迅科技股份有限公司	6000	37.500%
2		苏州天孚光通信股份有限公司	1000	6.250%
3		武汉高芯科技有限公司	1000	6.250%

续表

序号	类别	单位名称	金额/万元	股权比例
4	学	武汉光电工业技术研究院有限公司	1000	6.250%
5	研	陕西光电子集成电路先导技术研究院有限责任公司	500	3.125%
6		廊坊中科微纳半导体技术开发有限公司	100	0.625%
7	用	烽火通信科技股份有限公司	3000	18.750%
8		江苏亨通光电股份有限公司	2000	12.500%
9	融	湖北航天高投光电子投资基金合伙企业（有限合伙）	700	4.375%
10		西安中科光机投资控股有限公司	500	3.125%
11		武汉祥道光电科技合伙企业（有限合伙）	200	1.250%

创新中心实行现代化的企业法人制度管理，按照责权明确、科学管理的模式运行，自主决策，实现自负盈亏、自我发展，创新中心的组织架构如图 7-1 所示。

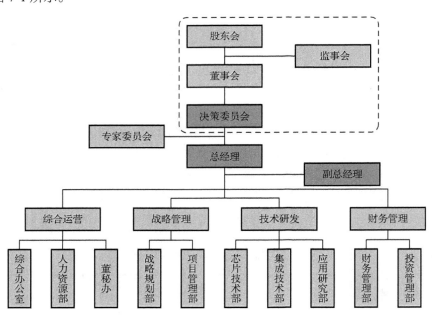

图 7-1 创新中心组织架构

公司目前设置有股东会、董事会、监事会、专家委员会、决策委员会等，公司下设综合运营、战略管理、技术研发和财务管理 4 个分管方向。

股东会由全体股东组成，是公司的最高权力机构，依照法律法规和公司章程行使职权，包括决定公司的经营方针和投资计划等重大事项。

董事会由 11 名董事组成，包含 1 名职工董事。由武汉光迅科技股份有限公司提名 2 名，烽火通信科技股份有限公司、江苏亨通光电股份有限公司、武汉高芯科技有限公司、苏州天孚光通信股份有限公司、西安中科光机投资控股有限公司、武汉光电工业技术研究院有限公司、湖北航天高投光电子投资基金合伙企业（有限合伙）各提名 1 名。职工董事由公司职工通过职工大会或其他民主形式选举产生。

监事会由 3 名监事组成，其中 1 名为职工监事，其余由陕西光电子集成电路先导技术研究院有限责任公司和武汉祥道光电科技合伙企业（有限合伙）各提名 1 名。

决策委员会常务委员会由 5 名成员组成，公司总经理任常务委员会主任，其余 4 名委员由武汉光迅科技股份有限公司、烽火通信科技股份有限公司、西安中科光机投资控股有限公司、光电子发展联盟各提名 1 名，经董事会批准任命。

（二）联盟

光电子发展联盟（以下简称联盟）由理事会、顾问团和秘书处构成，秘书处负责具体实施。理事会是代表会员意愿的执行机构，其组成包括理事长 1 名、副理事长 5 名、常务理事 20 名。秘书处是联盟日常事务的管理机构，其组成包括秘书长 1 名、副秘书长 3 名，其中武汉光谷信息光电子创新中心公司为联盟的第一副秘书长单位。

光电子发展联盟作为信息光电子创新中心建设的重要依托，是由国家信息光电子创新中心和中国科学院半导体研究所联合国内从事信息光电子器件生产、研发和应用的相关的知名企业、科研院所、高等院校等单位自愿发起成立的非营利性社会团体法人，目前成员包括清华大学、华为技术有限公司（以下简称华为）等在内共 25 家单位，覆盖了行业内 60% 的国家级创新主体。联盟主要参与制定信息光电子集成技术和市场发展的路线图，为公司的发展战略和重大任务提供支撑；优化资源配置，实现"产学研用"互联互通；推动公司标准和规范的制定。

二、队伍建设

（一）管理团队

创新中心建立了一支专业化的管理团队，均由管理经验丰富的原上市公司管理人员担任，此外，创新中心还邀请了股东和联盟单位经验丰富的高级管理人员及行业管理专家，围绕中心管理创新的需求，以战略管理、组织设计、政府政策支持等方面为重点，为创新中心提供咨询。创新中心高级管理人员的个人介绍如下。

胡广文，男，1963 年 5 月生，硕士，高级工程师，现任武汉光谷信息光电子创新中心有限公司董事长、武汉光迅科技股份有限公司副董事长兼总经理，曾任武汉邮电科学研究院系统部副主任兼党总支副书记、烽火通信科技股份有限公司副总裁。

毛浩，男，1968 年 9 月出生，硕士，工程师，现任武汉光谷信息光电子创新中心有限公司副董事长，武汉光迅科技股份有限公司副总经理兼董事会秘书，曾任武汉邮电科学研究院发展策划部副主任、财务管理部副主任等职务。

肖希，男，汉族，1983 年 9 月出生，湖北武汉人，中共党员。2010 年毕业于中国科学院半导体研究所，全日制博士。2010 年 7 月参加工作，现任武汉光谷信息光电子创新中心有限公司总经理，历任中科院半导体所助理研究员、副研究员，武汉邮电科学研究院光纤通信技术和网络国家重点实验室硅光研究室主任、光纤通信技术和网络国家重点实验室副主任。

郑彦升，男，1972 年 12 月出生，中共党员，1998 年 6 月参加工作，毕业于西安交通大学电子材料与元器件专业，硕士，高级工程师。现任武汉光谷信息光电子创新中心有限公司职工董事、副总经理，曾任武汉光迅科技股份有限公司科技发展部总经理、职工监事。

陈颖，女，1963 年 1 月出生，硕士。现任武汉光谷信息光电子创新中心有限公司职工监事、综合运营总监，曾任武汉光迅科技股份有限公司人力资源部总经理、武汉电信器件有限公司行政人事部经理、烽火通信科技股份有限公司人力资源部经理、武汉邮电科学研究院科技处副主任等职务。

傅焰峰，男，1964 年 3 月出生，博士，高级工程师。现任武汉光谷信息光电子创新中心有限公司技术研发总监，曾任武汉光迅科技股份有限公司研发工程师、"863"光电子主题（307）总体技术组成员、美国雪域大学交流学者、美国 Broadnet 公司集成光子芯片资深研究工程师。多年从事集成光子器件、窄线宽可调激光器、光收发器件、光纤放大器等光电产品技术研究及产品开发工作，获 20 余项发明专利，产品获得较大经济效益。

江毅，男，汉族，1975 年 10 月出生，硕士研究生，高级工程师。2000年参加工作，现任武汉光谷信息光电子创新中心有限公司董事会秘书、武汉光迅科技股份有限公司战略规划部副总经理，历任研发工程师、项目经理、制造部、开发部与技术部经理。

（二）科研团队

创新中心肩负着为国内光电子行业引进高端人才的重任，在全球范围内重点聚焦半导体工艺技术人员，以及集成光电子研发和测试人员，截至目前，创新中心已打造了一支包括了专家委员会、技术顾问、研发团队和项目孵化团队 4 个层面的人才梯队。

专家委员会由 10 名院士专家和 17 名行业专家组成，已分别于 2017 年 9月和 2018 年 11 月召开了创新中心建设方案研讨会和工作进展汇报会，为创新中心的技术发展路线把关，并提供战略性指导意见。

技术顾问由美国光学学会会士、享受国务院特殊津贴专家等 7 名国内外知名学者专家组成，主要为创新中心的重点研发方向和重要研发项目提供技术指导。

研发团队主要通过全职引进和双聘的方式，目前共有各类人才 127 人，其中博士 28 人、硕士 32 人。全职科研团队由科技部国家重点研发计划项目首席、湖北省双创战略团队、湖北省创新工作室、湖北省关键技术攻关项目负责人等骨干人才领衔，工程化团队具备 20 余年的光电子器件产业化经验。

孵化团队方面主要由一批国内外具有独到技术优势的创新创业团队组成。来自国外的量子点激光器团队已经完成第一轮融资，成功在国内落地产业化；截至目前，还有 5G 射频芯片团队、高速模拟电路团队、新型硅基光源团队、铌酸锂薄膜光器件团队等多个创业团队正在培育孵化中。

创新中心主要专家如表 7-2 所示。

表 7-2　创新中心主要专家

专家类型	姓　名	职务/职称
专家委员会主任	余少华	中国工程院院士，中国信息通信科技集团有限公司副总经理、总工程师

续表

专家类型	姓　名	职务/职称
专家委员会 副主任	甘子钊	中国科学院院士，北京大学物理学院教授
	祝宁华	研究员，中国科学院半导体研究所副所长
	胡强高	教授级高级工程师，武汉光迅科技股份有限公司副总经理
专家委员会 成员	陈左宁	中国工程院院士，中国工程院党组成员、副院长
	卢锡城	中国工程院院士，中国工程院信息与电子工程学部主任
	周炳琨	中国科学院院士，清华大学教授
	赵梓森	中国工程院院士，武汉邮科院高级顾问
	简水生	中国科学院院士，北京交通大学光波技术研究所所长
	陈良惠	中国工程院院士，中国科学院半导体研究所研究员
	周立伟	中国工程院院士，北京理工大学教授
	周寿桓	中国工程院院士，中国电子科技集团公司第十一所研究员
	吕跃广	中国工程院院士，中央军委科技委常任委员
	王立军	中国科学院院士，中国科学院长春光学精密机械与物理研究所研究员
技术顾问	余金中	中国科学院半导体所研究员，享受国务院特殊津贴专家
	郑学哲	美国光学学会会士，博士
	祁楠	中国科学院半导体所研究员，"百人计划"入选者
	刘会赟	英国伦敦大学学院（UCL）教授，英国皇家工程学会研究员
	陈思铭	英国皇家工程学院研究员
	Sami Musa	荷兰 V&A-Photonics 联合创始人兼 CTO，博士
	郑国兴	武汉大学电子信息学院光电信息工程系副主任、教授
管理专家	胡广文	创新中心董事长，武汉光迅科技股份有限公司副董事长、总经理
	毛浩	创新中心副董事长，武汉光迅科技股份有限公司副总经理、董事会秘书
	范志文	创新中心董事，烽火通信科技股份有限公司副总裁
	韩道	创新中心董事，武汉光电工业技术研究院有限公司总经理
	米磊	创新中心董事，西安中科创星科技孵化器有限公司创始合伙人、联席 CEO
技术专家	肖希	创新中心总经理，"3551 光谷人才计划"入选者，博士
	傅焰峰	创新中心技术总监，教授级高级工程师，博士
	马阳进	创新中心引进专家，博士

专 家 类 型	姓　　名	职务/职称
技术专家	江毅	创新中心董事会秘书，高级工程师
	王磊	"3551光谷人才计划"入选者，高级工程师，博士

三、机制建设

（一）项目管理机制

创新中心着眼于解决国家信息光电子产业发展中的关键技术和共性技术问题，以构建从信息光电子核心芯片到高端器件、模块产品的设计、产品开发、成果转化及首次商用化的开发价值链为目标，制定创新中心中长期项目规划。将项目划分为自主立项、国家专项课题、公司股东委托研发等几种类型，根据不同的项目类型，分别制定了项目规划、立项、实施等一系列现代化的科学管理制度。

（二）资源共享机制

随着我国信息光电子领域由低端制造向高端制造转型，靠单一的某个企业或机构独立进行关键技术研发，从成本和时间上难以为继。因此，创新中心通过在产业链上下游构建灵活有效的协同创新体系，充分利用行业资源针对关键共性技术进行协同研发，减小了企业负担，推动了国内产业技术进步，实现产业持续健康发展，逐步缩小同国外先进水平的差距。主要工作有以下3个方面。

1. 串联全产业链，开展协同研发

创新中心依托光电子发展联盟串联起信息光电子产业链上下游，与包括芯片材料、芯片设计、芯片工艺、测试测量、集成封装、系统应用等产业各链环节的20余家重要企业建立了业务往来和协作关系。创新中心还与产业链上的关键合作伙伴合作，面向5G、光电集成、高端元件、平台自动化光电子材料、芯片工艺、测试测量方案、系统应用开发等方向成立了8个联合实验室和技术平台，开展协同研发，并对全行业提供技术服务。全产业链协同研发情况如图7-2所示。

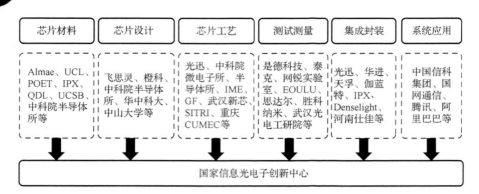

芯片材料	芯片设计	芯片工艺	测试测量	集成封装	系统应用
Almae、UCL、POET、IPX、QDL、UCSB、中科院半导体所等	飞思灵、橙科、中科院半导体所、华中科大、中山大学等	光迅、中科院微电子所、半导体所、IME、GF、武汉新芯、SITRI、重庆CUMEC等	是德科技、泰克、网锐实验室、EOULU、思达尔、胜科纳米、武汉光电工研院等	光迅、华进、天孚、伽蓝特、IPX、Denselight、河南仕佳等	中国信科集团、国网通信、腾讯、阿里巴巴等

国家信息光电子创新中心

图 7-2　全产业链协同研发情况

2. 整合地方资源，辐射全国重要区域

创新中心以产业聚集和成果转化为目标，已和上海市、深圳市、广州市、北京市和重庆市等多个地方政府接洽；与成都市、苏州市、厦门市 3 个地方政府签署合作协议，在上述 3 个城市分别成立了技术转化中心，聚焦光纤激光器、5G 用光电子器件等具体应用领域，推动和孵化创新成果在当地落地产业化，目前各项目均在顺利实施中。

3. 搭建产业交流平台，推动企业协同创新

创新中心紧密联系股东单位和联盟，主办了中国硅光产业论坛等一系列全国性的产业和技术交流论坛，累计参与企业及单位超过 300 家，参会人员累计超过 2000 人，在行业内取得了良好的反响，扩大了行业影响力，促进了国内光电子产业内部交流，推动企业间合作和协同创新。

（三）人才管理机制

创新中心引进了国内在硅光技术领域最领先的研发设计团队，制定了灵活的内部人才激励政策，还积极与地方政府沟通协商，争取地方在人才政策方面的政策倾斜。例如，武汉市给予创新中心"3551 光谷人才计划"和"武汉黄鹤英才"等人才计划申报名额。此外，创新中心还制定了积极的人才激励机制。例如，对于成功实施技术成果转让或许可的项目，可以将职务成果所获收益的 30%给予项目团队或个人；对技术成果实施产业化的项目，可按照成果作价所得股份比例的 30%奖励给个人等。通过这些有效措施，创新中心引进高水平团队和高端人才的计划正顺利实施，目前，创新中心已经从国内外引进了包括硅光技术开发团队、量子点激光器团队等一批高水平团队，以及马阳进博士、钱懿博士等一批行业顶尖人才。

（四）知识产权机制

通过聘请外部专业顾问，以及与工业和信息化部电子知识产权中心、湖北省专利局等相关单位合作，创新中心建立了较为完备的知识产权协同创新制度，围绕知识产权的维护、许可、转让、产业化实施等工作制定了相应的管理制度，明确了知识产权的所有权、使用权、许可使用权、二次开发权利及相关的利益分配。在此基础上，制定了创新中心技术专利转移（使用许可）和成果转化的相关制度并逐步落实到实践工作中。创新中心秉承对股东、对社会、对联盟成员单位负责的原则，初步建立了创新、高效、高质量、可持续发展、公司化的运行机制，以目标驱动、注重结果考核，鼓励领军人才和全员创新，为创新中心持续创新和可持续发展奠定了基础。

四、平台建设

创新中心成立以来，在各级政府和股东单位的支持下，建设和完善了III-V族芯片工艺平台、硅基光电子芯片开发平台、芯片封装测试验证平台及应用技术开发平台四大技术平台，创新技术能力得到提升。

技术平台一：III-V族芯片工艺平台

III-V族芯片工艺平台主要从事基于磷化铟（InP）和砷化镓（GaAs）等III-V族化合物的材料生长工艺、后端工艺研发和相关的测试验证。该平台总面积达到3500m²，包括面积为1500m²的千级净化工艺间和面积约为500m²的百级净化工艺间。该平台已具备金属氧化物化学气相沉积（MOCVD）设备、分子束外延（MBE）设备等高端材料工艺设备，还拥有双面接触式光刻机、薄膜沉积刻蚀（PECVD&RIE）系统、光波原件分析仪、金丝键合系统、芯片测试筛选系统、在线可靠性测试系统等100多套加工工艺设备，能够完成从外延生长、材料对接生长、光栅掩埋、光刻、薄膜生长与刻蚀、划片解理、光学镀膜、金属电极镀膜、芯片测试筛选等完整的芯片制造工艺。该平台拥有国内先进的6英寸晶圆的亚微米光刻工艺，可实现0.1微米的套刻精度；自主创新开发的激光器芯片镀膜技术，精度控制在几纳米以内；已经具备25Gb/s以上激光器、探测器等III-V光芯片的完整研发和小批量产能；支撑了国内最先进的25Gb/s EML芯片的商用化，以及50Gb/s EML芯片的成功开发。

技术平台二：硅基光电子芯片开发平台

硅基光电子芯片开发平台主要从事硅基材料的光电子芯片设计与仿真、晶圆级测试筛选、芯片性能和可靠性测试分析等研究。该平台总面积达 1000m²，包括面积为 500m² 的万级净化工艺间和面积为 200m² 的千级净化工艺间。该平台拥有较为成熟的硅光芯片设计、加工和测试研发条件，各项能力均已得到产品级验证；拥有数台性能顶尖的芯片设计和仿真工作站，并配备了商用光芯片和电芯片仿真软件，具备芯片的光学、电学、热学、力学等多物理场仿真能力，设计精度达纳米级，可精确仿真和优化片上多场分布情况；具有与国内外主流 CMOS 硅光生产线的丰富流片经验和工艺调试经验，相关产品已进入批产阶段。创新中心与中科院微电子所、联合微电子中心有限责任公司（CUMEC）合作建设了国内首个 8 英寸硅光工艺平台，并参与硅光芯片工艺流程整合和工艺设计工具包（Process Design Kit，PDK）开发工作，硅光多项目晶圆（MPW）流片已服务国内 20 余家单位。创新中心率先建立商用级 8/12 英寸硅光晶圆测试筛选系统，并基于该系统开发了具有自主知识产权的硅光测试测量方案；建立了全程可追溯的数据库，具备大数据分析关联测试结果和仿真结果的能力，信息化与智能化程度达到国内领先水平。

技术平台三：芯片封装测试验证平台

芯片封装测试验证平台主要从事包括高速硅光芯片在内的高端集成光电子芯片的封装和测试验证工作。该平台总面积达到 1000m²，其中包括 900m² 万级净化工艺间和 100m² 千级净化工艺间，拥有超声清洗机、金丝焊接机、高精度贴片机、自动化耦合系统、光波元件分析仪、矢量网络分析仪、光斑分析仪、温控仪、光纤端面测试仪、有源芯片老化测试系统等封测设备，具备金丝焊、倒桩焊、光纤耦合、透镜组装、基板上芯片（Chip-on-Board，COB）、芯片上芯片（Chip-on-Carrier，COC）等多种封装工艺能力，能支撑从芯片到组件的各类产品的样品研制和中试验证。在测试分析方面，可开展芯片和器件的各种静态、模拟和数字性能的测定分析，可支持带宽达 70GHz、速率达 4×200Gb/s 的光芯片性能测试。此外，还建有光纤激光器验证测试系统，已于 2019 年形成对外提供服务的能力。该平台同时也致力于国产自动化封装设备的开发，与光迅科技联合开发自动化精密光耦合系统和控制算法，通过精密图像监控、耦合测试反馈及自动光纤夹持对准实现精密耦合，单件耦合固定耗时小于 1min，单台年产能力在 10 万～15 万只以上。

技术平台四：应用技术开发平台

应用技术开发平台由创新中心与光纤通信技术和网络国家重点实验室共建，依托已有的国内领先的"超高速、超大容量、超长跨距"光传输验证平台，围绕三超系统中高谱效率、非线性和色散 3 个关键科学问题，开展了超高速光传输系统理论模型、体系架构、关键技术与核心器件研究，拥有进行光系统、光模块、核心光电芯片设计和测试等相对完备的科研环境和方法；形成了包含系统架构、关键技术研究、终端硬件实现及系统评测等方面从理论研究、理论实验验证，到技术转化的高效的研发团队；构建了 Pb/s 级、万级千米长度的高速、大容量光传输实验平台，为各类光芯片、光器件、光模块和光设备的系统传输特性验证和评价提供条件；具备成熟的模块化和子系统板卡开发能力，可提供光纤激光器、光学传感、空间光等新兴应用的测试验证和测试服务。

第二节　运行成果

一、技术创新

近年来，光通信、光互联、光传感、光测量、光计算、光处理等技术的快速发展和广泛应用，带动了对光电子芯片的海量市场需求，光电子芯片已成为"数字化新基建"的核心和基石。

创新中心成立后，根据信息通信产业对光电子芯片的重大需求，开展了深入的调研和研讨，将近期须突破的关键共性技术凝练为光子集成、光电集成、超高速光收发和先进光传输技术这四大方向。近 3 年来，创新中心充分发挥已有的 III-V 族芯片工艺平台和硅基光电子（以下简称硅光）芯片开发平台的优势，通过材料、工艺、集成、封装、算法等多维度，创新突破光电子芯片的性能瓶颈，取得了一系列国际先进成果。

（一）光子集成技术方面，掌握了 InP 和硅光两大光子集成平台的多功能单片集成技术

针对 InP 基光子集成工艺难题，掌握了激光器和调制器单片集成材料生长、停止层辅助对接耦合生长、超低反射率的端面镀膜、高精度光刻和多步

套刻等工艺技术,研制出国内首款 25Gb/s 外调制激光器(EML)产品和 50Gb/s EML 芯片样片,良品率和可靠性均达到商用要求,标志着我国在 InP 基光芯片的多次外延技术和多功能光子集成技术上取得了实质性突破。

(二)光电集成技术方面，重点研究光电集成芯片的新型架构、协同设计方法和集成融合技术

针对硅光应用的 25Gb/s/50Gb/s/100Gb/s 驱动器和跨阻抗放大器芯片,完成功能验证。研制出一种新型 50Gb/s PAM4 光信号发射芯片架构,通过硅光域级联的方式实现了 50Gb/s PAM4 光信号的产生,该成果被国际顶级集成电路期刊 IEEE Journal of Solid-State Circuits（JSSC）收录为特邀文章,是我国光电子领域的首篇 JSSC 收录文章。

(三)超高速光收发技术方面，高速率电光调制器技术取得重大突破

创新中心硅光团队首创插指型 PN 结、衬底掏空型行波电极等光电结构,该成果被 *Nature*、*Nature Photonics* 等顶刊多次正面引用,已发展成为业界常用方案。创新中心硅光团队近年来屡次打破硅光调制器芯片领域的世界纪录,首次将调制速率提升至 90Gbaud、128Gb/s,该成果获国际顶级光通信会议 OFC 的特邀报告和最高分论文。近期,硅光团队又研制出 4×200Gb/s PAM4 硅光调制器芯片,将硅光调制器的速率再次提升到 110Gbaud,达到了国际领先水平。

创新中心与中山大学联合研制出的超高速铌酸锂（LiNbO₃）薄膜光调制芯片,实现了单通道速率达 120Gb/s NRZ 及 220Gb/s PAM4 的光发送,并在第 45 届欧洲光纤通信展览会（ECOC）上发表 PDP 报告,标志着我国超高速光芯片的技术水平迈向了国际制高点。

二、成果转化和企业孵化

通过建立健全科技成果转化机制,创新中心力争建成国内领先的科技成果转化平台,最终实现最大的技术"溢出"效应。截至目前,创新中心在技术转移扩散和溢出方面开展的主要进展包括以下 7 个方面。

（1）100Gb/s 硅基相干光收发芯片。该芯片填补了国内商用硅光芯片和相干光收发器产品的空白,已进入正式投产阶段,目前已带动产品销售 3000 多万元。

（2）超长跨距无中继光通信技术。采用该技术的光传输设备已成功在国内特高压电网、重要远距离海岛通信（三亚市至三沙市永兴岛）等重要应用领域实现规模部署，占据了 70% 国内市场份额，节约中继站建站资金 10 亿元以上。

（3）25Gb/s 高速电吸收调制激光器芯片。创新中心与国外公司合作，攻克了 25Gb/s 高速电吸收调制激光器（EML）芯片的外延生长技术难题，采用该技术的 EML 芯片可广泛应用于 5G 中传和回传光模块，目前该芯片已进入批量验证阶段。

（4）混合集成型 25Gb/s 可调谐发射光组件。该组件解决了高调制速率和波长可调谐两种功能难以同时兼顾的难题，获新一代光传送网发展论坛（NGOF）技术创新奖。

（5）硅光芯片晶圆自动化筛检系统。创新中心与其他单位合作开发出国内首套硅光芯片晶圆自动化筛检系统。该系统具有自主知识产权的硅光芯片晶圆自动化测试方案，效率最高可达 3000 片/年，目前已投入使用；同时建立了全程可追溯的数据库，能够基于芯片的测试大数据进行关联仿真，信息化与智能化程度达到国际先进水平。

（6）硅基量子密钥分发器件。该器件已成功小批量部署于国内量子通信设备商的量子保密通信网络中，收到用户的好评。

（7）硅光工艺技术。创新中心与其他单位合作建设了国内首个 8 英寸硅光工艺平台，并参与硅光芯片工艺流程整合和 PDK 开发工作，已向国内 20 余家单位提供硅光流片服务。

创新中心依托自身的开放平台优势，积极为初创企业和团队提供创业孵化、资本对接、产业辅导等服务。目前，创新中心正在孵化中科院高速 IC 创业团队、国际领先的量子点激光器团队等一批高水平的初创团队。其中，量子点激光器团队在创新中心的孵化下，受到行业内持续关注，不仅成功完成种子轮融资，并一举获得 2019 中国光谷 3551 国际创业大赛冠军。此外，创新中心所辅导的创业项目——芯片级超光谱分析仪被授予 2018 中央企业熠星创新创意大赛一等奖，为中央企业科技成果转移转化做出了贡献。

三、行业服务

为行业提供公共服务是创新中心的重要功能之一，也是创新中心营利的主要方式之一。创新中心充分利用现有的高水平工艺技术平台，针对产品核

心工艺环节、产品测试验证及行业产业信息咨询等方面提供公共服务，已经开展的工作如下。

1. 技术委托开发

创新中心依托现有的技术平台和研发队伍，对外提供芯片设计、芯片工艺开发、PDK 开发等各类技术委托开发服务。目前，创新中心处于独立运营的初期，现阶段主要服务对象为各股东单位，已为烽火通信开发了 100Gb/s 硅基相干光收发芯片并进入大规模量产阶段；为光迅科技开发了 25Gb/s 电吸收调制激光器芯片，已进入批量验证阶段；为北京国盾量子信息技术有限公司开发了硅基量子密钥分发芯片，已小批量应用于客户系统等。截至目前，还有多个商业委托开发项目正在研发中。

2. 测试验证

创新中心已与国际知名电子测试测量仪器制造商是德科技（Keysight）围绕硅基集成光电子技术成立联合实验室。联合实验室瞄准硅光芯片测试测量所面临的共性技术问题，探索更加标准化和自动化的光电芯片测试测量方案，并对全社会开放硅基光电芯片的测试测量服务。截至目前，创新中心已为华为、海信、烽火通信、光迅科技、中航光电、国防科技大学、中科院等 50 余家单位提供累计 200 多次技术服务（包括技术开发、测试加工、培训参观等），推动了行业内新技术的产业化速度。

3. 咨询与培训

创新中心积极为全社会提供技术及产业咨询服务，促进技术与产业对接，已成功主办了湖北省工业企业知识产权培育和运用培训、成都市青羊区光电子产业推介会等多场大型培训和产业活动。截至目前，累计为工业和信息化部、国资委、中国工程院、湖北省政府、湖南省政府、武汉市政府、苏州市政府、成都市政府等多个单位和机构提供了光电子方面的技术咨询及产业对接服务累计达 10 余次。

四、交流与合作

创新中心以全球化的视野，积极开展国际交流与合作，主要包括积极参加或组织国际学术会议、广泛进行国际考察、联合企业开展国际技术合作与交流，以及积极开展国际人才交流与合作。

（一）积极组织和参加国际学术会议

2019 年 3 月 5 日，在第 43 届美国光纤通信展览会及研讨会（OFC）上，创新中心肖希博士携全新研发的 100Gb/s DR1 硅光模块亮相。该产品性能达到全球先进水平，吸引了包括 Amazon、Cisco、Facebook 等公司在内的全球范围内多家客户的强烈合作意向。

2019 年 6 月 12 日至 14 日，由 PhotonDelta 和 AIM 光电子学院（AIM Photonics Academy）联合举办的 2019 年第二届全球集成光子路线图会议在德国举行，来自世界各地的近百名行业人士参加了此次会议，创新中心技术总监傅焰峰博士、硅光技术部经理王磊博士作为中国代表，参加了此次会议。

2019 年 9 月 2 日，创新中心与讯石信息咨询（深圳）有限公司共同举办的第十八届光纤通信市场暨光纤技术专题研讨会在深圳市大中华喜来登酒店隆重拉开帷幕，创新中心常务副总经理肖希博士、技术总监傅焰峰博士参加了本次会议。

2019 年 9 月 4 日至 6 日，由创新中心、中国通信学会光通信委员会、工业和信息化部通信科技委传送与接入专家咨询组、中国信息通信研究院通信标准研究所联合主办的 2019 光通信技术和发展论坛在深圳市国际会展中心成功举行。

2019 年 11 月 2 日至 5 日，由创新中心主办的亚洲通信与光子学国际会议（Asia Communications and Photonics，ACP）在成都市环球中心成功举行，共吸引了来自中国、美国、加拿大、英国、法国、德国、瑞士、瑞典、澳大利亚、新加坡、韩国、日本等 20 余个国家和地区的专家学者、研究生和工程技术研发人员，与会人员超过 1000 人，其中包括各国院士 10 余人，国际学会会士 60 余人，以及国内"杰出青年""长江学者"等著名专家学者上百人。

2019 年 11 月 11 日，创新中心硅光技术部经理王磊博士参加了第十二届国际光电子会议（POEM）的分论坛，并作了题为 Improving the interconnection capacity by silicon-based PIC and EPIC 的报告，从提升硅光器件速率、高阶调制及多维复用 3 个提升光传输容量所采取的途径，分别介绍了创新中心研制的世界首创衬底掏空型 90Gbaud 硅光调制器、国内首款 100Gb/s 硅基相干光收发芯片、国内首个单光纤 Pb/s 传输实验等成果，并对未来硅光调制器的发展提出展望。

（二）广泛进行国际技术合作与交流

2019 年 2 月，时任创新中心总经理的毛浩先生与英国伦敦大学学院（UCL）刘会赟教授的团队进行了合作交流，并达成了初步合作意向，双方在推进硅基量子点激光器的应用和产业化方面展开合作。

2019 年 3 月 20 日，由荷兰特温特大学、LioniX 公司、PHIX 等多个机构组成的荷兰光电子技术产业交流团参观了创新中心，并与硅光技术团队进行了交流。通过此次交流，双方建立了初步的认识和了解，后续有望通过具体项目开展更深入的合作。

2019 年 6 月 11 日至 20 日，创新中心技术总监傅焰峰博士、硅光技术部经理王磊博士前往欧洲参观了荷兰 LioniX 公司、比利时根特大学、微电子研究中心（IMEC）、法国 Almae 公司等多个企业和研究机构，并展开了深入的交流，达成了初步合作意向，并为下一步海外人才引进工作打下基础。

（三）积极开展国际人才交流与合作

创新中心借助上述多次赴海外参加国际会议和行业交流的机会，积极寻访和引进人才。通过多次交流和合作的契机，创新中心从美国知名硅光技术公司引进了硅光芯片专家；与来自英国 UCL 的量子点激光器创业团队达成创业孵化协议，推动该团队成功获得首轮融资并将公司落地国内，借此机会与同样来自 UCL、掌握全球最领先分子束外延（MBE）材料生长技术的杰出华人科学家刘会赟教授达成技术顾问协议；与美国光学学会会士郑学哲博士签订了技术顾问协议等。

此外，创新中心继续与国外知名的人力资源服务机构保持合作关系，目前还正在持续接触国外知名光电子企业及研究机构的高端人才，希望进一步拓宽创新中心的国际人才视野，提升队伍的研发水平。

第八章

国家机器人创新中心

第一节 建设进展

一、组建情况

（一）公司

国家机器人创新中心（以下简称创新中心）采用"公司+研发基地+联盟"的方式运行，创新中心依托单位沈阳智能机器人国家研究院有限公司成立于2017年5月，其股东单位涵盖国内机器人行业的知名科研机构4家、行业内龙头企业6家、政府投资平台4家。沈阳智能机器人国家研究院有限公司股东情况如表8-1所示。

表 8-1　沈阳智能机器人国家研究院有限公司股东情况表

序　　号	股 东 名 称	类　　型
1	哈尔滨工业大学	科研机构
2	中国科学院沈阳自动化研究所	科研机构
3	中国科学院自动化研究所	科研机构
4	北京理工大学	科研机构
5	沈阳新松机器人自动化股份有限公司	龙头企业
6	哈尔滨博实自动化股份有限公司	龙头企业
7	哈工大机器人集团股份有限公司	龙头企业
8	埃夫特智能装备股份有限公司	龙头企业
9	南京埃斯顿自动化股份有限公司	龙头企业

续表

序　　号	股 东 名 称	类　　型
10	国机智能科技有限公司	龙头企业
11	中山中盈产业投资有限公司	政府投资平台
12	芜湖滨江智能装备产业发展有限公司	政府投资平台
13	上海临港新城投资建设有限公司	政府投资平台
14	广州新松中以智慧产业投资有限公司	政府投资平台

（二）联盟

根据协同化的发展要求，创新中心一方面加强与现有联盟间的合作，利用联盟的资源共同编写发展规划，推动产业健康良性发展；另一方面增强自身在地方产业集群中的影响力，加强与相关服务机构及企业的合作。

1. 与科技部机器人产业技术创新战略联盟签订协议

创新中心已与科技部机器人产业技术创新战略联盟建立了战略合作伙伴关系，为实现资源信息互补和共享奠定了基础。创新中心与机器人产业技术创新战略联盟及中科院沈阳自动化所合作编写了《机器人产业发展规划（2021—2035 年）》。

2. 成立沈阳市机器人与智能制造协会

为整合沈阳市机器人产业优势资源，针对机器人产业共性技术需求开展协同创新，2020 年 3 月，沈阳研发基地与沈阳新松机器人、中科院沈阳自动化所等 7 家单位发起成立沈阳市机器人与智能制造协会。该协会将整合沈阳市机器人与智能制造产业资源，推动沈阳市机器人与智能制造产业集群的建设和发展。

3. 与国家机器人检测与评定中心合作

为了提高创新中心的检测服务验证能力水平，创新中心已与国家机器人检测与评定中心（沈阳、广州）签订了正式委托服务协议，共享创新中心的检测设备。创新中心与国检中心（沈阳）共同完成 CNAS、CMA 等能力扩项，推动行业标准的制定；面向机器人行业开展机器人性能及安全、电磁兼容、环境试验、电气案例及核心零部件等方面的检测认证服务。

二、队伍建设

（一）管理团队

创新中心通过社会招聘组建了 19 人的管理团队。主要管理人员简历如下。

孙海涛，国家机器人创新中心总经理，曾任中科院沈阳自动化所科技处处长，有丰富的科技管理和产业转化经验，主要负责创新中心日常管理及分中心筹建。

江洪伟，国家机器人创新中心常务副总经理，工学博士，从事智能制造、先进连接技术方面研究，曾任先进连接国家重点实验室副主任等。

张诚，国家机器人创新中心总经理助理，工学博士，从事医疗机器人研发工作，曾访学于美国匹兹堡大学，借调工作于工业和信息化部产业发展促进中心，主要负责沈阳分中心运营及机器人云平台建设。

（二）科研团队

创新中心通过全职聘用和兼职聘用相结合的方式引进人才，主要从事工业机器人、医疗机器人、特种机器人、通用机器人、机器人核心零部件、数字工厂、检验检测认证等方面的研究。目前，创新中心拥有研发人员 180 人，其中全职人员 99 名，兼职人员 81 名，从事研发和技术创新活动的科技人员占企业职工总数的比例为 90.45%。中国工程院院士王天然、封锡盛在创新中心兼职工作，行业领军人才刘宏出任哈尔滨研发基地董事长，中国科学院沈阳自动化研究所（以下简称沈自所）党委书记桑子刚出任沈阳研发基地董事长，赵吉宾研究员出任沈阳研发基地总工程师。

刘宏，教授，博士生导师，哈尔滨研发基地董事长，研究领域包括空间机器人和机器人灵巧手等。教育部"长江学者"特聘教授，教育部"长江学者"优秀创新团队学术带头人。获国家技术发明二等奖 1 项、欧盟机器人技术和转化一等奖 1 项，省部级科技奖励 6 项。在国内外发表论文 200 余篇，其中 SCI/EI 收录 169 篇，出版专著 1 部；获授权美国发明专利 1 项、德国发明专利 5 项和中国发明专利 48 项。

赵吉宾，研究员，博士生导师，沈阳研发基地总工程师，研究领域包括增材制造与激光加工技术、机器人化装备、数控加工技术、数字化设计与制造、视觉测量、CAD/CAM 等。发表学术论文 130 余篇，授权专利 30 余项，获得计算机软件著作权 10 项；获得辽宁省科技进步二等奖和国防科技进步二等奖各 1 项，辽宁省科技进步和技术发明三等奖各 1 项。

三、机制建设

创新中心以"公司+研发基地+联盟"方式运行,为了确定创新中心的宗旨、主要职责和组织架构,明确日常运营中的原则,创新中心出台了《国家机器人创新中心章程》。为了规范研发基地的设立条件及管理原则,创新中心出台了《研发基地设立与管理办法》。为了明确创新中心科技委员会的议事规则,创新中心制定了《国家机器人创新中心科技委员会管理办法》。

哈尔滨研发基地颁布了《创新中心入驻团队管理制度》,创新中心为团队提供科研设备的同时提供科研岗位,团队带头人享受哈尔滨工业大学正式职工待遇。研发基地按照 40 平方米/5 人(1 个科研岗+4 名外聘人员)标准提供科研办公用地,同时提供设备及试验空间。

创新中心与中国科学院沈阳自动化研究所(以下简称沈自所)协调全职引入研发人员 89 名,保证派驻到创新中心的研发人员编制可以保留在沈自所,同时在沈自所的晋升渠道也不发生变化,2019 年年底创新中心与沈自所开展协同考核,对研发人员进行综合性评估。沈阳研发基地出台了《知识产权管理制度》,将知识产权的收益分配提前固化,根据贡献大小进行比例分配,最终收益价格由市场决定;出台了《课题管理费与结余分配管理办法》,沈阳研发基地收取较少的管理费用,将更多的结余利润回馈给团队,提高团队人员的工资待遇。

四、平台建设

在能力建设项目的支持下,截至 2020 年 3 月 31 日,创新中心已经购置价值 17802.74 万元的设备及软件 378 台(套),共涉及测试验证能力平台 3 个、共性关键技术研发平台 23 个、中试孵化能力平台 7 个。所有设备可以在各总部基地和各研发基地共享使用。股东单位哈尔滨工业大学和沈自所已经将一部分自有设备向创新中心研发团队开放共享使用。创新中心已建立的各类平台如表 8-2 所示。

表 8-2　创新中心已建立的各类平台

序号	平台类别	平台/系统名称
1		工业机器人检测验证系统
2	测试验证能力平台	机器人核心元器件检测验证系统
3		特种机器人检测验证系统

续表

序号	平台类别	平台/系统名称
4	共性关键技术研发平台	机器人机构学与本体设计服务支撑平台
5		机器人核心元器件设计服务平台
6	共性技术服务支撑平台	机器人操作系统设计服务平台
7		机器人运动控制系统设计服务平台
8		基于视觉、听觉及运动/力学感知的机器人传感与感知技术服务平台
9		机器学习设计能力平台
10		机器人驱控一体化产品设计服务平台
11		"智能型"机器人设计服务支撑平台
12		空间机器人设计服务平台
13		能源领域特种机器人设计服务平台
14		爆炸危险环境下的特种工业机器人设计服务平台
15		外科手术机器人设计服务平台
16	专项领域产品设计服务平台	康复及助老助残机器人设计服务平台
17		可穿戴外骨骼机器人设计服务平台
18		城市物流移动机器人设计服务平台
19		智慧社区云服务机器人设计服务平台
20		仿生高性能特种机器人设计服务平台
21		微纳操作机器人设计服务平台
22		医疗诊断机器人设计服务平台
23		协作型工业机器人设计服务验证平台
24	工业机器人设计服务支撑平台	机器人化加工制造系统设计服务平台
25		移动操作臂协同装配设计服务平台
26		智能移载工业机器人设计服务平台
27		工业机器人集成应用系统平台
28		机器人及工业上下料试验验证系统
29		智能制造机器人试验验证系统
30	中试孵化能力平台	航空工业智能制造试验验证系统
31		面向电子行业装配生产线的复合型机器人应用验证系统
32		能源工业智能制造试验验证系统
33		人机交互/协作的实时视频分析试验验证系统

利用已经建立的研发及中试平台，依托哈尔滨及沈阳研发基地，创新中

心开展了 19 项技术研发工作，形成知识产权 20 项，联合股东单位完成多项产品研发及示范应用。创新中心与南京埃斯顿自动化股份有限公司（以下简称埃斯顿）协作开展机器人专用伺服驱动器、高功率密度伺服电机及控制器等核心零部件的研发工作，并成功应用于埃斯顿生产的工业机器人。

利用已建立的测试验证平台，创新中心与国家机器人检测与评定中心合作开展检测认证服务。创新中心拥有沈自所所属的国家机器人检测与评定中心（沈阳）设备使用权并享有检测业务绿色通道。

第二节　运行成果

一、技术创新

创新中心依托哈尔滨和沈阳研发基地开展了人机协作双臂机器人、外骨骼机器人、下一代机器人、脊柱微创手术机器人等 19 个项目的研发工作，突破了机器人类人感知认知与学习、自主化机器人操作系统、人机共融、柔性化机构设计等多项关键技术，申请专利 20 项。其中，下一代机器人已在电力行业等相关行业开展机器人系统及关键技术的推广应用，脊柱微创手术机器人已经完成了相关动物实验及人体标本实验。创新中心前沿和共性关键技术研发情况、创新中心申请专利情况分别如表 8-3、表 8-4 所示。

表 8-3　创新中心前沿和共性关键技术研发情况

序号	项目名称	执行情况	获得成果
1	消化内镜微创手术机器人关键技术研究	提出了一种运动解耦的连续体手术臂构型，实现多段连续体段间的驱动解耦。基于运动解耦的连续体手术臂构型，设计了一种模块化的运动解耦连续体手术臂。设计了集总式外部悬挂机械臂与四路驱动系统，同时基于 7 自由度操作主手设计主从控制系统，以及实现 3D 显示的双目内窥镜，最终形成了完整的消化内镜微创手术机器人系统	申请发明专利 1 项
2	自适应可重构的物流系统关键技术与系统研发	该系统突破了机械重构模块化、软件定义工业网络、物源平台等技术，解决了模块化生产、网络和软件重构，以及混线生产等问题。示范线在沈自所内部部署成功，面向各行业企业进行展示，并成功地与 SAP 的网上平台相融合，打造了新一代、完整的产品销售、生产一体化方案	申请发明专利 1 项

续表

序号	项目名称	执 行 情 况	获得成果
3	新一代机器人关键技术研究	攻克了传感器信息融合、适合与人类合作的机器人本体设计、安全行为决策及人机友好交互等多项关键技术，实现了柔顺控制、重力补偿、手-手示教等典型功能，样机在电力行业等相关行业开展机器人系统及关键技术的推广应用	申请发明专利2项
4	机器人检测认证技术研究	开展相关检测技术的研究，具备机器人整机及核心零部件提供环境适应、细节特征提取、传感器校准等方面的检测服务能力	—
5	5G触觉感知通信平台研发	面向触觉互联网高带宽、强实时、超可靠的触觉感知通信要求，构建基于5G的触觉互联网架构，研发了基于大规模多进多出（MIMO）的5G触觉感知通信平台，突破了5G高带宽、高可靠、低时延通信技术	申请发明专利1项
6	机器人运动控制与多机器人协作算法开发环境	参与国家重点研发计划智能机器人专项中机器人操作系统和工业机器人云平台两个项目，推进共性技术研究和应用示范工作；进一步完善开放式机器人教学平台，该平台得到了中南大学、北京航空航天大学、华中科技大学等院校的采购应用和更多大学的关注咨询，对构建机器人操作系统生态起到了基础性作用	申请发明专利6项
7	导管数字化测量机切割打磨系统	面向机器人高端应用需求，攻克了复杂曲面机器人磨抛表面完整性控制、柔性磨抛的力预测及其稳定性控制、复杂曲面零件磨抛表面高精度测量及加工误差分析等关键技术，可实现复杂曲面工件表面极薄材料层切除，减小工件表面粗糙度	申请发明专利1项
8	面向康复机器人的人机紧耦合系统研究	攻克了信号采集与去噪、特征提取及分析、特征选择与降维、脑-肌-运动同源建模等关键技术，形成了手功能康复机器人原理样机	申请发明专利1项
9	脊柱微创手术机器人研发	突破了手术机器人系统集成、基于术前-术中医学影像的三维重建及配准、手术器械高精度动态跟踪、基于术中多模态信息的手术安全监控和预警、半自主/自主控制、手术虚拟培训等关键技术，该研发成果具有自主知识产权，对我国高端医疗装备的发展具有巨大的推动作用。目前，系统整机通过了整机型式检验，完成了相关动物实验及人体标本实验，为系统临床示范奠定基础	申请发明专利1项

续表

序号	项 目 名 称	执 行 情 况	获得成果
10	高精度行星滚柱丝杠研制及性能检测	研制高精度行星滚柱丝杠系列化产品样机,搭建高精度行星滚柱丝杠综合性能测试系统,该产品已通过航天三院导弹舵机、电子科技集团高机动雷达举升机构考核试验,经第三方检测机构测试、甲方单位验收测试已验证本项目可行性及技术成熟度	—
11	机器人智能感知和控制算法平台	突破高速图像处理、多关节机器人协同控制、基于多相机的三维重构、机器人遥操作协同控制、机器人视觉伺服控制、人机交互控制、多轴运动控制等关键技术,实现以视觉传感和运动控制技术为核心的机器人智能感知和控制,在汽车、3C 行业和生物领域应用	—
12	极端环境远程制造与维修系统	攻克非结构化环境无人自主平台定位感知、规划控制等关键技术,设计制造地面、空中无人平台原理样机。创新中心与江苏徐工工程机械研究院合作开展无人平台操控技术原理样机设计与实现项目,将自主行驶与遥操作技术应用于联合研制的地面无人平台样机	—
13	空间机器人地面试验与测试	以空间大型机械臂技术、展开天线技术、空间操控系统等为基础,针对大型系统地面微重力环境下操作实验验证需要,建立面积大、阻力小的微重力试验平台,为大型构件的地面指标测试、功能验证等提供条件	—
14	柔性智能机器人	基于智能材料与结构,突破机器人的感知、决策与执行的材料、结构与功能的一体化技术,为智能仿生机器人、柔性机器人等提供平台支撑,建立基于智能材料与结构的智能机器人关键技术的基础研发平台	—
15	城市综合管廊智能巡检机器人	突破多轴联动运动控制技术、机器人空间环境感知技术、多元异构数据快速协议转换技术等关键技术,研发基于机器视觉的城市综合管廊智能巡检机器人	—
16	伺服驱动及电机产业方向	突破基于转速及转矩反馈的伺服层惯量辨识算法约束,借助驱控一体化算法,进行机械模型在线解算,快速、准确地获取多轴惯量信息。设计三环整体架构的多参数在线协同整定机制,提升系统稳定性和响应特性。根据自评价函数体系分配模块权重,优化控制参数,使机器人具备自适应参数免调试能力	—
17	激光高效清洗机器人技术及应用	开展机器人智能精密选区激光清洗方法和超长线光斑激光高效清洗技术研究,研制激光高效清洗机器人集成系统	—

续表

序号	项 目 名 称	执 行 情 况	获得成果
18	新一代人机一体化康复机器人研发平台能力建设	完成人机协作双臂机器人的轻量化设计及试生产，研究协作型机器人动力学建模与控制，实现基于系统仿真重构、离线编程与调试、接口快联的快速部署技术	—
19	双臂协作机器人及外骨骼机器人系统	攻克精准信息采集、人机耦合跟随运动等关键技术，开展外骨骼机器人样机的穿戴实验，测试起、坐、行走、上下台阶等日常生活需求的辅助效果。全程详细记录穿戴者的穿戴反馈与实验测试数据，并基于穿戴者的大量主观感受反馈与测试数据，优化整体系统性能	申请发明专利6项

表 8-4　创新中心申请专利情况

序号	专 利 名 称	专利类型	申请号/专利号
1	一种照明腹腔镜	实用新型	201920201428.0
2	一种轻便型模块化助行外骨骼	发明	201610060563.9
3	一种高精度钢丝绳垂直传动关节	发明	201610072612.0
4	一种气动人工肌肉驱动的仿生柔性穿戴式下肢外骨骼服	发明	201510574501.5
5	一种钢丝传动串联柔性驱动关节	发明	201610060543.1
6	一种双电机并联驱动的人体活动助力装置	发明	201710050372.9
7	一种轮足同构变形式轮椅外骨骼机器人	发明	201910154134.7
8	基于确定性网络演算的多策略工业 TSN 整形器建模方法	发明	201910962492.5
9	一种基于纹理特征的肌电信号手势动作识别方法	发明	201911068555.9
10	一种基于多智能体的柔性生产控制系统	发明	201911321266.5
11	一种七自由度协作机器人动力学建模与辨识方法	发明	201911347082.6
12	一种基于迭代学习的自适应力跟踪控制方法	发明	201911364934.2
13	面向复杂多轴系统的 B 样条曲线计算加速方法	发明	201911346098.5
14	基于 4diac 的分布式多轴运动控制系统实现方法	发明	201911344027.1
15	一种基于遥操作及全景视觉的机器人铸件打磨方法	发明	201911346270.7
16	超精密运动台半实物仿真系统及方法	发明	201911346193.5
17	一种分布式网络下的多机器人同步随动控制方法	发明	201911345926.3

续表

序号	专 利 名 称	专利类型	申请号/专利号
18	一种基于高阶 B 样条的多轴系统实时引导轨迹规划方法	发明	201911346324.X
19	导管管端高精度检测定位方法	发明	202010185998.2
20	一种关节联动的手术器械	发明	202010297457.9

二、成果转化和企业孵化

随着创新中心业务的逐步开展，以及各研发基地人员的逐步落实到位，创新中心技术转移、扩散成果日益丰富，服务的企业数量逐渐增加。2019 年，创新中心共为 11 家科研院所及企业提供技术服务。2019 年创新中心服务科研院所及企业清单如表 8-5 所示。

表 8-5　2019 年创新中心服务科研院所及企业清单

序号	技术成果名称	应用科研院所/公司
1	工业机器人教学控制系统	中南大学
2	工业机器人教学控制系统	华中科技大学
3	筛子开度调节装置	河南瑞创通用机械制造有限公司
4	柔性制造生产线	沈阳航空航天大学
5	凹板调节机构	中国农业机械化科学研究院
6	伺服系统设计与调试	哈尔滨工程大学
7	伺服系统设计与调试	黑龙江天宏食品设备有限公司
8	3m×5m 雷达天线设计	湖南航天环宇通信科技股份有限公司
9	水导激光加工装置	广东正业科技股份有限公司
10	HPM153 型推进器	中国科学院沈阳自动化研究所
11	高刚度轻型机械臂及其控制系统	中国工程物理研究院

三、行业服务

为了搭建测试服务能力，创新中心购置相关检验检测设备，委托沈自所机器人检测中心（以下简称检测中心）提供机器人检测和认证服务。目前，创新中心可面向机器人行业开展性能检测、电磁兼容检测、环境与可靠性检测、水静压力检测、电气安全监测、电动机和减速器检测 6 类检测服务，并可提供机器人 CR 认证等技术服务。2019 年，创新中心与检测中心合作，为

53 家企业提供检测认证服务。根据协议约定，2020 年部分检测业务将由创新中心承接并提供服务，预计 2020 年实现检测服务收入 35 万元。

四、交流合作

在创新中心建设过程中，各股东单位及联盟单位积极参与、共同决策，推动创新中心稳步发展。

1. **依托哈尔滨工业大学设立哈尔滨研发基地**

哈尔滨研发基地依托哈尔滨工业大学设立，由哈尔滨国创机器人有限公司和哈工大机器人创新中心有限公司组成。哈尔滨工业大学为哈尔滨研发基地提供了 3000 平方米的研发办公场地，同时提供了 50 个专职科研岗，并协调 2020 年即将毕业的 18 名博士研究生进驻哈尔滨研发基地工作。目前，哈尔滨研发基地拥有全职研发人员 10 名、兼职研发人员 50 名。

2. **依托沈自所设立沈阳研发基地**

沈阳研发基地依托沈自所设立。为了支持沈阳研发基地的发展，沈自所为沈阳研发基地提供了 3000 平方米的办公、研发场地及 6000 平方米的总装场地。目前，沈自所已经将 89 名研发骨干人员划转至沈阳研发基地全职开展工作，并有 5 个研发团队、31 名研发人员兼职开展工作。

3. **与股东单位协作完成能力建设项目**

2017 年 10 月，工业和信息化部批准由创新中心承担国家机器人创新中心能力建设项目。创新中心与股东单位合作，由创新中心提供设备，股东单位提供研发人员，双方共同进行平台搭建及后续的研发工作，共享专利等技术成果。

4. **与埃夫特合作开发协作型工业机器人平台**

创新中心与股东单位埃夫特智能装备股份有限公司合作开发协作型工业机器人设计服务验证平台。目前已经开发出一套 6 自由度的协作机器人，负载为 5kg，负载自重比优于 1:5，工作半径不小于 800mm，重复定位精度优于 ±0.1mm，协作机器人各关节最大速度为 150°/s，关节运动范围大于 340°。

5. **与哈尔滨博实合作开发能源工业智能制造试验验证系统等 2 个平台**

创新中心与股东单位哈尔滨博实自动化股份有限公司合作开发能源工业智能制造试验验证系统平台及能源领域特种机器人设计服务平台。能源工业智能制造试验验证系统平台突破了电石冶炼机器人在极端恶劣工况下的

防护与性能加固技术、强冲击载荷下振动抑制技术，解决了出炉机器人和捣炉机器人的拓扑结构研究、机构运动学设计的理论与方法的研究设计、通用性能参数检测、机器人标定、冲击振动响应测试及冲击力测试的问题，实现了模拟真实工作与现场环境的应用。能源领域特种机器人设计服务平台面向我国核能源安全、电石冶炼、智能电网、空间及海洋探索等代替人在高危、恶劣环境下工作的领域，全面而深入地开展各种面向复杂非结构环境的特种机器人系统设计、实验与应用工作。

6. 与新松合作开发工业机器人集成应用系统等 5 个平台

创新中心与股东单位沈阳新松自动化股份有限公司合作开发工业机器人集成应用系统平台、"智能型"机器人设计支撑服务平台、城市物流移动机器人设计服务平台、移动操作臂协同装配设计服务平台及智能移载工业机器人设计服务平台。工业机器人集成应用系统平台面向工业机器人集成应用领域，基于数字孪生架构，实现有关数字孪生的实践应用可根据不同用户需求进行定制开发。"智能型"机器人设计支撑服务平台开发一款协作机器人控制器，针对教育行业市场应用的特点，压缩体积和成本，解决了开设机器人培训课程的高额成本问题。目前已经研发生产了 3 台样机，以供项目组测试和验证。城市物流移动机器人设计服务平台围绕机器人构型设计与分析、动力学模型分析和验证、机器人运动控制、机器人智能规划、自主导航、机器学习、环境感知、人机交互技术等展开深入工作。目前研制完成拥有移动平台运动控制、安全限位、控制权限等功能的一体化控制系统，解决了机器人在室内/外的精准定位问题、绕开障碍物的问题及路径规划问题。移动操作臂协同装配设计服务平台可实现自主移动和与人工协作工作等集成功能，用于工业车间货物搬运、物流仓储库房等场合。目前正在研发机器人关节模块设计平台、机器人导航系统平台及移动操作臂机器人机械臂平台。智能移载工业机器人设计服务平台面向移动机器人（AGV）领域，研制导航控制器系统，为移动机器人在软件设计上提供成套的解决方案。目前已完成部分导航定位程序的开发，正在进行控制器模块封装及各模块的通信设计。

7. 与埃斯顿合作开发机器人及工业上下料试验验证系统等 2 个平台

创新中心与股东单位南京埃斯顿自动化股份有限公司合作开发机器人及工业上下料试验验证系统和面向电子行业装配生产线的复合型机器人应用验证系统。项目针对国产工业机器人缺乏关键核心部件技术的共性问题，研制了机器人专用控制器、伺服系统，应用于上下料机器人、电子装配机器人等系列化机器人中。

8. 与哈工大机器人集团合作开发机器人核心元器件设计服务平台

创新中心与股东单位哈工大机器人集团股份有限公司合作开发机器人核心元器件设计服务平台。该平台主要开展精密减速器的设计研发工作，目前已成功研制精密摆线针轮减速器。该减速器具有结构紧凑、几何精度高、背隙小、扭矩高等特点，已在哈工大机器人集团股份有限公司自主研发的数控转台上成功使用，有助于国内四轴、五轴及高端数控机床产品技术更新和成本降低。

9. 与国机智能合作开发机器人运动控制系统设计服务平台

创新中心与股东单位国机智能科技有限公司合作开发机器人运动控制系统设计服务平台。项目面向机器人运动控制领域，已经搭建了机器人运动控制系统算法实现和验证平台、机器人运动控制系统性能验证与功能检测试验平台、各种构型机器人的高精度检测与测量平台系统及三维数据平台硬件与 PDM 管理系统，并开展了多种构型机器人建模和仿真分析、高级运动学控制算法开发和验证、动力学控制算法开发和验证、机器人运动控制精度评估等方面的研究，相关研究成果在自主开发的机器人控制系统上实现应用，为机器人运动控制技术研究提供了支撑。

10. 与中国科学院自动化所合作开发机器学习设计能力平台

创新中心与股东单位中国科学院自动化所合作开发机器学习设计能力平台。该平台围绕机器人的数据分析、分类识别、置信计算及决策分析等内容，面向智能机器人作业系统的自主任务操作及决策分析，深入开展云框架下的机器人智能技术的开发。目前已经搭建了 1 套双臂协调作业机器人验证平台及 1 套基于 HTC Vive 虚拟现实设备和双臂 UR3 机器人的遥操作系统。

11. 与北京理工大学合作开发仿生高性能特种机器人设计服务平台

创新中心与股东单位北京理工大学合作开发仿生高性能特种机器人设计服务平台。该平台面向国防安全、突发事故、灾害救援等复杂危险情况，全面、深入开展下一代仿生特种机器人系统设计、制造及集成等工作，包括仿生构型设计与分析、动力学模型分析和生物骨骼-肌肉模型分析、生物动态特性模型分析、机器人运动控制等工作。目前，该平台面向仿生运动模拟，建立了运动捕捉与分析系统，解决了人与动物动作分析和多刚体运动分析的问题，面向旨在增强陆军单兵负载与携行能力的机器人外骨骼领域，开发了机器人外骨骼量化评估系统。

　　创新中心进一步深化了与德国、英国等国家的合作，开展工业机器人应用技术、测试技术等方向的合作研究。沈阳研发基地引入下一代机器人团队后，积极引导该团队开展国际交流合作。该团队通过引进伦敦国王学院、伦敦大学学院、爱丁堡机器人中心在机器人研究方面的基础理论研究成果，提升我国机器人设计开发水平。

　　创新中心与国家机器人检测与评定中心（沈阳）签署合作协议后，新购置了 1873.14 万元检测设备，用以提升行业服务能力。为了进一步提高机器人检测认证水平，创新中心与德国 TüV 南德意志集团在机器人、自动化生产线的检测认证领域建立战略合作关系，旨在加强双方在检测和认证领域的协作，帮助企业提高市场竞争力。

第九章

国家智能传感器创新中心

第一节　建设进展

一、组建情况

（一）公司

国家智能传感器创新中心（以下简称创新中心）于 2018 年 7 月 3 日正式启动。创新中心致力于先进传感器技术创新，联合传感器上下游及产业链龙头企业开展关键共性技术研发。创新中心以"公司+联盟"的模式自主运营，以上海芯物科技有限公司为运营主体，以中国传感器与物联网产业联盟为外延。国家智能传感器创新中心各功能板块如图 9-1 所示。

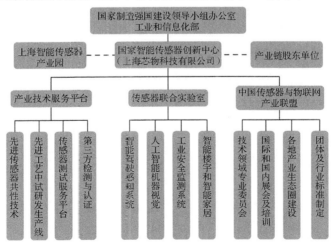

图 9-1　国家智能传感器创新中心各功能板块

创新中心总部设立在上海市嘉定区，目前已建成智能传感器产业园一期，聚集了中国科学院上海微系统所、上海微技术工业研究院、新微创源孵化器等 50 多家传感器和物联网应用企业和科研机构，着力打造传感器与物联网产业聚集地。

创新中心运营板块由产业技术服务平台、传感器联合实验室、中国传感器与物联网产业联盟组成，产业技术服务平台负责建设创新中心产业技术服务能力，包括先进传感器共性技术的研发及产业化、工程技术服务咨询、传感器测试与认证、大数据训练云平台；传感器联合实验室负责研发成果跨领域、跨技术的转移转化及产业资源整合；传感器与物联网产业联盟负责传感器产业集聚及整合，通过构建产业生态圈，组织行业顶尖展会、培训、产业对接，以及制定行业标准，实现传感器产业聚集。

（二）联盟

中国传感器与物联网产业联盟（以下简称联盟）作为创新中心的外延组织，由工业和信息化部指导和支持，联盟秘书处设在国家智能传感器创新中心。联盟以传感器为核心技术，结合通信、计算、能力采集等技术，推动物联网产业发展，带动消费电子、汽车电子、工业与机器人、生物医疗、智慧城市、智慧农业等领域的产业化转型升级，助力科技创新、大数据、人工智能等国家战略的实施。联盟现有近千家成员单位，覆盖了智能传感器芯片设计、制造、封装测试、系统集成、物联网行业应用，以及产业资本全产业链生态圈，科研单位覆盖 50%以上智能传感器领域的国家级创新平台及科研院所，联盟机构和秘书处建设稳步推进，已设立秘书处北京办公室，以及若干个技术及应用领域专业委员、专家委员会。联盟加强国际交流合作，连续 2 年组织中国企业代表团参加海外展览活动。联盟与全国各地物联网产业核心区开展合作，并启动了长三角地区的一体化融合。联盟主办中国（上海）传感器与应用技术展览会，成为继美国和德国之后的全球第三大传感器与物联网产业活动。联盟组织架构如图 9-2 所示。

联盟下设常务理事会、专家委员会、专业委员会、各地分联盟、秘书处等机构。

（1）联盟实行常务理事会领导下的理事长负责制，常务理事会是联盟最高决策机构，负责审定批准联盟章程，审议联盟发展战略规划，任免联盟理事长、副理事长、秘书长，以及决策其他重大事项。联盟理事长由创新中心推荐并经常务理事会批准任命。关盟秘书长是常务理事会决议执行者，负责联盟日常管理事务。

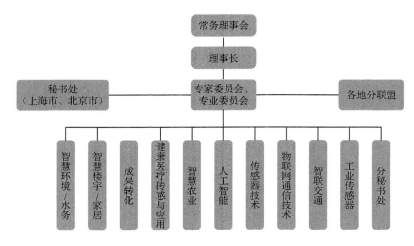

图 9-2　联盟组织架构

（2）专家委员会负责调研、梳理技术和产业链发展趋势，为企业与行业发展、行业布局、政府决策提供咨询，目前已成立人工智能专家委员会、传感器技术专家委员会、物联网通信技术专家委员会等。

（3）专业委员会是联盟依据传感器与物联网产业不同业务领域而设立的专门从事联盟业务活动的机构。已成立的专业委员会包括智联交通、智慧楼宇/家居、物联网通信技术、成果转化、工业传感器、智慧环境/水务、健康医疗传感与应用、智慧农业等。

联盟持续努力提升展览会议服务、人才培训、团体/行业标准制定、测试与认证、技术鉴定/认定、知识产权服务及产业对接等工作成效，并与全国各地区开展战略合作，协助创新中心进行产业集聚，实现先进传感器技术的转移转化。

二、队伍建设

（一）管理团队

创新中心本着"吸引人才、留住人才、用好人才，最好的环境是良好的体制机制"的理念，通过增加人才引进渠道、建立规范透明的绩效薪酬体系、设立创新培训工作机制、设置合理的人员激励机制等措施，吸引优秀人才加

入，搭建一支完善的技术研发及管理队伍，支持创新中心业务发展。

此外，创新中心还设立了辅助的积分管理制度，将员工的日常行为也一并纳入考评范畴。积分管理制度相比年度考评反馈更快、更及时，同时充分激发了员工的积极性。

创新中心面向全球范围引进行业顶级的人才及团队，已形成来自美国、欧洲、日本、中国台湾等国家和地区的研发、工程技术、管理运营等多种类型的优势团队。目前，创新中心已搭建核心运营团队 60 人，其中，研发人员 45 人，占总员工数的 75%。核心运营团队包括 MEMS 工艺开发团队、传感器和 ASIC 设计团队、物联网应用团队、工程和量产测试团队、应用软件团队、市场销售和运营团队等。

三、机制建设

（一）项目管理机制

创新中心根据国家制造业创新中心的建设要求，建立健全法人治理结构，建立了运行机制、信息化建设机制等。

运行机制方面，创新中心按照权责明确、科学管理的模式运行。创新中心自主决策、自我管理，建立了科学的决策机制。创新中心决策机构的成员具有广泛代表性，包括来自成员单位的代表、具有独立身份的产业界和科技界杰出人士，负责制定和把握创新中心的长期发展战略、投融资决策、人才团队、基本建设等重大事项。创新中心以技术专家委员会作为内部咨询机构，技术专家委员会委员由来自学术界、企业界和政府委派的专家组成，负责研判行业发展重大问题并筛选确定研究方向。创新中心在管理上不断完善内部管理制度建设，初步构建了完善的内控体系，包括《财务管理制度》，明确了项目经费管理和使用原则；《科研项目管理制度》，规范了项目申报、执行等管理流程和要求；《采购制度》及《采购委员会管理办法》，明确了创新中心采购类型、流程及要求；《合同审批制度》及《印章管理制度》，明确了涉及经济合同的处理办法及制定合同等事项；除此以外，创新中心在运营管理方面还建立了《因公出国出境管理办法》《专利管理制度》等。通过以上制度的建立及流程的规范，有效防范了各类风险，为项目的有效实施、公司的高效运营奠定了坚实的制度保障。

在信息化建设方面，创新中心通过企业 ERP 系统运用，经过个性化开发，实现了研发、采购、财务、人力资源等办公流程的统筹化管理。同时启用云之家企业助手，以组织、消息、社交为核心，提供丰富的移动办公应用，打破部门与地域限制，实现工作流随时查看、跟踪、审批，提高协作效率，同时拥有企业云盘功能，可实现资料存储与共享，以及设置多角色权限管控，使团队协作更高效。

（二）设备共享机制

创新中心成立之初建立了设备共享机制，先后与 12 家科研院所、高校、国家重点实验室等机构达成设备共享合作。

创新中心通过设备共享机制，现已具备包括 MEMS 加速度、MEMS 陀螺仪、压力和红外等传感器的测试标定能力，打造传感器及其应用的全方位服务平台。创新中心与深圳华证科技有限公司结合双方优势资源，共建传感器与 IC 验证联合实验室，该联合实验室致力于提供全方位的验证与工程解决方案，可提供包含可靠度试验（RA）、静电防护能力检测（ESD/LU）、失效分析（FA）与线路修补（FIB）等检测服务。创新中心与厦门万物工场文化创意产业有限公司共建智能终端测试联合实验室，具备智能手机、可穿戴设备、机器人等各类电子产品成品，以及 PCBA 相关的 RF 测试、基带测试和可靠性测试能力，包括静电、浪涌、绝缘阻抗、交流耐压等测试，高/低温、温度冲击、盐雾、防水、插拔力等可靠性测试，以及耐磨、耐腐蚀、滚筒、跌落、UV 老化等各种环境测试。创新中心联合上海微技术工业研究院，共同打造工程技术服务平台，具有 X-ray、开封机、研磨机、金相显微镜、反应离子刻蚀机、电子扫描显微镜和能谱分析（EDX）等失效分析设备。创新中心与国家智能网联汽车创新中心正在筹备建设 ADAS 联合实验室，具备汽车智能传感器从模组、部件、系统到整车的研发测试能力，涵盖毫米波雷达、激光雷达、超声波雷达和图像传感器等主要 ADAS 传感器的相关能力。

（三）内部激励机制

内部激励机制方面，为了保障人才队伍建设，创新中心设立了特色的激励机制，分为基于绩效结果的考评体系、晋升激励、舆论激励与民主激励。

（1）基于绩效结果的考评体系是根据提前设立的公司绩效关键指标、部门绩效关键指标和员工绩效关键指标，定期考核公司、团队与个人的绩效结果。考核标准公平、客观，不唯学历论、工作经验论、能力论。员工个人的考核是绩效结果与工作能力、态度及团队协作的综合得分。

（2）晋升激励反映的是"能者上、庸者下"，唯才是用。坚持正确的人才任用方针，基于绩效评估结果，仅晋升才能突出的员工。

（3）舆论激励是通过创新中心内部的舆论导向，对员工给予精神上的支持和奖励。创新中心利用微信群与板报、员工积分排行榜等媒介，对表现突出的员工进行褒奖，形成奋发向上的良好氛围。

（4）民主激励指创新中心充分授权员工参与公司日常管理，群策群力，极大地调动了员工的工作积极性。

此外，为了鼓励创新中心员工产出科技成果，提高自主知识产权的质量，创新中心设立了知识产权申请奖励机制，奖励类型涵盖了发明、实用新型、外观设计、软件著作权、集成电路布图设计、PCT 及港澳台专利等，大大提高了员工的积极性，有助于员工主动、及时地将工作中产生的科技成果申请为专利等知识产权。

（四）知识产权机制

创新中心通过以下措施建立起一个严密的知识产权保护管理体系。首先，建立知识产权管理小组，由创新中心的管理层参与知识产权管理工作；设立专职管理人员，对专利申请进行布局；选择专业代理机构，投入专项经费；定期对知识产权进行及时归类、清理和维护；运用法律手段解决知识产权纠纷。

同时，在知识产权资源使用上采取共享机制，即在创新中心成员单位共同投入资源的情况下，研发成果由参与各方共享，如合作单位需使用创新中心已拥有的自主知识产权，可以通过技术转移模式，获得使用权。此外，创新中心将建立符合多类合作伙伴的知识产权机制，以最大限度地满足不同合作伙伴的需求，同时不损害其他合作伙伴的利益。

四、平台建设

创新中心通过自主开展的技术创新活动，实现本领域的技术突破，已完成热式薄膜传感器制造共性技术开发和能力建设，基本具备红外热堆及其阵列的 CMOS 兼容 MEMS 集成制造能力，包括红外热堆及其阵列有限元仿真、红外热堆及其阵列通用选通电路设计，低应力（<100MPa）、高光学吸收率（>50%）的热式复合膜制造工艺，CMOS 兼容 MEMS 多晶硅 p 型/n 型混合掺杂工艺，低成本、高良率全单面四甲基氢氧化铵（TMAH）湿法硅腐蚀特色工艺，高精度自对准 CMOS 兼容 MEMS 金属互联工艺等关键共性技术模块。

面向新兴"蓝海"应用，创新中心通过平台能力建设及整合国内外平台资源，在国内优先形成 8 英寸晶圆锆钛酸铅（PZT）压电薄膜制备、压电 MEMS 精细加工、压电材料及传感器特性表征手段、压电 MEMS 仿真等比较完整的压电 MEMS 关键共性技术平台。PZT 压电薄膜工艺制备方面，覆盖了 PZT 压电薄膜沉积工艺的主要方法，包括利用溅射工艺实现的高机电耦合系数、低温（<500℃）CMOS 兼容 PZT 压电薄膜制造，利用脉冲激光沉积（PLD）工艺实现的高介电常数（ε >1500）的 PZT 压电薄膜制造，利用外延工艺实现的低介电常数（ε <35）的 PZT 压电薄膜制造等，基本可以满足 PZT 材料压电薄膜的开发需求。PZT 压电薄膜 MEMS 器件制造技术方面，开发并具备压电薄膜刻蚀/腐蚀的图形化精细制造工艺能力，包括基于 IBE（离子束刻蚀）的 PZT 压电薄膜的高垂直度刻蚀工艺，基于 RIE（反应离子）的 PZT 压电薄膜/电极的高选择比刻蚀工艺，基于 ICP（感应耦合等离子）的低反溅率的 PZT 压电薄膜刻蚀工艺，以及采用 BOE 湿法腐蚀实现零残余材料的 PZT 压电薄膜腐蚀工艺等关键共性技术模块，可开展多手段 PZT 压电薄膜 MEMS 器件的精细化结构制造。在压电 MEMS 复杂结构制造方面，具备低应力双层 PZT 压电薄膜、三层电极的多层压电薄膜制造工艺能力，包括多层压电薄膜和电极堆叠结构下 PZT 材料生长的晶粒大小控制、结构化电极上 PZT 材料的压电特性调制、多层压电薄膜的复合膜应力匹配及压电薄膜缓冲层的沉积等关键共性技术模块，建立了包括 XRD、AFM、SEM、LCR 及阻抗谱分析在内的较为完整的压电薄膜材料性能评估方法，以及 4D 数字全息成像动/静态压电 MEMS 测试能力，形成了面向不同应用、从材料到结构的压电 MEMS 复杂结构制造评估能力。

创新中心已完成传感器测试服务平台的建设，包括洁净等级为万级的专用洁净室场地建设 280 平方米，洁净等级为千级的专用洁净室场地建设 220 平方米；具有恒温恒湿环境、防静电环境、压缩空气环境、真空环境、氮气环境等基础设施。工程服务平台已构建的测试服务能力主要包括 MEMS 加速度、MEMS 陀螺仪、压力和红外等传感器的测试标定、可靠性测试、ESD 测试、产品失效分析、器件工艺分析等。

创新中心于 2019 年建立了智能传感器联合实验室，通过将传感器基础技术进行模块化分解，形成智能化共性方案等模式，实现企业集聚及技术转移转化，主要包括以下 5 个方面。

（1）传感器数据库。

（2）与国家智能网联汽车创新中心建立 ADAS 联合实验室，具备与智能驾驶相关从传感器芯片、模组、部件、系统到整车的研发测试能力。

（3）与华证智通科技有限公司建立传感器与 IC 验证联合实验室，具备可靠性试验、失效分析与线路修补等检测服务。

（4）与上海万物工场智能科技有限公司建立智能终端测试联合实验室，具备智能手机、可穿戴设备等终端产品的 RF 测试、基带测试和可靠性测试能力。

（5）与中国科学院声学研究所东海研究站、浙江中科电声研发中心建立声学传感器联合实验室，具备声学传感器从设计、集成、先进制造及封装工艺的研发及应用能力。

第二节　运行成果

一、技术创新

国家智能传感器创新中心以关键共性技术的研发和中试为目标，专注传感器设计集成技术、先进制造及封测工艺，布局传感器新材料、新工艺、新器件和物联网应用方案等领域，包括建设 CMOS 兼容 MEMS 平台、基于新材料的 MEMS 平台、高端 MEMS 和先进传感器开发与制造平台等。

二、成果转化和企业孵化

技术转移扩散和溢出是创新中心建设关键共性技术平台的重要目的之一，创新中心在实践中逐步摸索出"技术+标准+技术链/产业链"转移扩散和溢出模式，并以抗击新型冠状病毒肺炎疫情为契机，开始进行实践。

1. 技术转移（首次商业化）的"技术"基础确认

在抗击新型冠状病毒肺炎疫情的应急战略物资保障行动中，通过千万量级红外热堆温度传感器的生产制造及其在额温枪中的集成应用实践，创新中心建立了经实战检验的红外热堆温度传感器关键共性技术平台。

2. 推动红外热堆温度传感器的行业"标准"制定

与中国电子技术标准化研究院及国内相关企业合作，通过牵头提交热电堆阵列红外探测器行业标准、参与热电堆单元红外探测器行业标准的制定，解决关键共性技术的定位问题，为创新中心红外热堆温度传感器技术转移和溢出建立必要的标准保护墙。在当前的市场环境下，制定统一的热电堆阵列红外探测器产品标准，有利于规范产品向标准化、系列化的方向发展，保证产品质量，提高产品可靠性，为引导企业设计、生产和使用红外探测器提供科学、可靠的依据，对健全和完善我国红外探测器标准体系，为后续其他产品规范的制定有积极的指导意义，同时对国产智能传感器及其行业标准的全面推进起到带动作用。

3. "技术链/产业链"企业合作开展技术转移与技术扩散

创新中心+杭州某传感器企业是传感器技术与封装（物料+加工）供应链的整合，创新中心与厦门某传感器企业属于传感器技术与特殊应用集成电路（ASIC）技术在技术链上的整合，可达到互补增强的效果，有效提升技术转移与技术的扩散成功率及其溢出价值。

三、行业服务

1. 打造服务于全产业链的工程技术服务平台

工程技术服务平台是创新中心围绕提供高质量测试分析技术服务进行建设的，已构建测试服务能力主要包括 MEMS 加速度、MEMS 陀螺仪、压力和红外等传感器的测试标定，以及可靠性测试、ESD 测试、产品失效分析、器件工艺分析等。其中，测试标定服务以面向消费级和汽车级芯片为主，已引进设备包括加速度/陀螺仪和压力传感器测试标定系统、高低温环境类试验箱、示波器、分析仪、信号发生器等检测设备。测试标定服务已调试完成 CSP1.1×1.3、LGA1.6×1.6、LGA2×2 三种封装惯性传感器的批量标定流程及高性能运动传感器性能测试平台，已建立一套完善的测试流程。

目前，两套支持 WLCSP 封装形式的测试设备、一套支持 QFN/LGA 等封装形式的测试设备及一套晶圆测试设备已到位，并进入正式运行。支持 WLCSP 封装形式的测试设备具备载带（Carrier Tape）和振动料斗（Bowl Feeder）上料系统，可支持器件尺寸从 1mm×1mm 至 7mm×7mm 的晶圆级封装和传统封装传感器测试。该上料系统拥有独立的 X/Y 旋转轴，最大角速度可达 400°/s，角位置精度<0.01°，最高 32site 并行测试能力。该上料系统具备 GRR 及在线 EQC 检测功能，可保障传感器测试标定的质量要求。支持 QFN/LGA 等封装形式的测试设备支持 MEMS 传感器的校准和测试，具备上料、校准、测试、分选、编带等一体功能，可有效降低 MEMS 传感器测试

工艺中因物理环境冲击而造成的结构损坏，从而保证产品可靠性、提升产品测试质量及测试效率。该测试设备可支持器件尺寸从 2mm×2mm 至 7mm×7mm，拥有独立的 *X/Y* 旋转轴，最大角速度可达 400°/s，角位置精度 <0.01°，最高 32site 并行测试能力，具备 GRR 及在线 EQC 检测功能。晶圆测试设备具备传统探针台自动上片、对针、探测、下片等功能，以及对被测晶圆施加加速度、角速度、磁场强度等功能，完成 MEMS 传感器的信号采集及性能标定，具备 9DOF（3 轴陀螺仪+3 轴加速度+3 轴磁传感器）晶圆级惯性传感器测试标定能力；支持完整晶圆、传统封装入料方式；最大角速度可达 750°/s，角速度精度<0.1°/s。

在压力传感器检测方面，创新中心具备压力传感器的校准和测试能力，能够满足气压传感器、工业级压力传感器、汽车级压力传感器在 10kPa～2500kPa 量程内的校准和测试。

2. 传感器数据库

为了给传感器设计企业和系统应用企业搭建一个资源汇总的平台，创新中心建立了传感器数据库。传感器数据库收录各种类型传感器的详细参数信息资料和规格说明书，并提供实际检测验证报告和相应的参考设计，其涵盖内容包括联合实验室检测数据、联合实验室分析数据、传感器应用方案选型，旨在为传感器用户提供专业的平台以获取传感器相应的数据参数和使用案例，同时为各传感器芯片企业提供平台展示各自的产品。传感器数据库运用互联网适时性、互动性、多媒体等方面的技术优势，为传感器供需双方提供信息共享、交流互动平台。通过传感器数据库，为产业链上下游企业提供以下服务。

（1）标准制定及完善。规范传感器产品性能及标准，完善系统接入标准化。

（2）方案提供及验证。提供传感器应用解决方案，使客户产品设计高效化、标准化。

（3）数据信息及性能检测。已提供运动、压力、光学等传感器测试报告，便于传感器产品选型。

目前，传感器数据库已收录全球传感器产品信息超过 13000 款。

3. 联盟服务

联盟将在政府相关部门的指导和支持下，联合联盟成员单位，发挥产学研合作和整体资源优势，加快我国物联网产业核心技术和关键产品的标准化。联盟服务主要包括以下 5 个方面。

（1）与创新中心紧密配合，支持并加快传感器共性技术的研发及推广。

（2）与产业链上下游企业紧密合作，推动传感器在消费电子、汽车电子、生物医疗等应用领域的开发和推广。

（3）建立物联网技术应用标准，推动传感器与智能系统在工业与机器人、消费电子、汽车电子、生物医疗领域的标准化应用。

（4）开展各项市场与技术咨询活动，提供行业发展及技术分析报告，为联盟成员单位提供咨询服务，并为相关产业制定长远战略规划和产业布局方案。

（5）定期举办国际化专业展览会、技术研讨会、行业峰会，并开展国际合作、人才培训、项目咨询、资质认定等工作。

四、交流合作

创新中心与美国硅谷 YouSpace 公司一起致力于 3D 深度视觉开放平台的设计与开发，基于 3D 深度视觉开放平台对人类行为和对物的识别采用全新的数据采集和处理技术，打开了新的人（物）机交互空间，该平台在各种场合被广泛应用。创新中心与 YouSpace 公司联合开发的计算机视觉人工智能技术拥有先进的实时人类（物）行为识别 AI 引擎，使用一个或多个 3D 传感器获取 3D 信息进行人体特征和物体的识别，能实时识别人体（物）姿态和行为动作，具有厘米级的高精度，同时 SDK 能输出人体表面各点的法向量以实现更复杂的功能，运行效率很高且对应用系统资源要求较低，在同行业中具有较大的优势，具备人脸识别、手势识别、人体骨架识别、三维测量、环境感知、三维地图重建等数 10 项功能，可广泛运用于电视、手机、游戏、教育、机器人、无人机、物流、VR/AR、智能家居安防（养老）及汽车驾驶辅助等领域。

创新中心与美国 Triumph 公司联合开发智慧工厂解决方案，在 ERP 系统中引入各种智能传感器，利用物联网技术和设备监控技术加强信息管理和服务，加快智慧工厂的建设进程。智慧工厂解决方案拥有企业资源计划（ERP）、客户关系（CRM）、分销资源计划（DRP）、办公自动化（OA）、即时通信（EIM）、商业智能（BI）、企业智能手机（EIP）、在线销售商城（OSM）、信息管理系统（IMS）等运营管理系统。创新中心利用先进传感器的设计和产品整合优势，运用嵌入式系统研发、集成通信协议的优势，研发智能传感器和 PaaS

应用平台，可快速、系统地与各厂家 ERP 系统和 SaaS 平台对接。充分挖掘生产数据信息，并可提供工厂环境监测等信息，打通企业信息化管理系统与生产制造环节，全面提升工厂智能化水平，向"工业 4.0"迈进。

创新中心和美国运动传感器企业 mCube 开展深入交流与合作，针对 MEMS 惯性传感器的校准、测试等方面合作建设惯性传感器的晶圆及封装测试平台，共同开发测试方案。mCube 是一家以运动传感器产品研发、应用开发为主的公司，其开发的加速度传感器已广泛应用于手机、平板电脑、可穿戴设备、运动捕捉服装等，全球出货已超 5 亿颗。目前，创新中心与 mCube 公司已联合建成国内第一个可对惯性传感器晶圆进行校准和测试的平台，并已完成晶圆封装前后的数据比对，建成可对晶圆级芯片尺寸封装（WLCSP）及传统封装惯性传感器进行批量校准、测试的平台，并实现测试-分选-编带一体化工艺，减少测试环节对产品 MEMS 结构的损伤，以保障产品品质。

创新中心和蔚华科技股份有限公司就传感器及 IC 在研发阶段的失效分析和验证方法开展深入的合作与交流，探讨如何快速、有效地解决设计企业在研发阶段所碰到的问题，并成立联合实验室，共同为广大传感器及 IC 设计企业提供失效分析、可靠性验证和技术咨询等全方位服务。

创新中心和美国半导体设备企业 AVP 公司开展与薄膜工艺相关的 PVD 和 IBE 设备的合作开发。创新中心根据光学传感器和各类 MEMS 传感器的特殊需求提出相应薄膜工艺的需求，AVP 公司提供相应的设备硬件实现方案，双方进行深入的交流与合作，共同探讨并开发符合各类传感器需求的薄膜工艺设备。

此外，创新中心与国外设备厂商共同研发，实现设备国产化，旨在完善 CMOS 兼容 MEMS 平台、高端 MEMS 和先进传感器关键共性技术平台建设。在新工艺方面，与日本 ULVAC 合作开展 PZT 薄膜材料新工艺开发，包括 PZT 材料生长 CMOS 兼容性、材料介电常数控制、材料生长温度及极化度关系、压电材料无铅化工艺开发等研究。在机台国产化方面，与美国 AVP 公司、芬兰 Beneq 公司、中车青岛四方机车车辆股份有限公司合作开展 PVD、ALD 设备的国产化，以及应用于大晶圆（12 英寸）上高端 CIS 开发先进薄膜材料、高端惯性传感器用 $Al_2O_3/HfO/YrO$ 等工艺的关键共性技术开发。

第十章
国家集成电路创新中心

第一节　建设进展

国家集成电路创新中心（以下简称创新中心），于 2018 年 7 月 3 日在正式在上海揭牌成立，成为全国第 7 家国家制造业创新中心。

一、组建情况

创新中心以股东单位为主体，以行业骨干企业、国内高校科研机构为合作参与单位，吸纳政府资金、产业基金，以及企业、高校、科研院所和社会资本增资扩股，完善股权结构和法人治理结构，保障创新中心的独立性、实体性和中立性；集中产业界优势力量，完善集成电路产业链上下游协同机制，提高创新中心的可持续发展能力。

（一）公司

参照工业和信息化部提出的国家制造业创新中心建设领域总体布局要求，以及面向制造业创新发展的重大需求，由复旦大学牵头，与中芯国际集成电路制造有限公司（以下简称中芯国际）和上海华虹（集团）有限公司（以下简称华虹集团）共同组建上海集成电路制造创新中心有限公司（以下简称集成电路公司）。

（二）联盟

创新中心依托集成电路产业技术创新战略联盟和中国高端芯片联盟（以下简称创新联盟）。2017 年 3 月 22 日，集成电路产业技术创新战略联盟由

62 家龙头企业和机构发起成立。创新联盟成员单位涵盖集成电路制造、集成电路设计、信息系统集成、电子产品整机制造等全产业链。

二、队伍建设

创新联盟已在创新中心设立办公室，创新联盟专家咨询委员会主任马俊如先生同时担任创新中心专家技术委员会主任，创新联盟理事长曹健林博士担任创新中心专家技术委员会副主任。集成电路公司的发起单位中芯国际和华虹集团是创新联盟副理事长单位，浙江大学电气学院和信息学院院长严晓浪教授担任创新联盟副理事长。

创新中心是一个以技术研发为核心业务的企业，技术人员是企业的生命力。专用集成电路与系统国家重点实验室 28 人的团队已整体被聘到创新中心，其中包括中国科学院院士 2 人。上海集成电路研发中心有 70 名资深技术人员加入创新中心的研发工作。未来 3 年内，国家集成电路创新中心拟组建一支拥有 180 人的队伍，技术研发人员占比不低于 80%，管理类人员占比不高于 20%。

三、机制建设

创新中心在成立之初由复旦大学、中芯国际和华虹集团 3 家单位共同发起，组建新的合资公司作为创新中心的实体。后续将根据产业状况和技术研发进展，适时扩展新成员，增资扩股。复旦大学拥有微电子学院、专用集成电路与系统国家重点实验室，先后承担国家科技重大专项课题 20 余项，在微纳器件和工艺制造方面进行了重点建设，打造了我国高校中顶尖的微纳电子科学和集成电路科技创新平台。中芯国际是国内技术先进的集成电路晶圆代工企业，也是世界领先的集成电路晶圆代工企业之一。华虹集团是国家"909"工程的成果与载体，是以集成电路制造业务为核心的多业务平台共同发展的集成电路产业集团。

通过创新联盟，创新中心开展与集成电路产业界的广泛合作，聚集高端国际人才团队，形成大量原创技术。创新中心发挥创新联盟单位各自优势，整合相关资源，探索机制和模式创新；同时，借鉴国内外类似研发机构管理模式，充分发挥我国特色的"政产学研用金"协同决策的科学性，控制风险。

四、平台建设

创新中心目前涵盖了 3 个国家级创新平台，包括国家发展改革委认定的上海集成电路研发中心，集成电路领域唯一的国家重点实验室专用集成电路与系统国家重点实验室，以及由上海市、浙江省和江苏省共同发起成立，复旦大学牵头的长三角集成电路设计与制造协同创新中心。

第二节 运行成果

一、技术创新

（一）二维半导体准非易失性存储器

创新中心研发了具有颠覆性的二维半导体准非易失性存储器，开创了第三类存储技术，写入速度比目前 U 盘快一万倍，数据存储时间也可自行决定，解决了国际半导体电荷存储技术中"写入速度"与"非易失性"难以兼得的难题，相关成果已发表于《自然·纳米技术》杂志。目前，半导体电荷存储技术主要有两类，第一类是易失性存储，如计算机中的内存，掉电后数据会立即消失；第二类是非易失性存储，如人们常用的 U 盘，在写入数据后无须额外能量可保存 10 年。易失性存储可在几纳秒左右写入数据，非易失性存储需要几微秒～几十微秒才能把数据保存下来。

二维半导体准非易失性存储器既满足了 10 纳秒写入数据速度，又实现了按需定制（10 秒～10 年）的可调控数据准非易失特性。这种全新特性不仅在高速内存中可以极大地降低存储功耗，同时能实现数据在有效期截止后自然消失，在特殊应用场景解决了数据保密性和传输之间的矛盾。二维半导体准非易失性存储器创造性地选用多重二维材料堆叠构成了半浮栅结构晶体管，其中 MoS_2、WSe_2、HfS_2 分别用于开关电荷的输运和储存，BN 作为隧穿层，制成阶梯能谷结构的范德瓦尔斯异质结。二维半导体准非易失性存储器可在大尺度合成技术基础上实现高密度集成，将在极低功耗高速存储、数据有效期自由度利用等多领域发挥重要作用。

（二）二维原子晶体场效应晶体管

创新中心实现了具有晶圆级均匀性的二维原子晶体场效应晶体管制造

技术。随着半导体技术的飞速发展，微纳电子器件的特征尺寸逐渐逼近传统半导体材料的物理极限。作为一种新型的二维材料，过渡金属硫系化合物的出现受到了业界的广泛关注。过渡金属硫系化合物具有类石墨烯的二维层状结构，具备能带间隙可调等独特的半导体特性，在电子学、化学、力学等领域都展现出了优异的物理特性，有望打破器件尺寸的极限，在下一代微纳电子领域取得重大突破。而晶圆级二维原子晶体薄膜的制备技术和稳定的掺杂工艺是大规模集成电路实现的必要前提，业界均未提出有效解决路径。

创新中心已突破制备二维原子晶体的制备工艺，获得了大面积连续二维过渡金属硫系化合物原子晶体材料。同时，由于二维过渡金属硫系化合物材料本征的半导体特性，业界都只实现 n 型二维原子晶体场效应晶体管的制备，但难以突破 p 型二维原子晶体场效应晶体管的制备。而稳定 p 型二维原子晶体场效应晶体管的缺少必将极大地限制其在互补金属氧化物半导体（CMOS）集成电路领域的应用。创新中心创造性地提出利用原子层淀积与硫化技术相结合的制备工艺，数字化控制二维原子晶体薄膜的生长厚度，原位引入氮原子进行替位掺杂，实现了高质量、层数可控、大面积均匀且稳定 p 型掺杂的二维原子晶体 WS_2 薄膜制备，实现了 WS_2 薄膜材料的晶圆级制备和对材料稳定的 p 型掺杂，为其他二维原子晶体材料的大面积合成及稳定掺杂技术提供了创新性思路，对二维原子晶体场效应晶体管在未来大规模集成电路领域的应用起到推进作用。

（三）3～5 纳米线阵列晶体管静态随机存取存储器（SRAM）工艺

创新中心获得堆叠环栅纳米线金属–氧化物半导体场效应晶体管（MOSFET）工艺初步方案，开展了堆叠纳米线 Bosch 刻蚀工艺的可行性认证，实现了 4 层纳米线结构；完成了堆叠纳米线 Bosch 刻蚀工艺优化 Layout 设计，包括基于实际器件尺寸的纳米线结构和扫描电子显微镜（SEM）测试用结构版图；完成了 TCAD 服务器搭建及环栅器件初步仿真设置。创新中心实现了具有 3～5 纳米线阵列晶体管 SRAM 工艺流程。

随着晶体管技术的发展，器件结构从平面型晶体管，发展到鳍式场效应晶体管（FinFET）。但当工艺从 7nm 逐渐进入 5nm 节点时，FinFET 结构也不能给沟道提供足够的栅控，而环形栅晶体管正好能够弥补 FinFET 结构的不足，有望打破器件尺寸的极限，对下一代晶体管发展做出重大突破。环形栅晶体管可以根据几何结构分为横向环形栅晶体管（LGAA-FET）和垂直环形栅晶体管（VGAA-FET）。

目前，对于3～5nm线阵列晶体管制备的必要前提是如何有效地在当前成熟的FinFET工艺上大规模制备生长有序的纳米线功能器件。创新中心成功解决了如何高效利用FinFET工艺制备出生长有序的纳米线功能器件。同时，在FinFET工艺的基础上，增加硅和锗硅外延叠层；在金属栅工艺中加入硅与锗硅选择性刻蚀，实现LGAA-FET工艺，主要工艺步骤为衬底外延、浅槽隔离、多晶硅栅淀积、源漏外延和金属栅淀积。通过工艺过程仿真可以了解在工艺过程中存在的风险，并为优化工艺流程提供了宝贵的参考，再通过与实际工艺的不断迭代优化工艺参数，最终为下一代晶体管的发展铺平道路。

（四）完成半浮栅高速缓存专用工艺与基础逻辑工艺的整合

创新中心联合行业优势单位如复旦大学、上海华力微电子有限公司、上海华岭集成电路技术股份有限公司、北京华大九天软件有限公司等联合攻关。根据上海市经济和信息化委员会布局的面向5G应用的高速缓存设计、仿真、验证"一条龙"项目的实施方案，创新中心完成了半浮栅高速缓存专用工艺与基础逻辑工艺的整合，完成了高速缓存器件结构的设计。核心缓存器件采用U型沟道设计，有利于光刻和避免短沟道效应，适用于40nm到20nm工艺节点下半浮栅晶体管（SFGT）的制造。半浮栅高速缓存专用工艺与基础逻辑工艺项目未来将通过两个方向推进实施，其一是器件开发，从器件设计、工艺集成到流片测试，最终完成器件测试与建模；其二是存储器芯片设计开发，与器件开发同时进行，先开发一个小容量的存储器电路并进行测试，验证存储器外围读写电路的正确性。

目前，传统的高速缓冲存储器面临着其芯片面积几乎占据了所有面积一半的问题。半浮栅高速缓存提供了一种非常好的解决方案，为高速缓冲存储器的国产化带来了机会。基于半浮栅晶体管的高速缓存单元具有读取速度快、存储窗口大等优点，多项性能指标超越国外水平。半浮栅高速缓存专用工艺与基础逻辑工艺的整合项目起到的技术带动和引领作用主要体现在具有完全自主知识产权的高速缓存技术的突破。

（五）高性能非晶氧化物半导体InGaZnO薄膜晶体管和超级电容

创新中心联合复旦大学，采用特殊的氧化铝介质制备工艺，在30℃条件下制备出高性能非晶氧化物半导体 InGaZnO 薄膜晶体管（以下简称薄膜晶体管）。薄膜晶体管在-10V 的偏压应力下保持 40min，阈值电压波动仅为 0.11V，亚阈值斜率变化仅为 22mV/dec。此外，薄膜晶体管还具有对不同波长的可见光的探测功能。总之，薄膜晶体管因具有极低的热预算，所以在柔性电子领域具有非常好的应用前景。

　　超级电容因具有高功率密度、长循环寿命、可与集成电路相兼容等优点而备受关注。创新中心联合复旦大学，开展了超级电容的研究。在低电阻率的硅片上，利用 Pt 辅助的化学刻蚀工艺，制备了高深宽比的亚微孔结构；采用原子层沉积工艺在硅基亚微孔结构表面覆盖一层纳米超薄 In_2O_3 薄膜，作为超级电容的电极材料；超级电容单位面积容量为 $1.36mF/cm^2$（扫描速率为 10mV/s），2000 次循环测试后其电容增加了 47.8%。

第十一章

国家数字化设计与制造创新中心

第一节　建设进展

一、组建情况

国家数字化设计与制造创新中心（以下简称创新中心）于 2018 年 9 月获批组建，其定位与使命为面向航空发动机及燃气轮机、航空航天飞行器、航天火箭、汽车、轨道交通装备、高端数控机床、能源及海洋重大装备等国家战略性和支柱性行业，聚焦数字化设计、数字化分析、数字化制造等方面关键共性技术，建设数字化设计与制造创新能力平台，为数字制造和智能制造关键领域研发核心工业软件和核心工艺装备提供人才和技术支撑，提升我国数字化、智能化制造技术的核心竞争力。

（一）公司

创新中心以武汉数字化设计与制造创新中心有限公司（以下简称公司）为运行主体。公司由行业内 15 家具有代表性的龙头骨干企业共同出资成立，注册资本为 1.4 亿元。公司股权结构合理，不存在"一家独大"现象。

公司已建立完善的企业法人治理结构，由丁汉院士担任董事长，由丁荣军院士担任副董事长，由彭芳瑜教授担任总经理。公司通过章程规定建立了股东会、董事会和总经理办公会三级决策机制，并通过技术咨询委员会保障科学决策。公司通过总结运行经验，及时优化组织架构、调整部门职能，确定了更贴近市场化运营的组织架构。

（二）联盟

联盟肩负着研判和预测制造领域发展趋势、提出制约制造业发展和竞争力提升的有关数字化设计与制造领域关键共性技术问题、填补基础研究与产业之间鸿沟三大任务。联盟积极发挥其资源整合优势，号召联盟成员单位积极参与创新中心举办的各项会议、论坛等活动，如西南航空航天高端装备制造高峰论坛、航空航天高端制造技术研讨会、中国新型显示制造创新峰会、2019（第五届）智能制造国际论坛、第一期智能制造培训班等；同时，面向联盟成员单位，协助创新中心开展研发立项需求征集工作，以及阶段性工作进展宣传工作，在加强联盟成员单位的沟通与交流方面发挥重要作用。截至2020 年 3 月 31 日，联盟成员单位已发展至 79 家。

二、队伍建设

（一）管理团队

公司围绕"产学研"协同创新的定位组建合理的管理团队，主要负责人由数字化设计与制造领域权威专家担任，具有丰富的技术成果转化工作经验和企业管理工作经验。创新中心主要负责人的简介如下。

创新中心董事长：丁汉，中国科学院院士，华中科技大学学术委员会主任、机械科学与工程学院院长，国家自然科学基金重大研究计划"共融机器人的基础理论与关键技术研究"指导专家组组长。2017 年 11 月至今，兼任武汉数字化设计与制造创新中心有限公司董事长、首席科学家。

创新中心总经理：彭芳瑜，华中科技大学教授、机械科学与工程学院副院长，国家高端数控装备集成攻关大平台常务副主任，主要针对舰船螺旋桨、高超音速空天飞行器、航天光学器件等难加工曲面类零件开展机器人加工、五轴数控加工、超精密加工等机理与装备研究，主持国家杰出青年科学基金、国家重点研发专项等国家级重大科研项目。2019 年 11 月至今，兼任武汉数字化设计与制造创新中心有限公司总经理。

（二）科研团队

联盟依托成员单位，形成了一支由院士专家领衔、中青年骨干教师和行业专家为核心的高水平科研团队。由周济院士、李培根院士、柳百成院士、谭建荣院士和丁汉院士担任首席科学家。周济院士、李培根院士、柳百成院士、谭建荣院士的简介如下。

周济，中国工程院院士，长期致力于机械设计、数控技术与智能制造的教学和研究工作；为中共十六大、十七大代表，第九届全国人大代表（湖北），第十七届、十八届中央委员；曾任武汉市市长、教育部部长、中国工程院院长；2018年至今，兼职担任国家数字化设计与制造创新中心首席科学家。

李培根，中国工程院院士，长期从事机械制造及其自动化领域的教学及科研工作，主持了计算机辅助工艺规划（CAPP）系统的研究与开发；为中共十六大、十七大代表，第九届全国人大代表（湖北），第十七届、十八届中央委员；曾任华中科技大学校长；2018年至今，兼职担任国家数字化设计与制造创新中心首席科学家。

柳百成，中国工程院院士，长期从事用信息技术提升铸造行业技术水平及提高铸造合金性能的研究，致力于振兴我国制造业及推广先进制造技术等战略研究；在多学科宏观及微观铸造过程模拟仿真、铸造合金凝固过程基础研究及提高性能应用研究等方面做出了重要贡献；2018年至今，兼职担任国家数字化设计与制造创新中心首席科学家。

谭建荣，中国工程院院士，主要从事机械设计及理论、计算机辅助设计与图形学、数字化设计与制造等领域的研究。2018年至今，兼职担任国家数字化设计与制造创新中心首席科学家。

截至目前，创新中心根据关键共性技术研发的需要，以产学研协同共建的方式，组建研发团队18个，现有专/兼职研发人员133人，其中80%以上人员拥有博士/硕士研究生学位或研究生在读。

三、机制建设

（一）项目管理机制

创新中心建立研发项目管理体系，发布了《项目管理办法》《科研外协管理办法》等制度。根据承担的国家及行业企业研发项目情况，创新中心从项目申报立项、计划下达、实施、结题验收与总结、成果管理等方面开展了项目的全生命周期管理。

（二）资源共享机制

创新中心已与数字制造装备与技术国家重点实验室、材料成形与模具技术国家重点实验室等国家级科研平台建立了技术、人才、仪器设备等方面的共享机制。创新中心通过与华中科技大学、清华大学、浙江大学、上海交通大学等高校采取"双聘"的形式构建了人才队伍的基本班底，并随着技术研发项目的立项，不断吸收各类高端科研骨干、实习实训人员进入项目团队，壮大人才队伍，实现多元化的人才资源共享。

（三）人才管理机制

创新中心建设专职和兼职相结合的人才队伍，并建立灵活的人力资源管理机制。以公司为主体，全方位引进人才，形成以社会招聘人才、联盟成员单位推荐人才、合作企业共享人才 3 种主要的人才引进方式。通过有效整合和调动成员单位数字化设计与制造领域相关的优势科研力量，成员单位随着项目的进展陆续派出研发人员参与创新中心工作。同时，大力引进国内外高层次人才和团队，不断壮大专职研发团队。

（四）知识产权机制

制定灵活的知识产权政策，激发科技人员创新热情，促进关键共性技术首次商业化。创新中心专注于技术成熟度为 4～7 级的关键共性技术研发，使核心工业软件和工艺装备达到首次商业化水平。为激发科研团队的创新热情，创新中心发布了《科技成果转化管理办法》，明确规定对于技术成果转化后归属于创新中心的收益，90%奖励给研发团队。

四、平台建设

（一）创新中心总部基地

创新中心总部基地（一期）建设项目位于武汉市东湖新技术开发区，占地面积为 49333.33 平方米，建筑面积为 38685.92 平方米，分为多层研发楼及单层厂房。

（二）测试与中试中心

创新中心建设有 2000m² 的测试与中试中心（单层超高厂房）、600m² 的万级净化间和 250m² 精密加工实验室。大型复杂构件机器人化加工平台已形成国际一流的机器人化加工工艺与装备测试验证能力，正服务于某大型跨声速风洞等重大工程的建设，以及某型预冷空天动力发动机、某型航空发动机等重点型号的研制与量产。与此同时，正向设计创新平台、数字化激光制造平台、工艺验证和复杂零件测试分析平台、先进成形建模仿真与工艺验证平台等已初步建成，正向广大中小企业推广服务。

第二节　运行成果

一、技术创新

创新中心在多学科数字化智能设计技术、船舶数字化设计制造及数据管理一体化技术、先进成形建模与仿真技术、高效高功率激光制造技术、多机器人测量/加工一体化技术、机器人高精加工技术、超精密制造技术等方面取得技术突破。创新中心申请发明专利 23 项、计算机软件著作权 40 项，为关键共性技术的转移扩散和首次商业化应用奠定了良好的基础。

（一）数字化设计

几何约束求解引擎技术研发方面，创新中心聚合国内业界主要力量，承接工业和信息化部相关项目，正开展基于统一框架的二/三维约束表达、求解和管理技术，大规模欠约束条件下约束正则匹配优化算法，高阶约束系统的快速求解技术，几何约束求解引擎与 CAD 系统的集成等技术研究工作，将全面突破几何约束求解器，力争实现 CAD/CAE 核心组件的安全与自主可控。

多学科数字化智能设计与协同研发技术方面，创新中心已完成基于统一模型表达的信息物理系统（CPS）端对端建模技术、统一系统模型向状态空间数学描述的自动映射技术、数学系统的自动分析和推理技术等研发工作，目前正开展多学科数字化智能设计与协同研发云平台的设计与搭建工作。

船舶专业软件技术方面，创新中心与某龙头企业深入合作，开展了船舶数字化设计制造及数据管理一体化技术研制工作，已完成数字总图、原理图与产品数据管理（PDM）集成、跨部室技术协调、结构模型系统集成等技术研发工作，正联合开展转阶段流程管理技术、通用类知识采集管理技术等研制工作，研究成果后续将在企业进行中试。

数字孪生技术方面，创新中心突破了多源异构数据处理技术、基于数据驱动的模型映射方法、物理属性模型可视化技术等面向云端应用的数字孪生系统技术的研究工作，将为建立虚实交互、互相耦合的数字车间，实现数字化制造车间的数字孪生与智能决策提供支撑。

（二）数字化成形制造

先进成形建模与仿真技术方面，创新中心开展了高压铸造过程多物理场多尺度建模与仿真、挤压铸造过程热-力耦合及多尺度建模与仿真技术等研发工作，提出了镂空灵巧砂型结构和生成算法，实现了复杂结构铸件铸造过程的控温、控形、控性。该项技术经专家鉴定，现已达到国际领先水平。

高效、高功率激光制造技术方面，创新中心开展了超大功率激光与材料交互作用机理、超薄壁板激光高速加工失稳控制、超厚构件激光加工状态保障等技术的研发工作，目前已经在铝合金激光等复合能场焊接、铝合金激光焊接多尺度建模研究、新型大场面积单基模运转光纤的制备技术等方面取得突破，为面向新能源汽车铝合金车身激光焊接装备的研发奠定基础。

超快激光制造技术方面，创新中心正开展金属/非金属材料高品质激光精细切割技术、基于静压支撑的微纳米级精密运动部件、激光加工过程全阶段"检测-融合-控制"技术、大批量激光加工过程稳定性保障技术研发等研发工作，支撑超高频激光加工集成验证平台与装备研发，将实现航空航天关键孔类零件的高频、高精度激光加工技术突破。

（三）数字化加工制造

大型构件机器人化加工技术方面，创新中心开展了接触在线测量、数据处理与型面分析技术，在位测量系统手眼标定与点云数据处理技术，多机器人协同控制技术等研究工作；实现了大型构件多机器人协同测量加工为一体的高效加工技术的突破，支撑了大型航空构件多机器人测量、加工一体化装备的研发与产业化。

机器人高精加工技术方面，创新中心开展了基于视觉/力觉感知的机器人末端位置/力实时跟踪测量技术、结合刚度模型和位置/力数据的回归数据处理刚度预测技术、机器人误差预测和补偿控制技术等研究工作，实现了复杂结构件机器人化高精度、高性能加工技术的突破，支撑了机器人"测量-加工-反馈控制"一体化高精度加工装备的研发。

金属基复合材料高精密制造技术方面，创新中心正开展铝基复合材料激光加热表面改性与超精密加工复合工艺技术、基于数字图像相关法（DIC）的钛基复合材料本构模型和切削过程参数辨识技术、金属基复合材料低温微量润滑与工艺参数优化技术、复合材料超声振动加工及变形控制技术等研究工作，将支撑金属基复合材料高精密制造工艺与装备的研发。

二、成果转化和企业孵化

（一）技术工程化

在前期关键共性技术积累的基础上，围绕行业重大需求，创新中心开展了4项关键技术的工程化应用工作。

（1）新型显示高分辨率喷印技术与装备。针对我国 OLED 器件 RGB/TFE 功能层的核心装备与关键材料高度依赖国外的问题，创新中心开展了新型显示高分辨率喷印技术及装备的研究，正在研制电流体喷印装备、Pass 喷印图案化高效打印路径规划软件、飞行墨滴多目视觉同步测量模块，已在相关企业展开中试。

（2）微纳制造的超高频激光精细加工工艺、技术与装备。针对在现代光伏行业双玻组件超大幅面、轻量化、高节拍、高质量的要求下，现有机械钻孔难以保障成品质量的问题，创新中心开展微纳制造的超高频激光精细加工工艺、技术与装备的研制，已在行业龙头企业进行应用，运行情况良好。

（3）大型航空航天结构件在线测量/加工一体化技术与装备。围绕航空航天领域典型零件的机器人智能化打磨、去毛刺等重大装备和技术需求，创新中心开展大型航空航天结构件在线测量、加工一体化技术与装备研究，研制的飞机蒙皮在线测量与机器人智能铣削装备作为国内该领域首台（套）装备，已在某型飞机口盖类零件加工中得到应用。

（4）两机复杂曲面数字化制造技术。面向航空航天复杂曲面制造行业技术需求，创新中心将研发的两机复杂曲面数字化制造技术在航空及能源企业进行工程化应用。实现了个性状态叶片前后缘光顺过渡成型加工的突破、大尺寸薄壁叶片加工变形控制两大自适应加工关键技术的突破，上述技术已用于批量生产，均达到国际先进水平。

（二）成果产业化

创新中心在前期关键共性技术积累和技术工程化的基础上，围绕智能制造行业重大需求，将研发成果逐步推向产业化。2019 年，创新中心开展了3项关键技术的成果产业化应用工作。

（1）研发云平台。针对企业研发用硬件配置及运维成本高、工业软件盗版严重、研发共享率低、资源调度不灵活、研发数据安全性难以保障等问题，创新中心开展了研发云平台研究，研发的云平台（第一期）已能够支撑 20 个研发团队、300 人的研发能力，提供包括云桌面、云主机、云磁盘、大数据平台、高性能计算机群（HPC）仿真计算平台、设计和仿真的应用软件服务、文档云、数据库等服务，有效解决企业创新研发的成本、效率及数据安全问题。

（2）大型复杂构件机器人化加工系统。创新中心开展了大型复杂构件机器人化加工关键技术、装备及系统的研发，研发的大型复杂构件机器人化加工关键技术、装备及系统，提升了企业的先进制造工艺技术水平，实现关键领域核心部件自主可控。

（3）智能铸造砂型系统。创新中心研发的智能铸造砂型系统，经专家鉴定达到了国际领先水平，能够实现对铸件的任意位置在铸造中的任意时刻进行闭环冷却控制，以及铸件各处性能的差异化，已经在铸造和 3D 打印行业得到产业化应用。

三、行业服务

创新中心利用能力平台及关键共性技术研发，广泛开展企业服务，截至 2020 年 3 月 31 日，已服务企业 46 家、产业园区 7 个。

（一）能力平台方面

大型复杂构件机器人化加工平台已形成国际一流的机器人化加工工艺与装备测试验证能力，正服务于某大型跨声速风洞等重大工程的建设，以及某型预冷空天动力发动机、某型航空发动机等重点型号航空航天设备的研制与量产。

复杂曲面关键零件多轴数控加工平台通过多地共建的方式，已形成国内一流的两机整体叶盘和叶片多轴数控加工验证及检测能力，正服务于某国产民用航空发动机的量产工艺验证。

（二）关键共性技术研发方面

与国家印刷及柔性显示创新中心建立战略合作关系，合作研发新型显示制造装备。研制的飞机蒙皮在线测量与机器人智能铣削装备作为国内该领域首台（套）装备，已服务于某型飞机口盖类的零件加工过程中；研发的复杂曲面高效、高精度多轴加工 CAM 软件实现了 2 项具有国际先进水平的技术突破，已服务于某型民用航空发动机、国内最长全转速汽轮机的批量生产。

（三）服务产业园区方面

创新中心面向各大园区制造业企业员工，免费进行了为期 20 天、涉及 13 个科目的西门子工业软件培训，为高校和企业培养既熟悉产品工艺又了解数字化工厂关键技术的智能制造高级人才；对嘉鱼产业新城园区内相关企业员工进行了为期 30 天的数控培训，培训内容包括理论和实训，涉及数控机床的编程及操作，多轴数控机床的基本知识、结构类型及特点，多轴加工基本加工工艺简介，CAD/CAM 软件三轴及多轴加工编程。

四、交流合作

（一）国内方面

创新中心通过广泛开展各种形式的交流活动，为社会提供公共服务，有效扩大行业影响力。2019 年，创新中心积极开展对外交流活动，其中主办或联合主办大型活动 4 场，参加或出席大型活动 7 场，组织或参与座谈会、培训会等 10 场，外出参访 6 次，接待参访 21 次。创新中心于 8 月 18 日在四川省泸州市成功主办了西南航空航天高端装备制造高峰论坛，段正澄院士、丁汉院士等 100 多位专家学者，以及各界领导、代表参加了本次论坛。2019 年 12 月 12 日，由国家数字化设计与制造创新中心、国家印刷及柔性显示创新中心联合举办的中国新型显示制造创新峰会在武汉隆重举行，来自相关企业、科研机构的人员和高校师生近 300 人参加了会议。创新中心与湖北省中小企业服务中心、e-works 数字化企业网等机构联合，于 2019 年 9 月 19 日、20 日在武汉成功主办了第五届智能制造国际论坛，现场通过圆桌讨论、沙龙、前沿技术与解决方案展示等形式，帮助参会嘉宾全面地了解了企业数字化转型与智能制造的内涵、发展路径及推进策略等，该论坛吸引了 1200 多名嘉宾参会。

（二）国际方面

创新中心以全球化的视野，积极开展国际交流与合作，主要包括积极参

加或组织国际学术会议、广泛进行国际考察、联合企业开展国际技术合作与交流，以及积极开展国际人才交流与合作。MPD 研发团队的赵芳、钟浩、张茜、王浩印于 2019 年 1 月 6 日赴安徽省合肥市，参加聚变遥操作技术国际研讨会，并就遥操作机器人与专家进行了交流。2019 年 6 月 12 日—14 日，航空航天发动机机匣数字化加工团队彭芳瑜教授、周林博士等前往英国谢菲尔德大学的先进制造研究中心（AMRC），参加第 17 届国际生产工程科学院（CIRP）举办的机械加工建模会议（CMMO）。先进成形制造研发团队的熊守美于 2019 年 6 月 17 日—21 日赴奥地利参加第五届国际凝固工艺进展会议（ICASP）和第五届凝固、铸造和精炼计算机模拟技术前沿国际会议（CSSCR），同时担任国际学术委员会委员，主持分会报告。

第十二章

国家轻量化材料成形技术及装备创新中心

第一节 建设情况

一、组建情况

（一）公司

国家轻量化材料成形技术及装备创新中心依托建设单位为北京机科国创轻量化科学研究院有限公司（以下简称轻量化院），2018年5月完成增资扩股，由轻量化材料成形产业链（包括材料、工艺、装备、零部件、用户等）上各个环节的龙头企业通过资本入股组建，具有行业代表性。轻量化院以企业法人形态运行，注册资本金为25643.51万元。设立股东会、董事会、监事会，初步构建了现代企业治理机构，始终坚持党委把方向、管大局、保落实，借鉴股东单位管理经验，制定完成《党委会议事规则》《股东会议事规则》《董事会议事规则》《监事会义事规则》《总经理办公会议事规则》等管理办法，各治理主体的权责边界基本明确，各司其职、协调运转的现代公司治理体系初步形成。轻量化院股权结构见表12-1。

表 12-1 轻量化院股权结构

序号	股东名称	注册资本金（万元）	持股比例（%）
1	机械科学研究总院集团有限公司	10602.7	41.35
2	辽宁忠旺集团有限公司	4530.4	17.67
3	合肥合锻智能制造股份有限公司	2718.2	10.6
4	重庆江东机械有限责任公司	2718.2	10.6

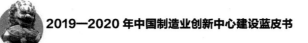

续表

序号	股东名称	注册资本金（万元）	持股比例（%）
5	国机重型装备集团股份有限公司	906.1	3.53
6	金发科技股份有限公司	906.1	3.53
7	东风资产管理有限公司	906.1	3.53
8	国机铸锻机械有限公司	906.1	3.53
9	郑州机械研究所有限公司	453.0	1.77
10	沈阳铸造研究所有限公司	453.0	1.77
11	武汉材料保护研究所有限公司	271.8	1.06
12	北京机电研究所有限公司	271.8	1.06
	合　计	25643.51	100

（二）联盟

创新中心依托"中国轻量化材料成形工艺与装备产业技术创新联盟"建设。联盟成立于 2016 年，由机械科学研究总院集团联合中国航天科工、中国船舶重工、中国铝业、中国兵器工业、上海交通大学等行业龙头企业、知名高校成立。现有联盟成员 97 家，包含了材料、工艺、装备等领域的 15 所高等院校、14 家科研院所和 68 家重点企业等各类创新主体。干勇院士、郭东明院士、林忠钦院士分别担任联盟咨询委员会、技术委员会、创新中心专家委员会主任委员。

引领行业技术发展，组织重大项目征集，支撑国家战略规划实施。依托联盟聚焦轻量化材料成形工艺与装备领域，组织科研项目征集，通过微信群、邮件等多种方式，向联盟成员征集项目需求 50 余项，为国家 04 科技重大专项接续实施战略研究、科技创新 2030 重大项目方案、中国工程院战略规划等提供重要支撑。聚焦行业共性需求，梳理成形制造领域发展需求与趋势，组织成员参与国家自然科学基金机械工程学科成形制造领域发展战略规划编制研讨，就聚焦成形制造技术领域研究现状、未来发展趋势、前沿技术方向、科学理论、关键共性技术等，提出规划建议，支撑国家自然科学基金成形制造领域"十四五"规划编制。

吸纳行业知名企业，集聚创新资源。举办联盟理事会会议及高端学术论坛，增补联盟成员，完善联盟秘书处建设。2019 年 12 月，组织召开创新联盟理事会议暨轻量化材料成形技术与装备发展论坛。联盟专家委员会副主任李德群院士、中科院金属所张士宏研究员做大会主题报告；上海航天精密机械研究所、上海航天设备制造总厂、广东肇庆动力金属股份有限公司等联盟成员代表介绍了轻量化材料成形技术与装备的研究成果和未来需求。增补国机重型装备集团股份有限公司、中信重工机械股份有限公司等 21 家成员和秘书处成员。

二、队伍建设

（一）管理团队

创新中心主任单忠德，中国工程院院士，博士生导师，机械总院集团副总经理，轻量化院董事长，先进成形技术与装备国家重点实验室主任，国家杰出青年科学基金获得者，主要从事数字化机械装备与先进成形制造技术研究。

创新中心副主任杜兵，博士，研究员，博士生导师，机械总院集团总工程师，轻量化院副董事长、总经理，主要从事材料连接行为、新型焊接材料、异材连接技术、材料冶金加工、数字化焊接装备研究。

创新中心副主任乔培新，研究员，轻量化院党委书记、副总经理，先后获得郑州市十大杰出职工、郑州市五一劳动奖章、武汉市"十百千人才工程"、河南省优秀共产党员、国务院政府特殊津贴专家。

（二）科研团队

陈蕴博，中国工程院院士，教授级高工，博士生导师，长期从事材料学、材料加工、表面工程、海洋工程材料、锂离子电池材料等能源材料、耐磨材料、模具及机械构件的延寿技术领域等科技工作，现任机械总院集团副总工程师、轻量化院材料工程技术研究所所长、全国热处理生产力促进中心主任、中国模具工业协会模具材料委员会主任。

单忠德，中国工程院院士，博士生导师，机械总院集团副总经理，轻量化院董事长，先进成形技术与装备国家重点实验室主任，在智能印染机械装备、数字化无模铸造复合成形技术与装备、复合材料成形技术及装备等方面做出重要贡献，推动行业转型升级、绿色发展与重大技术装备创新。获国家科技进步一等奖、技术发明二等奖各 1 项，省部级奖项 10 余项。

杜兵，博士，研究员，博士生导师，机械总院集团总工程师，轻量化院副董事长、总经理，主要从事材料连接行为、新型焊接材料、异材连接技术、材料冶金加工、数字化焊接装备研究。

乔培新，研究员，轻量化院党委书记、副总经理，先后获得郑州市十大杰出职工、郑州市五一劳动奖章、武汉市"十百千人才工程"、河南省优秀共产党员、国务院政府特殊津贴专家，主要从事先进焊接材料研究。

范广宏，研究员，轻量化院副总工程师，享受国务院政府特殊津贴，先进成形技术与装备国家重点实验室学科带头人，机械总院集团杰出科技专家。近年来带领复合材料团队在先进复合材料的设计、成形工艺、成形装备方面开展创新研究并取得多项特色成果，作为项目负责人或主要参加者承担了国家级各类科研项目几十项、地方项目多项。

刘丰，研究员，硕士研究生导师，清华大学材料科学与工程专业工学博士，轻量化院副总经理，主持和参加了智能制造专项、04 科技重大专项、国家自然科学基金重点项目、北京科技新星计划等国家、地方科研项目 20 多项。获国家技术发明二等奖、中国专利金奖等 10 余项。

李永兵，研究员，轻量化院副总工程师，轻合金成形事业部总经理，中国机械工程学会材料分会理事，主要从事难变形高性能金属材料成形与加工技术研究工作，承担国家科技支撑计划、"863"计划、04 科技重大专项等科研项目 10 余项。

三、机制建设

（一）项目管理机制

完善项目管理制度体系建设，制定科研计划管理办法、纵向合同管理办法等，编制国家及地方科研制度与政策汇编，宣贯最新科技政策，规范科研项目管理；启动经营合同管理办法等制度修订工作，强化以市场需求为导向，引导科研方向聚焦，主动适应市场变化，满足多样化、个性化需求。建立项目管理机制，实施有效激励措施，设置项目科研助理岗位，加强对项目管理的监管与督查，及时掌握项目进度、质量和进行成本管理，落实项目分红权、科研绩效等激励措施，调动人员积极性，确保项目高质量完成。

（二）资源共享机制

建立内部资源共享机制，实现企业管理与信息技术融合，加快推动资源优化配置，培植竞争优势，提高整体效能，促进核心资源应用与创新。加强沟通协调，梳理内部现有软件、工艺数据库，推进工业软件最大化利用；建立科研仪器信息台账，对现有科研检测仪器设备实行入库管理，发挥仪器设备作用。通过虚拟化产业集群孵化产业链各环节品牌服务商，实现了协同制造基地间的互联互通与创新资源共享等功能，达到了各制造基地间协同作业、减少能耗资源、降低控制成本、合理调配资源优化产业布局的目的。

（三）人才管理机制

轻量化院建立了由双院士引领、多位学科带头人带队的科技创新体系和人才团队。陈蕴博院士、单忠德院士被聘为机械总院集团一级首席专家，多名科研骨干获得国务院政府津贴、机械总院集团杰出专家、青年百人计划等荣誉。装备制造技术研究所入选"中央企业先进集体"，复合材料先进成形技术与装备团队获批"机械总院集团创新团队"。选拔聘任 5 名部门正职、多名副职和助理，提拔技术序列主任工程师 2 名，主管工程师 5 名；新晋升研究员 8 名，高级工程师 11 名。

（四）知识产权机制

创新中心建立了知识产权创造、运用、管理制度，实行知识产权共享机制，对新的技术创新成果按照项目来源具体规定，国家项目按照国家有关规定执行，企业自身项目由合同规定收益，为创新中心持续建设和发展奠定基础。强化知识产权管理，设立知识产权主管岗位，制修订《知识产权管理办法》《科技论文发表管理办法》《科技成果奖励管理办法》等相关管理办法。

四、平台建设

（一）实验室建设

轻量化材料制备实验室：在已有超高速激光熔覆试验平台等基础上，购置/研制了微米级金属 3D 打印设备、超高速激光熔覆等关键设备，形成金属粉末制备、耐磨耐蚀涂层超高速激光熔覆制备、合金粉末的检测和评价能力等。

无模复合成形实验室：在三轴和五轴成形机、激光扫描仪、干涉仪、测力仪等基础上，完成数字化砂型 3D 打印精密成形机、数字化砂型柔性挤压成形机、车铣复合无模精密成形装备等成套设备试制工作，形成航空航天、动力机械等领域复杂部件快速试制及个性化定制服务能力，搭建无模复合成形成果展示区域，提升实验平台显示度。

数字化设计与模拟仿真实验室：建立轻量化材料成形工艺数字化设计与仿真平台等实验单元，可实现多品种轻量化材料热力耦合分析、热锻全过程数值模拟、铸造过程数值模拟、板料成形数值模拟、复合材料缠绕、铺层工艺模拟仿真，以及自主研发装备的可靠性验证等。

（二）中试线建设

纤维增强热塑/固性树脂基复合材料模压成形中试线：针对纤维增强热固性树脂基复合材料模压成形研发，采购多组分自动计量混合涂胶机、复合材料高速液压机设备，开发纤维增强热塑性树脂基复合材料生产线，采购复合材料裁切设备等设备，已建立 3000T 级复合材料在线模压中试线，具备年产10 万件复合材料零部件的能力。

数字化无模复合精密成形中试线建设：中试线场地面积 14000m²，完成高端金属构件复合成形中心、高端金属构件特种成形中心、砂型连续固化实验室及砂型产品全性能检测中心建设，加速推进中试线车间建设工作。

轻量化材料成形技术与装备检测服务平台：作为云平台的服务端，建设的云数据服务中心主要用于云平台及各类企业云应用的云端数据处理及系统服务支持。通过超融合系统虚拟化平台搭建，消除异构化系统之间的障碍，快速动态部署资源和服务。云数据中心面向业务进行资源定制化部署，实现计算、存储、网络资源的智能化统一管理，配合完善的安全及容灾备份机制，为各类智能化业务提供云端服务保障。

第二节 运行成果

一、技术创新

（一）轻量化材料制备技术及应用研究

针对航空航天、船舶、汽车等领域对轻合金粉末材料应用的重大技术需求，解决金属增材制造专用粉末材料大部分依赖进口和增材制造材料体系不健全等问题，开展粉末材料开发和制备相关工作。研究轻合金高频感应熔炼过程中熔炼功率、加料速率及熔化速度等工艺参数对合金熔炼过程的影响规律，并进行工艺参数优化；突破轻合金液流雾化核心技术，确定最佳雾化工艺条件；开展金属熔滴的凝固过程控制与粉体性能测试；研究粉末粒度、形貌等特性对成形构件性能的影响规律。通过研发高效超音速气雾化喷嘴，突破气雾化制粉领域的关键共性技术难题，设计出满足不同增材制造工艺需求的系列化雾化系统。建成了具有自主知识产权的高性能金属粉末材料气雾化制备生产线。产品在西安铂力特、德国 Audi 集团、BMW 集团、Fraunhofer ILT 及 Hermle 等公司得到推广应用。

（二）超高速激光熔覆技术

与德国 Fraunhofer ILT、Acunity GmbH 等机构在超高速激光熔覆加工技术方面开展国际合作，替代传统高能耗、高污染的电镀铬技术。研究了激光功率、熔覆速度等工艺参数对熔覆层性能的影响，采用数值模拟方法对超高速激光熔覆过程中的热学和力学行为进行研究。为北京煤机、胜利油田、华北油田、韩国 JINSUNG 等企业的煤机液压支架立柱、石油闸板轴、冶金轧辊、汽车柱销和铝合金压铸机冲头等重点产品提供超高速激光熔覆耐磨耐蚀涂层技术开发及加工服务。

（三）铝镁合金型材挤压成形技术研究与应用

开展铝镁合金型材挤压成形工艺研究，结合材料组织性能分析与成形缺陷预测进行工艺优化改进，改进模具结构，对加热温度、挤压速度、冷却速率等工艺参数进行优化，开发异型断面铝合金、镁合金型材高效连续挤压加工成套技术，以及棒材/管材/型材模具设计、修模和尺寸精度经验控制系统，解决了批量生产条件下型材制品尺寸精度差、成品率低等难点问题，开发了30 种规格涵盖 6061/6063/5083 等的多系列铝镁合金型材深加工产品，型材弯曲度≤2.5mm/m，扭拧度≤1°/m、成材率≥85%，成熟产品批量应用于新能源电动汽车车身构件、澳洲 MW 重卡/轻卡货车车厢零部件，以及新一代高速列车、城市轨道交通列车等交通工具上的承力结构件。

（四）无模复合成形技术研究

创新中心结合前期研究砂型打印树脂含量对砂型抗拉强度、发气量的影响规律及固化温度对砂型的扩拉强度、发气量的影响规律等，开展砂型切削打印一体化复合成形技术、数字化砂型柔性挤压成形技术等研究，缩短了砂型砂芯成形时间，提高成形效率与精度，有效控制砂型砂芯强度、透气性等性能，并对典型零部件进行成形工艺实验验证。有效地提高了砂型的造型效率，缩短铸件研制和生产的周期。

二、成果转化和企业孵化

按照事业部—分支机构—公司的发展路径，充分调研市场需求，以技术攻关为突破口，带动成果推广应用，加速推进转移转化。筹划依托无模复合成形、高性能粉末材料、复合材料成形等技术相对成熟的成果孵化组建多家专业分公司，加快推进专业化公司建设，目前已经注册运营烟台分公司和德州分公司。通过多方式、多渠道，促进成果转移转化。通过专利技术许可及专有技术孵化等方式进行技术转移、成果孵化，通过举办学术会议、技术讲座等方式进行技术扩散。与江苏天鸟高新技术有限责任公司就复合材料三维织造成形技术签订专利实施许可合同，共同推进技术推广应用与转移转化。

三、行业服务

2019 年，创新中心通过搭建行业服务平台，强化与企业的合作，加快科技成果转化，在无模成形技术及装备、金属粉末制备、复合材料成形、机器人、铝镁合金、模具钢等方面取得明显成效，新签合同同比增长 36.97%；营业收入同比增长 16.25%。搭建了"高端装备复杂零部件个性化定制智能制造云服务平台"。设置开放对外服务 20 余项，服务涵盖了行业产业链前端营销、中期设计、后端生产、售后整个过程，其中包括针对产品开发的逆向工程、扫描分析、产品设计、新产品试制等服务内容。同时云平台通过组织线上线下培训推广会，已带动注册用户千余个，认证服务商 400 多家，专家近 200 位，累计上传业务 300 个，服务企业 500 余家，基本实现高端装备复杂部件个性化快速定制的综合服务功能。

四、交流合作

（一）国际会议方面

2019 年 11 月，创新中心联合机械总院与韩国生产技术研究院在浙江宁波联合组织召开"第十一届中韩先进制造技术研讨会"，本次会议主题为"先进制造，智造未来"，创新中心相关专家及技术人员有 200 余人参加，创新中心应邀做了"数字化成形制造技术与机械装备""金属熔融三维直写工艺研究"等主题报告，介绍了创新中心在数字化成形方面和金属增材制造等方面的最新研究进展。

2019 年 7 月，先进成形技术与装备国家重点实验室与韩国精密工程学会等在越南岘港联合举办了 2019 年精密工程与可持续制造技术国际会议（PRESM2019）。来自韩国精密工程学会、韩国釜山大学、韩国 Yonsei 大学、南洋理工大学等高等院所的专家就材料成形、制造技术、可持续制造工艺、3D/4D 打印技术等多个领域进行了交流，为后续开展相关领域的国际合作奠定了基础。

（二）科技交流方面

2019 年 3 月，创新中心赴法国 ISOJET 集团、德国德累斯顿工业大学、德国 IMA 测试技术公司等欧洲复合材料研发机构，就复合材料创新、复合材料先进成形工艺及应用、复合材料零部件性能测试和模拟进行了技术交流，并与德累斯顿工业大学就共同申报国际合作交流项目、互派访问学者、推动成果转化落地等事宜形成初步合作意向。

2019 年 8 月，俄罗斯 MKTL 公司领导一行到访创新中心，进行项目合作研讨。双方围绕项目合作的文化差异、技术风险和资金风险进行深入讨论，就合作达成了初步意向，将共同推动项目进展并争取中俄两国支持。

2019 年 10 月，韩国生产技术研究院（KITECH）到访创新中心潍坊基地，对 3D 打印技术在降低工业粉末排放方面进行现场考察，并对复杂结构材料的快速制造工艺进行了技术对接。

第十三章

国家先进轨道交通装备创新中心

第一节　建设进展

一、组建情况

国家先进轨道交通装备创新中心采用"公司+联盟"的模式，创新中心按照"优势互补、协同创新、开放共享"原则，体现出开放性、市场化和可操作性。该创新中心聚焦先进轨道交通装备领域关键共性技术的研发，根据制定的技术边界与技术路线，围绕研制安全可靠、先进成熟、节能环保、互联互通的绿色智能谱系化产品，重点突破绿色节能技术、智能化关键技术、运维服务关键技术、体系化安全保障技术、高效能牵引传动技术、互联互通技术和系统匹配技术七大关键共性技术，为我国先进轨道交通装备制造产业高质量发展提供支撑。

（一）公司

1. 股东总体情况

株洲国创轨道科技有限公司（以下简称国创科技）的股东单位属于轨道交通领域的龙头骨干企业，技术基础强，行业影响力大，在先进轨道交通装备领域形成了一批典型优秀成果，为支撑国家战略和支柱行业发挥了重要作用。中车系股东：中车株洲电力机车有限公司、中车株洲电力机车研究所有限公司、中车株洲电机有限公司、中车株洲投资控股有限公司是中国中车下属核心企业，分别是中国中车整车、牵引控制系统、牵引电机、新能源动力等核心技术和产品的研发制造单位，是创新中心的创新基础；政府股东：株洲高科集团有限公司和株洲市国有资产投资控股集团有限公司是政府国有资产平台公司，是创新中心的投融资、众创空间搭建、孵化平台建设等业务支撑单位；高校股东：清华大学天津高端装备研究院洛阳先进制造产业研发基地是依托清华大学机械工程系，由洛阳市与清华大学天津高端装备研究院共同举办的新型研发机构，是清华大学在全国设立的十余家外派研究机构之一。清华大学作为国内最顶尖的高等院校，是创新中心打通产学研资源、嫁接高校科研能力的平台。核心配套部件股东：株洲联诚集团控股股份有限公司、株洲九方装备股份有限公司都属于国内轨道交通装备行业的重要配套企业，创新中心未来也将借助其在零部件加工、生产等方面的资源开展一些基础的小试、中试等，实现产业链上下游资源的整合；上市公司股东：金蝶软件（中国）有限公司、深圳麦格米特电气股份有限公司、南京高精传动设备制造集团有限公司。

2. 组织架构

依照公司章程，公司实行董事会决策制、总经理负责制、专家委员会咨询制，全面对标及承接创新中心建设指南要求，设立了现代公司化的运营组织架构。由 12 家股东组成的股东会下设由 7 名董事组成的董事会和由 7 名监事组成的监事会，负责公司重大事项的决策和监督。专家委员会和分专业的技术专家委员会作为创新中心咨询机构，由刘友梅院士领衔，以及来自学术界、企业界和政府委派的专家组成。主要负责在公司整体发展规划指引下，系统分析研究产业布局、技术创新、基础管理等方面的重点、难点问题，提出解决方案和决策建议，充分发挥"公司智囊""团队传带""攻关引领""高阶构架"等方面的作用。

（二）联盟

联盟以推进轨道交通装备产业发展为中心，协同高等院校、企业、行业等各类资源，主要职能为做好服务员，服务好联盟成员；做好联络员，为政府、行业、成员之间搭建交流平台；做好领航员，前瞻性地开展工作，引领产业发展。面对行业发展需求，通过打通政策链、创新链、产业链、资金链，促进成员单位合作交流能力。一是以产业发展政策引领，服务集群成员。联盟定位于服务载体，贯彻落实国家、省支持产业发展的各类政策和资金，根据产业发展需求，在空间布局、产业准入、创新支持、成果转化、金融扶持、人才集聚、创业环境等方面及时研究政策，发挥政策扶持合力；加强与市、区协同配合力度，聚焦重点，共同支持产业高端化发展和技术改造项目；落实和完善使用首台（套）重大技术装备等鼓励政策，健全研制、使用单位在产品创新、增值服务和示范应用等环节的激励约束机制。

二是以创新链为支撑，搭建集群成员合作渠道。联盟通过打通"产学研"合作渠道，组织集群内相关企业、科研院所等成员，围绕增强集群产业核心竞争力开展的重大技术创新项目和公共服务项目等，使研发机构的研发成果与企业的实际生产相结合，同时推动各研究所互相沟通科研进展，以解决共性问题，实现研究成果的共享，从而有效解决科研机构、大学和企业之间研发和产业化信息不对称的问题。

三是以产业链为桥梁，打造命运共同体。通过各个产业联盟、创新联盟、技术联盟的横向沟通，紧密团结产业链相关企业，组织成员单位加强交流、对外宣传、联合参展、国际合作、人才引进培训、咨询服务等活动，搭建所需的人才培训、协同创新、工程化产业化、检测认证（TSI 认证等）、投融资、信息集成共享、宣传展示等公共服务平台，通过定期与企业沟通，提供关于产品、技术、市场等的信息，加强产业链上下游企业间的互助合作，同时加强有竞争关系的企业间的相互合作，共同应对来自外部的竞争。

二、队伍建设

（一）管理团队

1. 管理团队建设

创新中心股东企业、创新联盟成员企业是创新中心人才队伍建设的重要来源。根据项目研发需要，各企业推荐合适的人才到创新中心的项目团队中兼职工作，既保障了人员的流动性，也有助于创新中心择优选取人才。通过与股东单位、联盟成员企业积极探索双方关键共性技术需求，制定和论证关键共性技术研发项目，股东和合作单位的高端人才以项目制的方式进入项目团队。创新中心现有股东单位委外派人员 13 人，涵盖战略、技术、人事、党群、财务等方面，大部分都是国创科技核心经营团队，在创新中心建设过程中发挥了关键作用。

2. 管理人员简历

创新中心主任李林，高级工程师，国家先进轨道交通装备创新中心主任（国家级研发平台负责人），株洲国创轨道科技有限公司总经理、党支部书记，参与科技部先进轨道交通重点专项"中低速磁悬浮系统研制"、国家首批智能制造重大专项"转向架智能制造新模式"等项目，先后获得中国铁道企业管理协会、交通行业优秀企业管理成果评审委员会等单位颁发的 10 余项管理创新成果奖项。

（二）科研团队

1. 首席科学家

刘友梅，轨道电力牵引动力专家，曾任中车株洲电力机车有限公司总工程师、高速研究所所长，现任中车株洲电力机车有限公司专家委员会主任，长期从事机车电力牵引技术装备研制工作，曾获国家科技进步一等奖 1 项，国家科技进步二等奖 2 项，铁道部科技进步奖特等奖 1 项。

2. 科研团队建设

一是依托联盟和股东单位，组建了刘友梅院士领衔的专家委员会，创建湖南省双创示范基地，设立市级院士工作站，成功引进陈晓红、周祖德院士入驻，实现行业专家资源的整合；二是聘用中车首席科学家杨颖作为公司总工程师，聘用中车资深技术专家陈勇作为副总工程师，组建高端领军人才队伍，实现股东人才为我所用；三是通过与中南大学、湖南大学、中国地质大学、华东交通大学等科研院所组建联合实验室，先后引进段辉高、龙永红等教授，实现高校人才利用；四是通过"专职+兼职"等方式共计引进博士 9 名（含 1 名博士后和 1 名美国海归博士）、硕士 26 名作为技术骨干，目前科研人员占比 73.4%。

三、机制建设

（一）项目管理机制

一是组建创新中心项目管理与技术创新决策的参谋顾问机构，设立以刘友梅、丁荣军、田红旗、陈晓红、周祖德等 9 名院士领衔的专家委员会，专家委员会下设新能源、工业智能等技术方向的专业委员会，主要在创新中心发展规划的指引下，系统分析研究产业布局、技术创新、工艺工装等方面的重点、难点问题，提出有效解决方案和决策建议。二是组建项目管理委员会作为创新中心项目管理的决策机构，由总经理、副总经理、各中心负责人、行业专家等组成，负责项目立项、监督、评估、合同评审等事宜，并通过总经理办公会进行决策，下设的项目管理小组为项目日常管理的常设机构，对项目管理委员会负责。三是修订《项目管理办法》《科研项目管理办法》等相关制度，以"项目调度会+日常跟踪管控"方式进行进度管控，并纳入绩效考核机制当中，有效保证各项目按计划推进实施。四是以"市场化运作+现代化管理"为抓手，实现公司自我造血，积极承接国家和地方重大科研及产业项目，按照"龙头企业引领，投资孵化结合，线上线下互动"的发展思路。

（二）资源共享机制

在工业和信息化部、省市政府等支持下，联合成员单位，科学制定发展战略和技术研发规划，共同组织技术研发协同创新网络平台建设，按照"统一规划、统一组织、统一管理"三统一的要求，协同开展技术研发、成果转化、行业服务、人才培养和国际合作，实现"产学研用政金商"协同创新机制，实现资源的协同配置和利益共赢。

（三）人才管理机制

一是积极对接《长株潭高层次人才聚集工程实施方案（试行）》等湖南省创新政策与人才政策，为创新人才提供科研经费、补贴及奖励，住房补贴，购房补贴等支持。二是探索核心技术人才、经营层持股激励，并在湖南国基检测认证公司推行，结合多种形式及措施，充分激发科技人员工作积极性。三是制定了与经营业绩、岗位贡献挂钩的《薪酬管理办法》，针对高端人才实行协议工资制。建立内部科研奖励激励机制，建立《超额利润提成管理办法》《外部资金争取激励管理办法》《销售提成管理办法》等考核激励制度。设立优秀科技人才基金，对优秀科技人员给予持续性科技项目支持。

（四）知识产权机制

一是依托与湖南新诤信知识产权服务有限公司共建国家轨道交通装备行业知识产权运营中心，建立创新中心成员单位联合保护、风险分担、开放共享的知识产权协同运用机制。二是面向所有成员单位开放知识产权基本信息，专业开展共性关键技术和工艺知识产权信息分析，定期发布知识产权态势，形成知识产权信息共享机制。三是制定《专利奖励办法》《知识产权管理办法》等制度，规范公司知识产权的管理，防止知识产权等无形资产的流失，保障知识产权权益，鼓励员工发明创造积极性，充分发挥知识产权在促进创新和保护市场中的积极作用。

四、平台建设

（一）关键共性技术研发平台

关键共性技术研发平台重点围绕绿色节能、智能控制和运维服务等行业关键共性技术领域开展技术研究，分步实施建设新能源系统技术实验室、智能感知器件与系统实室、智能运维技术实验室、激光应用技术实验室等4大实验室，率先突破绿色节能、智能控制、运维服务3大关键共性技术。一是智能感知器件与系统实验室，目前已完成轨道交通创新创业园 C2 孵化基地的实验室基础设施建设，完成了自主可控开关器件研发平台、轨道交通智能感知器件与系统研发平台、智能空调控制系统研发平台等的搭建，围绕研发能力完成了部分设备采购，形成了研发能力。二是智能运维技术实验室，联合华东交通大学和湖南科技大学建立智能运维联合创新实验室，研究包含智能网络测试床、运维监控中心、智能运维高性能计算中心三大核心架构，承担国家重点研发计划《轨道交通装备运行质量检验监测科技服务技术研发与应用项目》和工业互联网创新发展工程的测试工作。三是激光技术应用实验室，目前已完成一期基础设施建设，购置金属零件增材制造、1000W/200W激光器、激光复合焊接等设备，形成了激光增材制造、激光焊接、激光清洗等方向的研发能力。四是新能源系统技术实验室已完成总体设计方案，完成了氢燃料电池系统的总体参数和能源控制系统的控制方案，正在开展动力系统各单元的系统匹配性、能源管理策略等方面的技术研究，将于年底启动实验室建设。

（二）公共服务平台

围绕先进轨道交通装备绿色、安全、智能和前沿应用技术发展趋势，持续完善技术研发条件，汇聚和培育创新智力资源，形成工业互联网服务、试验检测证认证服务及产业集群服务的能力。一是工业互联网服务方面，在华为云上利用 WordPress 平台搭建，目前上云设备已经有 10584 台。深度对接国家互联网+、人工智能等政策，与金碟等合作开发了国内首个面向轨道交通装备行业的工业互联网平台，该平台已入选省级工业互联网平台，正积极申报国家级工业互联网示范平台。二是测试验证认证服务方面，与上海轨道交通检测技术有限公司合资组建了湖南国基检测认证有限公司。目前已经获得国家认监委 CMA 检测资质，拥有轨道车辆整车、辅助供电系统、制动系统、空调系统、照明系统等 21 项检验检测能力，与莱茵公司、南德公司开展国际轨道交通标准互认合作，助力中国出口欧洲动车组实现标准互认。三是产业集群服务方面，联合株洲轨道交通产业发展股份有限公司在株洲市民政局注册成立民办非企业组织"株洲国联轨道交通产业服务中心"，作为面向行业的产业服务中心，致力于做好株洲轨道交通装备产业集群的服务员、联络员、领航员。依托中国先进轨道交通装备创新联盟积极开展人才培训、国际交流、峰会论坛等各类服务活动，提高企业竞争能力。

（三）技术孵化平台

按照七大关键共性技术方向分步实施技术孵化项目，目前已在绿色节能、智能控制、运维服务等 3 方面取得成效。一是围绕绿色节能技术能力，重点孵化新能源动力系统、超级电容监测系统、碳纤维复合材料部件等项目。目前新能源动力系统已完成牵引蓄电池动力包的设计开发，正在开展氢燃料混合动力系统研究；超级电容监测系统已完成前期需求分析设计、单机版的架构设计、部分功能代码和大数据版的界面设计；碳纤维复合材料部件完成受电弓杆件的设计、工艺开发，正在开展样品试制、验证。二是围绕智能控制技术能力，重点孵化新型宽带共振吸声结构材料部件、自主可控高端开关器件、智能新型空调控制系统、轨道交通无线无源智能传感器等项目。新型宽带共振吸声结构材料部件已完成 2 款降噪结构样品开发试制和实验验证；智能新型空调控制系统完成开发、辅助电器柜样机试制和各系统功能实验验证；自主可控接触器完成 2 款机车车辆牵引系统用接触器产品研发；无线无源智能感知器件与系统完成轨道交通无线无源分布式声表面波智能感知器件及系统的工程样机开发。三是围绕运维服务技术能力，重点孵化先进激光应用技术项目。目前针对铝合金车体侧墙焊前清洗已与中车株机公司达成了初步合作意向，提供关键结构部件维保绿色解决方案；针对电机外壳油漆清洗等问题已为株洲联成集团提供了解决方案，已达成了初步合作意向。

第二节　运行成果

一、技术创新

（一）轨道交通无线无源分布式声表面波温度感知芯片及系统

采用车载受电弓监测系统通过在车顶部署无线无源传感器装置实时采集运行端受电弓、接触线、悬臂等、固定支架等温度信息；通过机车轮轴监测，将无线无源分布式声表面波传感器芯片直接分布在机车轮轴、刹车闸瓦处，实现轮轴无线无源分布式温度监测。保障高速铁路弓网和轮轴的稳定性、可靠性和安全运行，实现受电弓与轮轴等列车关键部件的运行状态实时监测意义重大。

（二）基于运行状态预测的城轨车辆转向架可视化协同维修平台研究

目前，城轨车辆转向架存在维修成本高、维护效率低、维护困难。一方面，缺乏可靠的转向架运行状态预测数据，国内常用"定期检修"，检修成本高，且容易使列车带病运行，存在不容忽视的运营安全隐患；另一方面，转向架是一个复杂的机电集成系统，涉及大量专业知识、故障理论和维护信息，售后服务人员很难快速实现转向架故障判断和有效维修。选取对城轨车辆转向架起决定性影响的关键零部件如：车轮、车轴、构架、电机、轴承、紧固件等，开展早期故障特征辨只、状态预测和可视化维修方法研究，建立一套完整的城轨车辆转向架关键零部件状态预测理论及可视化协同维修平台，最终实现城轨车辆转向架维修由"计划性维修"的纸质维修引导转变为基于数据的"预防性维修"的可视化协同维修。

（三）面向轨道交通装备的3D打印智能云平台研究

随着我国互联网快速发展及3D打印工艺应用的普及，3D打印云平台将很快迎来新一轮爆发。从"个性化定制、按需生产"的趋势出发，打造面向轨道交通的3D打印云平台，通过引入人工智能、工业互联网等先进技术，融入轨道交通装备的设计、制造、维保等全生命周期环节，实现3D打印零部件的智能设计与优化、智能化3D打印工艺方法、3D打印设备的远程监控中心、关键零部件的全生命健康管理，实现国内首个轨道交通3D打印智能生产线，占领 3D 打印领域竞争的制高点。

二、成果转化和企业孵化

根据建设指南要求，创新中心作为专注研发的新型独立实体，要实现自我造血与持续经营。在自负盈亏的同时，创新中心需要开展大量共性关键技术研发项目，限制行业发展且成为技术瓶颈的这些项目往往具备研发周期长、前期投入大、成果转化慢的特点，同时推进的风险较高。为充分发挥创新中心资源集聚效益，利用好社会资本，创新中心采取"平台+公司""研究所+项目子公司"的模式开展技术转移扩散，实现技术溢出。

三、行业服务

（一）依托"期刊社"平台，打造学术交流阵地

积极承接中车轨道交通期刊社有限公司管理，作为创新中心多元化宣传和技术交流的载体，充分挖掘期刊的媒介潜力，凭借创新中心资源集聚优势，搭建学术与人才交流的创新平台，进而提升行业内技术的话语权。一是依托"期刊社"平台主办或承办 10 余次行业论坛和会展，共 30 余名院士参加，每次参会企业数量均超过 200 家，参会人数代表超过 500 人，搭建轨道交通行业创新交流桥梁。二是打造"国创教育"平台，组织培训交流活动，成功组织培训交流活动 30 余场，为轨道交通行业累计 500 家企业提供培训服务，构建全方位、多层次的"国创教育"培训体系，面向产业链上下游提供人才培养和培训服务，助推产业链上下游企业转型升级。

（二）依托"检测认证"平台，提供检测公共服务

2019 年 3 月，创新中心联合上海轨道交通检测技术有限公司（SRCC）合资设立试验检测公司：湖南国基检测认证有限公司，共建第三方行业检验检测和标准认证平台，为创新中心检测认证平台提供支撑，打造以车辆为核心，覆盖零部件、系统到整车等领域的检测、评估、认证机构。目前已经获得国家认监委 CMA 检测资质，拥有轨道车辆整车、辅助供电系统、制动系统、空调系统、照明系统等 21 项检验检测能力，并向 3 家轨道交通装备部件制造商提供了检测试验服务，实现"当年注册、当年营收、当年盈利"，自主造血，持续发展。

（三）依托"工业互联网"平台，助力企业智能化转型

通过深度对接国家互联网+、人工智能等政策，创新中心与金蝶等合作开发了国内首个面向轨道交通装备行业的工业互联网平台："智轨云"轨道交通工业云平台，为轨道交通产业上下游跨领域信息系统互联互通、企业内制造资源信息化和工业设备管理，为园区和政府提供工业信息发布和整合等服务。同时，作为子任务建设内容纳入了工业和信息化部 2019 年工业互联网创新发展工程——工业互联网平台测试床建设项目，为企业提供研发、生产、经营、服务等全生命周期多元化解决方案。

四、交流合作

（一）国际交流合作方面

创新中心充分发挥成员单位的前期国际合作基础，不断强化国际化建设，落实国家"走出去"战略，积极开展国际交流合作，引进国外先进轨道交通装备领域先进装备、先进技术，吸收消化再创新。一是持续开拓海外市场，依靠卓越的产品性能，助力中国装备"走出去"。创新中心参与单位株洲中车天力公司制造的车轴首次启运出口欧洲，中车株洲电机公司制造的"天狼星号"动车组出口捷克，中车株洲电机公司获墨西哥轻轨车辆订单、菲律宾动车组订单、匈牙利"火车头"订单，中车株洲电机公司的电机配套业务获南非机车订单、澳大利亚订单、雅万高铁订单等，加速中国装备"走出去"。二是推动股东单位、联盟单位在国外建立分支机构，采用委托研发、联合研发、设立联合实验室等方式，推进前沿技术、共性关键技术的研发。三是通过开展双边论坛、高峰会议、创新大会和大赛等，树立国际轨道交通装备产业创新标杆地位。组织参展第 88 届伊兹密尔国际博览会，举办 2019 中国国际轨道交通和装备制造产业博览会、第三届中国与东南亚 NGO、企业及学者对话会等，提升国际影响力。

（二）成员单位间交流合作方面

一是提供技术支撑。创新中心参与单位在共性关键技术研发、行业技术瓶颈突破、先进技术示范与推广等环节中，充分发挥资源应用优势，协同创新中心开展研发攻关：在城轨车辆客室电气集成控制系统研发、碳纤维复合材料受电弓设计开发项目，以及隔音降噪材料与结构研发、基于运行状态预

测的城轨车辆转向架可视化协同维修平台研究项目中，中车株洲电机公司协同创新中心推动整车车辆技术升级。二是共享科研仪器设备。通过与大功率交流传动电力机车系统集成国家重点实验室签订仪器设备共享协议，对主要科研仪器设备进行共享。在检测认证平台的搭建过程中，创新中心通过租赁的形式共享参与单位的检测试验资源，同时吸收高校、研究所等资源，为行业提供以车辆为核心，覆盖零部件、系统到整车领域的检验检测和报告评估服务。三是共享行业高端人才。各成员单位与创新中心共享轨道交通核心人才，与创新中心共同构建专兼职相结合的多元化研发队伍，中车株洲电机公司中车首席科学家杨颖、中国中车资深技术专家陈勇被聘为国创科技公司总工程师和副总工程师，中车株洲电机公司、联诚、九方等单位均提供了技术、财务等方面的专家团队助力创新中心各项机制体制的建立。

第十四章

国家农机装备创新中心

第一节　建设进展

一、组建情况

国家农机装备创新中心由河南省智能农机创新中心升级组建，是河南省首家、农机装备领域唯一一家国家制造业创新中心。创新中心围绕农机领域的重大需求，通过构建新一代农机装备开放标准架构，开展具有信息获取、智能决策和精准作业能力的高端农机产品及其制造技术的研究与产业孵化，解决农机装备关键材料、核心制造工艺与薄弱环节等问题，建立应用基础研究和工程化、产业化连接的桥梁，形成人才聚集—资金投入—科研开发—成果孵化—产业反哺科研的良性创新创业生态，打造农机领域原创科技的策源中心、行业技术进步的促进中心，助力我国农机装备高质量发展。

（一）公司

1. 股东总体情况

国家农机装备创新中心按照"洛阳智能农业装备研究院有限公司+国家智能农机装备产业技术创新战略联盟"模式组建，构建开放的"产学研用金"协同创新体系。公司除了被认定为"国家农机装备创新中心""河南省智能农机创新中心"外，还同时被认定为"河南省新型研发机构""洛阳市企业研发中心""科技型中小企业"。

2. 组织架构

创新中心打破传统企业组织架构，根据公司发展的具体需求，下设技术研发中心、重大项目办公室、科技发展部、战略市场部、资本运营部、资源平台部、财务资产部、人力资源部、综合管理部，充分支持公司从技术开发到成果转移转化与推广应用全链条的资源协调、资源集聚等工作顺利开展。

（二）联盟

国家智能农机装备产业技术创新战略联盟是由洛阳智能农业装备研究院有限公司发起，由 40 余家智能农机产业链各环节关联的企（事）业单位、科研院所、重点院校、行业组织等组成的合作交流平台。联盟理事长单位为洛阳智能农业装备研究院有限公司；副理事长单位为中国一拖集团有限公司、中国科学院计算技术研究所、中国科学院微电子研究所；常务理事单位为无锡中粮工程科技有限公司、中国科学院合肥物质科学研究院、中国农业大学、江苏大学。

联盟主要围绕产业的关键共性问题开展合作，突破产业发展的核心技术，形成产业标准；建立公共平台，实现资源的有效分工与合理衔接，实行知识产权共享；实施技术转移，加速科技成果的商业化运用，联合培养人才。引导和支持创新要素向企业集聚，促进科技成果向现实生产力转化。保障科研与生产紧密衔接，推动产业结构优化升级，提升产业核心竞争力。

二、队伍建设

（一）管理团队

1. 管理团队建设

创新中心现有全职员工 78 人，其中研发人员 63 人，主要开展信息采集器、智能农业机器人、大数据平台建设、激光强化工艺、拖拉机检测平台等研究工作。全职人员中硕士、博士以上学历人员 22 名，占全职人员总数的28%，具有较高专业技能和业务水平。兼职及委外技术人员 30 余人，与清华大学、北京理工、微电子所、百度阿波罗等院校、企业合作，形成综合性研究支持团队，并与十余位博士/教授团队开展技术交流合作。中国工程院院士赵春江任创新中心主任，中国工程院院士罗锡文任专家委员会主任，形成了包括罗锡文、赵春江、陈学庚、雒建斌、李国杰、康振生六名院士，以及若干行业知名专家在内的专家委员会。

2. 管理人员简历

创新中心主任赵春江，中国工程院院士、博士、研究员，国家 863 计划专家、国家 863 计划重大项目"智能化农业信息技术示范工程"总体组组长，主要从事人工智能、专家系统、数据挖掘、网络中间件技术等领域的研究与应用。

创新中心专家委员会主任罗锡文，中国工程院院士，华南农业大学教授、国务院学位委员会农业工程学科评议组召集人、《农业工程学报》副主编、《农业机械学报》编委，主要研究领域包括农业机械化发展战略与规划、南方农业机械与装备关键技术，重点研究水田激光平地机、水稻工厂化育秧、水稻精量穴直播机和蔗田深松耕作关键技术。

（二）科研团队

王云飞，洛阳智能农业装备研究院有限公司总经理，教授级高级工程师，洛阳市学科带头人、洛阳市优秀科技专家，中国机械工程学会失效分析专家，全国锻压技术标准委员会副主任，中国锻压协会"头脑风暴"专家库专家。主要从事材料工程领域的相关研究工作，在自动化制造系统、智能生产系统的研发和应用等方面工作业绩显著。近年来，主持及参与国家智能制造综合标准化项目 5 项、省级重点项目 2 项、市级重大科技专项 1 项，发表学术论文及报告 20 余篇，已完成 2 项国家标准的制定，准备申请国家标准 2 项，获省部级科技进步奖 12 项。

王鹏，洛阳智能农业装备研究院有限公司技术中心负责人，博士学位，车辆系统动力学与控制策略开发工程师，曾就职于博世力士乐，任系统与控制策略开发工程师。参加履带车辆传动装置的建模与换挡策略优化、Chrysler 混合动力汽车传动系统的控制策略研究、博世力士乐下一代挖掘机系统的开发、典型新能源车型调研与分析、工程车辆传动系统的非线性振动特性研究、车用多模式可控单/双向离合器的设计与开发等多项目研究。

三、机制建设

（一）项目管理机制

对标国外先进企业研发管理体系，结合公司发展现状，制定《研发项目管理办法（试行）》文件，明确了以市场和创造价值为核心导向的研发体系及流程，通过项目例会、项目协调会、项目启动会、技术方案评审会等一系列会议，以及《项目需求说明书》《项目章程》等一系列文件，形成高效、协同的运行及保障机制，有效地促进创新想法和概念的形成与评估，并促进概念（原型机）逐步转化为可量产的产品，在项目组织的共同努力下充分合理的控制项目开发周期、成本、资源及风险。

（二）资源共享机制

创新中心为集聚行业优势资源，与拖拉机动力系统国家重点实验室、土壤植物机器系统技术国家重点实验室等国家级研发平台，以及国家拖拉机质量监督检验中心等国家级质量监督检验中心实现了设备、人才等资源共享，围绕农机装备共性技术，提升农机装备研发设计、质量检测和验证能力，构建产学研用深度融合的创新生态体系。

（三）人才管理机制

创新中心在已有人才引进和管理机制激励措施基础上，加大体制机制创新。根据公司运营和产业发展特点，完善相适宜的管理制度，实行动态调整，逐步形成公平竞争的用人环境。创新中心采取项目分红权激励、股权激励等方式，实施科研、销售和管理团队股权激励。对未成立法人实体公司、正在进行产业孵化的实体部门，尤其是具有较好收益、建立了模拟法人的事业部实行激励机制，充分调动科技人员创新和创业积极性。

（四）知识产权机制

创新中心建立了知识产权创造、运用、管理制度，实行知识产权共享机制，对新的技术创新成果按照项目来源具体规定，国家项目按照国家有关规定执行，企业自身项目由合同规定收益，充分体现"谁出资，谁受益"的市场化运营理念，为创新中心持续建设和发展奠定基础。

四、平台建设

（一）互联网+农机作业数据平台

建设互联网+农机作业数据平台，实现农机定位查找、状态监控、作业统计、数据分析、快速服务、预警报警、故障报修等功能，为实施产品全寿命周期管理、提高服务品质和服务效率提供信息化支撑。目前，智能农业装备数据平台及神农耘耕 App 已接入各类农机约 4 万台，能够实现定位查找、状态监控、数据分析、故障报警等功能。

（二）农机装备大数据管理与分析实验室

开展农机装备异构数据分析工作，初步完成相关性分析、决策树、主成分分析等算法函数及模型的建立。开发了农机自动驾驶系统，实现了路径规划关键技术和车身障碍物检测、避障。

（三）农机装备模拟仿真实验室

已完成实验室方案设计及软硬件招标工作，并展开相关基础能力培训，2020 年年底前将完成实验室建设，实现设计、仿真、制造、验证、管理的全链条数字化，成为农机行业首家工业设计和产品全生命周期数字化解决方案提供商，改变"设计—制造—测试—再设计"的传统试错方法，提高创新设计的速度，推动创新设计的自动、智能化进程，缩短农机装备设计、验证周期三分之一以上。

（四）农机装备电控液压及传动实验室

围绕收获机械整机、电控液压、核心零部件的检测、验证、标定，建立世界一流的收获机械综合检测平台。目前已开展方案的前期调研和设计工作，并针对收获机械整机、核心零部件在多动力头加载下的试验和检测设备的缺乏问题，进行专项调研工作。

第二节　运行成果

一、技术创新

（一）新能源拖拉机系列（ET 系列）

中马力系列，ET504（超级拖拉机 I 号）为一款中马力电动拖拉机，依据当前的农机产业环境和科技发展的趋势，通过新型设计理念，以锂电池为能源储备，选择永磁同步电机作为动力源，采用中置电机结构，配以科幻的外形，打造的一款纯电动无人拖拉机，是我国第一台氢燃料电池无人驾驶拖

拉机（ET504H）。在大马力电动拖拉机研究方向，在研的超大马力纯电动拖拉机 ET4804，峰值功率达 355 千瓦（480 马力），重点突破双电机驱动技术、倍速转向技术、快换换电技术、大马力拖拉机液压解决方案及 3 类、4 类悬挂兼顾设计等。

（二）农业机器人系列

总体围绕果园种植的"耕种管收"的全程无人化、智能化，已开展微耕机器人、巡检机器人、弥雾消毒机器人等的研究开发。基于智能化果园/大棚农业机器人的研究，在手持装备增材制造技术、多转向模式技术、多感知系统融合技术、多自由度喷药指向技术等方面取得阶段性进展。

（三）自动驾驶系统开发

针对农机自动驾驶系统开发，在无人化农机与农艺相结合的技术、农机自主作业与运维智能管理技术系统、基于北斗的农机自主作业复杂工况定位与导航技术、厘米级导航与机电液多融合调控的精准农机技术等方面已取得阶段性成果。

（四）智慧农业设备及平台开发

围绕作物生长过程中需要监控的温、湿、光、气、土壤等各种参数，开发专用传感器 29 种；开发 12 种智慧农业设备及智能农耕系统。针对智慧农业设备及平台开发，开展超低功耗环境数据采集技术，精准灌溉及水肥一体化技术，设施农业多参数环境监控及设备控制技术，卫星遥感与本地传感融合的气象、土壤、作物的监控技术，LORA 模块便携组网技术，NB 模块多区域互联互通技术，4G 模块远端数据传输技术等开发。

（五）智能农机装备数据平台

完成智能农机装备数据平台的上线，面向政府、生产商、农机局、合作社、农户等，提供北斗定位、安全锁车、历史追踪、实时运行状态信息、车辆控制、部分关键设备故障预警等服务，接入数量已超过 4 万余台。同时上线的神农耘耕 App 是一款以管理智能农机设备为主题的服务型 App，以厂商、经销商、个人车主为用户，基于农机设备管理的需求，致力于打造一个集销售、管理、服务为一体的智能农机平台。

二、成果转化和企业孵化

创新中心已申报知识产权 212 项、授权 105 项，通过河南省新型研发机构和 ISO9001 质量管理体系认证。2019 年，创新中心为中国一拖集团有限公司、郑州中联收获机械有限公司等多家单位提供产品输出，包括 GPS/北斗智能终端、农机大数据平台服务等。为上海市崇明区农业机械管理站等提供智能农业机器人（超拖 I 号）、农业遥感集成与开发系统平台、智慧农业及其平台研发、农业机器人样机研发、无人机应用研究等项目服务。

三、行业服务

开发并上线运营了智慧农业装备管理平台，通过智能终端接入拖拉机、小麦收获机、玉米收获机、花生收获机等农机装备 4 万余台，覆盖 31 个省份，为 108 家农机企业提供定位、故障报警等服务，并针对企业、政府监管部门的需求提供大数据分析报告 100 余份。创新中心积组建专业工业设计团队，为洛阳玛斯特机械设备有限公司提供微耕机系列产品外观设计服务，与四川邦辰信息科技有限公司、中航光电科技股份有限公司开展工业设计合作。

2019 年，创新中心在洛阳市工业和信息化局指导下，联合中国一拖集团有限公司/洛阳辰汉农业装备科技有限公司等行业龙头企业、清华大学高端装备院洛阳基地/河南科技大学等科研院所与高校，打造洛阳现代农机装备制造业集群，并成立洛阳现代农机装备制造业集群促进服务中心（以下简称服务中心）作为集群的发展促进机构。

服务中心发挥其精准服务集群成员的纽带作用，以企业需求为中心，构建各方高度协作的网络化体系。服务中心通过促进集群间知识、信息、经验的沟通和交流，减少集群成员和潜在合作者的交易成本；推进产业集群全产业链上中下游协同发展，探索产学研用协同合作机制，联合开发行业共性关键技术，降低企业研发成本和风险；通过可信的监督和惩罚机制，使机会主义行为的成本大于收益，促进竞争性企业间的合作；在研发能力、人才、设备等方面，实现资源互补和共享。

四、交流合作

在国际合作方面，创新中心与欧洲科学院、悉尼大学工程学院、通信和物联网卓越中心等就农业大数据的分析应用与价值挖掘、项目合作及人才交流等方面开展了技术互动与合作探讨；与 CLAAS 团队就中国市场与欧洲市场的差异性及合作模式等进行讨论，促进非传统农机领域的交流与探索；与墨尔本农场开展合作交流与探讨。未来创新中心将进一步集聚行业优势资源，与多方领域专家团队进行深度合作，充分利用各方优势，加快开展农业和农机大数据的挖掘及核心零部件研究，推动农业机械智能化高质量发展。

第十五章

国家智能网联汽车创新中心

第一节　建设进展

一、组建情况

　　国家智能网联汽车创新中心（以下简称创新中心）于 2019 年 5 月 30 日获批，按照"公司+联盟"的模式组建。其中，国汽（北京）智能网联汽车研究院有限公司（以下简称国汽智联）是创新中心的运营主体，通过汇聚多元化创新资源和行业优势，形成以独立法人形式运行的新型创新载体；中国智能网联汽车产业创新联盟（以下简称产业联盟）覆盖行业有影响力的中外企业，在共性技术研发、标准法规、测试示范、学术交流与国际合作、人才培养等方面开展工作，已成为国内推动智能网联汽车技术和产业发展的重要平台。

（一）公司

1. 股东总体情况

　　2018 年 3 月 19 日，国汽（北京）智能网联汽车研究院有限公司由中国汽车工程学会、中国汽车工业协会及中国智能网联汽车产业创新联盟共同发起筹建。国汽智联成立于北京经济技术开发区，分三批引进股东单位 22 家，包括 18 家国内整车、零部件、信息通信领域的领军企业和科研机构，以及大众、通用、博世、海克斯康新增的 4 家汽车领域顶级企业。现有注册资本 11 亿元，股东单位平均持股，各家占注册资本的 4.55%，同时国汽智联同丰田签署战略合作协议，丰田出资 10000 万元，以战略合作的方式加入国汽智联。公司股东构成见表 15-1。

表 15-1　公司股东构成

序号	股东名称	认缴金额（万元）	持股比例	备注
1	中国第一汽车股份有限公司	5000	4.55%	一期股东
2	东风汽车集团股份有限公司	5000	4.55%	
3	广州汽车集团股份有限公司	5000	4.55%	
4	北京汽车研究总院有限公司	5000	4.55%	
5	郑州宇通客车股份有限公司	5000	4.55%	
6	中国汽车技术研究中心有限公司	5000	4.55%	
7	启迪云智科技（北京）有限公司	5000	4.55%	
8	江铃汽车集团有限公司	5000	4.55%	
9	浙江亚太机电股份有限公司	5000	4.55%	
10	上海保隆汽车科技股份有限公司	5000	4.55%	
11	惠州市德赛西威汽车电子股份有限公司	5000	4.55%	
12	重庆长安汽车股份有限公司	5000	4.55%	
13	上海汽车工业（集团）总公司	5000	4.55%	二期股东
14	北京四维图新科技股份有限公司	5000	4.55%	
15	中国汽车工程研究院股份有限公司	5000	4.55%	
16	北京北斗星通导航技术股份有限公司	5000	4.55%	
17	厦门金龙汽车集团股份有限公司	5000	4.55%	
18	江苏新通达电子科技股份有限公司	5000	4.55%	
19	大众汽车（中国）投资有限公司	5000	4.55%	三期股东
20	通用汽车（中国）投资有限公司	5000	4.55%	
21	博世（中国）投资有限公司	5000	4.55%	
22	海克斯康测量技术（青岛）有限公司	5000	4.55%	
	合　计	110000	100%	

2. 组织架构

国汽智联为独立法人单位，设立股东会、董事会、监事会和执行管理委员会等机构。设立的技术委员会、投资咨询专家委员会、人事薪酬咨询委员会等由行业内具有重要影响力的专家组成。为了更有效地推动智能网联汽车前瞻共性交叉关键技术的突破和关键技术基础平台化的开发与应用，进一步提高组织管理的决策效率和资源配置效率，在组织结构上区分技术研发和保障支撑两个维度实施，具体按照事业部、项目部和职能部门分别设计定义。其中，事业部和项目部作为研发任务的责任主体，负责汇聚行业产业链、技术链优势资源，承担前瞻基础与共性交叉技术研发的具体任务，输出技术成果；职能部门作为支撑保障工作的责任主体，负责内控管理、战略政策研究、公共关系、成果转化与项目孵化相关工作。国汽智联同时成立了基金管理公司，负责对创新中心衍生项目的投资，充分发挥资本对科技创新的推动作用，加快新技术的产出、转移和首次商业化。

（二）联盟

2017 年 6 月 12 日，在工业和信息化部指导下，中国汽车工程学会、中国汽车工业协会共同发起，联合成立中国智能网联汽车产业创新联盟。联盟秘书处设在国汽智联。联盟成员单位涵盖了汽车、通信、交通、互联网等领域的企业、高校、研究机构，目前规模已发展到理事单位 64 家，普通成员单位 398 家。其中，高校院所 45 家，包括清华大学、吉林大学、同济大学、北京航空航天大学等高等院校，以及中国信息通信研究院、交通运输部公路科学研究院、中国汽车工程研究院股份有限公司、重庆车辆检测研究院有限公司等，覆盖了 50% 以上智能网联汽车领域国家级创新平台。根据智能网联汽车技术路线图研究的技术架构及智能网联汽车产业的发展需要，联盟设立了 V2X、信息安全、自动驾驶地图与定位、新型车载高速网络、基础数据平台、商用车、AVP、产业投融、测试示范工作组、操作系统工作组（部分筹备中）。

二、队伍建设

（一）管理团队

中国智能网联汽车产业创新联盟理事长李骏，中国工程院院士，清华大学教授，中国汽车工程学会理事长，中国智能网联汽车产业创新联盟理事长。曾担任一汽集团副总工程师兼技术中心主任，国际汽车工程学会联合会（简称 FISITA）年度主席。

国汽（北京）智能网联汽车研究院有限公司董事长张进华，中国汽车工程学会常务副理事长兼秘书长。曾任中国汽车技术研究中心副主任，具有丰富的行业协同与组织管理经验。

国汽（北京）智能网联汽车研究院有限公司总经理严刚，正高级工程师，国务院特殊津贴专家，曾任江淮汽车集团股份有限公司董事、副总经理、江淮汽车技术中心常务副主任等职务，从事汽车产品研发、生产、营销、管理30 余年，具有丰富的研发和管理经验。

（二）科研团队

1. 首席科学家

李克强，清华大学汽车工程系教授、教育部"长江学者"特聘教授、汽车安全与节能国家重点实验室主任、中国智能网联汽车产业创新联盟专家委员会主任，长期致力于智能汽车系统动态设计与电子控制的研究及产业化，具有丰富的科技成果转化经验。探索适合我国国情的汽车高新技术成果转化的创新机制，孵化汽车科技型企业 20 余家，为我国汽车行业科技成果转化及创业做出了重要贡献。

2. 科研团队建设

通过聚焦专家、公开招聘、团队引进等方式组建创新中心人才队伍。创新中心引入院士、长江学者、千人计划等十余名国内外行业专家。目前创新中心团队 251 人，其中自有员工 208 人，派驻及联合开发人员 43 人；研发人员占比 76.56%，其中博士以上学历占比 13.75%，硕士研究生以上占比 68.75%。

三、机制建设

（一）项目管理机制

创新中心立足于服务国家战略，集聚创新资源，突破行业技术瓶颈，坚持软件开发与硬件开发结合，坚持技术研发与市场运营统筹协同，为行业企业提供跨领域的共性交叉基础技术和通用平台。基于市场需求与价值实现，创新中心协同汽车产业链成员、高校、研发机构及金融资源，建立产、学、研、融深度融合的市场化运行机制，加快新技术的产出供给、转移扩散，加速首次商业化应用进程，充分发挥资本对科技创新的推动作用，形成"技术、资本、产业"三位一体的产业创新体系，共同培育中国智能网联汽车产业的核心竞争力。

（二）资源共享机制

创新中心从制度管理体系建设入手，通过平台公司组建、基金公司助力、技术成果授权应用等多种方式，构建以满足市场需求为导向的技术成果转化扩散机制，实现技术成果的行业共享。针对创新中心五大基础平台已经孵化成熟的技术专项，按照"成熟一个，发展一个，示范一个"的基本原则，整合行业优势资源，组织该技术领域的行业头部企业共同发起并成立平台公司，使技术成果充分接受市场的检验，形成示范带动效应。

（三）人才管理机制

为加快推进智能网联汽车技术研发团队的建设，坚持以需求为基础，以项目为核心，围绕我国智能网联汽车产业发展的迫切需求，筛选行业亟待解决的基础、共性、交叉技术，通过建立院士专家工作站、与国内外企业和院校合作进行项目研究等多种方式，推动汽车领域与信息通信、互联网等领域人才交流与合作，建立国际复合型人才引进联动机制，加快培养一批具有国际领先水平的专家和学术带头人。

（四）知识产权机制

创新中心强化知识产权的创造、保护和运用，大力培育高价值发明专利，鼓励申请实用新型专利和软件著作权，以国汽智联为主导，协同股东、联盟及相关方，共同构建智能网联汽车的知识产权运营体系，实现技术成果的行业共享。创新中心完善本系制度，建立技术成果管理机制，通过编制与实施《知识产权管理办法》《知识产权奖励管理办法》等内部管理办法，提升公司的知识产权产出质量，推动公司盘活自主研发成果的知识产权，鼓励发明人通过许可、转让等方式对外运用，使知识产权产生价值和收益。

四、平台建设

创新中心围绕四项关键共性技术，建设智能网联汽车智能化试验中心、智能网联汽车网联化试验中心、数据与信息安全中心、智能网联汽车暗室中心、智能网联汽车虚拟测试中心 5 个试验中心。提前建成计算平台研发试验室、高精度动态地图与定位试验室、车载高速网络试验室、信息安全试验室 4 个智能网联汽车试验室。创新中心购置固定资产 155 台套，其中重大设备 72 台套。

创新中心有效地支撑国家智能网联汽车四项关键共性技术的研发与验证，主要研究领域为：自动驾驶计算平台功能测试、ADAS 控制器功能测试服务；车辆新型攻击技术挖掘与漏洞利用验证、车辆无线通信及服务安全测试；基于车端和路端的高并发数据接入与分发技术研发，高精度定位服务的数据接入、解算、分发、存储加密等关键技术。

第二节　运行成果

一、技术创新

（一）中国 ICV 体系架构规划与设计

本项目致力于构建智能网联汽车"中国方案"，首先基于协同的理念，提出"人-车-路-云"一体化协同控制的智能网联汽车信息物理系统的概念；然后针对该复杂系统的体系架构开展研究，提出一种高普适性、可演进、支持"人-车-路-云"一体化协同控制、面向业务的系统参考架构，以期为政府部门、生产企业和研究机构等做出科学决策提供参考，支撑我国智能网联汽车、智能交通和智慧城市发展。

（二）中国标准智能网联汽车场景库建设项目

本项目采集典型城市集群的场景数据，建立能够反映中国实际特征的场景库，利用数据、模型和工具等资源，服务于不同级别智能网联汽车的研发和测试等应用，支撑中国标准智能网联汽车场景标准体系及测试标准体系建设。创新中心组织同济大学、北京航空航天大学、吉林大学、清华大学、宇通客车、北汽福田、北科天绘和亮道智能等 14 家单位，完成了《中国标准智能网联汽车场景库理论架构体系》研究报告，并于 2019 年 5 月对外发布，为中国标准的智能网联汽车场景库建设提供了方法论指导。

（三）自动驾驶 OS 基础平台

面向中国智能网联汽车行业需求和产业安全需要，协同行业已有优质资源，联合相关方共同开发自主可控自动驾驶操作系统，夯实智能网联汽车产业安全的共性基础。自动驾驶 OS 基础平台将支持具有中国特色的云控、V2X、信息安全、高精地图等产业化落地，推动智能网联汽车发展。

（四）智能座舱 OS 基础平台

本项目面向行业对车载操作系统的需求和产业安全的需要，组织行业已有优质资源，共同建立智能座舱 OS 基础平台，实现自主可控、满足产业安全的智能座舱 OS 产品开发和应用生态环境的建设。围绕当前主流车载操作系统的发展现状搭建系统验证平台，支持 Android、Linux、AliOS 等多种操作系统运行，结合外围设备，用于评估和验证操作系统的运行状态。平台可以运行音视频处理、图像处理、网联化等功能实例，用于验证操作系统的性能。

二、成果转化和企业孵化

创新中心积极推动智能网联汽车领域前瞻基础技术和共性交叉技术的突破，整合各方力量打造技术链、产业链，实现核心研发项目从开发、转移、扩散到首次商业化应用各环节的贯通，抢占未来技术制高点，弥补短板，打造跨界协同的创新生态系统。

三、行业服务

（一）产业研究

《节能与新能源汽车技术路线图》2.0 版的修订旨在细化和明确实现汽车强国目标的路径和具体措施，识别未来 15 年汽车技术的重点发展方向、关键技术及其优先程度，提出协同推进汽车技术创新的行动指南，促进新技术的研发和应用，引导创新资源的优化配置，并为相关企业开展技术研发活动提供指引。编制《智能网联汽车蓝皮书（2019）》，本书为社会公众全面了解中国智能网联汽车产业技术发展提供指导，为政府部门出台政策法规、生产企业和研究机构等制定战略规划和开展研究提供借鉴与参考。支撑工业和信息化部开展国家级示范区协同发展工作，通过调研 10 个示范区，形成智能网联汽车测试示范区发展调研研究报告（白皮书），推动智能网联汽车测试示范区协同发展重点工作，并提出建议。

（二）技术服务

作为国家智能网联汽车制造业创新中心，创新中心聚焦智能网联汽车关键共性技术突破，目前已经在智能网联汽车信息物理系统架构、信息安全

V2X 可信体系等方面形成阶段性成果，为智能网联汽车信息物理系统架构与信息安全技术打下基础，高效引领和支撑该行业领域发展，并带动其他领域发展。基于智能网联汽车信息物理系统架构，创新中心支撑北京冬奥组委开展了冬奥智能网联汽车应用示范场景的顶层设计工作。车联网可信体系在 2019 年度"四跨"示范展示活动中进行应用，并取得了参加活动的整车企业与各厂商的认可。创新中心通过建立智能网联汽车信息安全漏洞与预警平台，为北汽、长安等整车企业提供信息安全体系建设技术服务，为蔚来、艾拉比等整车和零部件企业提供深度测试服务。

（三）测试服务

创新中心从产品研发、质量提升和认证检测等方面提供技术服务，为政府质量监管和保障消费者权益提供积极支持。创新中心开展汽车产品自愿性认证、性能评价、信息发布、国际交流、标准制修订等工作，发挥行业引领作用。作为第三方公正的汽车检测技术服务和研究机构，创新中心将秉承以责任赢信誉的宗旨、以市场为导向的原则，实现可持续发展，打造现代服务业领先品牌。积极承担社会责任，发挥专业优势，凭借行业地位，协助行业主管部门进行行业管理，承担多个国家部委课题，为政府提供政策咨询与解决方案。保持与提高业务的市场占有率，强化服务理念，提升管理水平，更好地为政府、行业、企业提供公正、科学地服务。

四、交流合作

（一）推动人才培训与合作交流

2019 年，产业联盟联合中国汽车工程学会共同主办"智能网联汽车信息安全专业体系交流培训会"。中国网络安全审查技术与认证中心、国汽（北京）智能网联汽车研究院有限公司、美国密西根大学电气科学与计算机工程部等单位的资深行业专家进行了授课培训，参与人员包括多家车企、零部件厂商的信息安全相关负责人员。此外，产业联盟与国外行业组织和国际企业开展深度交流达十余次，包括欧洲汽车电信联盟（EATA）、日本新能源产业技术开发机构（NEDO）等国外行业组织，以及沃尔沃、通用、松下等国际企业，充分探讨各国技术发展动态与趋势。同时，联盟还参与了工业和信息化部组织召开的中德自动驾驶合作司局级会议，研究协同机制，交换两国测试示范发展现状，探索联合测试示范方案。

（二）与欧洲汽车电信联盟签署合作协议

2018 年 11 月 16 日，中国欧盟工业对话磋商机制第八次全体会议在北京召开，作为中国与欧盟汽车领域合作的重要内容，中国智能网联汽车产业创新联盟（CAICV）与欧洲汽车与电信联盟（EATA）签署了《合作框架协议》。合作协议签署得到了中国工业和信息化部与欧盟发展总司的大力支持，也标志着 CAICV 与 EATA 在推动中国与欧盟间的智能网联汽车与车联网产业深化合作领域开启了全新的时代，也将为深化中欧汽车领域合作做出积极贡献。

（三）联合国际组织开展 C-V2X "四跨" 互联互通应用示范活动

产业联盟于 2019 年 10 月联合行业各方举办 C-V2X "四跨" 互联互通应用示范活动，邀请 5GAA 作为国际支持单位，60 余家国内外企业积极参与，接待了近 2000 人次国内外嘉宾。活动首次实现了国内 "跨芯片模组、跨终端、跨整车、跨安全平台" C-V2X 应用展示，促进了 C-V2X 技术的产业化发展，为 C-V2X 产业搭建了重要的国际合作交流平台，为国际产业合作深化打下坚实基础。

第十六章

国家先进功能纤维创新中心

第一节　建设进展

一、组建情况

国家先进功能纤维创新中心在江苏省先进功能纤维创新中心基础上升级组建，由东华大学和江苏国望高科纤维有限公司牵头成立，采用"公司+联盟"的模式，创新中心按照"优势互补、协同创新、开放共享"原则，完全体现出开放性、市场化和可操作性。其中，江苏新视界先进功能纤维创新中心有限公司（以下简称新视界公司）负责创新中心的管理和运行，先进功能纤维创新中心联盟（以下简称联盟）为行业提供技术交流、项目合作、供需对接、技术成果转化等合作共赢的服务，为我国先进功能纤维产业高质量发展提供支撑。

（一）公司

1. 股东总体情况

新视界公司于 2018 年 7 月注册，由东华大学和国望高科牵头成立，股东单位集聚了聚酯纤维、聚酰胺纤维和高性能纤维产业链的众多领军企业及知名高校。新视界公司第一批股东共 9 家，包括江苏国望高科纤维有限公司、江苏中鲈科技发展股份有限公司、东华镜月（苏州）纺织技术研究有限公司（东华大学）、浙江恒逸石化有限公司、新凤鸣集团股份有限公司、江苏奥神新材料股份有限公司、福建锦江科技有限公司（以下简称锦江科技）、辽宁银珠化纺集团有限公司、北京三联虹普新合纤技术服务股份有限公司。

2019年，新视界公司进一步吸收整合纤维材料领域创新资源，加快创新中心建设，完善股权结构，对现有股权结构进行调整，完成第一轮股权变更：股东单位由9家增到15家，新增江苏阳光集团、青岛即发集团股份有限公司等6家股东单位。此外，新视界公司积极吸纳社会资本，吸收江苏盛泽产业投资有限公司等金融资本作为股东。新视界公司股东结构见表16-1。

表16-1　新视界公司股东结构

序　　号	股 东 单 位	持股比例（%）
1	江苏国望高科纤维有限公司	30
2	新凤鸣集团股份有限公司	5
3	江苏中鲈科技发展股份有限公司	17
4	浙江恒逸石化有限公司	5
5	北京三联虹普新合纤技术服务股份有限公司	3
6	东华镜月（苏州）纺织技术研究有限公司（东华大学）	5
7	福建锦江科技有限公司	5
8	江苏奥神新材料股份有限公司	2
9	辽宁银珠化纺集团有限公司	1
10	江苏阳光集团	8
11	青岛即发集团股份有限公司	3
12	中芳特纤股份有限公司	3
13	无锡索力得科技发展有限公司	3
14	江苏省产业技术研究院有限公司	2
15	江苏盛泽产业投资有限公司	8
合　　计		100

2．组织架构

创新中心实行企业化运作，依托江苏新视界先进功能纤维创新中心有限公司运营，设立股东会监管下的董事会，董事会为中心决策机构，负责公司重大决策。董事会下采用双负责人制，中心主任（COO）负责日常运营管理，总经理（CEO）负责研发创新管理。同时，运营公司实施"技术和管理双轮驱动"组织模式，设立战略咨询委员会、运行决策委员会和联盟单位技术专家委员会，负责研判行业发展重大问题并筛选确定研究方向，与联盟共同制定创新中心的技术开发路线图，对创新中心的发展战略规划、建设方向和方案，以及项目评估提供建议。

（二）联盟

1. 联盟总体情况

联盟汇聚了行业领域顶尖院士领衔的科学家团队，吸引了行业龙头骨干企业、高等院校、科研院所等联盟单位百余家，构建了覆盖基础研究、技术开发、产品制造、商业化应用、检测与标准、品牌推广等方面的全产业链的创新企业集群，涵盖了石油化工、化学纤维领域中的聚酯纤维、聚酰胺纤维、再生纤维素纤维和高性能纤维等产业链的领军企业；覆盖了包括国家企业技术中心、国家级纺织品及纤维检测中心、纤维材料改性国家重点实验室等国家级创新平台 50%以上。为联盟单位提供技术交流、项目合作、供需对接、技术成果转化等合作共赢服务，推进先进功能纤维产业持续创新发展。

为此，创新中心制定了《国家先进功能纤维创新中心联盟章程》，设联盟理事会、常务理事会和秘书处，增设了联盟技术专家委员会，秘书处为联盟常设机构，负责联盟日常事务、产业运营和项目的协调等。

2. 联盟成员新增情况

目前，创新中心联盟单位已由原来的 15 家增至百余家，其中高校研究院所 18 家，纤维材料及纺织企业 66 家，装备企业 4 家，终端应用企业 10 家，知识产权运作企业 1 家。

3. 国家级平台增加情况

创新中心充分整合股东和联盟单位的国家级研发平台。创新中心的股东和联盟单位见表 16-2。

表 16-2　创新中心的股东和联盟单位

研 发 平 台	联盟单位代表
全国性社团组织	中国化学纤维工业协会
国家重点实验室及科研基地	苏州大学、北京服装学院、青岛大学、天津工业大学 江南大学、西安工程大学
碳纤维研发	中复神鹰、拓展新材料、辽宁诺克、澳盛复合材料、宏发纵和新材料
芳纶研发	泰和新材料
超高分子量聚乙烯研发	神鹤、鲁普奈特
聚酰亚胺纤维研发	长春高崎、江西新材

续表

研 发 平 台	联盟单位代表
玄武岩纤维研发实验室	东南重点实验室
石墨烯碳纳米管研发	新材料与产业技术北京研究院、常州恒利宝、强生石墨烯
非织造研发	山东路德、永信、诚品
生物基纤维研发	苏震生物、丰原生物、凯赛生物、恒天纤维、海斯摩尔、尤特医疗科技、青岛源海等
再生纤维素纤维研发	唐山三友、英利、银鹰等
工程装备研发	恒天集团、鹰游集团、青岛环球、中远企业集团等
再生循环纤维研发	广东树业环保、宁波大发和华彩新材料
下游应用	如意、鲁泰、联发、嘉麟杰、福建长源、吉祥三宝、海天等

4. 联盟重要活动

联盟发挥行业平台作用，多次开展纤维领域标准制定、学术交流、专利奖项颁布等活动，促进行业资源汇聚和交流合作。一是承办中纺联团体标准项目启动会。2019 年 10 月 23 日，创新中心承办"涤纶长丝智能车间""锦纶长丝智能车间""氨纶智能车间"3 项中纺联团体标准项目启动会。二是协办中国纺织行业专利奖评审会。2019 年 8 月 16～18 日，创新中心协办了 2019 年度中国纺织行业专利奖评审会，对 149 项申报材料进行评审，确定建议授中国纺织行业专利金奖 15 项和优秀奖 69 项。三是举办联盟学术交流会。2019 年 8 月 15 日，创新中心主办"基于大数据的时尚与功能纤维智能制造"学术交流会，加强股东和联盟单位之间的技术交流合作，促进创新中心大数据应用。2019 年 8 月 18 日，创新中心组织了纺织行业知识产权工作交流会，中国纺织工业联合会、中国工程院，以及部分行业协会、高等院校、科研院所、企业等 60 余家单位参加了会议。

二、队伍建设

（一）管理团队

1. 管理团队建设

创新中心实行企业化运作，依托江苏新视界先进功能纤维创新中心有限公司运营，设立股东会监管下的董事会，董事会为中心决策机构，负责公司重大决策；董事会下采用双负责人制，中心主任（COO）负责日常运营管理，总经理（CEO）负责研发创新管理；同时，运营公司实施"技术和管理双轮驱动"组织模式,设立战略咨询委员会及运行决策委员会,为创新中心提供咨询建议,包括中心的发展战略规划、建设方向和方案,以及项目评估。

2. 管理人员简历

创新中心董事长缪汉根,盛虹控股集团有限公司董事长,获"2006 年中国优秀民营企业家""2008 年第七届全国优秀创业企业家""江苏省第八届十大杰出青年",2019 年 8 月,被中央统战部、工业和信息化部、人力资源社会保障部、市场监管总局和全国工商联联合授予"第五届全国非公有制经济人士优秀中国特色社会主义事业建设者"称号。

创新中心主任王玉萍,教授级高级工程师,国际注册高级能源审计师(ICSEA111C8925),注册高级节能评估师(CSESE118EB0F3),国际注册高级能源管理师,原化纤工业协会副会长,纺织工业联合会科技发展处副主任,参与中国化纤行业发展规划研究(2015—2020)、重点领域增强制造业核心竞争力三年行动计划、中国高技术纤维及其材料发展战略研究、我国聚酯及涤纶行业转型升级和产业布局研究、重点领域纤维新材料发展专题研究等多项国家、行业的战略规划研究。

创新中心总经理王华平,研究员,博士,东华大学研究院副院长,高性能纤维及制品教育部重点实验室(B)主任,兼任中国化学纤维工业协会高新技术纤维专业委员会副主任、中国纺织工程学会化纤专业委员会副主任、上海市纺织工程学会化纤专业委员会副主任、中国化纤协业协会标准化工作委员会副主任委员、《合成纤维工业》编委会副主任委员。

创新中心副总经理梅锋,高级工程师,创新中心副总经理,ISO/TC38/SC23/WG6 工作组召集人,作为发明人共申请专利 40 余项,获得授权专利 31 项;参与国家、行业标准修制订工作,共参与标准修订 17 项,负责并完成了 ISO 国际标准提案工作;获得国家科技进步二等奖、全国工商联科学技术奖、纺织工业协会科技进步奖 2 项、桑麻纺织科技奖、其他科技进步奖多项。近五年来作为项目负责人承担了国家重点研发项目 2 项、国家企业技术中心创新能力建设项目 1 项、国家重点产业振兴和技术改造项目 1 项、国家火炬计划项目 2 项、国家重点新产品计划项目 3 项,省级科技创新项目 10 余项。

(二)科研团队

1. 首席科学家

俞建勇,纺织材料专家,中国工程院院士,东华大学纺织材料学科教授、博士生导师，纺织科学与工程一级学科国家重点学科责任人，现任东华大学党委副书记、校长，兼任国家新材料产业发展专家咨询委员会副主任、中国纺织工程学会副理事长、中国复合材料学会副理事长等。长期致力于纺织材料领域的科研与教学，在天然纤维资源开发、化学纤维创制应用、新型结构纱线、纺织复合材料和纺织功能材料等方面开展系列研究工作。

2. 科研团队建设

创新中心培养了一批具有独立研发能力和工程应用思维的学术、技术带头人和技术骨干，重点围绕突破高端产业用纺织品、功能纺织新材料、生物基化学纤维及未来国家战略要攻克涉及的关键共性技术问题，在战略研究、核心技术研发、工程验证与产业化、技术咨询与培训、成果转化等方面形成专业支撑团队。

一是以王朝生教授为技术负责人的"聚酰胺直纺研发及产业化技术"研发团队，突破聚酰胺熔体直纺及柔性化生产关键瓶颈，降低产品能耗，拓展产品范围，提升装置灵活性和产品品质。

二是以边树昌高级工程师为技术负责人的"锑纤维研制与产业化应用技术"研发团队，研发国际上前沿的钛系催化剂或多元金属催化剂生产无锑纤维，设计专业化聚合装置，替代目前的锑系催化剂，从根本上解决太湖流域江河严重锑污染。

三是以何勇教授为技术负责人的"生物基合成高分子纤维技术"研发团队，为我国后石油时代研发具有优良使用性能的、资源可再生生物基聚酯纤维技术，在生物基纤维技术领域达到国际领先水平。

此外，创新中心引过美国加州大学戴维斯分校（UC Davis）纺织服装系孙刚教授担任创新中心战略咨询委员会委员；邀请法国鲁贝国立高等纺织工程学院教授、法国国家级科研计划 ANR 的材料和生产学科的评审委员曾宪奕前来创新中心交流，并聘任其担任创新中心兼职研发人员；另外，创新中心已引进硕士研究生 12 人。

三、机制建设

创新中心依托江苏新视界先进功能纤维创新中心有限公司，实行市场化管理和运行体制，建立市场化的人力资源管理、研发管理、科技成果管理、创新资源管理、财务管理等现代管理和运行体系。联盟按开放、自愿原则制定联盟章程，按会员制运行，依据产业发展市场化需求制定技术路线图，推

动"产学研"协同创新，在突破产业关键共性问题中发挥重要作用。

（一）项目管理机制

在项目执行的过程中，根据项目的类别和特点进行差别化管理。分类管理与阶段管理结合，有效实施目标及质量管理机制；项目经理与技术负责人联动责任制；强化绩效考核及股权激励。

（二）资源共享机制

创新中心制定资源共享制度，鼓励开展仪器设备和人才等资源共享，建立运行管理机制，进行"规范化、高效化、动态化"管理。目前，创新中心与股东单位东华大学利用共享设备开展关键技术攻关。

（三）人才管理机制

人才管理机制包括人才的聘用、考评、激励和退出机制，如在考评机制中，通过任期目标管理、贡献导向和多元评价、团队考核与个人考核相结合、分类评价标准等，有效地激发中心研发人员的队伍活力，并提高人才的利用效率。

（四）知识产权机制

完善知识产权管理体系，实行项目知识产权由中心统一运行管理，明确知识产权归属。创新中心积极利用基金、贷款风险补偿、种子项目融资等方式，吸引社会资本投入，形成知识产权转移转化多元化投入渠道，建立成员单位间利益分享、风险分担的知识产权转移转化机制。

四、平台建设

（一）技术研发实验室

创新中心依托股东和联盟单位的国家级平台，实施开展了无锑聚酯纤维研制、聚酰胺纤维高效柔性化技术研发、环保型国产聚酯长丝 FDY 油剂研发等项目。（1）无锑聚酯纤维研制：以边树昌高级工程师为技术负责人的研发团队，紧跟国际前沿聚酯催化剂技术，研发出具有安全环保优势的无锑聚酯纤维，达到国内领先水平；（2）聚酰胺纤维高效柔性化技术研发：以王朝生教授为技术负责人的研发团队，突破聚酰胺熔体直纺及柔性化生产关键瓶颈，降低产品能耗的同时，也大大提高了聚酰胺熔体直纺产能；（3）环保型国产聚酯长丝 FDY 油剂研发：创新中心与天津工大纺织助剂有限公司联合研发，通过对油剂组分的复配与优化来降低聚酯合成和纺丝后加工过程中 VOC 挥发，最终达到化纤产品生态环保的目的。

（二）中试基地

创新中心现依托股东单位国望高科的中试基地进行产品中试验证，中试基地装置包括：改性单体配制、辅剂配制系统，设计融合国内外最先进的聚合技术，采用高度柔性化设计理念，可完成环保型聚酯、高收缩聚酯纤维等的加工。功能性聚酯连续聚合熔本直纺中试验证工作已达到国际先进水平。同时，创新中心新建万吨级阻燃聚酯纤维中试基地，专门成立了中试基地项目推进组，完成项目立项，并于 4 月底拿到土地证，计划 2020 年 6 月完成项目工艺确定、方案设计和地勘报告，并拿到规划许可证，7 月完成全部施工图设计、参建单位合同信息归集，8 月完成施工图图审并获取施工许可证，开始阻燃聚酯纤维聚合纺丝研发中试线土建；加快启动实验室建设，推进纳米纤维实验室、大数据及智能制造实验室建设。

（三）检验测试平台

创新中心纺织品检测中心，2019 年被评为国家中小企业公共服务示范平台，检测项目涵盖纺织品色牢度、物理性能、生态环保、功能性四大系列 80 多个检测项目和 21 项纺织产品。2020 年，创新中心计划投入 2556 万元，购置纺织品功能性检测、绿色纤维评价、再生纤维、阻燃纤维等实验设备，拓宽生态环保和功能性检测项目，建立功能检测、生态气候检测、物理性能检测、生态安全检测、社会责任评价五个维度的检测与评价体系，打造检测、标准及应用评价一体化的"先进功能纤维公共服务平台"。

第二节　运行成果

一、技术创新

（一）无锑聚酯纤维研制与首次应用

创新中心组建以边树昌为技术负责人的研发团队，研发国际上前沿的钛系催化剂或多元金属催化剂生产无锑纤维，设计专业化聚合装置，替代目前的锑系催化剂，从根本上解决太湖流域江河严重锑污染。现已完成实验室研发，并在股东单位江苏国望高科纤维有限公司、新凤鸣集团股份有限公司、浙江恒逸石化有限公司三家公司进行小试验证。目前，三家股东单位应用该技术成果生产的半消光聚酯长丝，产品质量稳定，达到国内领先水平，下一步重点推进中试和首次商业化，后续会面向联盟单位及行业进行推广应用。

（二）聚酰胺纤维高效柔性化技术研发

创新中心组建以王朝生为技术负责人的研发团队，突破聚酰胺熔体直纺及柔性化生产关键瓶颈，降低产品能耗，拓展产品范围，提升装置灵活性和产品品质。目前已完成前期实验室研发和专利成果谈判，下一步将重点推进小试、中试和首次商业化。

（三）环保型国产聚酯长丝 FDY 油剂研发

创新中心与天津工大纺织助剂有限公司联合研发，通过油剂组分的复配与优化实现纤维在加工及应用过程中低 VOC 挥发，使纤维产品生态环保。现已在股东单位江苏国望高科纤维有限公司、新凤鸣集团股份有限公司、浙江恒逸石化有限公司中先推广应用，下一步将重点推进中试，后续会面向联盟单位及行业进行推广应用。

二、成果转化和企业孵化

创新中心开展了无锑聚酯纤维生产及应用、环保型国产聚酯长丝 FDY 油剂开发、阻燃聚酯纤维研制与产业化应用等中试验证项目 3 项；实施共性技术扩散 3 项；主持制定行业标准 3 项，参与国家标准制修订 1 项；开展检测、技术服务、咨询等业务实现创收 619.38 万元。创新中心已服务 4500 多家企业；销售染化料收入 0.73 万元；咨询服务收入 14.70 万元。

三、行业服务

（一）检测验证服务

创新中心纺织品检测中心检测项目涵盖纺织品色牢度、物理性能、生态环保、功能性四大系列 80 多个检测项目和 21 项纺织产品，标准覆盖国际标准 ISO/EN、美国标准 AATCC/ASTM、英国标准 BS、德国标准 DIN、日本标准 JIS、国家标准 GB、GB/T、FZ 等。

（二）战略咨询与信息发布

承担工业和信息化部知识产权推进计划项目"先进功能纤维专利发展战略分析"；承担江苏省工业和信息化厅委托的"聚酯纤维产业链技术评估"项目。

（三）人才培养服务

参与第五期全国纺织复合人才培养工程高级培训班，为培训班学员授"纤维新新材料发展前沿""纤维产品的工业化定制及柔性化制造技术"两门课。

四、交流合作

（一）开展国际交流合作情况

一是与法国鲁贝国立高等纺织工程师学院曾宪奕教授交流沟通，拟就大数据智能实验室项目进行合作，探索建立纤维生产供应链的智能化数字平台，帮助纤维企业建立自己的网络平台与个性化推荐系统。二是与美国加州大学戴维斯分校（UC Davis）纺织服装系孙刚教授，就高舒适功能性纤维材料设计、制备技术进行交流探讨，拟共同研究高舒适功能性纤维材料分子结构与性能设计、纤维表面形貌构筑、高舒适功能性纤维制备技术等。三是与德国亚琛工业大学研发人员多次进行交流，拟就生物基前沿材料、建筑增强材料、智能纺织品等方向开展项目合作。

（二）各国家创新中心之间交流合作情况

与江苏省新能源汽车智慧能源装备创新中心技术交流。江苏省新能源汽车智慧能源装备创新中心一行人员到创新中心参观交流，双方就中心情况、运营模式、研发方向、知识产权分配等进行交流，相互借鉴经验。江苏省新能源汽车智慧能源装备创新中心由万帮新能源投资集团牵头，联合国内能源行业、整车行业、能源服务领域领军企业和知名高校科研院所等 11 家股东单位，于 2018 年 7 月共同发起成立了国创新能源汽车能源与信息创新中心

（江苏）有限公司作为该中心的运营载体，并于 2018 年 12 月 10 日正式获得省级创新试点授牌，目前是江苏新能源领域唯一一个省级制造业创新中心。

（三）创新中心成员单位之间交流合作情况

股东单位交流：与江苏无锡索力得、江苏阳光、中芳特纤等多家单位进行了交流研讨，通过介绍创新中心的建设背景、组建方式、运营模式及研发方向等，使交流单位对加入创新中心产生了浓厚的兴趣，最终与江苏无锡索力得、江苏阳光、中芳特纤等达成了投资意向，江苏无锡索力得、江苏阳光、中芳特纤成为新增的创新中心的股东单位。

联盟单位交流：与联盟单位江南大学、苏州大学、中复神鹰碳纤维、开利地毯、浙江传化等进行了技术交流与需求梳理，进一步达成合作。

（四）与中心以外单位交流合作情况

一是参加"纺织之光"循环再利用纺织加工关键技术及应用科技成果推广会，多维度分享了纺织循环再利用领域的技术、工艺、产品与标准，进一步推动行业提高资源利用效率、转变经济发展模式。在会议上做报告《面向高质量发展与高环保压力的再生聚酯纤维体系建设》。二是与江苏省新能源汽车智慧能源装备创新中心人员交流探讨，双方就中心情况、运营模式、研发方向、知识产权分配等进行交流，借鉴经验。三是参加中国化纤科技大会前沿制造技术与聚酯产业链创新发展科技论坛之煤制乙二醇产品聚酯行业应用交流主题论坛，并在会议上做报告《我国煤制乙二醇在化纤行业应用路线图解读》。

第十七章

国家稀土功能材料创新中心

第一节　建设进展

一、组建情况

近年来，内蒙古自治区工业和信息化厅、江西省工业和信息化厅分别以轻稀土、中重稀土为主要方向开展了省级制造业创新中心建设，两地强强联合成立了国瑞科创稀土功能材料有限公司（以下简称国瑞科创公司）。国瑞科创公司作为创新中心的依托运行公司，以资本、人才、技术、项目为纽带，整合汇聚了股东单位和中国稀土功能材料产业创新联盟（以下简称联盟）成员单位的各类创新要素和创新资源，涵盖了稀土领域的重点企业、研究院所、高校，以及本领域 50% 以上的国家级创新平台，形成了产业链上下游协同创新、"产学研用融"紧密结合的创新体系。

（一）公司

国瑞科创公司由江西理工大学牵头，联合江西省稀土功能材料创新中心和内蒙古稀土功能材料创新中心的核心股东共同注册成立，包括中国北方稀土（集团）高科技股份有限公司、江西铜业集团有限公司、中国南方稀土集团有限公司、中国科学院包头稀土研发中心等 16 家行业重点单位，注册资金 1 亿元（国瑞科创公司股东构成及出资情况见表 17-1），江西省稀土功能材料创新中心股东占 67% 股权，内蒙古稀土功能材料创新中心核心股东占 33% 股权。公司注册地位于内蒙古包头市，并在江西省赣州市设立分支机构。公司股东涵盖了国内高交、研究院所、大型稀土企业和投融资机构，具备了较强的"产学研用融"协同创新能力。公司将秉承开放融合的理念，进一步吸纳产业链上下游企业、知名院所加入，共同建设国家稀土功能材料创新中心。

表 17-1　国瑞科创公司股东构成及出资情况

序号	股 东 名 称	出资额（万元）	出资比例
1	江西理工大学	1914	19.14%
2	中国北方稀土（集团）高科技股份有限公司	1914	19.14%
3	江西铜业集团有限公司	1914	19.14%
4	中国南方稀土集团有限公司	698	6.98%
5	江西省财政投资集团有限公司	638	6.38%
6	江西钨业控股集团有限公司	638	6.38%
7	包头稀土高新区科技创业中心	500	5%
8	包头稀土研究院	486	4.86%
9	江西省工业创业投资引导基金股份有限公司	319	3.19%
10	中国科学院包头稀土研发中心	200	2%
11	包头天和磁材科技股份有限公司	200	2%
12	中国瑞林工程技术股份有限公司	192	1.92%
13	赣州富尔特电子股份有限公司	192	1.92%
14	江西离子型稀土工程技术研究有限公司	67	0.67%
15	江西省钨与稀土产品质量监督检验中心	64	0.64%
16	虔东稀土集团股份有限公司	64	0.64%
	合　　计	10000	100%

国瑞科创公司下设项目部、综合部、财务部等 5 个职能部门、4 个中心和 11 个平台。4 个中心包含技术及应用推广中心、公共技术服务中心、创新人才培养/培训中心和国际交流与合作中心；11 个平台包含稀土磁性材料、光功能材料、合金材料等 8 个专业技术创新平台和稀土材料测试评价、知识产权服务、信息技术服务等 3 个行业创新服务平台。

（二）联盟

中国稀土功能材料产业创新联盟（以下简称联盟）成立于 2018 年 1 月，由江西理工大学、中国稀有稀土、五矿稀土、广东稀土、厦门钨业、南方稀土集团、昆明理工大学、江西金力永磁等 20 余家单位发起成立。后续进一步吸纳了中科院金属研究所、中科院宁波材料所、北京矿冶科技集团、北方稀土集团、包头稀土研究院、中科院包头稀土研发中心等单位加入，目前，联盟囊括六大稀土集团、国内知名院所及高校在内的 40 余家单位（联盟代表企业见表 17-2），大联盟格局初步形成。下一步，将继续吸纳国内知名院所、高校及产业链上下游企业加入，扩大联盟覆盖面。联盟下设理事会、技术委员会、执行委员会。理事会负责重大事项的协调与决策，技术委员会负责联盟的技术方向、研究规划和开发项目立项，执行委员会负责联盟决策部署的贯彻落实和日常运行。

联盟本着"协同创新、开放合作、资源互补、成果共享"的原则，聚焦稀土功能材料产业的重大需求，整合稀土行业全产业链的各类创新资源要素，突破单元、组织、区域和行业限制，打造涵盖技术、人才、平台、政策及国际合作的高水平有特色的协同创新网络和创新生态系统，支撑创新中心的建设和运行，推动稀土行业转型升级、高质量发展。

表 17-2　联盟代表企业

类　　别	联盟成员单位
高校、科研院所	江西理工大学、昆明理工大学、中科院金属研究所、中科院宁波材料所、中科院包头稀土研发中心、北京矿冶科技集团、国家钨与稀土产品质量监督检验中心、包头稀土研究院等
大型企业	中国南方稀土集团、中国北方稀土集团、中国稀有稀土集团、五矿稀土集团、厦门钨业、广东省稀土集团、江西铜业集团、江西钨业控股集团、虔东稀土集团、江西金力永磁、赣州富尔特、包头天和磁材等
投融资机构	江西省财政投资集团、江西省工业创业投资引导基金、包头稀土高新区科技创业中心等

二、创新资源

（一）创新平台

创新中心股东及联盟成员覆盖了本领域 50%以上的国家级创新平台，具备了较强的关键共性技术研发和技术成果转移转化的能力，包含国家离子型稀土工程技术研究中心、国家钨与稀土质量监督检验中心、白云鄂博稀土资源研究与综合利用国家重点实验室、国家磁性材料工程技术研究中心、稀土冶金及功能材料国家工程研究中心、国家稀土新材料测试评价行业中心等。同时，还覆盖了离子型稀土资源开发及应用省部共建重点实验室、江西省稀土磁性材料及器件重点实验室、内蒙古稀土功能材料重点实验室等 20 余家省部级重点创新平台，行业创新资源集聚效应显著。

（二）专家委员会

为发挥行业顶级专家的技术创新引领作用，创新中心组建了以严纯华院士、张洪杰院士、沈保根院士领衔的专家委员会，负责指导制定创新中心的战略规划、工作方针、中长期发展目标，组织研究行业重大关键共性技术问题，论证重大研发项目立项、技术成果转移转化等，提高决策的战略性、前瞻性、科学性。

（三）研究团队

创新中心围绕稀土功能材料领域的关键技术研发、测试验证、技术转化等，组建了 17 个研发团队，共计 140 余人，其中专职研究人员 90 余人，依托股东单位柔性引进研究人员 40 余人，固定研究人员占比超过 50%。研究人员中具有博士学位人员 112 人，高级职称人员 78 人，包含了国家"万人计划"科技创新领军人才、中科院百人计划人才、"新世纪百千万人才工程"国家级人选、享受国务院特殊津贴人员等一批高层次人才。

（四）仪器设备

创新中心拥有扫描式电子显微镜、透射电子显微镜、等离子发射光谱仪、原子荧光形态分析仪等科研仪器 400 余台套，仪器设备总价值 2.2 亿多元，进口设备占比超过 30%，工艺装备水平处于行业领先地位。拥有 CMA、CNAS、CAL 等分析测试资质。

第二节 运行情况

创新中心围绕稀土磁性材料、催化材料、合金材料、光功能材料等领域，聚焦行业关键共性技术研发、中试孵化、测试评价、行业公共服务等方面，开展平台建设，并已形成部分成果。

一、稀土磁性材料及应用技术创新平台

围绕高档数控机床和机器人材料、先进轨道交通装备材料、节能与新能源汽车材料等方面的重大需求，聚焦磁轮、磁传动、稀土永磁电机、磁浮轨道等核心技术攻关，启动高稳定性钐钴永磁材料、稀土永磁表面防护、轨道交通用特种磁材、稀土磁轮传动设备等4条产业示范线建设，实现高性能、高温度稳定性稀土磁性材料、稀土永磁磁轮等的中试化验证及产业化推广，形成拥有自主知识产权的核心共性关键技术及装备，推动稀土磁性材料产业化进程，助力稀土产业高质量发展。

二、稀土储氢材料及应用技术创新平台

围绕新一代信息技术产业用材料、节能与新能源汽车材料、电力装备材料、国防建设及军民融合相关材料等方面的需求，聚焦长寿命高容量型稀土储氢材料、低自放电性能稀土储氢合金材料、氢燃料电池、氢储存和供给系统等关键技术攻关，启动高性能 La-Y-Ni 系储氢合金材料的示范线建设，实现电池材料及制品的工业生产成套装备、自动化控制的先进制造技术能力，建立健全相关材料测试评价标准和体系。

三、稀土光功能材料及应用技术创新平台

围绕新一代信息技术产业、高端医疗器械、节能环保等方面的重大需求，聚焦 β -Sialon:Eu2+高温高压合成、荧光玻璃/陶瓷产业化、高质量稀土闪烁晶体制备等关键技术攻关，启动3～5μm 波段稀土掺杂激光增益材料、荧光玻璃（陶瓷）、共晶荧光体材料等 3 条产业示范线建设，实现大功率固态/全光谱照明和广色域高品质显示关键发光材料、稀土闪烁体材料及稀土掺杂中红外波段激光增益材料研发的技术扩散和专利突破，促进其产业化进程，推动光功能材料及应用技术创新平台的发展。

四、稀土催化材料及应用技术创新平台

围绕柴油车尾气净化国Ⅵ排放标准的需求，聚焦低温稀土基脱硝催化剂制备、移动源脱硝催化剂制备等关键技术攻关，打破国外技术垄断，启动大气污染防治绿色稀土脱硝催化剂、低温稀土基脱硝催化剂等 2 条中试示范线建设，实现稀土催化关键材料的大规模商业化应用，解决水热稳定性等核心

技术难题，满足国Ⅵ及更高排放标准。

五、稀土合金材料及应用技术创新平台

围绕高端装备制造业、5G 信息产业、航空航天装备材料、先进轨道交通装备材料等方面的重大需求，聚焦一体化稀土铜箔制备、耐腐蚀耐热稀土镁（铝）合金产业化制备、高纯稀土金属及靶材杂质纯化等核心技术攻关，启动稀土铜材料、稀土钢用高洁净稀土铁合金、航空航天及交通运输用高性能稀土轻合金等 3 条产业化示范线建设，实现产品质量和服役稳定性提高、生产成本降低，推动稀土合金材料及相关产业健康发展。

六、稀土其他应用材料技术创新平台

围绕信息技术产业、节能环保材料、高端医用设备等方面的需求，聚焦稀土晶体原料产品一致性控制、高纯无水稀土卤化物产业化制备、稀土基环保颜料制备等关键技术攻关，启动稀土卤化物闪烁晶体、稀土基环保颜料中试线建设，形成具有自主知识产权的关键技术与装备，保证产品的稳定制备，拓展稀土材料应用领域。

七、稀土资源开发和二次资源回收利用技术创新平台

围绕稀土资源绿色提取、生态修复、高效利用等方面的重大需求，聚焦离子吸附型稀土开采矿区复垦与生态重建、钕铁硼废料闪速控氧氧化-富集分铁等核心技术攻关，启动稀土资源高效开发产业示范线建设，实现稀土资源的绿色高效提取、矿区生态绿色修复、废旧稀土资源高效再利用，助力稀土产业高质量发展。

八、稀土功能材料智能制造及信息化技术创新平台

围绕新材料与信息、大数据、数字仿真、智能制造等技术融合的实际需求，聚焦生产实时监测与控制、过程数据在线检测与信息反馈、自动化装备及控制等关键技术，实现全产业技术装备智能化更新与升级，促进稀土资源高质高效利用。

第十八章

国家集成电路特色工艺及封装测试创新中心

第一节 建设进展

一、组建情况

（一）公司

国家集成电路特色工艺及封装测试创新中心由华进半导体封装先导技术研发中心有限公司（以下简称"华进半导体"）牵头创建。其中，华进半导体作为江苏省无锡市落实中央打造以企业为创新主体的新创新体系典型，在江苏省无锡市政府、国家 02 重大专项与国家封测产业链技术创新战略联盟的共同支持下于 2012 年 9 月在无锡新区正式注册成立，发起设立的股东共 5 个，分别为中国科学院微电子研究所、江苏长电科技股份有限公司、南通富士通微电子股份有限公司（现通富微电子股份有限公司）、天水华天科技股份有限公司、深南电路有限公司（现深南电路股份有限公司），注册资本 1 亿元。

目前公司注册资本 2.34 亿元，由中国科学院微电子研究所、江苏长电科技股份有限公司、通富微电子股份有限公司、天水华天科技股份有限公司、深南电路股份有限公司、苏州晶方半导体科技股份有限公司、安捷利电子科技（苏州）有限公司、江苏中科物联网科技创业投资有限公司、深圳市兴森快捷电路科技股份有限公司、国开发展基金有限公司、曹立强（代团队持股），共 11 个股东投资构成，华进半导体股东构成及出资情况见表 18-1。

表 18-1　华进半导体股东构成及出资情况

股东名称	出资额（万元）	持股比例	出资方式	出资时间
中国科学院微电子研究所	2500	11.663%	专有技术	2014.12.31
	234.5		知识产权	2019.3.31
江苏长电科技股份有限公司	2000	8.531%	货币	2012.9.27
通富微电子股份有限公司	2000	8.531%	货币	2012.9.27
天水华天科技股份有限公司	2000	8.531%	货币	2012.9.27
深南电路股份有限公司	1500	6.398%	货币	2012.9.27
苏州晶方半导体科技股份有限公司	2000	8.531%	货币	2014.4.14
安捷利电子科技（苏州）有限公司	1500	6.398%	货币	2014.4.14
江苏中科物联网科技创业投资有限公司	1000	4.265%	专有技术	2014.6.30
深圳市兴森快捷电路科技股份有限公司	1600	6.824%	货币	2014.6.30
国开发展基金有限公司	5000	21.326%	货币	2015.10.23
曹立强（代团队持股）	2110.5	9.002%	知识产权	2019.3.31

华进半导体实行规范的现代化企业管理模式。公司最高权力机构为股东会，股东会由全体股东组成，通过召开股东会的方式行使职权，各股东按照出资比例行使表决权。股东会、职工代表大会选举产生董事、职工董事，组成董事会。董事会对股东会负责。股东会、职工代表大会选举产生监事、职工监事，组成监事会。董事会决定聘任公司经理，公司经理对董事会负责，在授权范围内形式职权。华进半导体现内设财务部、人力资源与风险管理部、综合事务部、科技合作部、市场与产业化部、基础研发部、技术导入部、工程部、战略部、供应链管理部、运维部、质量部共 12 个部门及其他分支机构（如图 18-1 所示），各部门根据职能协同开展工作。

（二）联盟

国家集成电路封测产业链技术创新战略联盟（以下简称"联盟"）成立于 2009 年 12 月，联盟秘书处依托华进半导体封装先导技术研发中心有限公司，联盟汇聚了全国范围内 71 家产业链上下游单位，包括用户在内的企业、科研院所、高校等各类创新主体。联盟由秘书处组织联盟日常运行工作，由理事会组织联盟运行工作。联盟成立多年来，在政府相关政策引导和行业主管部门指导支持下，积极发挥资源平台和整体优势，围绕国家 02 科技重大专项等重大创新课题，以我国集成电路封测产业未来发展的关键技术与重大科技产品创新为目标，整合产业链资源，突破关键技术，促进技术创新体系建设，推进创新成果的共享与产业化，为提升我国集成电路封测产业的自主创新能力和整体创新水平起到了应有的作用。联盟组织架构如图 18-2 所示。

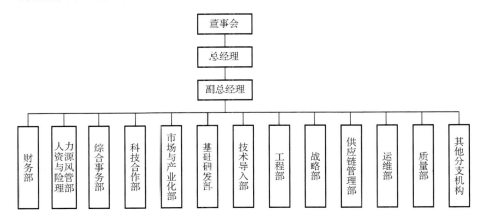

图 18-1　华进半导体组织架构

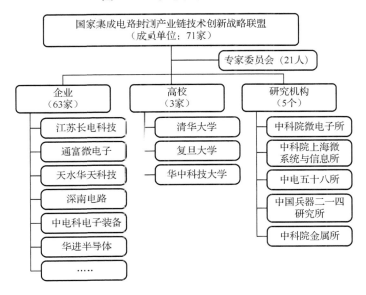

图 18-2　联盟组织架构

二、队伍建设

（一）管理团队

总经理曹立强，男，博士，入选国家重大人才工程、中科院领军人才、江苏省"双创团队"核心成员、江苏省"333 人才培养工程"第三期次、无锡市太湖人才计划创新领军团队领军人才，享受国务院特殊津贴。毕业于中国科学技术大学，后获瑞典 Chalmers 大学博士学位。2000 年起先后在瑞典国家工业产品研究所、北欧微系统集成技术中心、美国 Intel 技术开发有限公司工作。2009 年加入中科院微电子所任研究员、博士生导师、研究室主任。2013 年 1 月加入华进半导体。兼任国家集成电路封测产业链技术创新战略联盟副理事长、专家委员会副主任、常务副秘书长，中国存储器产业联盟理事，中国半导体行业协会专家委员会委员，江苏省半导体行业协会专家委员会副主任，国家重大专项 02 专项总体专家组成员。

副总经理秦舒，男，本科，研究员级高级工程师。1982 年毕业于西安电子科技大学半导体物理与器件专业获学士学位。1982—2010 年就职于中国华晶集团公司，历任技术员、副主任、主任、副厂长、厂长、副总经理；2010—2012 年就职于江苏晶鼎电子材料有限公司，担任常务副总经理。2012 年 8 月参与组建华进半导体。兼任江苏省半导体行业协会秘书长、集成电路封测产业链技术创新战略联盟副秘书长。

副总经理张文奇，男，博士，入选国家重大人才工程、江苏省"双创人才"、江苏省"双创团队"领军人才。2000 年至 2001 年赴荷兰奈梅亨大学（Catholic University of Nijmegen）固体化学系访问学习；2006 年毕业于比利时鲁汶大学微电子专业，获博士学位。归国前任比利时微电子研究中心 IMEC 的 3D 技术部高级研究员。张文奇博士具有多年超大规模集成电路 3D 芯片集成研发领域的经验，掌握该领域最新的核心技术。2013 年回国，并参与组建华进半导体，建成国内第一条 200/300mm 兼容的 TSV 研发线，研发的 2.5D TSV 转接板及集成技术荣获中国半导体协会主办的"第十届中国半导体创新产品和技术奖"，填补国内空白，并且部分指标达到国际先进水平；Via-last 直孔 TSV 技术在国内首次应用到指纹芯片和 MEMS 晶圆级封装。

副总经理肖可来提，男，博士研究生。1996 年毕业于清华大学材料科学与工程专业，获学士学位；2001 年 7 月毕业于中科院上海冶金研究所（现上海微系统所）材料物理与化学专业，获博士学位。2001 年至 2004 年就职于上海微系统与信息技术研究所担任副研究员，作为主要负责人筹建了国家 MEMS 重点实验室封装部，并负责重点实验室的全面运营。2004 年至 2005 年就职于 RF Micro Devices 并担任失效分析和可靠性部门负责人，组建了 RFMD 在美国本土以外的第一个 FA/REL 部门和团队。2005 年至 2019 年，就职于英特尔公司，先后担任产品封装技术开发经理、固态硬盘技术开发高级经理、非易失性存储事业部工程与研发总监，2019 年 10 月加入华进半导体。

（二）科研团队

华进半导体一直以来非常重视人才队伍的建设，不断引进培养高层次人才（包含高学历、高职称、高技能人才），建设高端创新团队。华进半导体实施大兵团作战，组建成员约 300 人，专职研发人员 80% 以上，副高级以上职称人员 20 人；先后引进国家重大人才工程人员（8 名）、中科院领军人才（2 名）、江苏省"创新人才"（5 名）、江苏省"JITRI"研究员（2 名）、海外归国人才 20 余名，团队成员拥有国内外知名企业及研究所多年工作经验。

公司研发团队由入选中科院、国家重大人才工程的领军人才和具有海内外丰富研发经验的人员所组成，开发人员近百人，其中一半以上具有博士学位和硕士学位。公司拥有 3200 平方米的净化间和 300mm 晶圆整套先进封装研发平台（包括 2.5D/3D IC 后端制程和微组装，测试分析与可靠性）及先进封装设计仿真平台。2015 年，华进半导体成为江苏省产业技术研究院半导体封装技术研究所，省级科研单位。本着以企业为主体、以市场为导向、"产学研"相结合的方针，按照省产研院建设平台一流、队伍一流、机制创新研究所的有关要求，加快产业关键共性技术研发，强化企业合同科研服务，推进体制机制的创新与实践。

首席科学家孙鹏，男，博士研究生，入选江苏省"双创团队"核心成员、无锡市太湖人才计划创新领军团队核心成员。1997—2001 年就读于北京科技大学物理化学专业，获学士学位；2001—2004 年就读于上海大学材料工程专业，获硕士学位；2004—2007 年就读于瑞典查尔默斯理工大学微电子及纳米技术专业，获博士学位。2008—2012 年先后分别就职于香港 ASTRI 担任材料与封装技术事业部高级可靠性工程师（2008—2010 年）、新加坡 STATS Chip PAC（上海）有限公司担任二程部主任工程师/经理（2010—2012 年）。2012 年 11 月加入华进半导体。制定出适合中国集成电路封测产业链的短期技术

开发目标和中长期 3～5 年的技术发展路线，参与科技部的国家科技重大专项。领导团队执行多项成套工艺开发，建立并完善用于共性技术平台的 Design Rule 和 DFMEA 文件系统，已面向产业链上下游十余家客户（尤其是中国前十大 IC 设计公司，如华为终端、展讯通信等）提供相关技术和芯片封测服务。

首席科学家姚大平，男，博士研究生，入选江苏省产研院 JITRI 研究员、江苏省"双创人才"、无锡市产业升级创新领军人才、无锡市太湖人才计划创新领军团队核心成员。1990 年成为美国加州大学伯克利分校洛伦兹国家实验室访问学者；1995 年毕业于美国伊利诺伊大学（UIUC）材料科学和工程系，获博士学位。经短暂的美国伊利诺伊大学博士后研究后，1996 年 1 月加入世界最大的半导体设备与工艺公司——美国应用材料公司，历任工程师、高级工程师、项目主管、资深高级工程师、研发团队负责人等。2017 年 6 月加入华进半导体。致力于研发扇出型封装工艺方法与产业化路线，筹备国内第一家专门产业化规模的晶圆级扇出型封装生产线。

首席科学家徐友志，男，博士研究生，入选国家重大人才工程。1997 年毕业于美国康涅狄格大学高分子材料科学专业，获博士学位。博士毕业后加入全球最大的半导体企业、电脑和服务器 CPU 制造商美国英特尔公司，先后担任英特尔高级制造工程师、高级材料工程师、高级质量工程师、材料质量工程主管、材料工程主管、资深技术专家及资深技术和战略专家（部门 CTO）等职务。2018 年 10 月加入华进半导体。利用英特尔服务器研发的经验，领导创建 2.5/3 维多芯片 SiP 异质集成技术研发平台用于人工智能和数据中心封装解决方案，属国内首创，瞄准国际先进水平。

三、机制建设

（一）资源共享机制

创新中心通过建立产业供应链协调机制，使这些独立的决策者采取自利行动的结果引导全局优化，通过设计产业供应链契约的方式建立供应链协调机制，一方面由交易各方达成具有法律效力的文件，在一定条件下（如数量、质量、价格、送达时间、采购时间、信用条件和付款条件等）向另一方提供商品和服务；另一方面根据契约的规定（包括契约的激励和惩罚因素）向对方支付一定数量的报酬或其他服务。建立有效的产业供应链契约主要有两个作用：一是可降低供应链的总成本、降低库存水平、增强信息共享水平、改善互相之间的沟通交流成本，产生更大的竞争优势，实现供应链绩效最优。二是实现风险共担，因产业供立链中的不确定因素较多，如市场需求、提前期、价格、质量、核心部件等，契约可降低双方共担风险指数。

（二）人才管理机制

公司联合美国、日本、中国台湾等国家和地区的 25 家企业成立"大板扇出型封装技术开发联合体"进行技术开发；联合法国著名市场调研公司 Yole Development 举办"国际先进封装和系统集成技术研讨会"；定期组织"华进开放日"、邀请海内外院士举办国际封测技术交流会；与清华、北大、复旦、东南、交大等签订"大学合作计划"进行先进封装前瞻性技术研发；通过与中科院微电子所、匡科大微电子学院、中科大微电子学院合作，进行博士后研究生高端人才定制培养。

公司通过科学评价技术识别高绩效人才，以公正公平的分配机制给予物质与精神层面的鼓励与认可，薪酬结构与标准更贴近市场，劳动分配体系日趋完善，绩效考评呈现多维系统化趋势，进入绩效全过程管理阶段。同时，不断完善以项目成果收益分配体系为龙头的绩效考评与人才激励机制，充分调动科研人员的工作积极性，自行开发设计并搭建在线学习平台，支持员工在职学习；着手组建内部培训讲师队伍，实现知识技能的分享与传承。

（三）知识产权机制

1. 知识产权共享机制

针对共性技术联合研发团队知识产权创造、转移、转化、运营及产业知识产权风险防御这一目的，制定了"知识产权共享机制"模式；充分考虑专利权利人利益和产业利益，通过平衡各股东单位之间的共同利益，形成了保证每项技术成果对股东单位或专利权人实行低价（免费）共享或"独家买断"、其他企业或非专利权人高价转让、集体应对专利风险等防御机制。另外，创新中心在用人机制、财务资产、绩效考核与知识产权处理等方面，拥有充分的自主权和支配权，财务资产实行独立建账、单独核算。

2. 先进封装专利授权许可、专利风险防御、专利国内外争端应对机制

创新中心通过对相关技术专利运营方案的研究，引入先进封装技术专利导入机制（专利召集、价值评估、增值组合）、专利运营许可与有偿共享机

制、相关利益分配和委托管理机制等，并将最终形成先进封装专利授权许可运营机制。通过对先进封装技术国际专利收购与再许可、新技术专利挖掘与投资等机制的研究和制定，形成了先进封装专利风险防御运营机制。通过建立先进封装知识产权诉讼信息数据库，研究先进封装知识产权技术/司法鉴定和国内外专利诉讼支撑服务等相关机制，形成了先进封装专利国内外争端应对机制。

3. 知识产权管理运行机制

创新中心依据 GB/T29490—2013《企业知识产权管理规范》标准、结合中心的发展现状与管理模式、契合创新中心的发展理念和产业目标，建立有健全的知识产权体系，实现规范的知识产权管理运行机制。

通过对以下方面的规范运行，实现知识产权获取控制合理机制：（1）根据知识产权目标，制定知识产权创造和取得的年度工作计划；（2）在研发活动项目立项前进行必要的检索，研发过程中进行跟踪检索，成果产出后进行最终检索，及时办理相应的知识产权并取得手续（将技术交底提交至知识产权部门，进行审核、评审、撰写、提交官方），确保知识产权的合法性和有效性；（3）将专利申请书、答复审查意见书、专利采购协议等一系列《知识产权获取记录》保存完整并归档，使知识产权获取过程具有可追溯性；（4）保障职务发明创造研究开发人员的署名权、对发明人进行奖励。

通过对以下方面进行规范运行，实现知识产权管理与运用创新机制：（1）知识产权部对公司拥有的知识产权按照性质、价值等进行分类，建立分类管理档案；（2）形成知识产权定期评估机制，由知识产权部对拥有的各类知识产权进行价值评估，以便对放弃或维持该知识产权做出决策；（3）条件允许时将建立知识产权分级管理机制，由知识产权部专职人员进行有效的监管和日常维护；（4）知识产权发生权属变更时，根据公司有关制度，对变更及时办理相关手续。

通过对以下方面进行规范运行，实现知识产权有效运营机制：（1）根据法律法规的规定，在生产经营过程和市场交易活动中，合理运营知识产权；（2）在制定知识产权运用策略前，针对公司作为让与方和受让方分别设定尽职调查内容，根据知识产权评估原则对知识产权进行评估，出具价值评估报告。

通过对以下方面进行规范运行，实现知识产权维权与风险管理机制：（1）尊重他人知识产权，通过检索、查新等开展侵权的可能性调查，出具调查报告，采取措施防止侵犯别人的知识产权；（2）知识产权部根据有关法律法规规定，对知识产权实施市场监控．各部门发现任何侵犯公司知识产权的现象应及时向公司书面报告，由知识产权部跟踪和调查相关知识产权被侵权行为，依法维权，活动过程应有记录；（3）创新中心按照知识产权风险分析和预警机制，预防和应对知识产权纠纷。

四、平台建设

（一）先进封装设计和仿真平台

华进半导体封装先导技术研发中心有限公司"先进封装设计和仿真平台"是基于华进晶圆级封装技术和芯片封装技术平台所搭建的设计仿真服务平台，平台配有业界主流设计仿真软件：Cadence、ANSYS、Mentor、Modelx3D、Comsol 等。设计平台可提供：三维高密度系统封装、硅基转接板、扇出封装、掩膜版等设计服务；系统高频信号完整性、电源完整性、电磁仿真服务；封装及系统级热分析、热管理，结构及电热机械耦合仿真，工艺模流仿真等；面向射频前端系统集成无源器件的设计仿真，从芯片、封装和系统协同设计考虑新一代多功能器件封装的可制造性、可靠性；AiP 封装设计仿真，AiP（Antenna in Package，）即天线阵列位于芯片的封装体内，由于集成度高、体积小、高频信号路径短、损耗小，是 5G 通信与毫米波雷达射频前端最有前景的封装方式，代表了射频前端与天线集成封装的未来趋势。

（二）以 12 英寸晶圆级中道技术为基础的封装工艺平台

目前已建成的 12 英寸兼容 8 英寸晶圆级中道封装工艺平台，洁净室面积约 3000 平方米，洁净等级主要为 100 级和 1000 级。拥有大小设备 200 多台（套），平台包含完整的 TSV 工艺、晶圆级三维集成、高密度集成工艺，几乎囊括了中后道封装相关的所有工艺设备。

平台中道设备包含步进式光刻、接触式光刻、干法刻蚀、电镀、CVD、PVD、CMP、热氧化、等离子去胶、湿法去胶、湿法腐蚀、湿法清洗、临时键合拆键合、晶圆级永久键合、晶圆减薄等设备。用于后道微组装的平台，包含面向晶圆级制程的设备，如晶圆贴膜机、晶圆切割机、晶圆丝网印刷机、晶圆塑封机、晶圆贴片机、晶圆助焊剂喷涂机、助焊剂清洗机、晶圆植球机等设备，也包含用于后道制程的工艺设备，如正装贴片机、倒装贴片机、热压焊机、打线机、锡膏印刷植球一体机、焊接回流机、塑封机、打标机、编带机、SMT 等一整套微组装设备。另外，还有用于支撑工艺所需要的各类成品及工序检测设备，如 TSV 检测仪、膜厚仪、台阶仪、干涉仪、光学颗粒检测仪、电镀化学分析仪、X 射线检测仪等。

平台中后道封装围绕高密度微组装技术开展研发，可完成晶圆划片工艺、倒装工艺、热压焊工艺、引线键合工艺、高密度凸点底填工艺、塑封工艺、回流工艺等开展研究，实现高密度、高可靠性的封装结构，可支持 FCCSP、FCBGA、WBBGA、SIP、2.5D/3D 系统级封装等工艺需求。

（三）封装测试和可靠性失效分析平台

随着半导体芯片复杂性迅速增加，芯片测试需求也越来越高，平台为客户提供一整套封装测试平台和工程服务以支持混合信号、射频（RF）、模拟信号和高性能数字半导体器件，主要服务包括单项电学测试和芯片功能测试两部分。其中单项电学测试包括频域测试、时域测试、EMI 近场扫描测试和材料电性能测试等四项测试能力，芯片功能测试包括晶圆级 CP 测试和封装级 FT 功能测试。

可靠性失效分析平台具备微观形貌检测、材料金相分析、应力翘曲检测、微光失效定位、封装结构物理验证及热分析、可靠性试验等高端芯片封装检测能力。可为芯片先进工艺节点，以及 WLCSP、Bumping、SiP 等高密度三维集成封装结构开展分析评价，研究电、热和可靠性在芯片/封装/产品多层次上的交互协同设计，诊断改进封装结构，实现材料和工艺的正确选择，从而提高芯片封装的效率和质量，并提高终端产品的性能和可靠性。

第二节　运行成果

一、技术创新

（一）聚焦面向人工智能（AI）/高性能计算（HPC）系统封装集成技术

随着 5G、人工智能、大数据、汽车电子等高性能计算应用领域的持续发展，对电子产品的要求更加趋于体积小、电路密度越来越高、传输速度也越来越快。近年来的技术路线图也清晰地展示了摩尔定律与后摩尔定律相结合的发展趋势，在后摩尔时代要实现产品性能、成本、面积的需求，越来越依赖于先进封装技术的突破，主要指的是由二维封装向三维封装发展的先进封装技术，主要包括晶圆级封装、2.5D/3D 封装，以及 3D 异质集成封装等技术，推动这些技术的发展，才能满足对高密度集成的应用需求。

国内封装企业在先进封装领域已有长足的发展，通过自主开发和并购也获得先进封装领域的技术突破，基本形成了先进封装的产业化能力，但在高密度集成，特别是高性能封装领域与国际先进水平仍有一定差距，而面向高性能计算领域的核心的 TSV 转接板和 2.5D 封装技术，主要的相关厂商均未涉足，因此为了形成国内自主的高性能计算产品的 2.5D 系统集成封装能力，必须对 2.5D 系统集成封装关键技术进行研发，为整合全套封装技术提供技术支撑，包括以下几项关键技术：（1）小尺寸 TSV 关键技术开发，TSV 孔径≤7μm，深宽比为 10:1；（2）高密度微凸点制作技术开发，微凸点最小节距≤40μm，可以满足高密度、细节距的封装需求；（3）晶圆级芯片堆叠技术开发，主要包括高精度贴片工艺开发、晶圆级底填工艺开发、晶圆级塑封工艺开发等内容。

中心目前已实现最小孔径 5μm 的 TSV 工艺制作技术，包括 TSV 刻蚀、绝缘和填充等工艺，以及节距 38μm 的微凸点的制作工艺开发，并利用 Chip to Wafer 技术实现了 3 颗芯片在硅晶圆上的高精度贴片，贴片精度小于等于 5μm，芯片间的最小间距为 200μm。晶圆级底填工艺实现了 3 颗芯片的无空洞底填，溢胶满足工艺要求。晶圆级塑封通过验证不同材料的填充和翘曲情况，优化工艺和材料选型，实现了 12 英寸晶圆塑封后翘曲≤5mm 的技术指标，满足后续工艺开发的需求。

（二）面向射频前端系统整合应用 IPD 元件技术

随着电子技术的发展，半导本从微米制程进入纳米制程，电子元件的集成度大幅提升，无源元件需求量大幅增长。IPD（Integrated Passive Devices）技术可以高效地在一个芯片 Die 上集成数十甚至数百个无源元件，在减小产品的尺寸与重量、增加产品功能方面发挥重要作用。由于 IPD 技术能将单个的无源和有源元件集成为一个具有特定功能的整体芯片模块，可实现无源 IPD 芯片、有源芯片与基板之间的三维堆叠与集成封装。因此，在体积和成本方面，IPD 技术均可推动 SIP 封装技术的进一步发展。

创新中心采用硅基薄膜 IPD 工艺，即 MIM 结构。具体的技术路线是设计先进的 IPD 结构，研发新的铁磁体材料，用于 3D 电感结构的开发，实现大电感值和高 Q 值电感制备。基于混合三维沟槽或铁电材料，不断提升电容密度。通过先进的 2.5D 集成工艺将 IPD 模块集成到 TSV 转接板上实现滤波或隔离功能。目前已针对 900MHz、1.8GHz、3.5GHz、4.9GHz 等移动通信的关键频段，进行了 IPD 滤波器的设计仿真和样品制备。

（三）面向 5G 通信、毫米波雷达应用的 AiP 封装技术

5G 毫米波通信与毫米波雷达在射频前端集成封装技术上提出了小型化、高集成度、高带宽的需求。AiP 技术通过封装材料与工艺将天线集成在封装体内，在毫米波段下将天线尺寸缩小到毫米量级，使得毫米波芯片与天线集成封装成为可能。毫米波 AiP 技术很好地兼顾了天线性能、成本及体积，是 5G 通信与毫米波雷达射频前端最有前景的封装方式，代表了毫米波射频前端与天线集成封装的未来趋势。

由于晶圆级扇出型封装具有优异的电气性能与热性能、低成本、低剖面尺寸等优点，正是能够解决毫米波射频前端与天线集成封装痛点的技术，因此晶圆级扇出型封装是实现毫米波芯片集成天线的最优选择之一。创新中心正积极开展毫米波 Fanout AiP 封装成套技术开发，该项目的研发将建立 Fanout AiP 仿真设计能力，通过攻关 Fanout AiP 关键核心工艺，建立全套工艺流程。未来通过为国内封测行业提供相应的技术服务与技术转让获得盈利，助力国内封测厂商抢占国内市场及开拓国际市场。

二、企业孵化

截至 2019 年底，创新中心已通过知识产权入股、技术支持及转移等形式衍生孵化 6 家企业：（1）上海先方半导体有限公司，创新中心的全资子公司，注册资金 1000 万元，致力于先进封装技术的研发与产业化，最大化地利用资源和平台转移转化成果；（2）北京中科微知识产权服务有限公司，通过 11 项知识产权的转移，占总股本的 16.67%；（3）江苏中科智芯集成科技有限公司，通过 9 项知识产权的转移及成套技术的输出支撑国内封测产业技术升级，占总股本的 25%，现公司已全面启动建设，一期净化间厂房已经封顶；（4）广东佛智芯微电子技术研究有限公司，占总股本的 23.26%，计划建设国内首条板级扇出型封装示范线，推进国内板级扇出封装技术的产业化，带动国产装备和材料的发展，为该先进封装技术提供人才技术支撑；（5）苏

州海卡缔听力技术有限公司，以价值 22 万元的专利入股，占苏州海卡缔听力技术注册后总股本的 4%；（6）华芯检测（无锡）有限公司，全资控股子公司。创新中心另成功向中电科 29 所成功转移 1 项"SiP 产品芯片倒装及芯片叠层工艺研究"技术，金额总计 11.5 万元；同时与深圳前海清正科技有限公司签订了 5 项专利实施许可合同，金额达到 221.5 万元。创新中心衍生孵化企业见表 18-2。

表 18-2　创新中心衍生孵化企业

年　份	孵化企业的名称	机构信用代码
2017 年	上海先方半导体有限公司	91310115MA1K3PFY54
2017 年	北京中科微知识产权服务有限公司	91110116MA019GCFX6
2018 年	江苏中科智芯集成科技有限公司	91320301MA1W8JEX23
2018 年	广东佛智芯微电子技术研究有限公司	91440605MA524QD03W
2019 年	苏州海卡缔听力技术有限公司	91320505MA1N0RLL9T
2019 年	华芯检测（无锡）有限公司	91320214MA2094WB4C

三、交流合作

（一）组建国际组织

创新中心联合美国、中国台湾、日本等国家和地区的 33 家设计、装备、材料、终端用户等企业，成立了"大板扇出型封装技术开发联合体"，是全球五个 FOPLP 联合体之一。大板扇出型封装技术开发联合体成员见表 18-3。

表 18-3　大板扇出型封装技术开发联合体成员

序　号	单　位　名　称
1	华进半导体封装先导技术研发中心有限公司
2	华为技术有限公司
3	通富微电子股份有限公司
4	深南电路有限公司
5	矽品精密工业股份有限公司
6	中电 45 所
7	JSR
8	SCREEN

续表

序　号	单 位 名 称
9	TOWA
10	韩国高永（KYT）
11	深圳市化讯应用材料有限公司
12	苏州德龙激光股份有限公司
13	江苏中鹏新材料股份有限公司
14	联致科技（AMC）
15	希睿（厦门）科技有限公司
16	SAVANSYS
17	ASM（太平洋科技有限公司）
18	SCHOTT（肖特集团）
19	ATOTEC（安美特（中国）化学有限公司）
20	ORC（京都玉崎株式会社）
21	SEKISUI（积水化学工业株式会社）
22	苏州住友电木有限公司
23	上海微电子
24	上海技美科技股份有限公司
25	联想集团股份有限公司
26	北京君正集成电路股份有限公司
27	ULVAC（爱发科株式会社）
28	Semsysco
29	Nordson
30	Dynatech
31	HITACHI（日立）
32	TAIYO INK MFG（太阳油墨）
33	YAMADA

（二）开展"产学研"合作

平台与清华、北大、复旦、东南、交大等 13 家大学科研院所签订 15 项"大学合作计划"，进行先进封装前瞻性技术联合研发。与国内多家设备厂商建立"先进封装国产装备评估与改进联合体"。先进封装国产装备评估与改进联合体成员见表 18-4。

表 18-4　先进封装国产装备评估与改进联合体成员

序　号	单 位 名 称
1	华进半导体封装先导技术研发中心有限公司
2	盛美半导体设备（上海）有限公司
3	天津华海清科机电科技有限公司
4	上海技美电子科技有限公司
5	北京七星华创电子股份有限公司
6	沈阳拓荆科技有限公司
7	上海微电子装备有限公司
8	上海哥瑞利软件有限公司
9	中微半导体（设备）有限公司
10	北京北方微电子基地设备工艺研究中心有限责任公司
11	沈阳芯源微电子设备有限公司
12	北京中电科电子装备有限公司

创新中心于 2018 年与广东工业大学的广工大数控装备协同创新研究院达成战略合作，共同投资孵化大板级扇出先进封装研究平台，着力推进大板扇出先进封装的产业化、关键技术瓶颈的突破，促进相关关键装备的国产化；与 Yole Développement 基于彼此的信任与认可，秉着向业界传递高价值、高质量产品的理念进行深度合作，于 2018 年第三季度签署了国际战略合作协议，成为中国区代理，有权销售 Yole Développement 的产品（调研报告、软件及定制项目），为国内有需求的机构与国际知名咨询公司搭建了及时、便利和有效的沟通桥梁。

（三）加强国际学术交流

创新中心依托的华进半导体已举办"华进论坛"16 期，邀请海内外院士举办国际封测技术交流会 11 次，举办"华进开放日"活动 6 届，联合法国著名市场调研公司 Yole Develappement 举办 5 届"国际先进封装和系统集成技术研讨会"，成功举办第十八届、第十九届、第二十届电子封装国际会议。为来自海内外学术界和工业界的专家、学者和研究人员提供了电子封装与制造技术新进展、新思路的国际化学术交流平台。

四、标准制定

目前国内的封测技术快速发展，部分技术已处于国际领先水平，创新中心积极参与标准的制定，也希望以此可优先抢占技术制高点，消除标准壁垒风险，起到创新引领和示范效应，为行业做贡献。近年来积极参与国际、国家、团体标准的制定，近年来创新中心参与制定 Standard Guide for High-Purity Copper Sputtering Target used for TSV Metallization 等 2 项国际 ASTM 标准，2017 年牵头制定了"晶圆级芯片尺寸封装（WLCSP）系列型谱等 3 项团体标准，2018 年参与 SEMI 大板扇出板级尺寸标准制定（Draft Document6332），为后续发展赢得更大的空间打下基础。标准制定情况见表 18-5。

表 18-5　标准制定情况

序号	标 准 名 称	制定时间	标准类别
1	Standard Guide for High-Purity Copper Sputtering Target used for TSV Metallization	2016-6-21	国际标准
2	Standard Specification for High-Purity Titanium Sputtering Target Used for Through-Silicon Vias (TSV) Metallization1	2016-6-21	国际标准
3	JSSIA0004—2017 晶圆级芯片尺寸封装（WLCSP）外形尺寸	2017-9-22	团体标准
4	JSSIA0003—2017 晶圆级芯片尺寸封装（WLCSP）系列型谱	2017-9-22	团体标准
5	JSSIA0005—2017 集成电路封装塑料四边引线扁平封装	2017-9-22	团体标准

第十九章
国家高性能医疗器械创新中心

第一节　建设进展

一、组建情况

高性能医疗器械技术门槛高、学科交叉多、附加价值高、发展前景广，在医学临床诊疗和健康保障中具有关键作用。当前，我国医疗器械创新发展在基础材料、核心器材与部件、高级工艺和智能系统等方面还面临发展瓶颈。

国家高性能医疗器械创新中心依托深圳高性能医疗器械国家研究院有限公司组建，股东包括迈瑞生物、联影医疗、先健科技、中科院深圳先进技术研究院、哈尔滨工业大学等行业骨干单位。创新中心将围绕预防、诊断、治疗、康复等领域的高性能医疗器械需求，聚焦高端医学影像、体外诊断和生命体征监测、先进治疗、植介入器械、康复与健康信息等重点方向，着力打通原理和技术、关键材料、关键器件、系统和产品等研发和产业化链条，扎实推进医疗器械领域创新体系建设，提升我国高端医疗设备生产制造和整体产业水平。

（一）公司

深圳高性能医疗器械国家研究院有限公司（以下简称"深圳器械院"）作为国家高性能医疗器械创新中心的依托单位，成立于 2019 年，注册资金 1 亿元。创始单位股东 5 家：深圳迈瑞生物医疗电子股份有限公司、中国科学院深圳先进技术研究院、上海联影医疗科技有限公司、先健科技有限公司和哈尔滨工业大学。深圳器械院的各股东均是我国医疗器械行业的领军企业和科研院所，是行业优秀龙头和实力的代表。

深圳器械院依据公司法建立完善现代法人治理结构，重大事项由股东会、董事会决策，经营活动由以公司总经理为核心的高级管理层自主决策，股东会、董事会、总经理的职责依据公司法由章程确定。公司高级管理层设总经理 1 名、常务副总经理 1 名，副总经理 3～5 人。公司总经理由董事会聘任，其他高级管理人员由总经理推荐，董事会聘任。高性能医疗器械国家研究院负责产业关键共性技术研发，并搭建公共技术服务平台。研究院院长由总经理兼任。联合实验室负责创新成果工程化，由各股东负责筹建，联合实验室负责人由股东单位推荐，总经理聘任考核。公司设企业孵化部，负责专利技术产业化。

另外，公司内设专家委员会，负责研判行业发展重大问题并筛选确定研究方向，专家委员会由行业领军专家担任主任，按照市场需求，结合行业发展，制定了明确的技术路线图。同时，专家委员会参与对重要投资决策、重要运行机制等重大事项进行讨论协商，向股东会提出决策建议，从而保证创新中心发展方向以市场需求为牵引。

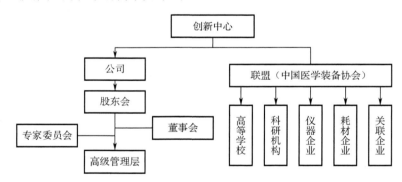

图 19-1　创新中心组织结构图

（二）联盟

国家高性能医疗器械技术创新战略联盟由全国医疗卫生机构、医学装备研发生产经营企事业单位的领导和专家等组成，集"政产学研用"于一体，是为提高医疗机构服务能力和水平、促进医学装备产业发展的学术与技术交流平台。联盟现有团体会员千余家、个人会员逾万人，涵盖医学装备从研发生产到应用的全生命周期。联盟属于政府组织，考虑到医疗器械产业与医学交叉的特殊性，理事长由卫健委的领导担任，创新中心已经与协会签署协议，协会全力支持创新中心发展建设。依据双方协议，联盟或其授权公司入股创新中心，加挂"国家高性能医疗器械产业创新联盟"牌子，按照"公司+联盟"模式，履行产业联盟职能。联盟秘书处设在深圳器械院。

二、队伍建设

（一）管理团队

深圳迈瑞生物医疗电子股份有限公司为董事长单位，中国科学院深圳先进技术研究院为总经理单位，负责运营。公司第一届董事会为李西廷、张强、刘新、林冉、刘绍琴，选举李西廷为公司法人兼董事长，郑海荣为公司总经理兼高性能医疗器械国家研究院院长，同时成立公司第一届监事会。公司成立科研部、人事部、财务部、投资部和综合部等。

（二）科研团队

人才引进：建立健全人才引进机制，完善人才项目配套工作，保障重组的科研启动经费与制定科研项目奖励分配机制和人才保障机制，吸引优秀的海内外科研人员落户深圳，与国际著名大学和研究机构开展合作，积极吸引海外人才归国加入创新中心，同时吸引国内优秀的高校和研究院所的研究人才。

人才培养：培育培养各层次（国际化领军人才、研发骨干、专业技术）高性能医疗器械制造专业技术人员。利用依托单位、高校、科研机构现有人才培养条件，培养硕士研究生、博士研究生，招收博士后，为产业培养与提供高层次的技术和管理人才。

人员培训：建设高水平的人才队伍和人才培训机制，开展产业政策、标准法规、技术技能、分析测试、质量体系、管理知识等方面的知识培训，把创新精神与企业家精神、工匠精神有机结合起来，为我国制造业发展提供多层次创新人才。

三、机制建设

（一）项目管理机制

创新中心在项目管理方面，一方面以创始股东深圳迈瑞生物医疗电子股份有限公司、深圳先进院、上海联影医疗科技有限公司、先健科技（深圳）有限公司和哈尔滨工业大学为核心管理团队，拟定创新中心战略发展方向，

投入初始运营资本，同时吸收地方政府、产业基金和行业、企业、社会资本增资扩股；另一方面，也将吸纳更多的高校、科研机构、零部件企业、材料企业、装备企业、用户单位等作为成员单位。创新中心建设联合实验室，构建从基础研究、部件攻关、技术创新研发、研发成果转化、用户试用与需求验证等全技术链条的系统创新中心，提高创新中心科研项目技术创新能力和行业服务能力。

（二）资源共享机制

创新中心以依托公司为核心，整合不同的业务，灵活运用平台服务、项目牵引、联盟合作、协会引导等方式，以网络服务云平台模式运营，可以实现多学科、跨领域、跨地区的技术创新，通过优势互补和资源共享，充分发挥创新资源合理配置的协同优势，提升持续创新能力。

（1）设备共享：充分利用创新中心及各股东现有大型科研仪器设备资源，实现科研资源共享和优化配置，避免或减少重复购置，提高大型科研仪器设备的使用效益，通过整合资源、突出重点、理顺关系，在管理体制和运行机制上进行创新，逐步建成定位清晰、布局合理、功能齐全、开放高效、队伍稳定、保障到位、信息齐全的大型仪器设备开放共享服务平台。

（2）检测共享：创新中心将与国内医疗器械检测机构（如深圳市计量质量检测研究院等）建立合作关系，共同建设医疗器械检测平台，开展医疗器械的质量检测与产品认证工作。平台将提供公共对外服务与产品技术性能测试（如精度、生化性能、安全性等），为创新中心的企业创新和产品升级服务，并实现创新中心与成员单位间有条件的资源开放共享。

（3）技术共享：首先，面向战略必争的重点领域，开展前沿技术研发及转化扩散，突破高性能医疗器械产业链关键技术屏障，开展产业前沿及共性关键技术研发。其次，整合各类创新资源，依托国家高性能医疗器械技术创新战略联盟，形成联合开发、优势互补、成果共享、风险共担的"产学研"协同创新机制。最后，形成以创新中心为核心的医疗器械产业创新体系，显著提升国家医疗器械制造业创新能力。

（三）人才管理机制

公开招聘各类管理和专业人才，建设一支具有国际视野、市场开拓能力强、具有奉献精神和合作意识的高水平管理团队及研发队伍。引进若干海外医疗器械高端领军人才和专业团队。建立和完善人才激励机制，落实科研人员科研成果转化的股权、期权激励和奖励等收益分配政策。对有重大科技创新成果和有重大突出贡献的创新型人才给予特殊奖励。创新中心依托已有的教育资源，建立健全的高性能医疗器械人才培养体系，支持相关高校设立课程、学科或专业。利用国家相关人才计划和留学基金，选拔各类优秀人才到国外学习培训。除此之外，中心将制定各类共享机制，包括技术设施共享、内部成员和外部相关者信息共享、技能共享、最佳实践共享。通过共享合作，创新中心与会员企业达成对先进技术未来发展方向上的共识，并在技术应用、人才培养和就业创造上形成共同利益和一致行动，更加高效地实现前沿跨领域技术转化。

（四）知识产权机制

中心建设支持类项目和创新中心自行设立的研究开发类项目，其知识产权属创新中心。中心建设的公共技术平台股东单位可优先使用，并可经董事会批准向行业有条件开放。

对于创新中心拥有的知识产权，各股东单位拥有优先认购或使用权。各股东联合实验室以创新中心的名义申报获批的政府项目，其知识产权属于创新中心，但是使用权限定为各联合实验室及其对应股东。公司收购技术、专利等知识产权，按照收购时明确的效益目标实施知识产权管理。创新中心可以发起或组织专项基金，对有培育前景的课题或成果投入种子基金、天使基金和并购基金从而完成成果的产业化及孵化推广，所产生的知识产权等遵从合同约定。创新中心接受来自企业的技术需求，安排适当的成员单位实施相关的研究项目，所产生的技术成果、数据和知识产权由需求企业和实施单位协商所有权归属。创新中心收购技术、专利等项目，按照收购签订的效益实施知识产权管理。创新中心对专利及专有知识的材料、工艺、装备、器件、软件、设计资料、营运信息、计划、成果资料、制造技术等知识产权确定专人负责，做到既有严格管理，又能积极推广。

四、平台建设

（一）技术研发平台

创新中心以"加快补齐我国高端医疗装备短板，加快关键核心技术攻关，突破技术装备瓶颈，实现高端医疗装备自主可控"为目标，建设共性关键技术研发平台，为解决高性能医疗器械产业领域内的共性技术问题提供实验条件。创新中心主要设置七大共性关键技术研发平台，包括：医疗器械基础材料创新平台、大型医疗器械关键部件研发平台、植介入器械核心技术开发平台、生物化学检测与仪器平台、医疗电子与系统研发平台、医疗器械生物安全性评价平台及现代中医技术与医疗器械研发平台。至 2022 年，至少优先启动建成其中 5 个。

1. 医疗器械基础材料创新平台

医疗器械基础材料创新平台负责研发供医疗器械使用的高端材料，如光电转换材料、半导体材料、超导材料、压电陶瓷材料、纳米材料等，为高端医学影像设备和植介入器械的研发提供实验平台。该平台将安装扫描电镜、X 射线衍射仪、元素分析仪、电化学工作站、光催化系统、模拟催化系统、气体吸附仪、比表面分析仪、压阻真空计、电容真空计、流量控制显示仪、高温管式炉、手套箱等设备。

2. 大型医疗器械关键部件研发平台

大型医疗器械关键部件研发平台负责研发用于生物医学成像的核心部件，以及医疗机器人关键控制系统等，包括超声探头、磁共振线圈、X 射线探测器、CT 球管、大规模多通道信号读出器件、随动控制系统等，为高性能医疗器械的研发提供实验平台。该平台将配备高性能示波器、nA 级源表、射频放大器、真空电子设备、多种信号检测与分析仪器、实时多任务操作系统软件、ANSYS 等大型动力学分析与仿真软件/系统、快速成型加工设备等。

3. 植介入器械核心技术开发平台

植介入器械核心技术开发平台负责研发精密植介入器械关键技术与器件，如微纳电子器件、分子/生物与金属电极、新型电子基板、压电薄膜器件等，为体外诊断、植介入器械、康复器械等方面的研发提供实验平台。该平台将配备超大规模集成电路工艺加工线、洁净间、低温探针台、屏蔽探针台、电子器件真空测试系统、电镀机等设备。

4. 生物化学检测与仪器平台

生物化学检测与仪器平台负责研发生物化学检测与仪器，为体外诊断设备的研制提供实验平台。该平台将配备低温高速离心机、超声波破碎仪、723 分光光度计、电泳仪、酸度计、PCR 仪、电子分析天平、紫外-可见分光光度计、半自动生化分析仪等设备。

5. 医疗电子与系统研发平台

医疗电子与系统研发平台负责研发高效智能化、稳定可靠易用的软件控制系统，利用人工智能技术研究医学成像和影像分析中的问题，为提高成像质量和成像速度提供新技术。该平台为高端医学影像、生命体征监护、先进治疗、健康信息等提供技术支持。该平台将配备高性能 GPU 显卡集群，安装 TensorFlow、Linux、Python 等常用软件。

6. 医疗器械生物安全性评价平台

医疗器械生物安全性评价平台负责医疗器械特别是植入器械的安全性能评估，为植介入器械、康复器械等方面的研发提供服务，如对机械安全性、电磁兼容性、生物力学特性等方面进行安全评价。该平台将安装高精密动态测力计等设备。

7. 现代中医技术与医疗器械研发平台

现代中医技术与医疗器械研发平台将实现传统医学体系与现代工程技术之间的医工结合，提升望闻问切等中医诊疗手段的科技含量，为发展中医现代化技术和相关器械研究提供公共平台。该平台将配备四诊仪、经络检测仪、电针治疗仪等中医药理论与现代科学技术相结合的现代中医医疗器械。

此外，创新中心还将与股东单位合作建设动物实验设施平台，搭建小鼠、大鼠、兔子、猪、猴等动物实验室，为开展动物实验提供设施及条件，为医疗器械临床前期实验提供保障。同时，创新中心将与北京大学深圳医院、香港大学深圳医院、深圳大学总医院等医疗机构合作从而获得临床研究支持。

（二）中试平台

创新中心将建立中试平台，为医疗器械行业共性技术的应用、产业化、资源共享方面提供全方位服务，加速技术成果向市场转化。中试平台将与中心企业联合建设，借力其成熟的工程化经验，完成对不同医疗器械产品的工艺研究与验证、设备对比分析、智能化升级等方面工作，为高端技术向产品转化提供支持。创新中心先期将在高端医学影像装备、体外诊断设备、先进治疗装备、植介入器械及康复与健康信息系统五大细分领域设立约 2000 平方米的中试基地。中试平台将配备洁净车间、关键零部件加工车间、生化材料车间等，保证在中试每一个环节模拟真实使用场景，并且能够实现小批量生产。中试平台设立总工程一名、工程师等技术骨干若干。创新中心与各股东企业技术人员、车间和实验室保持深入交流与广泛合作，确保中试平台顺利运行。

（三）检验测试平台

创新中心将与国内医疗器械检测机构（如深圳市计量质量检测研究院等）建立合作关系，共同建设医疗器械检测平台，开展医疗器械的质量检测与产品认证工作。平台将提供公共对外服务与产品技术性能测试（如精度、生化性能、安全性等），为中心企业创新和产品升级服务。检测平台将根据国家或者行业标准相关指标执行测试，主要包括安规性能检验、EMC 电磁兼容性检验、生物相容性检验、无菌检测、抗拉强度检测、老化强度检测等。中试平台与检验测试平台直接服务各成员，实现创新中心与成员单位间有条件的资源开放共享。创新中心也将积极拓展，实现与外单位的技术合作。

第二节　运行情况

一、技术创新

（一）高端医学影像设备

创新中心正在开发新型数字 X 射线成像系统及面阵探头专用集成芯片（ASIC）技术；正在开发新型超声成像系统，研制具有高能量分辨率和时间分辨率的低剂量高清晰度极速能谱成像 CT 产品；正在研发 5T 及以上超高场超导磁体、梯度、射频及谱仪等核心部件及关键共性技术；正在开发新型超导磁共振成像系统，重点布局大功率梯度功率放大器、射频功率放大器等核心功率部件。

（二）体外诊断和生命监测

创新中心正在开发全自动一体化现场快速检测及高通量检测系统，构建将多种技术整合与优化的全自动多靶标核酸分子诊断系统；正在开发血液细胞分析技术，通过 AI 技术解决当前临床镜检过度依赖人工高能力、图像质量不佳、细胞识别准确性等问题；正在开发新型分子诊断系统；正在开发智能化现场快速检测系统（POCT），构建将多种技术整合与优化的集成系统。

（三）先进治疗

创新中心正在开发智能感知交互手术机器人，打造神经外科手术机器人、骨科手术机器人、放射介入手术机器人等智能设备。重点攻克应用人机交互技术、高精密机械臂系统和光学导航技术、精密视觉传感器技术等，突破机械臂及光学导航系统、减速机、精密电机等核心部件；正在开发智能化呼吸机系统，包括基于人机功能的智能通气决策子系统、在无创通气特定场景下的涡轮控制技术；正在开发有源治疗装置，包括针对心脏起搏器、人工耳蜗、人工视网膜、脑起搏器等应用场景的低功耗、高密度植入式 SoC，核磁兼容植入式起搏器的计算机模拟模型，基于人工智能技术的帕金森综合征的诊断模型和基于人工视觉技术的神经假体。

二、企业孵化

高性能医疗器械国家研究院有限公司建立以来已经向十多家企业授权许可使用专利，实现 5 项技术转移扩散。分别是：一种前置放大器；X 射线源及 X 射线产生方法；一种估计成像剂量的方法和系统；一种降低 X 射线诊断设备 X 射线剂量的系统及方法；磁共振兼容超声技术，已经技术辐射的有 13 家公司，具体如下：

（1）深圳市美德医疗电子技术有限公司；（2）苏州众志医疗科技有限公司；（3）深圳安科高技术股份有限公司；（4）深圳市德力凯医疗设备股份有限公司；（5）上海绿谷制药有限公司；（6）北京辰龙科技发展有限公司；（7）杭州索发科技有限公司；（8）上海壹驿信息技术有限公司；（10）哈尔滨国创机器人技术有限公司；（10）深圳慧康精密仪器设备公司；（11）深圳瑞格医疗技术有限公司；（12）深圳市德力凯医疗设备股份有限公司；（13）慧威医疗科技（台州）有限公司。

三、行业服务

创新中心将围绕高端医疗器械产业链，针对从技术研发到产品量产的实际需要，建设包括联合实验室、研发、测试、中试、转化和服务等在内的平台。与创新中心的各类平台建设相匹配，还将建设相应的专业平台，承接各个细分技术的创新需求，为我国高端医疗器械行业发展、产业链上下游提供技术支持。

深圳高性能医疗器械国家研究院有限公司在筹备及获批广东省创新中心后开展了大量的研发工作：先后与上海绿谷制药有限公司（超声脑神经调控治疗仪器）、北京乐普医疗器械股份有限公司（高性能微血流超声成像仪）、天津恒宇医疗科技有限公司（高分辨血管超声成像仪）、深圳市中电数通智慧安全科技股份有限公司（数字图像）、深圳易瑞生物技术有限公司（纳米传感器及微流控芯片）、山西瑞亚利科技有限公司（微流控生物检测）、上海瑞昂生物技术有限公司（数字 PCR）、图兮深维医疗科技（苏州）有限公司（医学图像人工智能）、深圳湃尔生物科技有限公司（血球仪、凝血分析仪等体外诊断仪器）、航天科工深圳（集团）有限公司（可穿戴式生理监测系统）等公司的关键技术和产品研发、深圳市先健心康医疗电子有限公司（临时起搏电极导线）、深圳市先健心康医疗电子有限公司（植入式起搏电极导线拔除装置）、深圳市先健呼吸科技有限公司（减容回力圈系统）、深圳市先健畅通医疗电子有限公司（主动脉弓解决方案）开展合作。深圳高性能医疗器械国家研究院有限公司已经成为本领域具有一定影响的技术创新平台，并成为本领域具有一定影响的技术创新平台。

四、交流合作

（一）国际交流合作

作为国家级创新平台，创新中心将始终紧盯国际产业和学术前沿，把握领域内最新的发展动向，并通过项目合作、高水平技术和团队引进、联合研发、联合共建等具体形式，与国际知名高校和科研机构建立合作，共同促进我国行业共性技术水平提升和产业发展。目前，创新中心已与美国南加州大学、加州大学戴维斯分校、西雅图华盛顿大学、新加坡南洋理工大学、日本冈山大学和荷兰医学三角洲等机构开展了实质的医学技术研发合作。合作项目涉及：高场磁共振成像技术、多维超声成像技术、全身高分辨 PET 成像技术、快速体外检测微流控技术、新型生物材料和 3D 打印技术等一系列前沿高端医疗器械核心领域。

（二）国家制造业创新中心之间交流合作

医疗器械行业是多学科交叉、知识密集、资金密集型的高技术产业，其产品的研发、制造涉及生物医学、制造工程学、材料科学及人机工程学等多个学科领域，行业进入壁垒较高。因此，需要各创新中心协同配合、合作共赢，在各领域引领行业和世界医疗器械装备进步。

（三）创新中心成员单位之间交流合作

创新中心将围绕高端医疗器械产业链，针对从技术研发到产品量产的实际需要，建设联合实验室，通过共建联合实验室的形式，扩展外圈层员。创新联盟吸纳新会员，扩大行业覆盖面。股东单位选派流动科研人员轮流合作研究，与会员单位联合申报国家科研项目及国际合作项目，增强创新中心在更高的层次上与全球创新要素的深度融合。以开放的视野促进创新中心和产业链的融合，加强对合作项目的跟踪，整合全球创新资源。

（四）与创新中心以外单位交流合作

创新中心围绕国家高性能医疗器械制造业创新中心科技成果转化需求，搭建产业交流合作平台，参加国内外相关峰会和展会，开展技术转让、产业合作、投融资对接等工作，促进创新科技成果转化，推动医疗器械行业快速发展，例如，创新中心将与国内医疗器械检测机构如深圳市计量质量检测研究院等建立合作关系，共同建设医疗器械检测平台，开展医疗器械的质量检测与产品认证工作。一方面，检测平台直接服务各成员，实现创新中心与成员单位间有条件的资源开放共享；另一方面，创新中心也将积极拓展，实现与外单位的技术合作。

第二十章

国家先进印染技术创新中心

第一节　建设进展

一、组建情况

国家先进印染技术创新中心在山东省先进印染技术制造业创新中心基础上升级组建，采用"公司+联盟"的模式运行。

（一）公司

国家先进印染技术创新中心依托单位为山东中康国创先进印染技术研究院有限公司，该公司由山东康平纳集团有限公司和东华大学双牵头，联合青岛大学、北京机科国创轻量化科学研究院有限公司、青岛即发集团股份有限公司、佛山市三技精密机械有限公司、上海安诺其集团股份有限公司、广东德美精细化工集团股份有限公司、江苏红旗印染机械有限公司、泰安民意节能设备有限公司、泰安市泰山投资公司等印染工业产业链上的权威高校、龙头企业及投资公司组建注册成立。第二批新增有传化智联股份有限公司、杭州宏华数码科技股份有限公司、杭州开源电脑技术有限公司和鲁泰纺织股份有限公司 4 家单位。15 家股东单位区域覆盖山东、上海、北京、广东、江苏、浙江等地，业务涉及印染行业全领域，产业链覆盖 90% 以上。随着中心下一步的发展，将继续吸纳印染行业中的优秀单位进行增资扩股。

（二）联盟

1. 联盟整体情况

中国先进印染技术创新联盟是在中国纺织工业联合会、中国印染行业协会协调推动下组建的，现有成员 55 家，包括东华大学、天津工业大学、青岛大学、西安工程大学、浙江理工大学、武汉纺织大学、江南大学、山东理工大学、大连理工大学、苏州大学 10 所高校，以及北京机科国创轻量化科学研究院有限公司、中国纺织科学研究院有限公司、中国纺织建设规划院、沈阳化工研究院、江苏新视界先进功能纤维创新中心有限公司等科研院所、行业重点企业。根据发展需求，未来将适时增补联盟单位，通过"产学研用"和上下游企业紧密合作，打造产业链深度融合、资源统筹、市场引领的行业顶级创新联盟。

2. 国家级平台情况

创新中心联盟单位覆盖了本领域 70%以上的国家重点实验室、国家工程技术研究中心、国家级检测中心、国家级企业技术中心等国家级创新平台，有效发挥"产学研"合作和创新资源优势。

3. 联盟重要活动

创新中心联盟为行业提供技术交流、项目合作、供需对接、技术成果转化等合作共赢的服务，为我国先进纺织印染产业高质量发展提供支撑。

二、队伍建设

（一）管理团队

1. 管理团队组成

国家先进印染技术创新中心依托山东中康国创先进印染技术创新中心组建运营，组建了高效的管理团队，刘琳为公司董事长兼总经理，聘任毛志平为中心主任。

2. 管理人员简历

创新中心董事长兼总经理刘琳，正高级工程师，享受国务院政府特殊津贴专家，兼任中国纺机协会副会长、中国纺织工程学会第 25 届理事会技术经济专业委员会副主任等。2000 年担任山东康平纳集团常务副总经理，2003 年担任集团总经理，是集团第二大股东，担任国家级企业技术中心副主任。2019 年 8 月，组建山东中康国创先进印染技术研究院有限公司并担任董事长兼总经理。在担任总经理期间，作为科研项目带头人，组织参与了"863"计划、科技支撑计划、自然基金项目等国家、省部级科研项目 30 余项，荣获国家科技进步一等奖、中国纺织工业联合会科技进步一等奖、绿色科技进步一等奖等多个奖项，授权发明专利 21 项（其中欧洲发明 3 项），入选中国纺织行业专家库，荣获全国优秀科技工作者、全国优秀企业家、中国纺织技术带头人、全国纺织工业劳动模范、山东省技术创新/技术改造先进个人等荣誉称号。

创新中心主任毛志平，博士，研究员，国家染整工程技术研究中心主任，东华大学化学化工与生物工程学院副院长，东华大学纺织化学与染整工程学科带头人。主持国家重点研发、"863"计划、国家科技支撑计划、国家自然科学基金等课题 40 余项，参与课题 26 项。授权发明专利 37 项、独家许可 6 项。获国家技术发明二等奖 1 项、上海市科技进步一等奖 1 项、中国纺织工业联合会科技进步一等奖 2 项、二等奖 1 项。入选上海市优秀技术带头人、全国纺织科技创新领军人才、中国纺织学术带头人和教育部新世纪优秀人才等。

（二）科研团队

国家先进印染技术创新中心组建了以中国工程院院士俞建勇为首席科学家，包括 4 支院士团队在内的高品质纺织面料设计开发团队等 10 支创新研究队伍。

1. 首席科学家

俞建勇，中国工程院院士，现任东华大学校长，纺织材料专家，东华大学纺织科学与工程一级学科国家"双一流学科"负责人，国家新材料产业发展专家咨询委员会副主任。在天然纤维资源开发、化学纤维创新应用、新型结构纱线和功能纺织材料等方面开展系列研究工作。先后主持完成了国家"十五"科技攻关项目、国家重大军工配套项目、国家"十一五"科技支撑计划课题、国家自然科学基金课题等多项国家、省部级和横向科研项目，获得国家及省部级科技奖 14 项。作为创新中心的首席科学家，俞建勇院士未来将具体负责创新中心研究方向和研究计划的总体指导规划等工作，并带领团队负责"高品质印染产品设计开发"研究方向的建设工作。

2. 学术带头人

单忠德，中国工程院院士，博士，研究员，博士生导师，机械总院集团副总经理，轻量化院董事长，先进成形技术与装备国家重点实验室主任、学术带头人，机械总院集团技术委员会主任委员，国务院政府特殊津贴科技专家、国家杰出青年科学基金项目获得者、创新争先奖状获奖者。单忠德院士现为"印染智能制造"领域学术带头人，负责"数字化智能化印染装备及制造系统"研究方向的建设工作。

陈纯，中国工程院院士，为股东单位杭州宏华数码科技股份有限公司国家数码喷印工程技术研究中心首席科学家，我国计算机应用专家，带领数码喷印研发团队人员 10 名，其中 5 人为浙江大学博士，主要专注于花型智能设计系统、海量数据处理等方面的开发攻关。陈纯院士现为中心"喷墨印花技术"领域学术带头人，负责"数字化智能化印染装备及制造系统"研究方向的建设工作。

彭孝军，中国科学院院士，精细化工专家，大连理工大学教授。现任精细化工国家重点实验室主任，国务院学科评议组（化工组）成员、中国染料标准化技术委员会副主任，国际标准化组织影像技术委员会成员。作为第一完成人，获国家自然科学二等奖、国家技术发明二等奖。主要从事精细化工和有机智能光学材料的研究，为我国在该领域从被垄断发展到国际强国做出了重要贡献。彭孝军院士团队主要负责"节能减排印染新技术"研究方向的建设工作。

三、机制建设

（一）项目管理机制

创新中心本着合作共赢的原则，通过灵活的项目实施机制，与高校院所、上下游企业合作，开展单边、双边或多边技术攻关和产品开发。科研团队和企业可向创新中心申请项目，中心也可联合科研团队和企业开展合作攻关项目。

创新中心项目开发机制包括课题开放机制和中心自我研发机制。

课题开放机制：对于行业共性技术研发，创新中心通过设立开放课题，由创新中心提供项目支持经费，由创新中心人员、股东单位、联盟成员单位联合组建研发团队并进行共性技术研发，研究成果归创新中心所有。

中心自我研发机制：主要开展前沿技术及培育孵化项目、关键共性技术集成项目、成果转化与应用推广项目、原始创新基础研究项目四大类项目。

（二）资源共享机制

创新中心实行资源共享机制，制定《资源共享管理制度》，鼓励开展仪器设备和人才等资源共享。

1. 设备平台共享

创新中心与康平纳、东华大学等股东、联盟单位签订共享协议，共享仪器设备、实验平台，结合项目需要具体签订协议。创新中心不负责共享仪器设备、平台的技术改造、日常维护等费用。同时，中心仪器设备、中试验证平台对各单位共享开放。

2. 人员共享

创新中心与股东单位实行人员共享。中心聘请股东单位人员从事相应的科研和人才培养工作，股东单位给予支持。中心从股东单位聘用的人员结束中心工作后，相关股东单位应安排其回原岗位继续工作。中心根据聘请方式与股东单位签订相应协议，支付相应费用，聘用人员由中心统一管理。

（三）人才管理机制

1. 人才来源

创新中心人员主要来源于股东单位、社会招聘、单位输出、单位派驻四个渠道。前期主要依靠东华大学、青岛大学、机械科学研究总院、康平纳等股东单位组建，同时面向社会引进部分高层次专业人才。按人才规划，已逐步到位。

2. 人才引进政策

创新中心所在省、市政府高度重视人才建设工作，山东省相继出台《山东省引进顶尖人才"一事一议"》《山东省高层次人才服务绿色通道规定》《山东省柔性引进人才办法》等制度，泰安市相继出台《关于做好人才支撑新旧动能转换工作助推新泰安建设的十条措施》、泰安人才新政"金十条"，以及《关于支持新旧动能转换重点产业培育发展促进人才创新创业"一事一议"实施办法》《泰安市企业引才费用补助实施细则》《泰安市高层次人才服务窗口管理办法》等配套细则 48 项，并在此基础上专门出台《国家先进印染技术创新中心人才支持政策》给予"一中心一策"支持，为创新中心人才引聘提供保障。

3. 人才培养

创新中心坚持"以人为本、事业留人、事业用人、事业激励人"理念，

"适人、适才、适岗"，通过绩效薪酬、项目支持、股东单位离岗创业人员职称晋升、培训培养、后勤保障及"特殊团队一事一议"等多方面激励措施，结合公平合理的考核机制，在激发科研人员工作热情、发挥人员潜能的同时，做到"引得来、留得住、用得好"。

（四）知识产权机制

创新中心建立了知识产权管理制度，实行知识产权共享机制，对新技术创新成果按照项目来源具体规定。国家项目按照国家有关规定执行，企业自身项目由合同规定收益，充分体现谁出资、谁受益的市场化运营理念，为创新中心持续建设和发展奠定基础。

四、平台建设

本着"共享、协作、服务"的基本原则，为服务于创新中心的研究开发任务和开放需求，创新中心拟建设纺织品舒适性能评价、生态纺织品检测、特种与绿色纺织化学品研发、先进装备与智能制造系统开发等12大实验室，以及生态印染加工技术、高性能和绿色纺织化学品、先进印染装备与智能制造、废水深度处理及回用技术4个中试验证平台，为先进印染产业技术发展提供支撑。

目前，创新中心仪器设备正在分批招标、采购中。

第二节　运行成果

一、技术创新

国家先进印染技术创新中心围绕高品质印染产品设计开发、节能减排印染新技术、数字化智能化印染装备及制造系统和纺织绿色生态标准4个研究方向，聚焦关键共性技术与核心科技技术，重点开展高品质面料、功能纺织材料、特种与绿色纺织化学品、节能减排印染新技术与装备、印染废水深度处理及回用技术、喷墨印花技术、印染智能装备与制造系统、绿色生态纺织标准等研究工作，构建满足产业内生发展需求的技术供给体系，为先进印染产业技术创新提供支撑。目前，相关研究已逐步启动。已参与制定国际标准1项、国家标准1项、地方标准1项。

（一）高品质印染产品及其制备技术

2023 年，常规纺织品绿色加工技术处于全面领先地位；高档纺织面料、军用及其他特殊行业用功能面料领域缩短了与国际领先水平的差距；高端纺织品国产产品占有率超过 20%；15%高端纺织化学品替代国外产品。

（二）节能减排印染新技术

2023 年实现工业产品单位能耗降低 10%以上；全行业水回用率达到 35%；生物基印染助剂用量提高 15%；主要污染物排放量降低 5%。

（三）数字化智能化印染技术

2023 年，数字化智能化印染技术方面，印染智能制造中央控制系统、装备及大数据平台初步建立，应用于 20%～25%规模以上印染企业。

（四）绿色生态纺织标准

到 2030 年，构建与国际接轨的禁用或限用标准物质清单并及时更新相关禁限用物质检测方法，形成完善的有害物质检测、功能性纺织品检测、可生物降解纺织材料评定和纯天然染料鉴别方法标准体系；构建先进印染装备及智能制造系统评估的规范和标准体系，使我国在绿色生态纺织品及绿色工厂、智能工厂认证方面达到国际先进水平。

二、成果转化和企业孵化

创新中心牵头组建的企业——山东康平纳集团有限公司在已有筒子纱智能染色技术重大突破基础上，委托创新中心继续开展智能化筒子纱染色工厂提升与优化。创新中心在研的重浓度染液回收项目、染液盐回收项目（填补国内空白）正在积极推进产业化。

三、行业服务

创新中心积极开展技术转化及对外技术服务，在省级制造业创新中心的基础上，为行业企业提供筒子纱智能染色技术及装备提升、远程运维与技术服务，同时，继续开展智能化筒子纱染色工厂提升与优化研制。

四、交流合作

（一）国际交流合作

创新中心建立与国内外知名高校、科研机构、企业的合作交流机制，强化先进印染技术与装备的产业交流与人才培养，推动我国印染及其装备产业国际合作，助力创新中心国际化发展。

一是以现有股东单位国际合作为基础，继续加强与日本信州大学、美国北卡州立大学、德国亚琛工业大学、荷兰万维等国外相关院校、企业的交流，联合开展技术攻关，承担国际合作项目，形成可持续性联合创新模式，推进技术进步与交流。

二是举办先进印染技术及装备国际交流会议，推动企业技术、产品、装备走出去。探索与境外科研机构建立联合实验室的可行性。

（二）创新中心成员单位之间交流合作

山东康平纳集团有限公司与北京机科国创轻量化科学研究院有限公司、东华大学、青岛大学等有多年合作关系，特别是与北京机科国创轻量化科学研究院有限公司（机械科学研究总院）自 2005 年起进行"产学研"合作，共同开展"筒子纱数字化自动染色成套技术与装备"的技术研发与应用推广，双方联合研制的"筒子纱数字化自动染色成套技术与装备"荣获 2014 年度国家科学技术进步奖一等奖等。在此基础上，升级研制建设智能染色示范工厂，并以此为试点，以点带面，在全国范围内推广建设。双方合作以来，共建创新平台，共育科研人才，卓有成效的合作模式为国家先进印染技术创新中心提供了良好的经验。此次联合共建国家先进印染技术创新中心，并委托创新中心继续开展智能化筒子纱染色工厂提升与优化。

区域篇

第二十一章

江苏省

第一节　总体进展与经验特色

目前，江苏省已试点建设了 7 家省级制造业创新中心（见表 21-1），培育了 27 家省级制造业创新中心，争创了两家国家创新中心。江苏省制造业创新中心均采用了"公司+联盟"的模式运行，以江苏省内外产业链主要环节的龙头企业作为成员单位，多方出资成立了创新中心的依托公司；产业联盟包含了"政产学研融"相关创新资源，产业联盟成员总数超过 800 家，引入投资共计超过 2 亿元，其中研发投资超过 1.7 亿元，招引领军人才、研发人才和高等技术人才等各类人才超过 800 人，实现了关键技术领域的创新资源汇集。创新中心均建立了研发、中试、检验检测平台，实现了与外部单位的研发设施资源共享，在创新能力建设方面取得了较好的进展。创新中心明晰了市场化运作机制，均建有理事会和专家技术委员会，建设和完善了公司运行的内部管理机制，保障了创新中心市场化运作。

表 21-1　江苏省制造业创新中心建设进展

序号	中 心 名 称	运营公司/牵头单位	建设进展	成立时间
1	国家先进功能纤维创新中心	江苏新视界先进功能纤维创新中心有限公司	国家级	2017 年
2	国家集成电路特色工艺及封装测试创新中心	华进半导体封装先导技术研发中心有限公司	国家级	2016 年
3	江苏省原创化学药创新中心（江苏省高端制剂和绿色制药创新中心）	江苏原创药物研发有限公司	省级	2016 年

续表

序号	中 心 名 称	运营公司/牵头单位	建设进展	成立时间
4	江苏省高档数控机床及成套装备创新中心	江苏南高智能装备创新中心有限公司	省级	2017 年
5	江苏省高端工程机械及核心零部件创新中心	江苏汇智高端工程机械创新中心有限公司	省级	2017 年
6	江苏省物联网创新中心	无锡物联网创新中心有限公司	省级	2017 年
7	江苏省新能源汽车能源与信息创新中心	国创新能源汽车智慧能源装备创新中心（江苏）有限公司	省级	2018 年
8	江苏省石墨烯创新中心	江苏江南烯元石墨烯科技有限公司	省级	2018 年
9	江苏省高性能膜材料创新中心	南京工大膜应用技术研究所有限公司	省级	2018 年

一、建立顶层管理机制，稳步推进创新中心建设

江苏省制造业创新中心是带动本省制造业创新发展，辐射促进周边区域制造业转型升级的新型载体，更是国家制造业创新中心的支撑和补充。江苏省为积极响应国家工业和信息化部建设要求，先后出台相关文件，启动制造业创新中心建设工作。2015—2019 年 5 年间，出台了《关于开展江苏省制造业创新中心（第一批）试点的通知》《关于培育省制造业创新中心的通知》《关于做好第二批培育省制造业创新中心有关工作的通知》《关于做好第三批培育省制造业创新中心有关工作的通知》，分级分批、有条不紊地推进省级创新中心的培育和评选工作。目前，江苏省试点建设及正在培育的各级制造业创新中心，有效撬动了各类创新资源的集聚和协同，提高了创新中心在行业关键共性技术研发、成果转移扩散、行业支撑服务等方面的能力。

二、充分汇聚创新要素，有效发挥企业和联盟作用

江苏省制造业创新中心全部采取"公司+联盟"的模式组建，公司是创新中心的运营主体，牵头单位是公司的主要股东，都以资本为纽带形成明确的责权利，履行管理责任。江苏省制造业创新中心股东企业均为行业龙头企业，有较强的研发能力、影响力和号召力，股东资金和其他资源投入能够切实落地，成为江苏省制造业创新中心建设的牵头力量。例如，国家集成电路先进工艺及封装测试创新中心由中科院微电子所、长电科技、通富微电、华

天科技、苏州晶方、兴森快捷、安捷利等行业顶级龙头企业共同出资组建。联盟是创新中心的重要组成部分，要发挥好联盟汇聚资源、转移转化和辐射带动的支撑作用。目前，联盟基本覆盖了 50%以上的行业创新平台，且很多联盟真正发挥了公共服务作用。例如，高端工程机械及核心零部件创新中心联合 62 个行业领先单位组建了高端工程机械及核心零部件产业技术创新战略联盟，定期召开联盟大会，组织联盟单位联合申报和实施国家重大科技项目，攻关行业难题，搭建合作平台，广泛收集联盟成员单位的技术成果 73 项，促进技术成果转移转化。

三、牢牢把握创新中心定位功能，不与企业进行竞争

江苏省制造业创新中心基本坚持了行业共性技术的研发定位，致力于突破产业发展急需的短板和弱项。其中，先进功能纤维创新中心建立了战略咨询委员会，对中心的长期可持续性发展方向进行研究和计划，明确中心主攻解决功能纤维材料、高端纺织品和前沿纤维新材料涉及的关键共性技术问题，在战略研究、核心技术研发、工程验证与产业化、技术咨询与培训、成果转化等方面形成专业支撑；高端工程机械及核心零部件创新中心建立了技术委员会，对创新中心的技术发展规划、重大研发项目、重大科研条件建设项目等提出决策建议，将中心定位于攻克高端零部件"空心化"和高端产品智能化两大难题，围绕变速箱、减速机、驱动桥、高端液压阀、高压柱塞泵/马达等高端核心零部件进行研发，解决当前行业都不去攻克的痛点技术，不做面向市场的最终产品，避免与同领域的企业形成同质竞争。

四、建立现代企业制度，激活创新中心活力

根据工业和信息化部建设要求，创新中心运营要区别于事业单位的性质，建立现代企业制度，确保创新中心的活力和生命力。江苏省制造业创新中心大多坚持独立运行、独立审批，各项制度落实到位，确保了创新中心在运作过程中始终保持活力。例如，集成电路特色工艺及封装测试创新中心建立了由华进总经理为组长、各联合单位主要负责人担任副组长的 12 人组成创新中心的决策机构。物联网创新中心不断完善公司规章制度，围绕治理决策机制、市场运作机制、技术创新运行机制、知识产权激励机制、人才聚集和激励机制等方面展开，截至 2019 年 12 月已累计发布更新各项规章制度共 22 项。

五、推动创新能力兑现，确保创新中心自我造血

制造业创新中心建设不能依赖政府投资，而是要按照企业化的运作模式，通过设计可行的盈利模式，实现自主经营、自负盈亏、自我造血，确保创新中心可持续发展。目前来看，省级创新中心甚至国家级创新中心的盈利能力普遍不高，一部分创新中心单一依靠政府财政支持运转，经营类收入严重不足。相比之下，江苏省一些制造业创新中心在企业可持续发展建设效果良好，部分创新中心年收入在千万元以上，甚至已经实现可持续发展。例如，高端工程机械及核心零部件创新中心凭借下一代液压系统技术研发提供服务，截至 2019 年 12 月底，累计签订技术研发合同 12000 余万元；2019 年，原创化学药创新中心实现技术与服务合同收入 4637.993 万元，自我造血能力持续提升。

第二节　典型创新中心建设进展

一、江苏省高端工程机械及核心零部件创新中心

（一）建设进展

1. 组建情况

1）公司

江苏省高端工程机械及核心零部件创新中心（以下简称"创新中心"）采用"公司+联盟"的模式组建，运营载体江苏汇智高端工程机械创新中心有限公司（以下简称"公司"）由江苏徐工工程机械研究院有限公司、中航力源液压股份有限公司、江阴兴澄特种钢铁有限公司、圣邦集团有限公司、徐州威卡电子控制技术有限公司等 7 家工程机械产业链上下游领军企业于 2018 年 1 月投资成立，初始注册资本 1 亿元。创新中心整合产业链上下游创新资源和主体，构建以"主机企业需求+创新中心协同研发+核心零部件企业制造+原材料及基础件企业支撑"的产业链和创新链融合发展新模式。公司拟通过增资扩股方式邀请行业其他龙头企业加入，股东单位增至 10～15 家，满足国家制造业创新中心建设要求，提升行业代表性和影响力。

公司建立现代企业治理结构，设立股东大会、董事会、监事会、技术专家委员会。公司董事长由徐工集团副总裁李锁云担任，总经理由"千人计划"

专家詹东安博士担任。组织架构如图 21-1 所示。

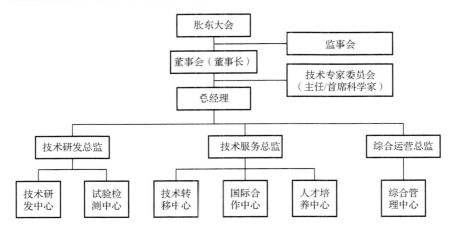

图 21-1　江苏汇智高端工程机械创新中心有限公司组织架构

2）联盟

2018 年 11 月 21 日，创新中心发起成立"高端工程机械及核心零部件产业技术创新战略联盟"（以下简称"联盟"）。联盟汇聚徐工、柳工、国机重工等主机龙头企业，中航力源、江苏恒立液压、南高齿等核心零部件领先制造商，浙江大学、华中科技大学、哈尔滨工业大学、机械科学研究总院等知名高校及科研院所总计 62 家单位，涵盖高端工程机械智能制造国家重点实验室、流体动力与机电系统国家重点实验室、机械传动国家重点实验室、复杂系统管理与控制国家重点实验室等高端工程机械核心零部件领域全国 50%以上国家级创新平台。其中，国家重点实验室 13 个、国家工程技术研究中心 3 个、国家工程实验室/研究中心 7 个、质量监督检验中心 2 个。

2. 队伍建设

1）技术专家委员会

技术专家委员会由中国科学院任露泉院士，中国工程院杨华勇院士、项昌乐院士等领衔，共 11 名行业顶尖专家学者组成，为创新中心技术发展规划、重大研发项目、重大科研条件建设项目等方面提供决策意见。

2）研发团队

人才是第一资源，人才队伍建设是创新中心创建的根基和发展的根本保障力量。创新中心将紧密依托各成员单位，以公司为主体，建设一支以首席科学家为龙头、以领军人才为核心、以骨干人才为主体的专兼职结合、形式多样的高水平人才队伍。目前公司固定员工总数 90 人，硕士及以上人员占比为 79%，平均工作经验超过 8 年；技术人员占比高达 90%；创新中心依托股东单位及联盟单位参与人员达 100 人。

创新中心已与多家高校、国家级科研平台签订战略合作协议，实现与高校的科研合作与人才对接。根据研发项目需要，与各高校、科研院所、股东企业及联盟企业共同组建研发项目团队，从而实现高端人才全方位、多层次的交流与合作。目前已与 3 位院士团队开展研发项目合作，建立长期合作关系。

3. 机制建设

1）市场化运营管理机制

建立现代企业治理结构，实行市场化管理和运行机制，构建研发管理、科技成果管理、创新资源管理、财务管理、人力资源管理等公司管理和运行体系，经营活动自主决策，自负盈亏、自我发展。

建立科学的决策机制，技术专家委员会作为决策咨询机构，负责技术发展战略、中长期发展规划和基础设施建设等重大事项论证和决策；下设专业技术委员会，与细分领域院士专家团队进行深度绑定，确定细分专业领域技术发展的优先布局领域和重点突破方向，开展重大科研项目技术攻关。

建立以市场需求为导向的运行机制，采取企业主导、多方协同、多元投资、成果分享的新模式，不断吸纳新的科研机构、行业新生优势企业加入创新中心，突破行业技术发展瓶颈，打造自主可控的工程机械及核心零部件"中国品牌"及产业集群。

2）项目管理机制

创新中心通过灵活的项目实施机制，与高校、科研院所、企业合作，开展单边、双边或多边技术攻关和产品开发。科研团队和企业可向创新中心申请项目，中心也可联合科研团队和企业开展合作攻关项目。

3）协同创新机制

创新中心围绕建立以企业为主体、市场为导向、产学研深度融合的技术创新体系目标，加大"政产学研"合作、加强创新资源共享、加大对外宣传力度等手段方式，打造协同开放的创新机制，面向行业和地区提供公共技术服务。

4）知识产权管理机制

实施科研项目全过程知识产权管理，明确股东单位和创新中心在研发、转移转化、生产经营、对外合作等过程中的知识产权权属管理。制定知识产权转移转化管理办法，健全知识产权转移转化的许可转让、收益分配、奖励报酬等制度。

4. 平台建设

创新中心科研基础设施建设规划约 40 亩（约 27000m²），办公楼建筑面积约 13000m²，试验检测中心和试制工程中心建筑面积约 14000m²，正在准备启动建设。面向国家制造业转型升级的重大需求，规划和建设国际一流的创新能力平台，并与现有行业实验能力形成补充和完善，建立创新资源共享机制，满足关键共性技术和核心零部件研发的需求，引领行业技术发展并服务全行业。

1）技术研发实验室

面向高端工程机械智能控制、液压、传动 3 个方向的关键技术，建设专业技术研发实验室，重点支撑智能控制、液压、传动方向关键共性及前沿技术研究，实现我国高端工程机械核心零部件关键技术自主可控和局部引领。

2）检测与中试工程中心

规划建设基于检测数据—模型实时同步的检测平台，实现设计—制造的数据交互验证及优化；建设核心零部件中试工程中心，实现核心零部件加工、检测、装配等关键工艺技术的验证和工程化研究。依托股东单位行业一流的生产条件，作为关键零部件产业化基地，快速实现产品的产业化应用。

（二）运行成果

1. 技术创新

聚焦高端工程机械核心零部件研发，创新中心年研发投入 5000 万元以上，主持、参与国家重点研发项目 3 项，省级项目 1 项，获批国家中小企业创新创业升级特色载体平台以及江苏省培育先进制造业（工程机械）产业集群重点创新平台建设。累计开展核心零部件研发项目 20 余项，突破了负载敏感信号增压技术、全自动变速箱集成设计技术等 10 余项核心技术，专利 30 余项。自主研发的全自动变速箱、大扭矩减速机、液压多路阀等系列产品达到国际先进水平，并取代进口产品，批量配套到挖掘机、起重机和旋挖钻机等产品上。

2. 技术成果转移转化

建立了以市场化为核心的成果转移扩散机制，以高端工程机械主机技术需求为导向，自主研发的二代 10 余种液压多路阀产品、两类 3 个系列泵马达产品、两款全自动变速箱、两款中大扭矩系列行星减速机，均已达到国际先进水平。研发成果市场化转移扩散到基础零部件企业，与徐工集团、中航力源、陕西航空航天等企业签订技术转移服务协议，2019 年度创新中心研发成果的产业化销售规模约 1.6 亿元。

3. 行业服务

组织行业单位共同申报、获批"工程机械用高压多路阀""工程机械大扭矩轮毂驱动关键技术及应用示范"等国家重大科技项目，联合攻关行业技术难题。组织召开"高端工程机械及核心零部件产业发展高峰论坛"以及协办组织"第一届旋转机械传动与控制国际会议"等行业重要学术交流会议，搭建产业技术交流平台；组织联盟单位共同筹建"全国土方机械标准化技术委员会可持续发展分技术委员会"，支持行业机构建设。

与力源液压（苏州）、陕西航空航天、徐州阿马凯、大连远景铸造等行业技术优势企业开展联合技术攻关、技术委托服务等，通过技术成果产业化应用为行业服务。正在搭建高端工程机械及核心零部件创新联盟知识服务平台，提供产业情报、知识产权、需求对接等全方位信息服务，推动行业信息资源共享，计划服务企业超过 100 家。

4. 交流合作

创新中心依托核心成员单位徐工集团、浙江大学、北京理工大学等积极推进与世界一流高校、一流科研机构和国际领先企业的紧密合作，通过共建平台、项目合作、高水平学术会议、研发人员交流和高层次人才互派互访，开展了多层次的国际交流与合作，国际交流基础深厚。

股东单位徐工集团在德国设立有欧洲研发中心和美国研发中心，创新中心与欧研中心和美研中心围绕核心零部件已开展一系列研发合作。与德国亚琛工大学以及奥地利 AVL 公司等在工程机械液压、传动核心零部件领域开展技术合作研究。定期选派技术骨干到德国、美国的科研机构进行访问学习，邀请国外知名学者、高端技术人才来创新中心进行技术交流。

二、江苏省高端制剂和绿色制药创新中心

（一）建设进展

1. 组建情况

1）公司

江苏原创药物研发有限公司坐落于连云港经济技术开发区生命健康产业园，注册资本 1 亿元，其中实物出资 800 万元，货币出资 9200 万元。公司由恒瑞医药牵头与省内外多家知名药企就投资入股事项进行沟通洽谈，最终与江苏鑫科、江苏美迪克、盐城瑞康、南京圣和等企业达成协议。目前，江苏原创药物研发有限公司共有股东单位 6 家，其股东结构如表 21-2 所示。

表 21-2　江苏省原创药物研发有限公司股东结构

序　号	股 东 单 位	股比（%）
1	江苏恒瑞医药股份有限公司	35
2	上海恒瑞医药有限公司	10
3	江苏鑫科医药产业投资发展有限公司	10
4	江苏美迪克化学品有限公司	15
5	盐城市瑞晟医药化工有限公司	15
6	南京圣和药业股份有限公司	15
总　额		100

数据来源：赛迪智库整理

江苏原创药物研发有限公司总经理为王洪森，副总经理为王捷。公司实施总经理负责制，总经理全权负责公司的日常管理工作。同时，根据平台和工作职责划分部门，包括综合管理部、财务部、人力资源部、高端制剂技术平台、中试研究技术平台、质量控制与大型仪器设备、共享技术平台、临床试验技术平台。

2）联盟

2019 年 3 月 11 日，中心联合恒瑞医药、豪森药业、绿叶制药、南京大学、东南大学、江苏省产业技术研究院新型药物制剂技术研究所等国内医药领域 28 家医药企业、院校、科研机构的专家学者及代表，共同组建"医药高端制剂及绿色制药创新联盟"。联盟目前已吸收 30 家单位成为联盟成员，其中，企业 23 家、高校及科研院所 7 家。联盟创新平台概况如表 21-3 所示。

表 21-3 医药高端制剂及绿色制药创新联盟国家级创新平台概况

序 号	成 员 单 位	国家级创新平台
1	江苏恒瑞医药股份有限公司	国家 863 计划成果产业化基地 国家"重大新药创制"专项创新药孵化器基地 国家级企业技术中心 博士后科研工作站
2	江苏豪森药业集团有限公司	国家级企业技术中心 博士后科研工作站 国家生物医药高技术产业
3	正大天晴药业集团股份有限公司	国家认定企业技术中心 博士后科研工作站
4	绿叶制药集团有限公司	长效和靶向制剂国家重点实验室 国家企业技术中心 国际科技合作基地 国家 863 计划成果产业化基地 企业博士后科研工作站
5	石药控股集团有限公司	国家示范型国际科技合作基地
6	南京圣和药业股份有限公司	博士后科研工作站 国家重点高新技术企业
7	南京大学	生命分析化学国家重点实验室 医药生物技术国家重点实验室 污染控制与资源化研究国家重点实验室 模式动物与疾病研究教育部重点实验室 国家环境保护有机化工废水处理与资源化工程技术研究中心
8	东南大学	发育与疾病相关基因教育部重点实验室 环境医学工程教育部重点实验室
9	中山大学	华南肿瘤学国家重点实验室 国家新药（抗肿瘤药物）临床试验研究中心 临床医学分子诊断国家地方联合工程实验室 血管疾病诊治技术国家地方联合工程实验室 新药成药性评估与评价国家地方联合工程实验室 RFID 与物联网芯片技术国家地方联合工程技术研究中心 干细胞与再生医学国家地方联合工程研究中心
10	中国药科大学	天然药物活性组分与药效国家重点实验室 国家药物政策与医药产业经济研究中心 国家科技部临床前药物代谢动力学研究技术平台
11	南京工业大学	国家生化工程技术研究中心

2. 队伍建设

1）技术专家委员会

创新中心成立了由中国药科大学王广基院士、尤启冬教授等9名省内外专家组成的专家委员会（见表 21-4），擅长领域包括药物代谢动力学、高端制剂、药理、绿色制药、小分子药物研究等。王广基院士作为专家委员会主任，他是高端制剂领域的领军专家。

表 21-4　创新中心技术专家委员会成员

序　号	姓　　名	工　作　单　位	职务/职称
1	王广基	中国药科大学	院士
2	尤启冬	中国药科大学	教授
3	高　翔	南京大学医药生物技术国家重点实验室国家遗传工程小鼠资源库	主任
4	苟少华	东南大学	教授
5	卢定强	南京工业大学药学院 江苏省药物研究所	常务副院长 所长
6	吴传斌	中山大学药物制剂工程中心	教授
7	全丹毅	江苏省产业技术研究院	所长
8	王　勇	南京圣和药业有限公司	董事长
9	黄　建	上海森辉医药有限公司	总经理

数据来源：赛迪智库整理

2）管理和科研团队

截至 2019 年 12 月，创新中心从成员单位（恒瑞医药、豪森药业等）划拨行政及技术研发人员 127 人，新招聘应届毕业生和社会人员 49 人，离职 7 人，共计 169 人。人员增长率 38.58%，离职率 3.98%，较好地完成了人才引进与人才保留工作。中心已拥有职能管理人员 7 人、各平台研发团队 157 人、辅助人员 5 人；其中研发团队拥有博士 5 人，硕士 53 人。目前，创新中心已经形成一支具备较高科技创新能力、擅长工程应用开发、成果产业化研究开发和经营管理的人才队伍。

3. 机制建设

创新中心已经建立建全了现代企业制度，有责权明晰的董事会和经营管理团队，已实现企业化运行。在现代企业制度方面，创新中心已形成独立的人事制度、财务制度、资产管理制度、业务流程制度等，公司的管理经营较为完善。在管理团队方面，公司管理采用总经理负责制，由公司总经理全权负责公司的运营管理，常务副总经理分管研发。

创新中心成员单位资源共享。创新中心建立人才、技术、信息资源共性机制；建立专家库，并通过人才交流、短期工作、组建联合团队实现人才资源互补；建立定期信息交流、技术交流、合作研发机制，提高技术水平。成员单位共享产业研究、验证标准和方法等方面的信息及经验。创新中心承担公共财政出资的技术研发或自主研发形成的知识产权归创新中心所有，创新中心接受委托开展技术研发形成的知识产权由双方约定；成员单位接受创新中心委托由公共财政出资的技术研发形成的知识产权权属由双方约定，成员单位自主研发形成的知识产权权属归成员单位所有；成员单位之间联合开展技术研发形成的知识产权权属由双方共同所有。

4. 平台建设

自 2017 年 11 月创新中心挂牌以来，江苏省原创化学药创新中心建设了 5 个促进医药技术研发的平台，分别为：高端制剂技术平台、中试研究技术平台、质量控制与大型仪器设备共享技术平台、实训基地以及临床试验技术平台。

1）高端制剂技术平台

新型高端制剂技术平台位于南京童家巷 24 号中国药科大学的新药研发协同创新中心，总建筑面积为 2500m²。高端制剂技术平台依托创新中心成员单位，拥有全面系统的现代化制剂研究技术，包括缓释制剂、靶向制剂、脂质体制剂等新剂型，设计和建造符合 GMP 要求的制剂研究实验室，建立高端制剂技术服务平台，为中小医药企业提供先进的药物制剂技术服务包括缓释及靶向制剂处方设计、缓释及靶向性能评价制剂工艺改进、药用辅料开发等，有效降低企业的早期投入。

2）中试研究技术平台

中试研究技术平台位于江苏省连云港市大浦经济开发区金桥路 22 号，是集原料工艺研究、中试放大、外包生产于一体的综合性研发平台，总建筑面积为 2200m²，其中公斤级实验室 400m²，中试生产车间 1800m²，拥有研发人员 64 人，其中硕士生 9 人、本科生 18 人，具有丰富的中试技术研发经验。

中试研究技术平台在天然产物全合成、生物产品修饰、超复杂合成工艺、ADC 毒素等领域具有丰富的研究经验，曾参与磺达肝癸钠、醋酸卡泊芬净、帕立骨化醇等产品的中试研发申报工作，并已经成功获得生产批件。目前中试平台完成的曲贝替定、艾日布林、ADC 毒素等项目正在申报临床阶段，其中艾日布林被业界视为用纯化学合成方法生产的结构最为复杂的非肽类药物，堪称化学药品合成界的珠穆朗玛峰。

3）质量控制与大型仪器设备共享技术平台

质量控制与大型仪器设备共享技术平台占地面积约 3300m²。中心设立理化检测室、气相分析室、液相分析室、精密仪器室等技术领先的实验室。在为中小型企业提供药物的纯化和微量杂质的分离、检测和化学结构确证等服务工作的同时，还提供低价租借大型仪器设备等服务，以降低中小企业新药研发成本。

4）实训基地

江苏省原创化学药创新中心实训基地项目位于连云港市经济技术开发区新医药产业园内，总占地面积为 4700m²。实训基地项目预计投资金额 3000万元，用于基础设施建设和仪器设备购买。项目一期包括位于孵化器楼四楼的 3300m² 实训实验室及商务大楼 12 楼 1400m² 的综合培训教室，建成后可容纳 500 人同时培训。

创新中心实训基地以"应用能力为主、市场需要为准"为原则，一是服务于高校学生的实习就业；二是服务于药企员工的在职培训，以提供同行业最高标准的合规化指导；三是服务于政府 GMP 检察官的专业综合性培训；四是服务于全社会，提供各类药学职业技能培训、职业资格鉴定、专业指导与咨询、全面解决方案及资源共享等服务。

5）临床试验技术平台

临床试验技术平台由江苏原创药物研发有限公司投资 1200 万元，联合连云港市第一人民医院、方达医药技术（上海）有限公司共建，该平台位于连云港市第一人民医院新院区（新海新区振华路北、科苑路东）内。平台严格按照FDA 和 CFDA 标准建设，占地面积 1600m²，购置 147 套仪器设备，设置共计48 个房间（24 间病房，另外 24 间为功能房间），拥有 70 余张独立于其他病区的床位。现已经面向整个行业开放 I 期临床试验基地，通过转化医学关键技术的研究，培养临床研究人才队伍，提升国内医药行业的临床试验水平。

（二）运行成果

1. 技术创新

创新中心建成了无定型固体分散、纳米晶体筛选和表征平台，承接了 4个创新药的开发过程，解决了此类药物口服制剂的关键技术问题；承接了 3

个项目的晶型抢仿工作；完成 5 个改良型制剂的早期开发和稳定性研究。此外，创新中心参与项目 15 个，其中新药项目 9 个（DDO-3055、EBI-3524、SHR0302、SHR0410、SHR1459、SHR2042、SHR2047、SHR2285 和 SHR5133）、改良型制剂项目 6 个（比伐芦定改良型制剂、醋酸阿比特龙、达托霉素改良型制剂、非布司他缓释制剂、乐伐替尼改良型制剂和鲁拉西酮改良型制剂）。

2．成果转化和企业孵化

创新中心已实现技术与服务合同收入 4637.993 万元。一是与恒瑞医药签订制剂委托研究项目 24 项，合同总金额 2350 万元；分析委托研究项目 46 项，合同总金额 1100 万元；中试工艺研究项目 5 项，合同总金额 1000 万元；大型仪器设备租赁项目两项，合同总金额 30.993 万元。二是与江苏豪森药业集团有限公司签订分析委托研究项目两项，合同总金额 50 万元；技术咨询服务项目 5 项，合同总金额 107 万元。三是Ⅰ期临床中心接受各个公司委托临床 BE 及预 BE 项目共计 12 项。

3．交流合作

2019 年，创新中心积极参与国内行业会议，根据会议所涉及的领域派出专家参与交流 12 次（见表 21-5），累计 19 人次。

表 21-5　高端制剂与绿色制药创新中心交流合作事件

序号	时　间	地点	会议名称	公司代表
1	02.25-02.26	上海	赛默飞 HPLC-CAD 进阶培训会议	左其艳，张丽
2	02.27-03.01	南京	基因毒性和元素杂质的控制策略与分析方法深度探讨会	韩江彬
3	04.18-04.19	苏州	2019 国际规范下的药品质量研究会议	陈姣
4	04.25-04.26	上海	第九届仿制药国际峰会会议	魏梦佳
5	05.29-05.30	南京	2019 药物分离纯化和结构鉴定及赋值深度研讨会	翟丽娟
6	06.13-06.14	南京	2019 药学开发研讨会	赵苗苗、杜振兴
7	06.29-06.30	上海	2020 药典分析方法验证转移确认研讨会	张丽
8	08.13-08.16	上海	飞世尔公司参加离子色谱-Integrion+CM7 进阶培训	陶凯丽
9	08.20-08.23	昆明	2019 年拉曼光谱应用技术研讨会	朱雅琪、张洪娟
10	10.10	南京	梅特勒托利多热分析技术交流会	朱雅琪、魏梦佳、吴金凤、张宁

续表

序号	时　间	地点	会 议 名 称	公司代表
11	12.12-12.13	上海	2019 中国药物制剂研发前沿技术峰会	宋瑞杰
12	12.14	苏州	2019 药物杂质研究中的难点应对策略及案例	倪倩、陈姣

三、江苏省新能源汽车能源与信息创新中心

（一）建设进展

1. 组建情况

1）公司

江苏省新能源汽车能源与信息创新中心依托国创新能源汽车智慧能源装备创新中心（江苏）有限公司建设运行，公司注册资本 5000 万元，资本金到位 4750 万元。股东及注册资本占比情况如表 21-6 所示。

表 21-6　股东及注册资本占比情况

序　号	公　司	出资金额（万元）	股比（%）
1	菲尼克斯（中国）投资有限公司	250	5
2	江苏绿城信息技术有限公司	160	3.2
3	南京能瑞电力科技有限公司	200	4
4	常州中科智造创业投资天使基金合伙企业（有限合伙）	100	2
5	万帮新能源投资集团有限公司	1140	22.8
6	江苏万帮德和新能源科技股份有限公司	900	18
7	万帮充电设备有限公司	900	18
8	大连理工常州研究院有限公司	300	6
9	开沃新能源汽车集团有限公司	350	7
10	昆山惠禾新能源科技有限公司	200	4
11	合肥工大汽车工程技术研究院有限公司	250	5
12	无锡聚能新能源科技有限公司	250	5

数据来源：赛迪智库整理

公司设股东会、监事会、董事会、专家委员会和顾问委员会，创新中心设 6 个管理部门、3 个研究所和 1 个实验室；组织架构如图 21-2 所示。

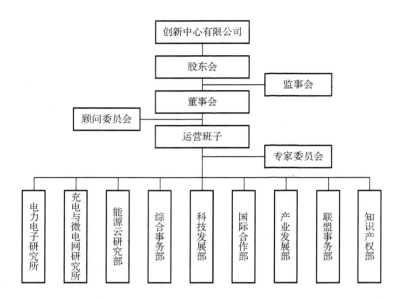

图 21-2　国创新能源汽车智慧能源装备创新中心（江苏）有限公司组织架构

2）联盟

联盟按照"服务、创新、高效"的原则运行，采取完善组织框架、建立规章制度、开设信息渠道等一系列措施，扎实推进联盟各项工作。截至目前，联盟会员数量已经达到 583 家，汇聚了全国范围内，包括用户在内的企业、科研院所、高校等各类创新主体。

联盟成立了以能源服务企业为主体的充换电委员会；创建了联盟网站及微信公众号，发布"国创能源每日简讯"，报道重大事件和动态 45 次、发表行业原创文章 30 篇，被中国电动汽车百人会、《中国汽车报》、国研网转载和引用 4 次；发布了《2019 年江苏省电动汽车充电基础设施运行情况》报告和《2018 年江苏省新能源汽车智慧能源装备行业白皮书》；举办企业需求对接会议 60 次，促成科研项目合作 5 个；举办《江苏省新能源汽车充电设施建设运营管理办法》等培训班 3 次，拟推出新能源汽车高管班、新能源汽车维修班、新能源师资培训班；组织召开了联盟充换电委员会工作会议。

2. 队伍建设

创新中心建立专家委员会和顾问委员会，汇聚全球新能源汽车行业的顶尖专家，由中国科学院院士、清华大学教授欧阳明高担任专家委员会主任。此外，参加专委会的还有中国工程院院士、清华大学教授韩英铎，全球电力电子领域最具影响力的专家、美国国家工程院院士、中国工程院外籍院士李泽元，国家千人计划专家、合肥工业大学教授张农，国家千人计划专家、微传智能科技（常州）有限公司董事长万虹等27人。

3．机制建设

1）研发管理

创新中心项目按照国际先进的集成产品开发（Integrated Product Development，IPD）模式、理念与方法开展，并基于公司战略规划、发展目标和实际现状，裁剪成具有产业特色的高效产品开发流程，此外，公司产品路标规划、项目立项以及立项后重大变更过程，必须通过决策委员会评审决策，对公司研发路标规划、项目立项以及立项后重大变更具有最终决策权，以此确保公司战略的正确实施。决策委员会由研发、财务部门负责人以及专家委员会、顾问委员会外聘专家组成。

2）人才培养鼓励机制

创新中心建立了完善的绩效考核制度，通过制定《人才考核管理办法》，采用基于PBC为载体的绩效评价方式，明确员工的绩效目标和工作重点。创新中心为每位员工建立了绩效档案，绩效评价结果将作为奖金发放、薪资调整、职务晋升、岗位调整的重要依据。拟建设创新中心的人才激励机制，其主要包括3个方面：技术人员的评价激励机制、管理人员评价激励机制、团队评价激励机制。

3）知识产权保护协同应用制度

创新中心高度重视知识产权，制定了《知识产权管理办法》，不断在完善运行的基础上探索建立股东单位知识产权共享和处置机制。

4．平台建设

1）检测中心

创新中心与CQC、TUV莱茵达成一致，共同建设合资实验室（国创能源检测技术有限公司），目前可行性研究报告也已正式上报提交，创新中心拟出资2100万元，待最终审批后即可推进实验室建设工作。

2）中试平台

2019年，创新中心建设中试线一条，针对目前研发产品的样品试制，包含元器件焊接、模块组装、产品测试及封装等功能。

（二）运行成果

1. 行业服务

创新中心通过提供一揽子服务，建立开放融合的创新机制和利益共享机制，提高中心的活力和创造力。一是计划与广汽合作落地一支 2 亿元规模的新能源成长基金，开展投资相关业务；二是通过具备 CMA 和 CNAS 认证资质的国内一流新能源汽车智慧能源联合实验室，将对外提供检测认证服务，2020 年服务收入达到 2000 万元以上；三是通过技术成果转移和转化，2020 年实现成果转化收入 2000 万元以上；四是开展行业培训认证工作，如"新能源汽车维修培训班"和"充电设施维修培训班"；五是通过承担股东或联盟单位的委托研发工作增加收入；六是通过开展工程技术咨询服务增加收入。

2. 交流合作

2019 年，创新中心迎接了 60 次各级领导考察调研，包括辽宁省葫芦岛市党政代表团、中国充电联盟等 25 个省内外政府机构；2019 年 3 月，主办了须弥山大会，6 月承办了 2019 世界工业和能源互联网博览会。

创新中心与宁德时代、开沃新能源、南京能瑞、苏州先进功能纤维、菲尼克斯等 20 多家企业进行互访交流；创新中心领导前往清华大学、东南大学、南京大学、大连理工大学、合肥工业大学等十多家知名高校洽谈研发合作；接待中科院、中汽研、北汽新能源工程研究院、常州纺织职业技术学院、常州大学、北京邮电大学等十多家院校及研究机构，共同探讨行业前沿技术；接待了来自德国、日本、加拿大、澳大利亚等国家和地区的技术专家团队 12 批次，共计 100 多人，探讨技术及市场合作；与德国保时捷、德国大众共同研发大功率充电系统；与欧洲充电巨头 Hubject 签约合作；承办中日大功率会议、IEC 国际电工委员会电动汽车大功率充电会议；牵头 IEC 大功率连接器标准制定等。

第二十二章

河南省

第一节　总体进展与经验特色

河南省制造业创新中心建设工作于 2017 年上半年开始启动，至 2019 年年底已组织三批申报遴选和考核认定工作。河南省先后确定省级制造业创新中心培育单位 19 家（见表 22-1）。其中一家晋升为国家级制造业创新中心，正式认定 10 家省级创新中心。19 家省级创新中心（含培育单位）主要涉及高端装备、新型材料、电子信息、医疗康复和绿色食品等行业，集中分布在郑洛新国家自主创新示范区和其他 6 个市（县、区）。此外，郑州市和洛阳市先后启动了市级制造业创新中心的建设工作，从而初步形成了国家、省、市三级创新中心培育建设网络。

表 22-1　河南省制造业创新中心建设进展

序号	中 心 名 称	运营公司/牵头单位	建 设 进 展	成立时间
1	国家智能农机装备创新中心	洛阳智能农业装备研究院有限公司	国家级	2017 年
2	河南省工业新型成像技术创新中心	河南省信大新型成像技术中心有限公司	省级	2017 年
3	河南省高性能医疗器械创新中心	河南驼人医疗器械研究院有限公司	省级	2018 年
4	河南省高效能铝基新材料创新中心	河南科创铝基新材料有限公司	省级	2018 年
5	河南省功能金刚石材料创新中心	河南省功能金刚石研究院有限公司	省级	2018 年

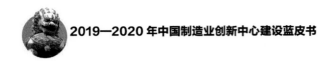

续表

序号	中 心 名 称	运营公司/牵头单位	建 设 进 展	成立时间
6	河南省物流装备创新中心	河南卫华机械工程研究院股份有限公司	省级	2015 年
7	河南省动力电池创新中心	河南省动力电池创新中心有限公司	省级	2019 年
8	河南省轴承创新中心	国创（洛阳）轴承产业技术研究院有限公司	省级	2019 年
9	河南省智能工厂系统集成创新中心	国机工业互联网研究院（河南）有限公司	省级	2019 年
10	河南省功能高分子膜材料创新中心	河南功能高分子膜材料创新中心有限公司	省级	2019 年
11	河南省智能传感器创新中心	汉威科技集团股份有限公司	试点培育	—
12	河南省智能矿山装备与工艺创新中心	中信重工机械股份有限公司	试点培育	—
13	河南省特殊钢材料创新中心	河南济源钢铁（集团）有限公司	试点培育	—
14	河南省智能锅炉制造创新中心	河南省四通锅炉有限公司 河南省锅炉压力容器安全检测研究院	试点培育	—
15	河南省智能康复设备创新中心	安阳市翔宇医疗设备有限责任公司	试点培育	—
16	河南省特色果蔬食品创新中心	好想你健康食品股份有限公司	试点培育	—
17	河南省防爆与智能消防特种装备创新中心	南阳防爆电气研究所有限公司	试点培育	—
18	河南省氟基功能新材料创新中心	多氟多化工股份有限公司	试点培育	—
19	河南省车辆减振系统创新中心	南阳淅减汽车减振器有限公司	试点培育	—

一、完善顶层设计和总体布局，兼顾创新中心建设和产业转型升级

在充分调研和研讨论证的基础上，河南省以省制造强省领导小组名义印发了《河南省制造业创新中心建设工作实施方案》，明确提出省级创新中心建设的总体思路、目标任务、重点领域、组织形式、建设要求和实施步骤。以此为主线，相继出台了遴选认定规程、专家评审程序、年度申报指南、资

金（项目）申报办法、考核评估办法等系列制度和规范，基本完成了省级创新中心建设的顶层设计。与此同时，河南省对标工业和信息化部关于制造业创新中心的总体部署，结合省内实际和产业发展趋势，每年确定一批重点建设领域，围绕重点领域进行创新中心的筛选和布局，使创新中心建设与产业转型升级同步共振。

二、抓好咨询服务和培训指导，充分发挥专家作用

河南省每年在新一批创新中心正式申报之前都举办专题培训会，宣讲政策要求，解读申报方案的编写要点，使各级心中有数、少走弯路。为指导企业高质量编写申报方案，河南省采取"二上一下"的办法，创新中心牵头单位申报方案上报后，河南省工信厅组织人员逐个进行初审并提出修改意见，之后由申报单位修改完善，然后再上报评审。为了指导企业做好创新中心有关工作，在创新中心工作启动之初，河南省工信厅专门成立了由 50 余名专家组成的专家库，一方面负责创新中心遴选、考核、评价和认定，另一方面为各单位提供咨询服务和业务指导，深受地方和企业好评。

三、把好关键环节和基本要件，保证创新中心认定质量

在创新中心遴选中，河南省重点审议拟建创新中心的方向领域和产业发展要求的匹配程度、牵头单位条件的符合程度、股东单位及股比构成的合理程度、技术路线图清晰度和可行度、运行机制的科学程度等。组织专家到牵头单位进行现场考察和座谈交流，进一步考察牵头单位的能力和条件、甄别建设意愿和积极性等。通过资料审核、座谈交流和现场考察，最终确定创新中心培育单位。在对培育单位进行正式认定时，再次组织专家重点从组织建设、队伍建设、制度建设、发展规划、研发服务、资金保障 6 个方面进行研判，对 26 个指标进行考核。只有达到了条件和要求，才可以正式认定为省级创新中心。

四、选好法人形态和发展模式，正确把握创新中心定位

在创新中心建设中，河南省始终强调要牢牢把握行业关键共性的研发定位，联合行业上下游单位开展技术研发和系统创新，指导各创新中心单位采用"公司+联盟"的组织形式和建设模式，不断提升其成果转化效率、行业服务能力和自我造血功能。目前已认定的省级创新中心均采用了"公司+联

盟"的组织模式,从而在汇聚创新资源、突破关键技术、促进成果转化、开展合作交流等方面取得了良好成效。

五、做好"保姆式"服务和协调指导,全方位扶持创新中心做大做强

组织各级工业和信息化部门对每个创新中心实施"保姆式"服务,一对一进行指导协调。每半年召开一次创新中心座谈会,逐个听汇报、做点评、提要求,总结工作交流经验。对已经认定的创新中心,年初签订责任目标,年终组织考评,考评结果与年度财政补助挂钩。此外,河南省还组织各单位到省外的国家级创新中心进行调研,到上海、深圳等地参加高交会、进博会、工博会等学习考察,帮助大家开拓视野和思路。

第二节 典型创新中心建设进展

一、河南省高性能医疗器械创新中心

(一)建设进展

1. 组建情况

河南省高性能医疗器械创新中心的依托载体为河南驼人医疗器械研究院有限公司,股东单位包括河南驼人医疗器械集团有限公司、河南商埠电子商务有限公司、深圳驼人生物医疗电子股份有限公司、西藏蒲峰贸易有限公司、上海缘路投资管理有限公司等。创新中心依托联盟为河南省高性能医疗器械产业技术创新战略联盟,联盟理事会活动已经初步开展。

2. 队伍建设

1)技术专家委员会

创新中心技术专家委员会聘请了北京化工大学丁雪佳教授为创新中心技术总工,齐宝芬高工、顾汉卿教授为技术顾问,由高分子材料及工艺专家秦长喜(教授级)高工作为首席科学家(见表22-2)。

2)管理和科研团队

目前创新中心共有全职人员150人,其中运作支持人员8人、研发与管理人员142人。

表 22-2　河南省高性能医疗器械创新中心专家技术委员会组成人员

序号	姓　名	性　别	职　称	专　业	所　在　单　位
1	刘春太	男	教授	材料加工工程	郑州大学
2	丁雪佳	男	教授	材料学	北京化工大学
3	顾汉卿	男	教授	生物医学工程	天津大学
4	齐宝芬	女	教授级高工	检验	天津检验中心
5	赵新	男	高级工程师	机械制造	北京 3D 打印研究院
6	杜学军	男	主任医师	骨外科	新乡医学院附属第一医院
7	韩新巍	男	教授	介入科	郑州大学第一附属医院
8	王新军	男	教授	神经外科	郑大大学第五附属医院
9	王国胜	男	高级工程师	国民经济学	驼人控股集团
10	徐福建	男	教授	材料学	北京化工大学
11	秦长喜	男	教授级高工	机电工程	驼人研究院

3．机制建设

创新中心初步建立了项目规划，知识产权创造、应用和保护，项目申报，技术交流对接等工作机制。尤其在知识产权资源整合与共享方面，创新中心采取建机制、建平台、促产业等多项措施，打通知识产权创造、运用、保护和管理全链条，立足产业园区，以智慧芽信息科技（苏州）、集佳、郑州科硕等知名专利导航服务机构为依托，吸引省内外优质服务资源、服务机构参与创新中心建设，为创新中心开展专利代理、知识产权咨询、专利导航分析、知识产权法律服务、专利价值评估等提供长期服务。同时积极寻求法律中介服务机构提供法律支持，开展普法工作，建立专利预警机制，提高专利经营管理水平，帮助引导研发人员在专利保护、抑制竞争对手、专利转让与收购、许可他人、专利产品销售等一系列问题上提高企业自我保护能力。

4．平台建设

创新中心大力推进协同模具的设计制造生产中心、自（智）动化设备设计制造中心、技术转化中试基地、区域性医用材料和医疗器械产品的检测中心等平台建设，并加强与省、市相关模具产业协会的合作，建设生态式模具产业公共服务平台。创新中心重点开展医疗器械及医用材料检测平台建设，目前已通过了 CNAS 认证，拟通过 CNAS 第三方资格认证及 CMA 认证。

（二）运行成果

1. 技术创新

一是搭建了嵌入式平台项目，已完成人脸识别、语音播报、IAP 在线升级、Wi-Fi 网络传输技术、无线传输技术共 5 个模块的建设，为嵌入式开发奠定基础。二是血液透析机项目取得阶段性突破，完成原理样机的搭建，为进军大型医疗器械领域奠定基础。三是脑室外智能引流架项目完成工程样机制作，成为国内首发专利产品，在产学研会议上进行展览，获得专家一致好评。

2. 成果转化和企业孵化

研究院在成果转化方面重点推动两个中试项目转化。一是 LoraWan 无线传输技术的网络泵，技术水平明显领先于国内同类产品，大幅增强产品竞争力，已顺利进行 3 个批次小批量试产，为网络泵市场推广奠定了软件基础。二是电动肛肠套扎器，是国内首创电动自产负压套扎器，已形成发明专利 5 项，成功进行 3 次小批量生产，临床试用已取得良好效果。在企业孵化方面，完善创新服务载体，加强与省内外周边优质科技孵化器企业的对接，建设模具设计、自动化和智能化设备设计制造等专业型孵化器。

3. 行业服务

创新中心持续加强与武汉理工大学、中科院医工所、北京化工大学、中原工学院等高校研发单位的合作，进一步做好对行业企业的技术服务工作，夯实行业信息化基础，促进行业管理提升和创新技术应用，推动高性能医疗器械信息化发展，努力改善运作效率，提升长垣乃至省内医疗器械行业全国竞争力，推动行业健康发展。在技术服务方面，利用快速成型系统和技术人才为临床医生提供小批量生产和验证服务。在技术委托开发方面，加强模具设计、制造服务，其中包括医用吸氧面罩、供氧管接头、便携式电动注药泵、泵头上盖、麻醉面罩挂钩等 39 项；实施自动化设备、制造服务，其中包括气阀涂胶机、肝素帽&可穿刺端帽热熔机 2 项。

4. 交流合作

创新中心与中科院理化所、中科院合肥物质科学研究院应用技术研究所、华中科技大学、河南省科学院同位素研究所、中科院苏州医工所、武汉理工大学、北京工业大学、郑州大学、河南理工大学等多家高校、科研院所进行技术交流,开展技术合作。同时,积极参与行业会议与展会(见表 22-3)。

表 22-3 河南省高性能医疗器械创新中心参与行业会议与展会情况

序号	日　　期	会 议 名 称
1	2019 年 2 月 16 日	第十四届中国·(长垣)国际医疗器械博览会
2	2019 年 3 月 1 日	中原高峰论坛国肛肠会议
3	2019 年 3 月 9 日	全国产科麻醉学术会议
4	2019 年 3 月 29 日	第十届驼人杯全国护理用品创新大赛
5	2019 年 4 月 23 日	第十届中国医院院长大会
6	2019 年 5 月 31 日	河南省康复医学会疼痛康复分会第三届年会暨慢性疼痛康复诊疗进展研讨会
7	—	第九届中华医学会麻醉学分会"驼人医疗器械科技创新奖"活动

二、河南省功能金刚石材料创新中心

(一)建设进展

1．组建情况

河南省功能金刚石材料创新中心是河南省工信厅组织培育的第一批制造业创新中心单位,于 2019 年 2 月正式通过认定。依托企业为河南省功能金刚石研究院有限公司,由郑州磨料磨具磨削研究所有限公司作为牵头单位,联合行业骨干企业、知名高校共同组建。

2．队伍建设

河南省功能金刚石材料创新中心已经建成相对完备的技术专家委员会、管理团队、科研研发管理等专业团队。技术专家委员会由中国科学院田永君院士担任主任,包括功能金刚石材料知名专家王宏兴、李成明、江南、只金芳、李红东、朱嘉琦、王新强、戴瑛、孙方稳、金鹏、胡晓君、单崇新等。管理团队负责企业化日常运行。科研开发方面实施联合协作队伍建设,与企业及高校实行人才共享,建立灵活创新的研发团队,促进成果的研发和快速转移转化。

3．机制建设

在项目管理机制方面,创新中心以产业需求为导向,开展前瞻性和共性应用技术的研发。根据国家及地方的产业政策、科技规划及产业需求,结合中心任务，由项目管理部征集项目建议，经由专家委员会论证，创新中心经营管理团队批准后，由项目管理部向相关部门推荐申报。对外服务项目由创新中心择优或以招标形式确定合作方。项目为负责人制，项目负责人负责项目的实施，按计划进度定期向团队主管汇报。专家委员会负责项目评估和建议，项目根据创新中心项目管理办法进行验收，上级项目根据国家有关管理办法或研发协议（合同）约定的方式进行验收。

在资源共享机制方面，创新中心建立沟通协调领导小组，由各成员单位指定专人组成，建立互补互惠的信息共享制度、设备仪器协调共享制度。各成员单位联系人负责本单位的信息互传，负责本单位内部的沟通协调，并及时向领导小组汇报，建立协调有效的组织领导制度，建立简单高效的沟通协调共享机制。

在人才机制方面，创新中心建立"高端人才有效集聚、人才能力充分发挥、人才资源开放共享、人才流动渠道通畅、人才评价科学合理"的人才引进、使用与管理工作机制。建立以能力和业绩为导向的人才招聘、考核与薪酬体系，营造一流的软硬件环境，面向国内外高校、研究所、企业研发机构，柔性引进高端人才。引进人才的考核按照定量定性相结合的原则，考核科研团队的负责人和项目的整体建设成果。实行按项目管理、固定岗位和流动岗位相结合的柔性流动管理机制。项目负责人、研发人员及研究生等按照随项目需求的流动与退出管理机制，项目完成后，项目组内符合公司招聘条件的高端人才，可由公司聘用。

在知识产权管理方面，创新中心结合项目开发实行共建共享的配套机制。在项目立项之初约定责任义务及对应的利益条款，由参与项目技术开发及推广的单位和个人共同参与知识产权的申报，明晰化的管理制度极大保证了各方的参与度。

在成果转移转化机制方面，创新中心的技术研发成果可一次性转让形成中心营收，实现平台新技术开发的作用，也可以通过融资或投资就开发的优秀成果技术进行孵化，成立新的公司进行持续深度运作，将成果深入商业化应用。

（二）运行成果

1. 技术创新

创新中心开展了金刚石新材料在污水处理领域的新技术开发、金刚石材料在复合新型填料方面的技术开发，尝试进行金刚石材料在电子行业的研究，已经有阶段性成果并申报了多项发明专利。其中，项目形成的新型材料用于难降解废水处理设备，已经在工业现场实行中试积累数据和调试，有望在医药废水、生活废水等处理方面应用于工业实际。

2. 成果转化和企业孵化

目前，创新中心已提前成功申请独立 FDIC 商标，在后续的成果商业化运作时统一使用，实现成果转移转化与创新中心平台的互为发展效应。

3. 行业服务

创新中心注重行业引领和服务职能发挥，举办多次行业专家讲座，为行业人员提供专业的技术讲座及沟通讨论机会。2019 年，创新中心在高新区举办金刚石功能化应用技术论坛，邀请专家做了《从北斗系列卫星谈金刚石材料应用》《纳米金刚石用于抑制癌细胞生长和迁移的诊疗一体化体系设计》等专题报告，行业相关人员参与听讲学习 100 多人；2019年 8 月，创新中心参加中国超硬材料技术发展论坛，邀请专家做了《超硬材料金刚石的光电应用》《金刚石纳米粉体功能应用》专题报告，丰富了论坛的创新性，为行业企业搭建了材料功能化应用的对接平台，达成多个合作机会。创新中心为郑州大学、河南工业大学研究生举办多次对接会，帮助研究生进行样品检测、提供行业信息、给予技术咨询等服务，为行业院校学生成长提供学习成长机会。

4. 交流合作

创新中心积极开展广泛的对外技术及业务交流活动，一方面与成员单位之间开展相关业务及投资合作，帮助成员单位实现技术进步，形成新的业务增长点，通过成员单位的示范效应，带动其他行业单位积极跟进。另一方面与外部积极建立联系，寻求多元合作机会，具体合作活动包括商讨金刚石材料的光学应用项目、金刚石微粉用于深海防护涂层的应用可行性、金刚石微粉的多功能应用、大面积金刚石单晶片的合成及应用及相关设备开发、金刚石用于药物开发、金刚石用于功能催化剂材料等；创新中心也积极沟通交流商业资本渠道，为项目孵化提早布局，设立运行方案，延伸出创新合作方案，为创新中心不断发展提供保障。

三、河南省工业新型成像技术创新中心

（一）建设进展

1. 组建情况

1）公司

河南省工业新型成像技术创新中心依托载体为河南省信大新型成像技术中心有限公司，现由郑州信大先进技术研究院、河南筑诚电子科技有限公司、河南良益机电科技有限公司、郑州超和电子科技有限公司、国泰军安信息科技（北京）有限公司等具有行业影响力的单位共同组建成立。公司是以股份制独立法人形式建立的新型创新载体，实行董事会领导下的主任负责制与专家委员会项目决策制相结合的管理机制。公司以行业龙头企业为依托，整合科研院所、业务客户、上下游企业的产业链，对行业的应用技术、关键技术和产业化工艺进行开发和研究。

2）联盟

创新中心联合产业内的优势企业、高等院校、科研院所、金融机构、检测机构等机构，牵头成立了河南省新型成像产业技术创新战略联盟。联盟以新型成像技术为基础，打造产业创新链，为联盟会员提供技术、产品、系统等方面的解决方案，帮助联盟会员开展研发、应用、标准化、产业化等工作，构建工业新型成像技术服务创新体系。

2. 队伍建设

1）技术专家委员会

创新中心通过成员单位引荐、联盟会员推荐等方式，吸引省内外知名专家学者加入，为创新中心发展重大研究领域与方向提出咨询意见，为协同创新平台的创新成绩提出评估意见，为高端人才队伍建设与培养提供指导，为创新中心提供学术咨询和建议。目前，创新中心已聘请了由周丰峻、张少伟、闫镔、李磊等 13 名国内外著名专家，组建了首届专家技术委员会，并审议通过了专家技术委员会章程，审核确定了创新中心技术路线图。

2）管理和科研团队

在研发人才方面，创新中心科研团队由信息工程大学和郑州信大先进技术研究院牵头，各成员单位选派技术人员和数名管理人才共同组建，以青年骨干为主要构成，共计 50 余人。

3. 机制建设

为实现制度化、规范化、高效化运行，创新中心建立了权责明晰、高效管理运行机制，制定了《协同创新制度》《财务管理制度》《人事管理制度》《科研项目和合同管理办法》《科技成果转化管理办法》《知识产权和专利保护运用制度》等制度。创新中心高度重视建立"产学研"紧密结合的人才培养机制，通过开展人才交流与合作培养，充分发挥创新人才对产业发展的带动作用，建立符合企业发展需求的技术研发、生产服务、市场销售及售后服务的人才队伍。目前，创新中心委托信息工程大学以项目研发形式代为培养人才20余人，开展工业CT项目研发，与中原工学院、黄河科技大学、郑州信大先进技术研究院、上海材料研究所等高校和科研院所建立产学研合作模式，先后为创新中心成员单位洛阳中信智能成像科技有限公司重点培养输送技术研发、无损检测服务和销售人才30余人。

4. 平台建设

创新中心面向行业发展，开展产业前沿及共性技术研发，搭建公共技术创新服务平台，实现资源与信息的集成与共享。

工业CT技术共享服务平台。创新中心以推动应用创新为重点，支持与联盟单位、合作单位联合共建工业CT技术共享服务平台，为成员单位、联盟单位开展对外公共服务。工业CT核心技术的共享主要包括，工业新型成像技术的研究与完善；面向工业制造的锥束CT三维图像重建与并行加速、数据校正等关键算法，设计并开发锥束CT成像集成软件；各种工业新型成像检测及软件研发；面向工业制造的锥束CT三维图像处理与数据转换、自动化数据剥离及特征智能增强系统研发等。

工业CT智能化检测服务平台。创新中心搭建工业CT智能化检测服务平台系统，构建完善的检验检测体系架构，建立基于互联网的工业CT智能化无损检测服务平台，面向行业提供四个方面的公共服务。一是高精度无损检测，可实现物件尺寸测量、孔隙度分析、结构分析、壁厚分析、缺陷检测、倒装焊等真三维检测。二是板状物体检测，通过工业CT技术实现对大型板状器件的有效无损成像检测。三是大型物体表面检测，利用研制的X射线背散射成像系统能够对大型工业物品的表面进行全面检测。四是逆向工程示范，工业CT技术与增材制造结合可应用于逆向工程，能够实现对物体内部结构无损、快速地逆向还原，也可为再设计提供技术支持。

工业CT技术企业服务平台。创新中心建立工业CT技术企业服务平台，孵化和服务中小型企业的科技创新，接受企业委托开展技术研发和中试，尤其是向中小型企业提供前沿技术、共性技术和新工艺、新设备、新知识，为行业发展提供各类公共服务。

军民两用结合的工业 CT 科研平台。创新中心建立军民两用结合的工业 CT 科研平台，在军工行业或军工集团内部，组建包括重点实验室和检测中心等在内的质检机构和研发平台，针对军工高精尖零部件提供质量检测和验证服务，为军工高端无损检测提供技术支持，支持国防建设与军队发展。

（二）运行成果

1. 技术创新

创新中心对传统 CT 进行了创新性优化，在图像复原、系统标定、伪影校正、模式优化等关键技术上取得重大创新，成功研发了一系列工业 CT 成像系统并开展了大量技术创新应用，申请国家发明专利 30 项，授权专利 17 项，发表论文 40 篇。依托"河南省成像与智能处理重点实验室"和"河南省工业新型成像技术创新中心"，"产学研用"有机结合，成果已成功应用于北京航空材料研究院铸钛中心、中国空空导弹研究院、上海材料研究所、河南省文物考古研究院等 60 余家单位的 10 余个领域中的工业检测，在铸造和成型产品、机加工产品、增材制造产品、注塑产品等 200 余种工业部件的质量控制中发挥了关键作用，解决了柔性梁、发动机叶片、铝基复合材料等多项产品难以触及与隐藏部位的尺寸测量、孔隙率分析等应用难题，取得了重大经济和社会效益。

2. 成果转化和企业孵化

在科研成果转化方面，创新中心重点面向航空、航天、兵器、电科等军工单位以及高校、研究院所等重点实验室，形成桌面级 D 系列高分辨工业 CT、微焦点 M 系列高分辨工业 CT、小焦点 S 系列高分辨工业 CT、高能量 H 系列高分辨工业 CT 共 4 个自有知识产权的产品体系。其中，桌面级 D 系列高分辨工业 CT 具有整机体积小、重量轻、便于安放，且各个功能系统模块高度集成的特点。微焦点 M 系列高分辨工业 CT 最高检测能力在亚微米级别，具有精度高、穿透力强等特点。小焦点 S 系列高分辨工业 CT 最高检测能力在微米级别，具有适用性强、承载大等特点。高能量 H 系列高分辨工业 CT 具有高穿透性，最高检测能力在微米级别，具有穿透性强、承载大等特点。创新中心选取重点示范应用领域，在医疗、工业、文博、教育、集成电路逆向工程、军用装备制造等领域进行小规模订制生产。根据市场的反馈情况，重点推出专用机型进行生产。目前，重点推出的桌面型工业 CT，在无损检测和工业 CT 无损检测技术培训方面有着显著的示范效果。

3. 行业服务

创新中心已为 60 余家单位提供了应用服务，并建立了良好的合作关系，应用领域涵盖航天、航空、兵器、船舶、核工业、铁路、石油、电力、汽车、材料、考古、教育等。如航空航天领域的叶片内外部尺寸测量和缺陷检测；航空航天电子产品检测；大型非金属样件的检测；火箭固体发动机的无损检测；精密铸造领域的汽车发动机部件和其他精密铸件中内部气孔、疏松、夹杂、裂缝的检测；汽车精密铸造部件创新和研发工作中有关技术论证的应用；飞机发动机中精密铸件的内部缺陷检测和内外部尺寸的测量；轨道交通领域大型关键铸件的内部缺陷检测；航空航天领域中精密铸件的气孔、夹杂、裂缝等内部缺陷的检测；微电子领域中电子元器件焊点、孔隙率、裂纹、回流焊等失效分析检测；电子元器件逆向工程分析；电子材料连接缝隙检测；兵器领域中导弹、炮弹等武器弹药密度检测和夹杂检测；坦克、装甲车等军用车辆中关键零部件的缺陷检测；导弹、炮弹等热武器中核心部件无损检测；材料领域中材料内部气孔、裂纹、孔洞、疏松、夹杂等内部缺陷检测；同一材料在不同环境下内部结构的检测结果对比；同一材料在加工前后的内部组织结构变化（检测结果对比）；材料内部不同成分密度分部的检测；电力领域中绝缘材料的夹杂裂纹气孔检测；套管缺陷检测；碳纤维复合导线的检测；电缆绝缘层抽检；导电体的纯度检测；现场移动检测。

4. 交流合作

创新中心积极推动与国外发达国家建立广泛的产业合作交流机制，推动探索、健全和完善制造业创新中心开放化、国际化的协同创新体系。积极对接了国际知名射线源厂商 GE/CCMET/YXLON 等，参加相应的新品发布会和技术交流会，并委派技术人员出国学习考察。与瑞典的射线源厂商 Excillum AB 公司深入合作，计划引进液态金属靶光源、纳米级射线管等高端射线源，建立国内射线源的核心地位，进而探索射线源国产化等工业 CT 核心零部件的定制研发方案。

第二十三章

四川省

第一节 总体进展与经验特色

四川省委、省政府高度重视制造业创新中心建设工作，多次开展调研并出台了系列政策文件，坚持将制造业创新中心建设作为解决四川省制造业大而不强、自主创新能力弱、关键核心技术受制于人等问题的重要依托，抢抓发展机遇，集聚创新资源，提升制造业发展水平，推动经济高质量发展。在做好制造业创新中心认定、管理以及升级国家级制造业创新中心等方面，四川省开展了一系列工作，取得了较好成效。目前，四川省共认定了工业大数据、智能制造、先进轨道交通装备、工业云制造、工业信息安全、机器人及智能装备共 6 家制造业创新中心（见表 23-1）。

表 23-1 四川省制造业创新中心建设进展

序号	中 心 名 称	运营公司/牵头单位	建设进展	成立时间
1	四川省工业大数据创新中心	北京工业大数据创新中心有限公司	省级	2017 年
2	四川省先进轨道交通装备创新中心	西南交通大学	省级	2017 年
3	四川省智能制造创新中心	中国东方电气集团	省级	2017 年
4	四川省工业云制造创新中心	工业云制造（四川）创新中心有限公司	省级	2018 年
5	四川省工业信息安全创新中心	工业信息安全（四川）创新中心有限公司	省级	2018 年
6	四川省机器人及智能装备创新中心	成都川哈工机器人及智能装备产业技术研究院有限公司	省级	2018 年

一、强化政策引领

2017 年 6 月，四川省制造强省建设领导小组办公室将制造业创新中心列为"七大工程"之首，并出台了《四川省制造业创新中心建设工程专项实施方案》。同年，四川省参照国家有关文件要求，先后制定《四川省制造业创新中心认定管理办法（试行）》《四川省制造业创新中心认定条件（2017 年版）》，并正式启动省级制造业创新中心建设工作。期间，省委、省政府持续关注该项工作，在构建"5+1"现代产业体系、全面创新改革驱动转型发展、全面推动高质量发展等系列文件中把制造业创新中心建设作为重点任务。

二、领导高度重视

四川省历届省委、省政府领导高度重视制造业创新中心工作。2017 年 12 月，原省委书记王东明批示"此项工作意义重大，要加强统筹、精心谋划、扎实推进，尤其要积极争创几家国家级中心"；2018 年 3 月，在十三届全国人大一次会议上，四川代表团提出"关于支持在川布局建设国家级制造业创新中心的建议"；2019 年 5 月，现任省委书记彭清华批示"结合四川省实际，积极争取国家在四川省布局国家制造业创新中心。"同时，省领导积极进行汇报，并按照有关要求，组织召开专题会议研究推进省级制造业创新中心升级国家级的工作。

三、建设成效显著

根据四川省认定管理办法要求，按照"一案一例一策"的方式和"高起点、有特色、宁缺毋滥"的标准，同时为进一步加大对制造业创新中心建设的支持力度，2019 年 8 月，四川省工信厅会同省财政厅印发《关于加大企业创新主体培育力度的通知》，明确对新获批的国家级制造业创新中心按照国家支持建设资金的一定比例给予专项奖补，对新认定的省级制造业创新中心一次性给予 1000 万元专项补助。目前，6 家创新中心均已投入运营，各创新中心在技术开发、成果转化、人才引进、联盟建设、平台建设等方面均已取得较好进展，在地方产业发展中起到了较好带动辐射作用。

第二节　典型创新中心建设进展

一、四川省工业云制造创新中心

（一）建设进展

1. 组建情况

四川省工业云制造创新中心采用"工业云制造（四川）创新中心有限公司+工业云制造创新联盟"的模式运行。公司作为创新中心的运营主体，由航天科工下属航天云网公司与成都产业投资集团旗下成都大数据股份有限公司合资共建；创新中心联盟汇聚清华大学、北京航空航天大学、东方电气、树根互联、用友、长虹等省内外龙头企业、科研院所、高校等创新主体 65 家，涵盖复杂产品智能制造系统技术国家重点实验室等 25 个国家级创新平台，覆盖本领域 50%以上国家级创新平台。

2. 队伍建设

创新中心设立了专家委员会，专家委员会主任由柴旭东研究员担任，名誉主任由李伯虎院士担任，吴澄、李国杰、柴天佑、李培根、王恩东、刘永才、谭建荣、刘韵洁、方滨兴等 10 名院士担任战略顾问，此外，还包括余晓晖等 20 余名高层次专家。

创新中心建立了三类员工队伍：管理团队、技术研发团队、技术服务团队。根据创新中心发展的情况，充分发挥股东和联盟单位的人才智力优势，通过项目合作等方式灵活组建项目团队。建立了成都市院士工作站，与刘永才院士在装备制造行业云制造服务、智慧城市等领域开展课题合作，并获批四川省博士后创新实践基地。

3. 机制建设

市场化运行机制。创新中心建立适应市场化的研发管理、科技成果管理、财务管理、人力资源管理等现代管理和运行体系；建立市场化的科技成果转化机制，经营活动自主决策、自负盈亏、自我发展。工业云制造创新联盟按会员制运行，在云制造关键共性问题确定中发挥重大作用。通过制定联盟章程，规范联盟运行和管理体制，按开放、自愿原则，吸收新会员；协助制定发展规划，依据产业发展需求及创新中心制定的发展目标、发展方向，积极推进创新中心开展科技成果转化，鼓励会员单位联合创新中心开展技术研发和工程化。

项目管理机制。创新中心建立项目管理机制，通过灵活的项目实施机制，与高校、科研院所、企业合作，开展单边、双边或多边技术攻关和产品开发。科研团队和企业可向创新中心申请项目，中心也可联合科研团队和企业开展合作攻关项目。

资源共享机制。创新中心鼓励开展仪器设备和人才等资源共享，设立管理部门负责管理资源共享相关工作，建立资源档案，随时记录各项资源的运行状态和实时动态，进行"规范化、高效化、动态化"管理。

人才管理机制。创新中心与受聘人员根据岗位职责协商确定，并根据包括聘用对象履行岗位职责、取得工作业绩、实际贡献等在内的绩效考核结果实行动态调整。创新中心实行各类聘用人员聘期目标管理制，绩效考评制。依据聘用协议，对各类受聘人员实行年度工作汇报与聘任期满综合考核评价相结合的周期性考核评价，并依据绩效考核结果实行人员激励。

知识产权管理机制。创新中心制定了《工业云制造创新中心知识产权工作管理规定》《知识产权实施、转让许可管理办法》等知识产权制度，有效管理和防控知识产权风险，提高创新中心知识产权创造、管理、保护和运用的能力，保障创新主体合法权益，提高研发人员创新积极性，促进知识产权转移转化和创新成果产业化。

4. 平台建设

公司依托国家级跨行业跨领域工业互联网平台——航天云网平台，结合四川省内产业特色和用户需求，开展区域云、行业云、园区云、企业云等平台建设和运营服务。推动企业设备、业务上云，为省内企业提供云制造、协同制造等服务，为政府决策提供依据。重点平台如下：

四川省产业园区云平台。四川省产业园区云平台为政府主管部门掌握重点产业及省内各个产业园区的发展状况提供可视化的数据支撑与信息服务；向园区管委会、园区企业提供精准招商、企业上云、合作交流等服务，打造全省产业园区应用服务生态。发挥产业园区在全省经济社会发展中的集聚、示范、带动及辐射作用，促进四川经济高质量发展。平台在 2019 年 6 月 15 日举行的世界工业互联网大会上正式发布上线。截至 2020 年 3 月，已完成全省 16 个国家级园区及 116 个省级园区基础数据收集，110 个园区完成平台注册，聚合航天信息、北交金科、华为、众望环保等 46 家合作伙伴，完成9475 家园区企业基础数据采集工作。

装备制造云平台。装备制造云平台以机械制造和电子信息行业为着力点，围绕"小核心、大协作"的工作部署，重点针对军工企业的非涉密外协、外购需求，聚集大型军工央企、智能制造企业、技术专家，以外协订单为牵引、App 客户端为业务通道，打造一个含设计、工艺、采购、生产制造、服务五大维度的协同制造平台。

工业互联网标识解析应用服务平台。平台定位为中小企业标识解析服务平台，通过国家工业互联网标识解析（成都）节点建设，重点围绕电子信息、装备制造、食品饮料、先进材料、能源化工等支柱产业，打造产品防伪溯源、防窜货、智慧营销、智能售后服务等应用场景，助力四川产业企业高质量的发展。

成都市工业互联网公共服务平台。重点实现成都市产业生态云服务的资源汇聚和面向企业的工业互联网资源服务，并为全市企业提供企业上云信息化支撑服务、标识解析服务、两化融合服务、政务融合服务等公共服务。同时，平台积极推动设备上云和业务系统上云，实时、动态监测工业互联网平台发展运营情况，为科学制定企业上云政策、推广工业互联网平台应用、促进本地制造业转型升级提供决策支持。

（二）运行成果

1. 技术创新

创新中心承接了两项工业和信息化部 2019 年工业互联网创新发展工程项目，工业互联网标识解析节点及工业互联网边界安全防护技术及产品，承接四川省科技厅基于云制造平台的复杂装备协同设计制造关键技术研究及应用示范项目。已发布 1 项国际标准、1 项国家标准及 7 项联盟标准，立项 8 项国家标准，承担 16 项国家级云制造课题研究，其中《智能制造服务平台制造资源/能力接入集成要求》成为全球首个智能制造国际标准。

2. 成果转化

创新中心基于创新中心及合作伙伴已有的技术成果，开展成果转移扩散工作，包括建设产业园区云平台、重装云、产教融合基地等示范项目，实现云制造技术的首次商业化应用。重装云平台已获批 2019 年工业和信息化部制造业"双创"平台试点示范项目，平台以制造能力共享为重点，以创新能力、服务能力共享为支撑，聚焦装备制造行业，以企业外协/外购订单为牵引，吸引制造企业云端聚集，为企业提供云制造服务。国家工业互联网标识解析

（成都）节点正式发布上线，此节点立足成都、服务全省、面向西南，为区域企业提供标识注册和解析服务，实现跨地域、跨行业、跨企业的信息查询和资源协同，助力云制造资源周配和生态构建。

3. 行业服务

创新中心为助力四川省制造业企业转型升级，促进企业由生产型制造向服务型转变，持续培育各地市企业工业经济转型新动能，在省经信厅指导下，开展各类沙龙、服务型制造活动。2019 年开展的"服务型制造进企业"活动，已完成广元站、绵阳站。在乐山开展"智能制造绿色发展"服务主题活动，助力"乐山制造"向"乐山智造"跨越式发展，已累计培训服务中小企业 200 余家。2018 年先后在德阳、乐山、成都、内江、遂宁开展共计 5 场"服务型制造进园区"活动。两次在德阳进行"企业上云"培训活动，推动德阳市企业"企业上云"，持续培育德阳工业经济转型升级新动能。助力家具企业社区营销，开展培训沙龙，助力家具企业转型升级。在青白江区开展"智能制造"企业交流沙龙，推动青白江区产业转型升级、发展智能装备产业，累计服务中小企业 500 余家。

4. 交流合作

创新中心通过联盟沙龙和每年 6 月 15 日在成都举行的世界工业互联网大会等论坛活动，积极开展交流合作。与西门子、EPLAN 等国际企业、机构开展业务合作，与中国联通、中国电信、航天信息等集团单位签署了项目合作协议，与四川大学、西安电子科技大学等联盟单位就共建联合实验室、课题合作、人才培养等达成了合作意向。通过人才交流、技术合作、产业合作、国际标准制定等形式与国际实现充分接轨，促进行业共性技术水平提升。

二、四川省工业信息安全创新中心

（一）建设进展

1. 组建情况

四川省工业信息安全创新中心由原四川省经济和信息化委员会于 2018 年 9 月授牌成立，先期依托中国电子科技网络信息安全有限公司运行。创新中心采取"公司+联盟"组织形式，依托实体工业信息安全（四川）创新中心有限公司目前已经完成注册准备工作。由中国电子科技网络信息安全有限公司、国家工业信息安全发展研究中心牵头，联合中国工业互联网研究院、成都卫士通信息产业股份有限公司、北京奇虎科技有限公司、北京天融信网络安全技术有限公司、北京神州绿盟信息技术有限公司、上海工业控制安全创新科技有限公司、宁波丰谷置业有限公司、成都高新经济创业投资有限公司等工业信息安全领域领先企事业单位、投资基金共计 10 家单位出资组建。

2. 队伍建设

1）管理团队

创新中心按照现代企业制度设立股东会、董事会、监事会和经营管理层。董事会按照创新中心出资协议及章程，现阶段设 10 名董事，各股东推荐 1 名，后续增补职工董事 1 名，董事长由国家工业信息安全发展研究中心张格担任，副董事长由中国电子科技网络信息安全有限公司唐林担任。监事会按照创新中心出资协议及章程，中国电子科技网络信息安全有限公司、国家工业信息安全发展研究中心各提名监事 1 名，后续增补职工监事 1 名。经营层按照创新中心设置出资协议及章程，中国电子科技网络信息安全有限公司推荐唐林担任总经理并兼任创新中心法定代表人，提名曹琪、程鹏、陈雪鸿等担任副总经理，权纬担任财务总监。

2）科研团队

根据实际工作需要和相关流程，在公司注册成立后，将中国电子科技网络信息安全有限公司从事 5G 安全、密码应用、漏洞挖掘等研究的相关高级研究和管理人员关系划拨至创新中心，其余人员另行招聘。作为创新平台，专业技术人员占比大于 80%。创新中心成立初期下设规划发展部、技术管理部、技术研究部、人力行政部、财务部等部门。

3. 机制建设

知识产权方面，创新中心制定知识产权转移转化政策，明确转移转化原则，确立转移转化主体。建立健全知识产权转移转化的许可转让、收益分配、奖励报酬等制度。依据国家和地方有关规定，对职务成果完成人和为成果转化做出重要贡献的人员给予奖励。产业孵化方面，创新中心建立以市场化机制为核心的成果转移扩散机制，推动科技成果首次商业化应用和产业化。探索采取股权、期权激励和奖励等多种方式，鼓励科技人员积极转化科技成果。

（二）运行成果

1. 技术创新

在关键技术基础研究中，创新中心突破了基于大数据的工控安全分析技术，在工业大数据安全分析平台 V1.0 的基础上，重点开展了工业协议会话分析、基于安全基线和 AI 安全检测的多维度综合告警、被动方式的网络资产分析等技术攻关，实现完成了相应功能。该技术已成为面向行业的工控安全态势感知系统建设的重要内容，在电网项目中得到成功应用，同时创新中心也支撑完成了两个国家重点研发计划和一个省级工业发展资金项目的阶段性和结题验收任务；突破了工业智能装备全端口管控技术，策划并攻关实现了对工业智能装备的外部接口完成全面管控、监视和审计的关键技术，应用形成的智能装备安全网关产品已经成为智联融网工控安全解决方案的重要组成部分。开展的预研项目如表 23-2 所示。

表 23-2　四川省工业信息安全创新中心开展科研项目列表

序号	项 目 名 称	项目代号	项目来源	类别
1	面向智能制造的云网络及信息安全技术项目	M3017Y033-1	集团公司	预研
2	电网工业大数据安全分析平台研制及示范项目	NWA18Y003	四川省经济和信息化委员会	预研
3	工业控制网络安全工程技术检测及教育共享平台	NWA18Y004	四川省科技厅	预研
4	军工工控系统信息安全全过程管控系列标准制定	NWA18Y007	工业和信息化部电子四院	预研
5	电力系统终端嵌入式组件和控制单元安全防护技术	MWA18Y019	科技部重点研发计划	预研
6	关基网络监测防护（OT）	NWA19Y001-24	集团公司	预研
7	工控系统安全主动防护关键技术和产品研发	MWA19Y002	科技部重点研发计划	预研
8	工业网络安全智能监测技术研究	NWA19Y021	四川省科技厅	预研

2. 成果转化和企业孵化

创新中心将围绕市场需求进行技术创新，科技成果面向工业信息安全企业进行落地转化。创新中心将建立以市场化机制为核心的成果转移扩散机制，推动科技成果商业化应用。对创新性研究成果以资金配套、技术鉴定、市场推广等方式引导示范应用。创新中心取得的科研成果及转化情况如表 23-3 所示。

表 23-3 四川省工业信息安全创新中心成果转化情况列表

序号	技 术 名 称	主 要 成 果	转化/共享情况	年　　度
1	网络安全深度监测与适时预警关键技术及应用	四川省科技进步一等奖	—	2018
2	基于免疫的网络环境威胁感知与动态风险控制技术及应用	四川省科技进步一等奖	—	2018
3	基于国产密码的安全移动办公系统研制及应用	中国电科科技进步二等奖	—	2018
4	镜像加密技术	专利： ① 一种基于 UEFI 环境变量的全盘加解密方法及系统 ② 一种基于网卡 ROM 的全盘加解密方法及系统	已应用到工业防火墙、IEG、一体化 PLC 等安全产品中	2019
5	全接口管控技术	专利： 一种数控机床通信接口安全防护方法及装置 论文： 基于国产密码算法的数控系统安全解决方案	已应用到 IEG 中	2019
6	工业大数据分析技术	专利： ① 一种基于全流量的网络安全基线生产方法 ② 一种基于随机森林的工控网络暴力破解流量检测方法 ③ 一种基于模型融合的工控网络异常检测方法	已经应用到工业大数据分析平台、工业态势感知系统等产品中	2019

3. 行业服务

形成军工行业智联融网解决方案及特色产品。2019 年创新中心研发形成了中国网安特色的智联融网解决方案，重点针对军工制造企业的数控机床和工业机器人的安全保密需求，推出了基于商密技术的"智能装备安全网关"，具备相较于同行有竞争优势的产品。支撑中国电科 29 所、43 所、14 所，兵装 152 厂等多家军工企业申报国防科工局智联融网试点示范项目，有望形成首批量的智联融网试点示范的设备销售和应用，为后续军工行业的规模化推广奠定坚实基础。

参与工控安全监管服务顶层设计。依托"2018—2019 年度成都市工控信息安全服务采购项目",持续加强自身安全服务能力,通过安全咨询服务为成都市工业信息安全监管部门建言献策,利用政策优势提前布局,探索一条从监管侧到企业侧的一整套服务路径,为成都市网络安全产业做出了贡献。

4．交流合作

创新中心与以色列 Cyberbit 公司形成了正式合作关系,形成具备国内外一流竞争力的"中国网安"品牌工控安全监测审计产品。同时,与Cyberbit 公司的合作不仅限于成熟产品的引进,还在于国外先进技术的消化和吸收。

三、四川省机器人及智能装备创新中心

(一)建设进展

1．组建情况

1)企业

四川省机器人及智能装备创新中心以成都川哈工机器人及智能装备产业技术研究院有限公司为具体依托单位开展工作,公司由哈尔滨工业大学(委托其国家大学科技园及大数据集团)、四川省机械研究设计院、成都市政府(委托成都科技服务集团)等共同出资组建,注册资本金 1 亿元,其中现金 9000 万元,无形资产 1000 万元。

2)联盟

创新中心下的四川省机器人产业联盟,已完成筹建工作,目前已有四川省机械研究设计院、中航工业成都飞机工业(集团)有限责任公司、电子科技大学、四川大学空天学院/制造学院、中国东方电气集团有限公司、西南科技大学等 59 家省内高校、科研院所、企业成为联盟会员单位。联盟以市场为导向,集合区域内行业的资源优势,搭建"政产学研用"协同平台。

2．队伍建设

1)技术专家委员会

创新中心设有战略咨询委员会,推动产研院高质量发展。为支撑产

研院战略咨询决策，初步成立战略咨询委员会，委员会由韩杰才院士、王子才院士、张建伟院士、张明福教授、齐乃明教授、王宏志教授、郭海凤教授、张华教授、李驹光博士后等近 20 余名国内外、省内外高校、科研院所专家组成，为宏观指导产研院的发展和技术研发活动提供强有力支撑。

2）管理和科研团队

创新中心现有全职人员 37 人，从业人员 42 人，硕博士 19 人，科研人员占比 70%。公司下设科技研发部、综合管理部、市场拓展部及独立事业部，多部门形成联动机制并形成合力，在项目研发、产品设计、公司宣传、人才引进、市场拓展上构建了高水平的研发队伍。

创新中心形成了 7 个科研团队，围绕驱动一体化智能装备、智能视觉传感系统、智能智造软件系统三大方向，蹄疾步稳推进在研、预研项目。创新中心联合哈工大王子才院士团队、中科院光电所、英国国家未来计量联盟中心等筹建 AI 模式识别实验室，持续引进高端人才，建设高层次人才团队。

3. 机制建设

创新中心建立有效的项目管理机制，通过搭建内部项目库及项目月报制度，保障后续科研项目工作顺利进行。在项目专管员指导下收录 13 个科研项目，形成项目申报书及预研表，以减少科研人员负担、高效率响应和实时掌握项目研发进度。创新中心已起草《科研项目管理办法》《项目经费管理办法》指导科研全过程管理。

创新中心管理模式多元化、分工高效。树立重实干、重实绩的用人导向，充分发挥一岗一责、一人多岗的高效工作模式。牢固树立为科研团队服务的意识，集行政管理、外联接待、财务管理、人事管理、资产管理为一体的综合管理模式，已颁布《考勤管理办法（试行）》《财务报销管理办法（试行）》《行政管理办法（试行）》三套规章制度，初步形成《成果转化人员管理办法》《招聘与录用管理办法》等以维护正常办公秩序，使产研院管理工作切实做到有章可循、有律可依、规范运行。

（二）运行成果

1. 技术创新

创新中心以驱动一体化智能设备、智能视觉传感系统、智能智造软件系统三大方向构建智能制造产业技术研发体系。创新中心已攻破了机器人关键核心零部件——伺服驱动器，形成 2 项自有专利及 5 个系列产品，产品广泛应用于特种设备、机器人关节等，可在强振动、高低温等恶劣环境下使用，解决缺乏高端伺服驱动技术问题；已开发了 3D 智能视觉相机，可应用于智能制造、智慧城市、智慧农业、物联网等领域。创新中心已完成 2 项实用新型专利授权，受理 2 项发明专利、2 项实用型专利、1 项外观专利。

2. 成果转化和企业孵化

创新中心通过引进团队/技术，组建拟公司化运作的事业部，提供孵化科研场地及技术服务支持/辅导，通过打造试点示范项目/工程，开展技术孵化转化、产品小试/中试等系列工作，借助市场拓展、行业推广等进行商业化初期探索，形成成果转化企业孵化平台。创新中心已完成小龙坎眉山工厂智能制造试点示范项目，建成全国首座智能化火锅底料生产工厂；与泸州老窖合作参与 45 条智能酿酒生产线建设，并成功孵化 2 家公司。

3. 行业服务

创新中心提供孵化环境、合作渠道、公共资源、金融支持、产品设计等服务，定期提供培训服务、政研服务、咨询服务、技术服务、信息服务等。通过平台资源，筹建四川省农机装备产业联盟，形成以 168 名专家组成的专家库，完成第一批 63 个科研项目入库工作，完成酒类装备行业发展报告、规划指南编制等工作。积极开展智能制造科普宣传培训，覆盖省内中小企业、在校学生、普通民众、街道社区，共计 650 余人次参加培训讲座，有效为省内多家企业提供智能化改造思路。与哈尔滨工业大学在西南地区建立首家继续教育基地，建立双向道道，面可企业中/高层管理人员、专业技术人员、青年干部、后备干部等，举办多领域培训和研修项目，助力省内高水平、高层次人才梯队建设，提升区域人才核心竞争力。同时，组织专家、技术人员推广中小企业智能化改造升级，深入川渝市场，覆盖成都、泸州、宜宾、内江、自贡等，提供智能制造系统建设、设备智能化改造、自动化生产线规划、成品缺陷检测等技术服务、技术指导、技术合作，达成技术类合同 19 个，技术提供类合同额达 355 万元。

4. 交流合作

创新中心组织举办了"四川—广西农业机械和食品加工机械装备产业高端论坛""先进智造与新材料协同创新对接会"，与马来西亚国家生产力机构、欧盟创新中心建立良好关系，参与第十三届中国—欧洲投资贸易科技合作洽谈会、奥地利科技项目对接会等国内外交流活动 40 余次，全方位打造省级制造业创新中心，开展共性和前瞻性应用技术研发、成果转化、公共技术服务和人才培养，力争孵化培育一批高新技术企业，推动形成机器人和智能装备等产业集群，进一步增强四川省智能装备产业的核心竞争力及内生可持续发展动力，打造西部高端制造核心。

第二十四章

湖北省

第一节　总体进展与经验特色

2016 年 4 月，湖北省政府召开专题会议启动制造业创新中心建设工程。当年年底，批复光电子制造业、高端数控装备（后更名为"数字化设计与制造"）、海洋工程装备 3 个省级制造业创新中心。2017 年、2018 年成功创建了信息光电子、数字化设计与制造 2 家国家级制造业创新中心，成为全国 3 个"双中心"省市自治区之一；2020 年 1 月，省级半导体三维集成制造省级制造业创新中心获批，同时，另有资源循环利用及装备、氢能、北斗导航等 10 个省级制造业创新中心正在培育之中。湖北省初步形成了"国家级制造业创新中心 2 获批+1 争创、省级制造业创新中心 4 认定+10 培育"的阶梯式发展格局（见表 24-1）。

表 24-1　湖北省制造业创新中心建设进展

序　号	中 心 名 称	运营公司/牵头单位	建设进展	成立时间
1	国家信息光电子创新中心	武汉光谷信息光电子创新中心有限公司	国家级	2017 年
2	国家数字化设计与制造创新中心	武汉数字化设计与制造创新中心有限公司	国家级	2018 年
3	湖北省海洋装备创新中心	湖北海洋工程装备研究院有限公司	省级	2016 年
4	湖北省半导体三维集成制造创新中心	湖北三维半导体集成制造创新中心有限责任公司	省级	2020 年
5	氢能制造业创新中心	武汉中极氢能产业创新中心有限公司	试点培育	2018 年

续表

序　号	中心名称	运营公司/牵头单位	建设进展	成立时间
6	智能网联汽车创新中心	武汉光庭科技有限公司	试点培育	2018 年
7	北斗高端制造业创新中心	武汉导航与位置服务工业技术研究院有限责任公司	试点培育	2018 年
8	资源循环利用及装备创新中心	湖北国创高新材料股份有限公司	试点培育	2018 年
9	低成本、长寿命动力电池创新中心	骆驼集团新能源电池有限公司	试点培育	2018 年
10	新一代智能数控系统创新中心	武汉华中数控股份有限公司	试点培育	2019 年
11	轴业智能制造创新中心	湖北坚丰智能科技股份有限公司	试点培育	2019 年
12	智能装备制造协同创新中心	京山轻机机械股份有限公司	试点培育	2019 年
13	水刺医用辅料创新中心	稳健医疗（嘉鱼）有限公司	试点培育	2019 年
14	电子特气制造业创新中心	湖北晶星科技股份有限公司	试点培育	2019 年

一、争取重视支持

　　省委、省政府始终高度重视国家创新平台建设，主要领导亲自关心，多次召开专题会议研究部署制造业创新中心建设工程推进工作，并做出系列重要批示，认真落实工业和信息化部要求，给予国家级制造业创新中心不低于 1:1 的资金配套；不遗余力加大政策支持，先后出台《关于加强科技创新引领高质量发展的若干意见》《湖北省激励企业开展研究开发活动暂行办法》《关于加快新旧动能转化的若干意见》，以及"科技创新 20 条"等系列重大政策，明确提出对认定为国家制造业创新中心的，一次性补助建设经费 1000 万元；对认定为省级制造业创新中心的给予 500 万元资金支持，各地按照一定比例给予配套支持。创新中心首次商业化的重大技术装备，按照首台套重大技术装备有关政策给予支持；鼓励省级各类产业基金与社会资本参与创新中心建设；武汉市提出，对国家级制造业创新中心按照工业和信息化部支持资金 1:1 的比例予以 2 亿元资金配套，其中市区各 50%；东湖高新区提出对国家级制造业创新中心最高给予 2 亿元的支持额度，省级最高 500 万元。

二、注重科学谋划

2015年,湖北省提出推进制造业创新中心建设工程的目标任务和重点领域。2016年,湖北省制造强省建设领导小组印发的《制造业创新中心建设工程行动方案》等指导文件,进一步精准靶向世界先进制造业产业集群,有效对接工业和信息化部提出的重点建设领域规划布局,结合湖北优势领域,选定十大战略性新兴产业重点领域和 17 个千亿级以上传统优势产业,兼顾各地特色产业、支柱产业发展。同时,印发《建设省级制造业创新中心工作流程(试行)》,明确创建模式、目标任务和政策措施,成立由主要负责人挂帅的领导小组和工作专班,指定项目秘书,全程指导推动、协调服务。制定资金使用和监督考核办法,压实主体责任和监督责任,确保"虎头不蛇尾",防止将国补资金"种子"当成"粮食",打造"百年中心"。

三、精心组织推进

在开展省级制造业创新中心育过程中,组织专家对制造业创新中心建设基础摸底调查,精心选择依托地市和创建载体。各地经信局围绕制造业创新中心建设重点领域,立足本地产业基础,对照制造业创新中心功能定位、运行模式、建设要求等,精心组织、认真遴选、积极推荐行业龙头企业牵头建设省级制造业创新中心。对制造业创新中心建设工程持续开展政策宣传与业务培训,在场地建设、股东融资、资产划拨、人员安排、研发进展等方面对企业给予全方位指导。采取"走出去、请进来"的方式,组织各级制造业创新中心赴动力电池、增材制造等国家级制造业创新中心学习交流,吸收借鉴兄弟省市的宝贵经验。严格按照《省级制造业创新中心升级为国家制造业创新中心条件》《国家制造业创新中心考核评估办法(暂行)》,对标推进制造业创新中心建设。通过印发《省经信厅关于加强对我省国家制造业创新中心督促指导和协调服务的通知》,基本形成了省级创新中心培育和建设的政策框架体系。

四、强化模式创新

找准定位,专注技术成熟度提升、技术商业化研发体系,构建"产学研政"跨界协同的产业技术创新生态体系,既不与高校的理论研究争夺资源,也不从事具体产品的量产,避免与股东单位竞争。明确业务,在商业技术研发方面，对技术进行成熟度提升的研发，使之达到首次商业化的水平。在技术转移扩散方面，将高成熟度的技术通过转让、使用许可、投资孵化等方式转移扩散到企业进行实体产品输出。在检测/中试技术服务方面，基于创新中心能力平台面向行业企业提供检测测试与中试试制等方面的技术服务。凝练边界，建设初期必须集中精力聚焦重点工作，通过逐一调研股东单位的技术需求，召开技术发展战略高端论坛，不间断地与行业内领军企业进行沟通交流等方式，深入探索市场需求，确认技术线路。探索机制，鼓励制造业创新中心体制机制创新，建立完善的现代企业制度、市场化的运营机制与合作开放的投融资机制，广泛地吸纳技术、资金与人才，尽早实现能够自我造血的市场化运作和可持续发展。

第二节　典型创新中心建设进展

一、湖北省半导体三维集成制造创新中心

（一）建设进展

1. 组建情况

1）公司

湖北省半导体三维集成制造创新中心由武汉新芯集成电路制造有限责任公司牵头，立足于打造国家级和国际化平台，采用"公司+联盟"的模式进行组建。创新中心公司实体湖北三维半导体集成制造创新中心有限责任公司于 2019 年 6 月 5 日成立，股东单位 17 家，注册资本 1.16 亿元。单一大股东武汉新芯的占股比例为 27.59%。

2）联盟

创新中心依托中国半导体三维集成制造产业联盟，涵盖国内外会员单位 77 家，基本覆盖本领域产业链上下游各环节领军企业及本领域国内近 60% 的国家级创新平台。

2. 队伍建设

公司董事会聘请国内产业界与学术界知名专家 21 人组成专家委员会，委员会主任由中科院微电子研究所所长叶甜春担任。经过 1 年的发展，中心专职人员 68 人（其中博士学历 6 人），其中研发人员占比 89.7%。硕士及以上学历人员占比 69.2%，本科及以上学历人员占比 100%。

3．平台建设

创新中心主要建设共性技术研发、产业综合服务、成果转化与企业育成三大功能平台，通过平台化运作实现产业创新优势要素的聚合，并向全行业实施辐射带动。

共性技术研发方面，创新中心结合后摩尔时代技术发展趋势，自研多晶圆堆叠和异质晶圆堆叠共性技术平台，于2019年11月预发布，面向全行业提供服务。产业综合服务方面，创新中心利用股东和联盟会员的资源及平台，向行业提供特种材料/装备应用验证、测试、产品开发等技术服务，以及战略咨询、人才培训、国际交流等战略服务。企业育成方面，创新中心与国家知识产权运营公共服务平台、武汉留学生创业园等专业化公共服务平台合作，构建半导体三维集成领域专利池建设维护平台、成果转移转化平台、一站式孵化平台，科技金融创新的综合管理平台。

（二）运行成果

1．技术创新

创新中心重点开展晶圆级高密度混合键合、三维多层晶圆堆叠、"芯片—晶圆"三维异质集成等关键工艺研发与技术创新。其中，晶圆级高密度混合键合利用独特的"铜—铜"键合工艺，已实现百万级互联，相关技术已在新型图像传感处理器、高密度高带宽存储器开展应用推广。三维多层晶圆堆叠技术利用高深宽比硅通孔和混合键合技术实现多层堆叠与高密度片间互连，主要应用于服务器级高带宽动态存储，较业内主流解决方案能提升近10倍带宽，且功耗更低、散热更优。

2．成果转化

创新中心与武汉新芯、紫光国芯联合开发的三维集成低功耗动态随机存储器（3D DRAM），是自研混合晶圆键合技术在主流存储器领域转化应用的实例，目前已完成首批芯片流片，有望在2020年年底实现产品发布，支撑5G、人工智能、物联网等新基建应用发展。创新中心还与南京大学、华大基因合作三维集成垂直电荷成像芯片项目，在疫情防控中提供了小型化、平价化、耗材化的基因测序设备，实现生物医学检测的智能化、便捷化。

3．行业服务

创新中心与武汉新芯国产设备材料应用验证平台精测电子半导体检测

服务平台、厦门恒坤新材料科技股份有限公司、华进半导体三维先进封装研发平台、西安紫光国芯三维堆叠存储器测试平台联合向行业提供装备材料验证与封装测试服务。

4. 交流合作

创新中心与联盟于 2019 年主办首届"中国（湖北）半导体产业推进会"与"半导体三维制造论坛"。来自各部委的领导，以及中科院微电子研究所、清华大学、北京大学、复旦大学等高校和 160 余家半导体领军企业 560 余名代表参会。

此外，创新中心与清华大学、北京大学、中科院微电子所、华进半导体、北京华卓精科、厦门恒坤、新思科技、精测电子、鼎龙控股、光谷金控集团等 16 家单位签订了战略合作框架协议，在共性技术研发、产业共建、专利池构建运营、产业孵化、材料设备国产化开发和验证方面形成全面合作；与美国 Synopsys、比利时 IMEC、法国 lattice 等国外知名半导体企业与研发机构开展技术研讨与研发合作。

创新中心结合地方和区域产业特色与优势，与本地国家级创新中心实现合作，在更大范围内实现创新资源整合与联动放大。目前，中心已经与国家信息光电子创新中心合作开展硅基光电子集成芯片研发合作，与国家数字化设计与制造创新中心开展智能化晶圆切割磨削制造装备国产化合作，与国家先进存储产业创新中心开展三维集成高带宽存储器研发合作。

二、氢能制造业创新中心

（一）建设进展

1. 组建情况

1）公司

湖北省氢能制造业创新中心由武汉地质资源环境工业技术研究院有限公司牵头组建，联合武汉光谷产业投资有限公司，于 2017 年 6 月成立法人企业——"武汉中极氢能产业创新中心有限公司"创新中心原始注册资本为 7000 万元。2020 年 4 月，创新中心完成第一轮增资扩股，吸纳武汉中极氢能源发展有限公司（主要从事制氢、储氢）及武汉格罗夫氢能汽车有限公司（主要从事氢能汽车研发）等氢能产业链上下游企业作为股东参与创新中心的建设，新增注册资本 1500 万元。公司目前还在与东风汽车、骆驼集团、喜马拉雅、德普电气等单位洽谈增资事宜，均已取得阶段性进展。

2）联盟

创新中心依托于中国氢能源及燃料电池产业创新战略联盟，国家能源集团氢能科技有限公司作为理事长单位，获得了国家能源集团、中国石油、武汉市东湖新技术开发区管委会和武汉地质资源环境工业技术研究院有限公司等各方支持，为创建国家级制造业创新中心做好了充分的准备。

2．队伍建设

1）技术专家委员会

创新中心成立了由邹才能院士牵头的专家委员会作为咨询机构，由氢能产业相关企业、科研院所及行业内的知名专家共同组成（见表24-2）。

表24-2　技术专家委员会名单

序　号	姓　名	专家委员会职务	备　　注
1	邹才能	主任	中国科学院院士
2	陈赣	委员	东风汽车公司副总工程师
3	马天才	委员	同济大学博导、国家燃料电池汽车及动力系统工程技术研究中心副主任
4	邹恒琪	委员	研究员级高级工程师，东风汽车公司技术中心资深专家
5	何云堂	委员	中国汽车技术研究中心教授级高工
6	卢琛钰	委员	原全国燃料电池及液流电池标委会秘书长、现上海电器科学研究院北京分院院长
7	吴川	委员	北京理工大学能源与新材料学院副院长

数据来源：赛迪智库整理

2）管理和科研团队

创新中心已组建了一支由 57 人组成的高规格技术研发团队和运营管理团队，其中专职研发人员 51 人，管理人员 6 人。专业覆盖材料、化工、机械、电子、自动化等多个领域。核心技术团队来自国内外知名车企，有 10 年以上工作经验，且从事燃料电池行业 5 年以上，其中博士 1 人，硕士 18 人，本科 38 人，硕士及以上学历占比 33.33%。承担或参与过数十余项国家、省市级科研项目，发表论文 100 余篇，申请及获得专利 200 余项。

3. 机制建设

1）人才管理机制

创新中心建立分类化聘用、分类考核和多元激励机制，按人才结构科学配置理念，通过相关人才计划引进优秀人才，同时依托创新中心自设岗位，采取超常规手段引进急需的高级管理人才、市场营销人才等，实行"全职+兼职、长期+动态"的多种用人模式，构建"专职化"基本运行队伍。

2）"产学研"协同创新机制

搭建协同创新平台，开放地联合国内外氢能产业相关龙头企业、高校科研院所、创新平台。通过各成员单位优势资源整合，瞄准氢能产业关键技术与装备，开展研发、中试、集成和产业化，将成果快速转化和扩散。创新中心采取网络化科研模式，利用互联网、云计算、大数据等新一代信息技术，建设覆盖成员单位的科研创新网络平台，实现多学科、跨领域、跨地区的技术创新，优势互补、资源开放共享，充分发挥创新资源合理配置的协同优势，提升持续创新能力。

3）知识产权共享机制

创新中心根据市场需求，自主开展各类经营活动，包括接受成员单位或外部企业的技术委托研发项目，并且通过自主研发技术和产品将成果和知识产权及时分享给成员单位，向产业链相关单位源源不断提供前沿技术、共性技术和新工艺、新设备、新知识，共同促进整个平台和产业链上下游企业的发展。对于创新中心的研发成果，股东具有优先转化权，其次是会员单位，最后是联盟成员单位。当技术成果预期效益较好，多家单位均意向获取，一般通过分级优先和竞价排名的方式分配。

4. 平台建设

创新中心主要围绕技术创新平台、成果孵化平台、测试验证平台、行业服务平台这四大平台开展建设。

1. 技术创新平台

面向我国氢能产业化的现实需求，优先突破制约我国氢能产业化发展的共性、关键性技术问题，通过自主研发以及引进吸收国外先进技术，实现燃料电池材料、关键零部件及产品的国产化。目前已开展燃料电池电堆研发、燃料电池测试设备研发、燃料电池系统研发等。

2. 成果孵化平台

积极开展关键共性技术、装备研发，依托创新中心产生的知识产权进行投资、孵化以及产业运营支持，对有市场前景和市场需求的技术、产品进行企业孵化，逐步推动市场推广和产业化，形成成果孵化产业链。目前有电堆研发、测试设备研发、燃料电池系统研发 3 个孵化项目。

3. 测试验证平台

为氢能行业从业企业或相关用户提供从材料级、零部件级、系统级到总成级的检验检测服务，检测对象包括氢气品质、储氢装置、燃料电池材料、燃料电池电堆、燃料电池系统及关键辅助零部件、动力系统总成、燃料电池整车等。

4. 行业服务平台

知识产权服务。构建全方面知识产权服务运营体系，以实现技术产业化为最终目标，以实现氢能技术价值最大化为导向，构建全价值链的知识产权运营与转化增值服务体系，包括分析评议、风险预警、收储许可等服务。

氢能人才培养。依托中国地质大学（武汉）和同济大学学科优势，联合国外知名大学开展国际合作，建设氢能汽车学院，培养本硕博氢能产业技术和管理人才，为氢能产业发展提供人才与科研支撑。

（二）运行成果

创新中心目前已完成检测中心实验室一期建设，已具备 6kW-60kW 燃料电池电堆、20kW-60kW 系统及其核心零部件（氢气循环泵、空压机、增湿器、冷却水泵、DCDC 变换器等）检测能力，检测项目 110 余项，已获批筹建湖北省氢能动力产品质量检验中心。目前创新中心已申请专利 72 项，其中国际专利 3 项、发明专利 29 项、实用新型 38 项、外观设计 2 项。

三、资源循环利用及装备创新中心

（一）建设进展

1. 组建情况

1）公司

湖北省资源循环利用及装备创新中心由上市公司湖北国创高新材料股份有限公司牵头，联合湖北科创天使投资有限公司、中南安全环境技术研究院、武汉化工新材料工业技术研究院、中国五环工程有限公司、湖北祥云（集团）化工股份有限公司、湖北昌耀新材料股份有限公司共 7 家股东单位共同

组建成立；2018 年，正式作为湖北省第二批省级制造业创新中心培育对象。2019 年 10 月，注册成立湖北省长江资源循环利用及装备创新中心有限公司，注册资本为 2200 万元人民币。

2）联盟

2019 年，创新中心开展资源循环利用及装备发展联盟引进相关启动工作，联系了行业内上下游 50 多家单位，拟定了发展联盟协议书，计划引进发展联盟单位 20 家左右，开展各类项目 10 项以上，如考察国内拥有气体除尘处理技术及相关设备开发核心技术的企业，准备纳入联盟单位开展工业废气、城市空气净化等技术研究。

2. 队伍建设

1）技术专家委员会

创新中心设专家委员会作为咨询机构，目前创新中心组建了以武汉工程大学校长王存文为主任的 15 人专家委员会小组。

2）管理和科研团队

创新中心拥有固定人员 65 人，其中，技术研发人员 54 人，其他职能管理人员 11 人，硕士以上学历 32 人，核心研发人员基本都参与过省部级重点课题和项目开发，具有丰富的技术开发和产业化经验。后续计划通过体制机制创新，结合项目需要，在 2～3 年内核心固定研发团队将发展至 150 人左右。

3. 机制建设

创新中心股东会由全体股东组成，股东会是公司的最高权力机构，股东会会议由股东按认缴的出资比例行使表决权。创新中心拟定了公司相关制度和管理办法，包括公司运营机制文件及相关制度文件。

4. 平台建设

创新中心建设从研发设计、测试验证、中试孵化、行业服务这 4 个方面入手，重点开展废物资源循环利用技术研发设计平台、废物资源循环利用检测与环境评估平台、废物资源循环利用材料制造与成果转化平台、废物资源循环利用产业行业服务平台 4 个平台的建设。建立起一个服务于全行业的废物资源循环利用工艺技术支撑平台，同时建立起与废物资源循环利用制造和应用相关的成套技术体系和技术服务平台，能够面向行业和地区输出人才、培训、成果等服务，发挥制造业创新公共服务平台作用。

（二）运行成果

1. 技术创新

创新中心技术研发方向重点围绕公路固废材料循环利用、建筑垃圾循环利用、工业固废循环利用、城市生活固废循环利用、水治理产生的污泥循环利用、化工厂搬迁后的土壤治理等领域开展资源循环利用技术创新和成果转化；围绕工业生产中的废液、废气、废渣无害化处理等领域开展节能环保装备技术创新和成果转化。建设初期以重点推动磷石膏固废资源循环利用和公路建筑固废循环利用相关方向的研究与应用，作为创新中心项目运作的起点。

2. 成果转化和企业孵化

创新中心重点推动的磷石膏固废资源循环利用和公路建筑固废循环利用相关项目已取得实验室试验阶段性成果。创新中心已与宜昌、襄阳、荆门、黄冈等地 10 多家磷化工企业深入交流，进行磷石膏应用技术的全面推广，与武重集团、长安大学机械学院等单位形成开展废物资源循环利用相关配套装备开发的相关意向。以创新中心为载体，孵化一批资源循环利用相关技术、设计、咨询、服务的高新技术企业，将行业做强做大，带动废物资源循环利用产业发展。

3. 行业服务

在创新中心培育期间，每月通过技术培训和项目开发培养人才 20 人次。在创新中心技术项目开展过程中，与国内外院校、研发中心、行业内领军企业联合制定国家/行业标准，开展人才需求和项目对接、人员培训等组织活动，承接展会和举办论坛、开展国际交流与合作、提供专业咨询和服务等。利用创新中心先进的加工测试服务平台，对接交通材料领域中小企业，提供产品加工测试及技术咨询等增值服务。

4. 交流合作

在创新中心技术项目开展过程中，与国内外院校、研发中心、行业内领军企业、拥有核心技术中小企业积极开展交流和合作。创新中心与湖南云中再生科技、武汉天意成再生资源、葛洲坝中材洁新等拥有大宗固体废弃物资源化综合利用核心技术的中小企业均确定了合作意向。与湖北永绍等进行光电行业、汽车加工行业、金属件行业、化工行业等废酸废碱类危险废物处理的公司交流，为武汉市光电子信息等高端制造业的废液处理提供技术支持。

第二十五章

江西省

第一节　总体进展与经验特色

2018 年 5 月，江西省工信厅印发《江西省制造业创新中心建设领域总体布局》，系统布局了江西省制造业创新中心范围，确定了硅衬底半导体照明、虚拟现实、稀土功能材料、有机硅、高端装备机器人、航空智能制造、数字化设计与制造等 20 个领域。目前，江西省已经建成 4 家省级制造业创新中心（见表 25-1），其中，稀土功能材料创新中心于 2020 年年初升级成国家制造业创新中心，成为首家成功升级的省级制造业创新中心。

表 25-1　江西省制造业创新中心建设进展

序号	中 心 名 称	运营公司/牵头单位	建设进展	成立时间
1	国家稀土功能材料创新中心	国瑞科创稀土功能材料有限公司	国家级	2020 年
2	江西省虚拟现实创新中心	南昌虚拟现实研究院股份有限公司	省级	2017 年
3	江西省硅衬底半导体照明创新中心	南昌光谷光电工业研究院有限公司	省级	2017 年
4	江西省有机硅创新中心	江西赣江新区有机硅创新研究院有限公司	省级	2017 年

一、突出重点，启动创新中心建设

江西省为积极响应工业和信息化部建设要求，先后出台《江西制造强省推进工作领导小组关于开展江西省制造业创新中心建设试点工作的通知》等相关文件，启动省级制造业创新中心建设工作。2018 年 5 月，制定印发《江西省制造业创新中心建设领域总体布局（2018—2020 年）》，明确硅衬底半导体照明、虚拟现实、稀土功能材料、有机硅、高端装备机器人、航空智能制造、数字化设计与制造等 20 个重点建设领域和支持方向。截至 2020 年 5 月，先后批复组建了稀土功能材料、虚拟现实、硅衬底半导体照明、有机硅 4 个省级制造业创新中心，覆盖南昌市、九江市、赣州市等地区和石化、电子信息、信息化等领域。

二、建章立制，促进创新中心运行

江西省抓建章立制，细化工作重点及目标任务，建立年度评估和调度通报机制，促进创新中心规范运行。一是签订三方协议。江西省工信厅与稀土功能材料、虚拟现实、硅衬底半导体照明、有机硅 4 家创新中心建设依托单位及其所属地市工业和信息化部门签订三方共建协议，明确创新中心建设重点和分年度推进目标任务。二是开展年度评估。每年对 4 家创新中心进行年度评估，对照目标任务评估其建设运行进度情况，以评促建，推动创新中心发挥作用。三是加强调度通报。每半年对创新中心建设运行情况进行调度，及时了解创新中心的建设推进情况，对全省制造业创新中心建设情况进行通报，指出存在的问题和下步工作要求，指导和推动创新中心围绕目标加快建设运行。

三、强化指导，推动创新中心升级

江西省加强指导和扶持，积极推动省级制造业创新中心升级为国家制造业创新中心。一是落实资金扶持。对于每个新认定的创新中心给予 250 万元扶持资金，并持续三年对其新增研发设备设施实际投资额的 20% 给予后补助，鼓励创新中心加快建设，累计拨付财政补助资金 1082 万元。二是做好创建指导。积极推动稀土功能材料、虚拟现实创新中心升级为国家制造业创新中心，一方面，对照省级制造业创新中心升级为国家制造业创新中心的 12 项条件，加强业务指导。另一方面，组织 2 家创新中心相关人员调研学习国家制造业创新中心在组织申报、运行方面的成功经验，加快创建步伐。三是做好升级创建。积极推动江西省、内蒙古自治区稀土功能材料创新中心联合组建，经三次会商和多轮协调达成组建共识，两省自治区联合成立的国瑞科创稀土功能材料有限公司于 2020 年 4 月获工业和信息化部批复组建国家稀土功能材料创新中心。

同时，积极与工业和信息化部沟通对接，推动江西省虚拟现实创新中心升级，目前，已指导江西省虚拟现实创新中心完善股权架构和硬件条件建设，完成产业创新联盟组建，并召开院士专家研讨会论证组建方案。

第二节 典型创新中心建设进展

一、江西省虚拟现实创新中心

（一）建设进展

1．组建情况

江西省虚拟现实创新中心以"公司+联盟+平台"的方式运作，依托南昌虚拟现实研究院股份有限公司为运营公司，由虚拟现实/增强现实技术及应用国家工程实验室、清华大学精密测试技术及仪器国家重点实验室、北京市混合现实与新型显示工程技术研究中心、南昌虚拟现实研究院股份有限公司共同发起成立虚拟现实制造业技术创新战略联盟（VRMT），首批成员单位共 34 家。联盟旨在联合虚拟现实产业具有技术创新能力的企业、科研院所、高等院校等创新实体和服务机构、社会团体，以市场为导向，建立虚拟现实"产学研用"技术创新生态体系和协同创新机制，构建虚拟现实产业公共技术平台，突破虚拟现实产业尤其是制造领域的核心技术，促进虚拟现实产业的发展。如表 25-2 所示为江西省虚拟现实创新中心成员单位及股权结构。

表 25-2　江西省虚拟现实创新中心成员单位及股权结构

序　号	股　　东	股　比	出资：万元
1	欧菲光集团股份有限公司	20%	3000
2	泰豪创意科技集团股份有限公司	25.5%	3825
3	联创电子科技股份有限公司	20%	3000
4	江西科骏实业有限公司	3%	450
5	小派科技（上海）有限责任公司	2%	300
6	南昌市红谷滩城市投资集团有限公司	22%	3300
7	绿地金融投资控股集团有限公司	4.5%	675
8	南昌航软虚拟现实投资股份有限公司	1%	150
9	南昌虚拟现实检测技术有限公司	2%	300
	合计	100%	15000

2. 队伍建设

创新中心引进赵沁平院士、金国藩院士、庄松林院士、王涌天教授、虞晶怡教授等多位行业技术领军人才组建技术专家委员会。

3. 机制建设

创新中心制定了包括《科技项目管理制度》《领军人才引进办法》《财务管理制度》《采购管理制度》《人事管理制度》和《知识产权管理制度》等一系列制度，有效保障创新中心顺利运行。创新中心致力于创新资源整合共享，整合成员单位现有的仪器、设备资源等，采取网络化科研模式，利用互联网、云计算、大数据等新一代信息技术，建设覆盖成员单位和非成员单位的科研创新网络平台，开展多学科、跨领域、跨地区的技术创新活动，实现优势互补、资源共享，充分发挥创新资源合理配置的协同优势，持续提升创新能力。如图 25-1 所示为虚拟现实创新中心资源共享机制图。

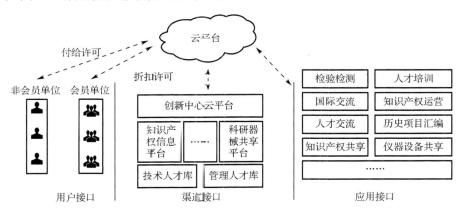

图 25-1　虚拟现实创新中心资源共享机制图

4. 平台建设

创新中心联合中国（南昌）虚拟现实产业基地组建了产业协同网络——"三中心+四平台"。"三中心"指的是将要建设的三大中心。一是国内一流水准的 VR 体验中心，二是"永不落幕"的 VR 展示中心，三是行业内首个虚拟现实产业云服务管理体系——VR 云中心。"四平台"是指技术研发和行业服务平台。一是建立 VR 标准检测平台，依托国内外顶尖团队建设具备虚拟现实领域国家标准制定及检测能力的 VR 标准检测平台；二是建立 VR 教育平台，与相关院校联合打造的产学一体的人才培养平台；三是建立 VR 交易平台，由中国网库打造的全产业链单品交易平台；四是建立资本保障平台，依托国家绿色金融改革创新试验区和江西唯一的省级金融商务区的金字招牌，为战略性新兴产业特别是虚拟现实产业搭建资本保障平台。

（二）运行成果

1．技术创新

创新中心拥有技术专利 43 项，其中，自主申请 8 项，发明专利 2 项，已授权专利 5 项。通过技术受让专利 35 项，其中，发明专利 28 项，实用新型 2 项，软著 5 项。

2．交流合作

2018—2019 年，两届世界 VR 产业大会在南昌开幕。大会以"VR 让世界更精彩"为主题，旨在聚焦前沿技术、探讨发展之道，展示最新成果、推动应用普及，搭建交流平台、汇聚要素资源。大会由工业和信息化部、江西省人民政府联合主办，中国电子信息产业发展研究院、江西省工业和信息化厅、南昌市人民政府和虚拟现实产业联盟承办，来自 20 多个省市自治区的工业和信息化主管部门，20 多个国家和地区的 150 多所高校、研究机构、行业协会，上千家虚拟现实领域企业的领导和代表参会。

二、江西省硅衬底半导体照明创新中心

（一）建设进展

1．组建情况

1）公司

江西省硅衬底半导体照明创新中心采取以"公司+联盟"的运行模式，目标是突破硅衬底 LED 产业发展的关键核心共性技术，打通"技术产生—扩散—首次商业化—产业化"链条，助推江西千亿 LED 产业基地建设。创新中心依托单位南昌光谷光电工业研究院有限公司，股东包括南昌光谷集团有限公司、江西省绿野汽车照明有限公司、江西省车仆电子协同创新体有限公司、江西省晶合光电有限公司 4 家企业，注册资本 2000 万元，目前正在做增资扩股，计划引进一家创业投资企业、1～2 家产业链龙头企业。

2）联盟

创新中心牵头组建江西半导体照明联盟，拥有上百家 LED 企业成员单

位，集聚了国家硅基 LED 工程技术研究中心（国家级）、固态照明地方联合工程中心，以及十多家省级及以上企业技术中心、重点实验室、工程实验室、工程技术中心、工程研究中心等创新平台，汇聚了 LED 产学研用的各类创新主体，为协同创新奠定了坚实的基础。

2. 队伍建设

创新中心自批复建设两年来，不断加强人才队伍建设。目前，技术专家委员会、管理团队和科研团队已搭建完成，在创新工作中承担各自的职责。其中技术专家委员会由产业精英代表组成，每年两到三次对中心的技术开发工作和方向进行审查和指导；管理团队以一位擅长产业投资和成果转化孵化的专业人才为核心，配备了投资、财务、人事、行政等管理干部，维持中心的正常运营；科研团队是由 11 名青年技术专家组成的团队，专业领域覆盖 LED 应用的光学、电子、材料、设计等领域。

3. 机制建设

创新中心以市场为导向，以项目为牵引，聚焦项目管理、人才管理、知识产权、盈利模式、资源共享等机制创新，最大效率调动创新中心人员积极性，促进创新中心可持续发展。如项目的研发方向以市场需求为前提，整合中心实验室、专业实验室、共建实验室以及联盟成员单位的人才与资源，开展联合攻关，约定知识产权成果分配与共享，鼓励项目团队创立公司转化成果，创新中心按约定的盈利方式获得利润。

（二）运行成果

1. 技术创新

创新中心重点解决和突破光学设计、模组、散热等关键共性技术，同时围绕硅衬底 LED 技术的特种照明、智慧照明等 14 个应用方向展开技术创新。2018 年以来，创新中心形成一批技术创新成果，申请并获得专利 15 项，部分技术指标达到国内领先水平，并且通过联合开发，新增申请专利超过 50 项。

2. 成果转化和企业孵化

成果转化方面，创新中心成功转化了两项技术并获得近 1000 万元的盈利，同时技术成果在路灯、隧道灯、移动照明、汽车照明、手机闪光灯等领域有了更广泛的应用和推广，为硅衬底 LED 技术的应用助力升级，带动相关产业实现间接经济效益超过 5000 万元。企业孵化方面，中心已孵化出

两家企业：专注移动照明模组的晶众特公司和专注医疗美容的乐而泰科技公司。

3．行业服务与合作交流

行业服务方面，创新中心整合了产业链上下游的技术、人才和实验资源，积极为行业提供技术咨询、技术支持和实验测试服务。交流合作方面，创新中心积极对外交流与合作，其中与浙江大学深入合作开展的光学设计研发取得阶段性的成果，同时与国外 LED 知名公司定期举行技术交流。

三、江西省有机硅创新中心

（一）建设进展

1．组建情况

江西省有机硅创新中心依托单位为江西赣江新区有机硅创新研究院有限公司，由江西蓝星星火有机硅有限公司牵头，联合江西省有机硅产业联盟成员中的其他 5 家企业组建。创新中心设有董事会和监事会，董事由公司股东大会选举产生，对公司的发展目标和重大经营活动做出决策；监事会是公司的监督机构，发挥对公司的财务和董事、经营者的行为监督作用。公司各股东出资情况如表 25-3 所示。

表 25-3　江西省有机硅创新中心成员单位及股权结构

股 东 名 称	认缴出资额（万元）	优　　势
江西蓝星星火有机硅有限公司	1500	上游
永修工业投资有限公司	1500	资金、政策
江西纳深科技有限公司	500	有机硅橡胶
江西星火狮达科技有限公司	500	副产物综合利用
江西海多化工有限公司	500	改性硅油
江西浙大创新技术有机硅创新院有限公司	500	技术研发

2．队伍建设

创新中心自成立以来，组织机构不断完善，并一直与浙江大学、杭州师范大学、南昌大学、江西省科学院等科研院校保持良好的合作关系，引进了浙江大学李伯耿、范宏作为公司特聘专家，李伯耿入选江西省双千计划人才项目，范宏、邱玲入选赣江新区创新人才项目。

3. 机制建设

为加强公司管理，自创新中心成立以来，各项规章制度不断完善，先后出台了科研开发项目管理制度、员工激励机制方案、财务制度等，为中心正常运营打下坚实的基础。尤其在员工激励机制方面，中心出台了一系列的政策，如入驻创新中心开展研发项目的团队，支持项目以创新中心为主体申报国家级、省市自治区级科技项目，对获得国家级、省市自治区级优势科技创新团队的科技创新团队分别给予 30 万元、10 万元的研发补助；获国家级、省市自治区级或市县级项目资助的项目，创新中心以 1∶1 的额度支助研发经费；对获得发明专利授权的个人，每件给予 5000 元奖励，获得实用新型专利授权的项目，每件给予 2000 元奖励，在海外获得授权的可再获得 1 万元奖励；项目产业化的收益 10%～25% 归项目团队等。

4. 平台建设

1）建设有机硅检验检测平台

创新中心通过整合共享股东单位的有机硅技术、设备、人员的优势资源，完成了场所规划、主副仪器设备设施购置、人员招聘及培训、质量体系建立与试运行，已面向有机硅产品提供检测服务。

2）中试基地

创新中心与江西蓝星星火有机硅有限公司共建了一套中试装置，包括聚合、水解、精馏装置，硅树脂中试装置及有机硅单体加成、醇解中试装置，为研发课题开展和项目孵化打下基础。

（二）运行成果

1. 技术创新

创新中心围绕有机硅行业共性关键技术以及产业链创新需求，从有机硅下游深加工产品开发及应用、上游技术提升和副产物综合利用等方面与高校院所、企业等合作开展研发工作。

（1）创新中心与江西蓝星星火有机硅有限公司合作开展项目研发，通过试验不同催化剂和后处理助剂，解决了 107 胶低沸问题，已得到合格的 201 硅油产品，下一步工艺稳定后，将在星火有机硅装置中进一步验证并转化。

（2）创新中心拟开展利用高沸废液生产高沸硅油项目，同时拟开发回收硅粉、铜粉、副产盐酸等工艺路线。目前该项目已完成前期的技术资料收集阶段，开展初步试验方案确定和装置准备工作，以及着手试验的前期工作。

（3）有机硅改性聚乙烯的关键技术研究项目由创新中心、浙江大学以及江西蓝星星火有机硅有限公司三方共同承担，前期由创新中心完成小试和中试，浙江大学提供技术支持和指导，江西蓝星星火有机硅有限公司实施后部产业化。项目已开展小试试验工作，被列入江西省科技厅 2019 年重点研发项目。

（4）创新中心与南昌大学材料学院通过联盟企业调研收集有机硅产业科技前沿信息、整理并联合开发有机硅泡沫胶项目，计划在 2020 年年末实现产业化。目前该项目已完成开题资料和目标性能的确定，制订了实验方案，完成试验原材料采购，开始开展初步实验。

2. 成果转化和企业孵化

在技术成果转化和企业孵化方面，为促进成果转化，创新中心着力培育扶持有机硅企业，现已孵化了江西臣达科技有限公司等企业。

3. 行业服务

在行业服务方面，一是牵头承担"中国·九江首届国际新材料产业（氟硅）发展大会"相关工作，协助中国氟硅有机材料工业协会成功举办有机硅产业论坛。二是组织特聘专家，创新中心特聘浙江大学两名教授作为技术委员会专家，通过调研了解永修县有机硅企业现有技术难题和技术合作意向，到企业进行技术指导和联合开展研发课题、生产工艺改进项目攻关，为企业解决了多项技术难题，优化提升了生产效率，合理降低了制造成本。

第二十六章

北京市

第一节 总体进展与经验特色

北京市产业创新中心对接"国家制造业创新中心建设工程",采取"市场导向、企业主体、协同协作"的方式,在组织形式、产学研合作、成果转化及首次商业化应用等方面探索新路径。目前已经创建了国家动力电池创新中心、国家轻量化材料成形技术及装备创新中心和国家智能网联汽车创新中心 3 家国家级创新中心,以及 15 家市级产业中心,取得阶段性成效(见表 26-1)。

表 26-1 北京市制造业创新中心建设进展

序号	中 心 名 称	运营公司/牵头单位	建设进展	成立时间
1	国家动力电池创新中心	国联汽车动力电池研究院有限责任公司	国家级	2016 年
2	国家轻量化材料成形技术及装备创新中心	北京机科国创轻量化科学研究院有限公司	国家级	2018 年
3	国家智能网联汽车创新中心	国汽(北京)智能网联汽车研究院有限公司	国家级	2019 年
4	北京市石墨烯产业创新中心	北京石墨烯技术研究院有限公司	省级	2017 年
5	北京市医疗机器人产业创新中心	北京水木东方医用机器人技术创新中心有限公司	省级	2018 年
6	北京市智能车联产业创新中心	北京智能车联产业创新中心有限公司	省级	2016 年
7	北京市工业大数据产业创新中心	北京工业大数据创新中心有限公司	省级	2016 年

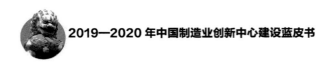

续表

序号	中心名称	运营公司/牵头单位	建设进展	成立时间
8	北京市海绵城市技术产业创新中心	中关村海绵城市工程研究院有限公司	省级	2018 年
9	北京市人工智能基础研究产业创新中心	北京创新工场旷视国际人工智能技术研究院有限公司	省级	2018 年
10	北京市先进动力电池系统产业创新中心	北京匠芯电池科技有限公司	省级	2016 年
11	北京市人工智能专利产业创新中心	北京臻利知识产权有限公司	省级	2018 年
12	北京市工业技术软件化产业创新中心	北京赛博工软科技有限公司	省级	2018 年
13	北京市军民融合特种机器人产业创新中心	哈工大（北京）军民融合创新研究院有限公司	省级	2019 年
14	北京市智慧社会产业创新中心	北京澍泽源智能科技有限责任公司	省级	2018 年
15	北京市信用科技产业创新中心	北京联行信用管理服务有限公司	省级	2019 年
16	北京市超高清视频技术协同产业创新中心	北京中联合超高清协同技术中心有限公司	省级	2019 年
17	北京市数字化设计与制造创新中心	北京数智引擎科技有限公司	省级	2019 年
18	北京市集成电路装备产业创新中心	北京集成电路装备创新中心有限公司	省级	2019 年

一、对接国家级创新中心建设，紧密结合科技创新中心目标

依照国家总体部署，北京市于 2016 年发布了《北京市产业创新中心实施方案》，实施以产业创新中心为核心的"新一代创新载体建设行动"，围绕产业关键共性需求，以增强技术创新能力为目标，力求在组织形式、产学研合作、成果转化及首次商业化应用等方面先行先试，探索建立自主创新、协同创新、开放创新的新机制。同时，在工业和信息化部支持下，北京市产业创新中心产生了一批创新成果，集中反映了制造业创新中心建设的成就。北京市推进科技创新中心建设领导小组办公室先后印发了 2017 年、2018 年北京市加强全国科技创新中心建设重点任务工作方案，北京市将建设产业创新中心列为科技创新中心建设重点任务持续推进，通过打造以产

业创新中心为核心节点的产业创新生态网络，努力推动北京市成为国家新型制造业创新体系建设的引领者。

二、创建新型产业创新载体，探索创新成果转化新机制

北京市产业创新中心与国家制造业创新中心建设要求相对接，面向产业共性关键技术，进一步发挥企业创新主体地位，成果转化路径由单向的"科技创新应用于产业发展"向双向的"产业需求推动技术创新、技术创新推动产业升级"转变，通过打通技术、组织、商业、资本之间的分割与壁垒，实现了创新载体从单个企业向跨领域多主体协同创新网络转变、创新模式由单一技术创新向技术创新与商业模式创新相结合转变，推动了组织架构创新、建设模式创新和管理形式创新，构建了能够承担从技术开发、转移扩散到首次商业化的新型制造业创新平台。例如，机械科学研究总院将"机械科学研究总院先进制造技术研究中心"整体公司化改制，对科技成果孵化效果显著的部门，成立独立法人公司，按照法人实体建立激励机制，通过技术服务或技术输出服务产业创新中心及产业链上下游企业。

三、完善顶层设计和总体布局，积极申报国家制造业创新中心

按照工业和信息化部关于制造业创新中心的总体部署，北京市先后发布了《北京市产业创新中心实施方案》《关于加快全国科技创新中心建设，促进重大创新成果转化落地的支持资金管理暂行办法》《北京市高精尖产业发展资金管理暂行办法》等文件，初步构建了产业创新中心建设的顶层设计。目前，北京市正在结合城市总规和产业发展趋势，重点在新一代信息技术、智能制造、新能源智能网联汽车等 10 个高精尖产业布局，同时正在研究进一步加大对产业创新中心的支持，鼓励北京市各区出台配套支持措施，形成市、区两级共同支持产业创新中心的合力，为制造强国建设提供有力支撑。2016 年 6 月，北京市经信委在工业和信息化部指导下，推动北京有色金属研究总院联合北京汽车集团有限公司等国内汽车整车企业共同组建了国联汽车动力电池研究院有限责任公司，正式成立了全国首个制造业创新中心"国家动力电池创新中心"。

四、抢占产业竞争制高点，全面提升制造业核心竞争力

通过产业创新中心建设，集聚整合已有单项技术成果，整合重组各类创新资源和主体，围绕产业链部署创新链，围绕创新链完善资金链，最终形成产业链系统突破的格局，解决制造业核心技术供给不足问题。例如，石墨烯产业创新中心组建了以干勇院士为主任、国内 6 名院士及 5 位行业专家担任委员的全国第一个石墨烯专业技术委员会，与涉及石墨矿、汽车、导线、电子等十多个领域 120 家企业（集团）签订了合作意向，已形成国内有影响力的石墨烯产业创新中心。

第二节　典型创新中心建设进展

一、北京市石墨烯产业创新中心

（一）建设进展

1. 组建情况

北京石墨烯产业创新中心以已经注册的北京石墨烯技术研究院为载体，实行公司制管理、市场化运作。产业发展上继续推进"北京主创新、京津冀主平台，全国大网络"的发展格局，打通石墨烯应用研究的技术链，融合产业链，培育围绕石墨烯应用技术的先导产业和支柱产业。石墨烯产业创新中心在运行上初步设计设立北京石墨烯应用中试技术研究分中心和宁波石墨烯复合材料应用研究分中心，其中，北京分中心重点布局石墨烯在航空航天与国防军工等领域的中试技术研究及其军民两用结合发展，宁波分中心重点布局石墨烯在能源化工、电子信息、海洋工程、节能环保等民用领域的项目研发及其产业化推进。

2. 队伍建设

中心现有员工 100 余人，硕士及以上学历人员超过 80%，是国家级高新技术企业。中心成立了院士专家工作站，拥有国内首条成规模的石墨烯应用技术研究中试基地，并与英国国家石墨烯研究院（NGI）共同在京建设了中英二维材料工程技术联合研究中心。中心拥有以王旭东、何利民、杨程、燕绍九和潘登等多位博士为领军人物的多学科交叉、高水平的石墨烯创新团队以及专业涵盖广、基础雄厚的应用研究团队，在行业内具有较强的影响力和知名度。

3. 机制建设

为提升科研人员创新活力，创新中心设计可执行的三级激励机制：第一级是主体公司股权层级，创新中心主体北京石墨烯技术研究院有限公司专门设立了 10% 的团队股权分红权，最大程度给予团队归属感，保障团队稳定和持续创新的活力和热情；第二级是研发成果转化层级，通过销售分成、授权经营、技术服务以及产业化公司技术入股的分红固化团队的利益；第三级是工作层级，给予核心团队一定的人财物的调配权，对业务骨干采取极具竞争力的薪酬方式。

（二）运行成果

1. 技术创新

石墨烯规模化制备中试方面，北京石墨烯技术研究院针对航空航天、电子信息、轨道交通等领域先进材料对高导热、高导电、大片径、高比表面积石墨烯粉体的需求，重点解决高品质石墨烯粉体规模化制备过程中剥离效果不可控、生产工艺不连续等关键共性技术问题，开展石墨的可控化学预处理、高效物理分离和批次稳定性研究，形成高质量石墨烯粉体的可控规模化制备工艺，建设石墨预处理、稳定插层、高效物理剥离和高温处理等关键工艺的试验条件。石墨烯粉体制备中试线目前已形成"一种氧化石墨烯的制备方法"（CN201210265540）、"一种石墨烯的制备方法"（CN201410545419）、"一种羧基化石墨烯的制备方法"（CN201410647838）、"一种可控导电性能的羟基化石墨烯粉体的制备方法"（CN201410524965）4 项专利。项目建设完成后，将新增高质量石墨烯及功能化石墨烯方面的发明专利 5 项。

技术解决方案方面，创新中心通过石墨预处理插层提高层间距，高能机械剥离实现石墨烯片层的剥离，并结合离心与过滤实现高品质石墨烯的提纯，利用高温处理实现石墨烯粉体品质的提升。同时利用自动化连续化装置实现从预处理到干燥的低成本制备，获得高品质、低成本的石墨烯粉体。

关键技术装备方面，针对现有试验室石墨烯制备装置不连续、反应周期较长，难以实现可控批量化制备的问题，创新中心通过与设备制造厂家的共同研发与试验验证，采用连微机械剥离的工艺，形成了石墨烯连续可控剥离方案。在石墨烯粉体制备中试线已有设备的基础上，提升生产线的洗涤过滤能力，重点新增高速剪切剥离设备、快速提纯设备和高效干燥设备等。

2. 行业服务

创新中心建设了北京先进碳材料产业促进会，为示范应用技术研发提供产品需求信息、技术验证条件和产业化服务；中心完善已开发技术的知识产权，为已落地技术提供服务和保障；建设种子企业创新孵化园区和种子企业孵化基金，孵化一批石墨烯高新技术企业，形成行业支撑能力；中心建设科普基地，重点开展科普交流和人才培养，为行业形成人才储备。通过 3 个模块建设，形成创新中心的服务体系，重点开展 6 项公共服务：企业技术市场服务、石墨烯材料标准化服务、石墨烯材料检测资格认证服务、知识产权协同运用服务、人才培养服务、公众科普实践服务。

3. 交流合作

北京石墨烯技术研究院有限公司与英国曼彻斯特大学正式签署中心协议，成立海外石墨烯联合技术中心——北京石墨烯技术研究院有限公司—曼彻斯特大学石墨烯航空航天材料联合技术中心。北京石墨烯技术研究院有限公司将以该联合技术中心为抓手，进一步提升我国石墨烯创新技术研究的国际影响力，促进科技合作交流，聚国际顶尖人才为我所用，作为培养国际化人才重要平台，有效提升我院石墨烯领域的研究水平，助推石墨烯材料的创新发展。

二、北京市工业大数据创新中心

（一）建设进展

1. 组建情况

北京工业大数据创新中心（联盟）建设初期由清华大学、昆仑数据、中国石油规划总院、金风科技、雷沃重工、冶金自动化研究院、台达电子、中国软件评测中心、中国机械研究总院、陕鼓动力、山东临工、中国人民大学、北京航空航天大学、北京理工大学、北京邮电大学作为成员单位，依据开放、自愿参与的原则随着创新中心的发展逐步扩大会员规模。目前，创新中心采用"中心+联盟+基金"的建设方案，由中心各建设单位作为发起方成立工业大数据软件与产业发展联盟，由联盟核心单位以及政府引导基金在适当的时候共同出资成立北京工业大数据产业创新基金，受创新中心管理，支持创新中心相关产业发展（见图 26-1）。

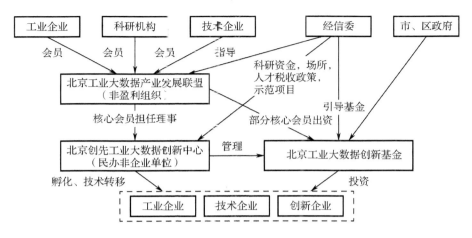

图 26-1　北京工业大数据创新中心组织架构

2. 队伍建设

创新中心的组织构架设立董事会、监事会、总经理以及相关职能部门，实行董事会领导下的总经理负责制；设立专家咨询委员会和专业技术委员会。专家咨询委员会从宏观上把控产业和技术发展方向，给予创新中心进军当下及未来市场的战略指引；专业技术委员会对公司的重大科研决策、重大技术开发、攻关项目进行调研、论证，提出研究建议和意见，参与相关的技术标准的编制，指导创新中心开源社区建设。

3. 机制建设

创新中心为企业法人实体，在突破工业大数据共性技术和行业推广应用的过程中发挥核心作用。创新中心负责制定中心章程，建立规范管理机制，制定发展规划，组织开展产业研究和定义发展方向，确定重大研发任务和建设任务。积极推进成果转化，鼓动联盟单位优先采用中心成果进行产业化。创新中心按照市场化机制运行，经营活动自主决策、自负盈亏、自我发展。鼓励核心成员按照市场化发展的需要通过资金、知识产权等投入方式建立紧密的企业化合作机制，按照符合商业本质和市场规律的原则共同推进工业大数据的产业化。

4. 平台建设

创新中心通过技术赋能工业龙头企业建设行业工业大数据应用平台和工业互联网平台，推动工业大数据技术在新能源、石油、空调制冷、电子制造、工程机械、动力装备等领域的应用并取得显著应用效果。创新中心与金

风科技联合建设的风机协同研发平台案例作为来自中国的唯一案例入选 AWS2017 全球年会。

（二）运行成果

1. 技术创新

创新中心联合清华大学研制了国内首个自主工业大数据平台 KMX，基于 KMX 平台逐步研发了工业数据挖掘分析平台、K2sigma 云端分析工厂、K2Assets 复杂装备智能运维解决方案、智能车间数字化解决方案，KSTONE 工业互联网平台及针对不同工业场景的数据分析应用；联合清华大学构建了针对时间序列数据收集、存储与分析一体化的数据管理引擎"IoTDB"，为行业引入全新方法论及业务部署实施路径，形成了具有完整体系的工业大数据技术与业务应用创新平台，全面降低工业企业应用大数据的成本和门槛。

2. 成果转化和企业孵化

创新中心主要是承接清华大学的专利授权，以最大限度吸收合作单位的技术溢出红利，在实际应用中不断创新和发展，缩小与发达国家的技术差距；同时与四川、苏州等地区分中心形成联动，实现技术专利共享，从而达到创新中心网络内部技术扩散和溢出的优良效果。

目前清华大学授权创新中心的专利和软著如表 26-2 所示。

表 26-2　北京工业大数据创新中心被授权的专利和软著

序号	专　利　号	名　　称
清华大学专利		
1	ZL201110272333.6	一种基于健值库的文件与结构化数据统一存储方法
2	ZL201310617021.3	一种利用非关系数据库存储海量工业设备监测数据的方法
3	ZL201210190832.5	一种非结构化数据查询操作语言的解析与处理方法
清华大学软著		
4	2013SR145379	基于 strom 的实时工况在线监测的拓扑配置管理构件软件

3. 行业服务

北京工业大数据创新中心建设期内，借助行业与区域资源整合优势，大力开展前瞻产业研究和产业推广工作。整合信息通信、工业自动化、工业垂直领域的"产学研用"资源，在工业和信息化部信软司和北京市经信委支持下成立了"北京工业互联网技术创新与产业发展联盟"。联盟以创新中心成员单位为骨干，辐射、带动共性技术在联盟内成员的扩散，整体提升京津冀地区在工业大数据技术领域的研发、应用与创新水平，增强在工业大数据技术领域标准与规范制定的引领作用，带动工业大数据在京津冀乃至全国范围内的快速发展，为将工业大数据创新中心建设成为国家级创新中心提供支撑。截至 2019 年 6 月，通过资本投资和跨行业合作，创新中心已相继在华东地区成立了苏州工业大数据创新中心，在西南地区设立四川工业大数据创新中心，建立天津工业大数据创新中心，并开展运营，投资北京华睿智达科技有限公司、大连开尔文科技有限公司，与 AMT 达成战略合作组建行业分中心，基本完成分中心组建计划。

1）绿能互联工业互联网平台

国网青海省电力公司依托电网核心资源，联合北京工业大数据创新中心、金风科技、清华大学等战略合作单位共同搭建绿能互联平台，以新能源发电作为切入口，为新能源发电方提供集控服务的同时，完成数据初始积累，汇集更多技术提供方，释放数据价值，构建更多应用服务，并形成良性竞争机制，构建"源网荷一体化"的能源互联网生态体系，为新能源的规划、建设、运营、消纳等提供全面服务，促进新能源健康、可持续发展。

2）开尔文新零售平台项目

2017 年 10 月，北京工业大数据创新中心与大连冰山集团共同投资设立了大连开尔文科技有限公司（以下简称"开尔文科技"）。合资公司以大连冰山集团及其关联公司冷热产品的全生命周期为轴心，推动大数据在制冷空调领域应用创新，冰山物联网平台建设以及在智能制造领域的深入探索，实现冰山核心事业的智慧成长。开尔文科技首先聚焦无人零售领域，以无人零售智能终端和互联网平台为抓手，打造新零售应用解决方案。

3）积微物联大数据分析平台

积微物联大数据分析平台遵循以业务为中心、以数据为基础、以平台为依托、以应用为导向的原则。以业务为出发点，着眼于解决业务痛点，不追求高大上。符合国家规范，推进核心竞争力发展，方向超前。从数据现状出发，充分挖掘数据应用方向；不断丰富数据种类和维度；同时遵循行业标准，形成企业标准并推广。建立适应积微物联业务需求、技术先进、架构合理、功能丰富的工业大数据平台；通过大数据平台实现数据整合，打破孤立与割裂，实现纵横深度集成；依托平台构建支撑应用快速开发、迭代的创新体系。

4．交流合作

北京工业大数据创新中心始终坚持"走出去"战略，团队成员多次参加国际行业大赛，斩获国际大奖。2018 年，创新中心参加被称为"数据挖掘领域'奥运会'"的"KDD-Cup"大赛，位列十强；2017 年，参加国际 PHM 协会（故障诊断与健康管理协会）举办的 PHM Data Challenge 大赛，以绝对优势夺冠。

三、北京市智能车联产业创新中心

（一）建设进展

1．组建情况

北京智能车联产业创新中心股东单位为北京及河北地区通信、智慧交通、汽车产业 10 家龙头企业，涵盖智能网联汽车产业全产业链，包括整车厂、核心元部件制造商、信息化服务运营商等，并在自动驾驶与智慧交通产业拥有核心技术与自主知识产权产品，具备创新优势和竞争优势，发起单位为智能交通领军企业北京千方科技股份有限公司。其他股东单位包括北京千方科技股份有限公司、北京亦庄国际投资发展有限公司、北京百度网讯科技有限公司、北京新能源汽车股份有限公司、北汽福田汽车股份有限公司、大唐高鸿数据网络技术股份有限公司、北京中交兴路信息科技有限公司、中兴通讯股份有限公司、长城汽车股份有限公司。

2．队伍建设

创新中心管理层由行业领军人才夏曙东、孙亚夫、吴琼 3 人担任。专业委员会包括 5 人，技术委员会包括 15 人，专家曾多次获得国家、省部级科技奖励、津贴，技术委员会成员均多次牵头或参与过国家、省部级科研项目，多人曾参与国际、国家、行业标准编制等。中心目前总体人员规模为 30 人，90%为科研人员。人员主要来自智能网联汽车行业，为从事政策、标准、研发、测试等具有资深经历的人员。

3．机制建设

创新中心已建立健全科学的管理制度体制，包括研发管理、财务、人力、薪酬体系与激励机制、知识产权等方面。在研发管理制度方面，创新中心已建立《北京智能车联产业创新中心有限公司产品研发项目管理办法》，内容包括立项管理、实施管理、验收管理等方面，规范创新中心产品研发项目管理，并确保项目在立项、实施、验收等环节的科学性和合理性。

在人力资源管理方面，创新中心已建立《创新中心行政管理办法》，包括印章管理、档案管理、固定资产管理等方面，规范创新中心的人力资源与行政管理。在薪酬体系与激励体制方面，创新中心已建立《北京智能车联产业创新中心有限公司薪酬福利管理办法》，充分发挥薪酬的激励作用，拓展员工职业上升通道，建立相对公平、公正、科学、合理的薪酬体系，发挥员工的积极性、创造性，实现公司的经营目标。

在知识产权管理方面，创新中心已建立《职务发明专利管理办法》，建立整体专利管理体系，鼓励职务发明创造，加强对自主知识产权的开发和保护，制定职务发明专利奖励体制，对职务发明专利申请的发明人进行奖励。采用考核原则、评审原则、统一存档原则、保密原则等准则，激励员工创新。在激励员工知识产权创新方面，创新中心已建立健全的专利奖励机制：在获得专利受理通知书后，根据专利类型按照该项专利奖励总额的 50% 给予职务发明技术撰稿人奖励；在获得该项专利授权公告通知书后，再按照该项专利奖励总额的 50% 给予职务发明技术撰稿人奖励。同时设立"年度创新奖"与"年度最佳专利技术贡献奖"，奖金额度达 5000 元。

（二）运行成果

1. 技术创新

创新中心初步形成"自动驾驶虚拟仿真—封闭场地—开放道路逐级联动"的测试评价服务体系。包括三大联合实验室，与百度联合建立自动驾驶车辆仿真测试联合实验室，与 51VR 合作建立自动驾驶车辆人机混驾联合实验室，与中国信息通信研究院联合建立 C-V2X 网联测试联合实验室。建设完成 800 余亩的两大封闭试验场，可模拟 85% 城市场景、90% 高速场景。建设完成全球首条潮汐 V2X 道路，推动北京市开放经开区、海淀区、顺义区、房山区 4 个区域 44 条共计 123 公里的自动驾驶路段。

创新中心推出国内首套自动驾驶车辆能力评估系列标准。标准纳入 2018 年工业和信息化部百项团体标准应用示范项目，面向全国推广。2018 年 12 月，由北京市经济和信息化局牵头，依托中关村智能交通产业联盟，由中心联合百度、信通院、千方科技、北汽福田研究制定的《T/CMAX116-01—2018 自动驾驶车辆道路测试能力评估内容与方法》入选工业和信息化部百项团体标准应用示范项目，并将在全国推广应用。

创新中心在全球范围内首次提出了以交通场景复杂度来划分自动驾驶能力级别的测试评价思路。从交通密度、车道类型、交叉路口形态、交通设施种类、区域特征、交通参与者特征、交通流组织模式等维度，将城市交通复杂度划分为五大类场景；在每类城市交通情景下，从认知与交通法规遵守能力、执行能力、应急处置能力、综合驾驶能力、网联驾驶能力 5 个维度对自动驾驶能力进行分级，分别为 T1-T5 共 5 个等级；其中如车辆具备 V2X 车路协同功能，则被特别标注为 TX。评估内容涵盖美国高速公路安全管理局（NHTSA）关于自动驾驶的 28 项测试内容，也涵盖我国工业和信息化部、公安部、交通运输部联合发布《智能网联汽车道路测试管理规范（试行）》中的 14 项测试内容。同样，依据五大类场景，对开放测试路段道路进行分级，分为 R1～R5；其中，测试道路具备 V2X 车路协同功能，则被特别标注为 RX 道路。根据自动驾驶车辆封闭测试场通过的能力评估级别，确定其能行驶的开放测试道路级别，避免了自动驾驶车辆在其不能驾驭的交通场景下进行测试，保障开放道路测试的安全有序进行。

2．行业服务

依托"场—路—区"三级试验环境，进行智能网联汽车测试评估方法研究、系统及专业设备的搭建，形成国内高水准的，具备为智能网联汽车提供测试评估的公共服务能力。目前，已为 20 多家厂商提供服务，支撑百度、上海蔚来、北汽新能源、小马智行、戴姆勒、智行者、奥迪、腾讯、滴滴、金康、四维图新这 11 家企业共 67 辆测试车辆获取北京市自动驾驶车辆道路测试临时行驶车号牌。

3．交流合作

创新中心开展了丰富多样的行业交流合作，接待国际参观交流二十余次。如 2019 年 3 月 20 日，与澳大利亚自动驾驶代表团就两国行业发展动态、面临的问题与机遇等话题进行了友好的交流。2019 年 3 月 6 日，日本 UTMS（新交通管理系统）协会一行人员前往北京经济技术开发区调研参观国家智能汽车与智慧交通（京冀）示范区并就智能网联产业技术的发展与北京智能车联产业创新中心进行深入沟通。2018 年 6 月 12 日，松下集团电气化解决方案开发部副总经理岩崎隆之、整体解决方案开发中心技术顾问一行赴国家智能汽车与智慧交通（京冀）示范区亦庄基地调研交流。创新中心与百度合作共建了自动驾驶车辆仿真测试联合实验室、与 51VR 合作共建了自动驾驶车辆人机混驾联合实验室。

第二十七章

上海市

第一节　总体进展与经验特色

制造业创新中心是构建新时代制造业创新体系的核心节点，上海市高度重视制造业创新中心的建设工作。自 2017 年 1 月份发布《上海市制造业创新中心建设工程实施方案》以来，上海市按照"统筹设计、分步实施、突出重点、与时俱进"的原则，围绕上海制造业加速转型升级发展的重大需求和实际情况，在工业和信息化部的指导下，布局了 6 家制造业创新中心（见表 27-1），储备了一批重点领域后备制造业创新中心，为全面提升上海制造业整体素质和创新能力发挥了突出作用。在不断加快省级制造业创新中心能力建设的同时，上海积极对标省级制造业创新中心升级为国家级制造业创新中心条件，积极培育、指导智能传感器、集成电路创新中心全力争创国家级制造业创新中心。同时，上海积极组织、指导两个国家级创新中心申报工业和信息化部创新中心能力提升专项项目，两个创新中心共获得国家专项支持 4 亿元。此外，上海还通过"制造业创新中心建设专项"、"工业强基专项"、功能转化平台等支持创新中心对前沿技术、共性关键技术和跨行业融合性技术开展联合攻关和协同创新，近年来市级财政共支持近 3 亿元。

表 27-1　上海市制造业创新中心建设进展

序号	中心名称	运营公司	建设进展	成立时间
1	国家集成电路创新中心	上海集成电路制造创新中心有限公司	国家级	2018 年

续表

序号	中 心 名 称	运 营 公 司	建设进展	成立时间
2	国家智能传感器创新中心	上海芯物科技有限公司	国家级	2017 年
3	上海市智能网联汽车创新中心	上海淞泓智能汽车科技有限公司	省级	2017 年
4	上海市增材制造创新中心	上海莘临科技发展有限公司	省级	2017 年
5	上海市先进激光技术创新中心	上海中科神光光电产业有限公司	省级	2017 年
6	上海市海洋工程装备创新中心	上海海洋工程装备制造业创新中心有限公司	省级	2018 年

一、科创中心需求牵引，聚焦重点抓紧布局

为全面落实中央关于上海要加快向具有全球影响力的科技创新中心进军的新要求，积极对接工业和信息化部关于国家制造业创新中心整体布局，解决关键领域关键核心技术难题，上海市经信委围绕产业发展需求，对接聚焦上海方案，充分发挥创新中心承担主体的积极性，在集成电路、智能传感器、增材制造、智能网联汽车、海洋工程装备和激光技术等领域相继布局认定了 6 家省级制造业创新中心。通过"制造业创新中心建设专项""工业强基专项"等政策支持创新中心对前沿技术、共性关键技术和跨行业融合性技术开展联合攻关和协同创新。制造业创新中心普遍采用了"公司+联盟"的模式运行，以协同创新为取向，以产业前沿技术和共性关键技术的研发供给和转移扩散为重点，不断完善其功能定位，在产业前沿和关键技术研究、技术转移扩散和服务行业、新型产学研用协同创新、制造业人才培育等方面取得了显著成绩。

二、依托长三角一体化，布局产业链跨区域协调创新

上海市制造业创新中心依托国家长三角区域一体化战略，积极利用国家和市级制造业创新中心技术等优势，加强长三角区域合作，联合建立创新分中心和研究实体，推动相关行业共性关键技术研发、供给和转化应用。智能网联汽车制造业创新中心推动签署《长三角智能网联汽车道路测试互认协议》，积极推动长三角区域合作，发挥上海"大脑作用"。先进激光制造业创新中心紧密围绕先进激光产业链，先后与南京先进激光技术研究院、杭州光

学精密机械研究所等建立科技成果转化基地，在长三角区域形成了"激光与光电子"的高科技企业集群；增材制造制造业创新中心围绕增材制造共性技术发展路径，规划 2020—2022 年长三角增材制造协同创新计划，联通长三角高校、研究机构、医学机构、高端制造业共同开展增材制造共性技术研发和转化；上海海洋工程装备制造业创新中心聚集了以上海为中心的长三角多家股东单位，利用长三角高校科研院所具备的海洋工程技术支撑力量，打造典型的区域型海洋工程装备创新平台。

三、建立常态工作推进机制，加快推进创新中心建设

上海市经信委按照工业和信息化部要求，对制造业创新中心建立了规范高效的常态化推进机制，牵头组织对制造业创新中心进行年度评估和定期（三年一次）考核。每年邀请行业专家对照各创新中心建设方案，对建设目标和建设内容完成情况、技术益出模式、公共服务水平、创新资源集聚、核心定位发挥、协同化创新、市场化运行、公司化发展、产业化推进、可持续发展、行业发展的推动作用等情况进行全面评估考核，较好地促进了各创新中心的建设水平。上海市高度重视和大力发展集成电路产业，扎实推进集成电路创新中心建设。上海市经信委和复旦大学共同组织召开"国家集成电路创新中心专题会"，建立了由市经信委、复旦大学、华虹集团和中芯国际组成的国家集成电路创新中心协调推进工作领导小组，同时，由创新中心三家股东单位复旦大学、华虹集团和中芯国际为主，市经信委参与成立现场工作组，每周召开工作例会，就协调推进工作领导小组明确的重点事项梳理工作计划表，明确工作目标，形成推进方案，取得了明显的效果。

第二节　典型创新中心建设进展

一、上海市海洋工程装备创新中心

（一）建设进展

1. 组建情况

上海海洋工程装备创新中心依托于上海海洋工程装备制造业创新中心有限公司，股东单位包括中远海运重工有限公司、美钻能源科技（上海）有限公司、烟台中集来福士海洋工程有限公司、上海振华重工（集团）股份有

限公司、大连船舶重工集团有限公司等 26 家单位。创新中心以"公司+联盟"模式运行，依托中国深远海海洋工程装备技术产业联盟（简称中国海工联盟）。中国海工联盟涵盖了我国海工总装建造白名单企业，三大油气集团、关键系统与设备供应商、金融机构和产业基金，以及科研院所、高校等 60 多家单位。

2. 队伍建设

目前创新中心总人数共 34 人，包括智库院士专家（北京）18 人，创新中心（上海）16 人，其中核心研发人员 29 人，2020 年固定员工达到 50 人，规划到 2021 年固定员工达到 60 人，项目参研人员根据项目的需求进行调整，预计项目人数 150～200 为人。

3. 机制建设

在项目管理方面，创新中心采用协同创新机制。创新中心在政府支持下，联合成员单位，开展研发设计、成果转化、行业服务、人才培养、国际合作，实现产学研协同创新机制。创新中心按照国家战略和创新中心建设目标，围绕整个海工产业链的系统重大需求，组织开展产业共性关键技术攻关，努力实现"三个统一"。一是统一规划，面向产业，制定发展战略和技术路线图，统筹规划基础研究、应用开发和产业化。二是统一组织，重大关键共性技术的研发在创新中心内择优选择团队，实现项目负责制。三是统一管理，依托海工创新中心，对项目实现全过程管理，包括规划、立项、实施以及后续转化。

在资源整合集聚方面，创新中心与国外培训机构合作研发"大型海洋工程项目调试完工管理认证培训课程"；初步建设了海工联盟门户网页平台，促进行业信息共享、交流合作，并利用该平台信息及数据等制定行业的标准和规范；协调海工装备行业的研究实验基地（中心、实验室）等资源梳理，搭建行业资源共享平台。

人才培养方面，强化创新中心的国际化进程，通过汇聚一批国内外学术专家，组织承担国家重大科技创新专项或项目和国际研发合作项目，邀请国内外知名专家、学者开展高峰论坛、专题讲座等培养成员单位的骨干人才；采用科研合同带动成员单位研究人员的业务水平；依托国家制造业创新平台的品牌及掌握了解海洋工程装备制造人才需求及现状，与国家高等院校、职业技术学校等教育资源进行对接，建立健全的海洋工程装备制造人才培养体系，支持相关高校设立课程、学科或专业，同时组织向在校师生提供现场感受和实习的机会和条件。与成员院校建立校企间的人才交流与合作机制和资源共享机制，选派优秀人才兼任院校老师，同时邀请院校选派优秀老师挂职离岗在创新中心开展研究开发工作，促进科研人员在院校和海工创新平台合理流动。

在知识产权归属和分享机制方面，创新中心按照市场化原则，以知识产权利益分享机制为纽带，促进创新成果的知识产权化，增强关键核心技术知识产权储备，创新中心依靠股东单位及海工联盟成员单位的合作与协同，共同完成创新研究任务，对于知识产权和成果遵循"开放、共享、共赢"原则。

4. 平台建设

创新中心正在开发基于数据孪生的海工装备数字测试平台，公司将建成海工设备数据中心、海工测试资源数据中心、公共数据测试试验平台以及数据仿真显示中心，项目分五年建成，第一期形成初步测试能力，并形成示范应用。该项目将成为公司为全行业提供数字测试技术的共享平台。

（二）运行成果

1. 技术创新

创新中心与挪威 JIB 团队签约联合研发数字仿真平台和标准研究（OSP）项目；与美国 INTECSEA 公司签订海上大型浮式风电场技术研发项目；与上海振华重工合作进行坐底式风电安装船的开发与实船应用；与中车联合开展大功率直流组网电推系统研发与实船应用；与中海油总院及美钻石油联合进行智能监测水下井口采油树等关键设备的开发应用；参与水下强电湿插连接器 500 米级国产化项目，攻克水下强电湿插连接器 500 米级的设计技术，完成制造、测试平台搭建。

2. 成果转化和企业孵化

为海工联盟成员单位组织项目评审及咨询服务，辅助成员单位（美钻能源科技）关键设备国产化，具体设备及技术包含 MDSW 型水下高压井口、MDML-W 型泥线悬挂井口、MDSC 型系列水下管道连接器等 11 类，其中部分产品已通过生产厂家获得南海某公司的意向订单。

3. 行业服务

创新中心建设海工制造业创新服务公共平台，组织行业咨询实现资源交互，组织联合研发营造开放式创新环境。发起了"陆上—海洋—数字"

三位一体的测试认证体系建设规划，梳理国内海工设备测试需求及测试条件，搭建海工设备试验资源共享平台，完善海工装备测试标准体系，建立海工设备陆上干湿交替式测试场、浅水测试场和深水测试场以及数字测试场的体系。

4. 交流合作

国际交流合作方面，一是于 2019 年 5 月组织中国石油大学、美钻能源科技等联盟成员单位参加在美国休斯敦举办的油气展（2019OTC），并参与国际海洋工程师协会（IAOE）协办论坛交流，积极宣传中国海工联盟及各成员单位；二是与 EVOLEN "法国海工联盟" 探讨国际合作。EVOLEN 目前有 1250 多个成员，包括 250 家企业和 1000 余名专家。中国海工联盟在 2019 年与 EVOLEN 组织了多次会面交谈，就促进中国海工企业与法国海工相关企业（如 Technip、Total）进行业务交流；三是参与 DNV 组织的国际海工数字化建设论坛研讨。

二、上海市先进激光技术创新中心

（一）建设进展

1. 组建情况

上海先进激光技术创新中心按照公司法组建现代法人治理结构，以企业化形式运作，以上海中科神光光电产业有限公司（简称 "上海中科神光"）作为承担实体，由上海中科神光负责上海先进激光技术创新中心的各项建设和发展工作。上海中科神光光电产业有限公司的组织机构由股东会、董事会、技术专家委员会、总经理及部门构成，实行董事会领导下的总经理负责制的公司管理架构。

2. 队伍建设

创新中心在运行中初步探索了行政与技术的双轨制运行，行政事务由董事会负责并行使相关公司管理职权，技术事务由技术专家委员会负责。技术专家委员会由国内外知名的激光领域技术专家，以及企业界和政府委派的专家组成。目前，创新中心已吸引、汇聚高水平产业技术研发人员 22 名，其中领军人才 3 名，初步打造起一支国内一流的激光先进制造技术创新创业团队。

3．机制建设

科研和产业化制度上，创新中心以产业技术贡献为考评标准，不看论文，不评职称，不论年龄、资历和学历。年轻人的成长空间没有天花板，形成了"海阔凭鱼跃，天高任鸟飞"的良好氛围，充分激发了科研人员的创新创业积极性，使创新中心成为充满活力的企业化运作平台。孵化企业管理制度上，一方面，对孵化企业的健康合规发展制定了各项要求；另一方面，又对孵化企业提供了各类政策扶持，保证了企业得到较宽松的发展环境，从而提高科研人员的产业化积极性。

4．平台建设

目前，创新中心已初步形成激光产业前沿与关键共性技术需求和下游企业个性化技术需求输入；整合上海光机所提供的人才技术和仪器设备共享，嘉定工业区提供的场地、资金和政策支持，合作单位提供的建设经验、技术指导和工程协助等创新资源；对外进行激光产业前沿与关键共性技术以及个性化技术解决方案的输出，确保了将整个创新资源有机统一，将优势发挥到最大，从而促进创新中心的可持续健康发展。

（二）运行成果

1．技术创新

2019年度，创新中心下属的4个研发中心建设稳步推进，行业前沿和共性关键技术研发取得多项突破。

1）新能源汽车关键工艺及高端装备研发方向

新碳钢侧墙结构激光填丝焊焊接工艺研究：围绕用户单位对列车车体用高强高耐候钢激光填丝焊的技术需求，开发出适用于不同涂层的等厚同质、不等厚异质高强钢对接、T型接头焊接技术。目前，正在开展进行焊装夹具的设计和制造。该项技术此前一直被西门子等国外公司垄断，该项目是国内首次完成该技术需求的相关性能指标。

第三代高强钢激光点焊：围绕第三代高强钢激光点焊技术开展研发，目前，已开发出第三代高强钢无缺陷、高性能激光点焊技术，完成QP980、QP1180裸板/镀锌板材料激光点焊工艺开发与性能评估，突破了第三代高强钢焊核难以长大、焊接性能差等难题，在世界上首次实现了激光点焊力学性能达到汽车工业界的制造需求。相关技术申请发明专利一项。

汽车车身用铝合金电阻点焊：围绕铝合金板材电阻点焊技术开展研发，

完成修磨设备设计，申请相关专利一项。该项技术打破国外垄断，且与国外技术相比：该技术性能提升>20%，降低能耗>20%。

2）激光智能制造核心器件研发方向

高端光刻机照明系统研发方向：目前，在 28nm 浸没光刻机照明系统研发方向，研发项目于 2018 年 11 月通过 02 专项组织的初步设计评审，并进入详细设计阶段，2019 年 9 月已完成详细设计校验评审。在自由光瞳照明模块研发方向，完成单元分解，傅里叶变换镜组光学设计和结构初步排布及整体光路的初步排布，完成电控单元需求分析、完成概念设计以及光瞳评估算法的初步明确。

生物检测光电仪器研发方向：主要由创新中心孵化公司上海镭慎光电科技有限公司开展研发。目前，已开发出覆盖全应用的产品系列：包括面向公共安全、大型场馆的 RBM-2 型，面向港口、出入境的 SWL-3C 型，面向食品厂、药品厂和 GMP 厂房的 SWL-1G 型，面向医院、医疗场所的 SWL-2Y 型等多个型号。

3）激光智能制造高端装备研发方向

机载双频激光雷达研发方向：目前已经建成了集研发、测试和小批量试生产于一体的场地，综合面积 1000m²。2019 年 5 月，开发完成国内首台 486.1nm 和 532nm 蓝绿双波长多通道海洋激光雷达，在我国南海水域开展了机载蓝绿激光雷达海洋光学参数垂直剖面探测试验，国际首次获取大于 160m 水深的海洋光学垂直剖面；2019 年 7 月，完成了避障激光雷达的产品开发，该产品最大测量距离达到 25m，扫描频率 15Hz，角度分辨率 0.33°，瞄准自动仓储、物流、工业流水线上的自主避障和导航应用，目前正在多个工业用户方进行试用。

精密光子传感检测工程平台研发方向：初步完成了整个精密光子传感检测工程化平台设计和建设，主体部包括三部分：精密光子传感检测技术工程化平台、系统例行试验平台和焊接质量检测平台。

4）新型光电功能材料研发方向

新型光电功能材料研发中心针对高速极端环境对红外窗口材料提出的高强度、高热导、高力学性能、高红外透过以及低红外辐射等极端挑战，开展了高温低辐射倍半氧化物红外陶瓷材料的研究工作，基于倍半氧化物组分设计，发展了 $(La,Sc)Y_2O_3$ 等固溶体低辐射陶瓷新体系（YSO）。

2．成果转化和企业孵化

创新中心研发的前沿和关键共性技术尝试采用"基础研发与小试——知识产权创造——自行实施中试——知识产权对外转让许可转移转化"的技术转移扩散模式。创新中心共孵化和集聚了 5 家高科技企业，同时，创新中心的其他几个优势研发方向，如新能源汽车用新材料焊接装备及工艺、激光雷达等研究团队，也拟成立新的科技产业公司，目前正在积极地筹备过程中。

3．行业服务

创新中心接受企业委托开展技术研发、技术服务、技术咨询等"四技"服务，积极将研发成果及时辐射给行业，向企业尤其是中小企业源源不断提供前沿技术、共性技术和新工艺、新设备、新知识。一年来，共签订技术转让、技术开发和技术服务等合同 23 项，合同总额 1400 余万元，委托方包括研究院所、高校和企业等，涉及的行业包括航天、车辆、铝业、钢铁、传感、材料等多个领域，较好地体现了创新中心研发技术的前沿性和行业技术共性。

4．交流合作

除了孵化和集聚高科技企业之外，创新中心还积极与本领域相关高校院所以及上下游企业开展交流与对接，目前正在策划联合上海激光所、长春光机所、同济大学、东北大学等多家高校院所以及宝钢、鞍钢等钢铁集团，中铝、南山铝业等铝业集团，海克斯康、凌云工业等设备供应商，以及上汽、蔚来、富士康、中车唐山等制造商构成的上下游企业共同组建先进激光技术创新产业联盟，以开拓立足上海、辐射长三角、放眼全国的先进激光前沿和关键共性技术协同创新、共同发展的新局面。

三、上海市增材制造创新中心

（一）建设进展

1．组建情况

上海市增材制造创新中心以上海莘临科技发展有限公司为运营载体，汇聚了一批在增材制造领域具有优势发展方向的研发、制造、应用单位，以协同创新为取向，以产业前沿技术和共性关键技术的研发供给、转移扩散和首次商业化为重点，由各类创新主体自愿选择、自主结合，发挥各自优势，整合相关创新资源，打造跨行业、跨领域、网络化的制造业创新生态系统。创新中心成员单位包括同济大学、上海交大、上海工程大、中科院上海光机所、上海市增材制造协会、上海产业技术研究院、上海市增材制造研究院、上海材料研究所、上海第九人民医院、上海长征医院、中国航发商发、上海航天、上海电气、上海联泰、上海飞博激光、oerlikon、SLM Solutions、Renishaw、EVONIK 等产业链上中下游权威机构。

2. 队伍建设

中心专业委员会现有成员 28 人，其中院士专家 2 人，外籍专家 12 人。五大建设模块团队人数 32 人，50% 为研发人员。中心首席科学家戴尅戎院士是国内最早将 CAD/CAM、快速原型等技术应用于定制型人工关节，将数字医学、精准医学广泛临床应用、普及推广的奠基者之一，其研发团队数十年对数字医学的研发成果，受到政府和社会各界的高度重视和认可。

3. 机制建设

项目管理方面，创新中心通过项目初评机制，公平竞争甄选最优项目方案，并给予相应的支持。最优方案往往要具备 4 个条件：一是与政府的政策和产业发展重点相一致；二是通过公平竞争脱颖而出；三是由能够代表技术创新链各环节的相关机构所组成的多成员团队来执行；四是建立起清晰的、全过程的成果转化路径。据此，创新中心能够挑选出最具有开发和应用价值的前沿制造技术，避免了科研与产业脱节的情况，最大限度地降低了技术转化风险。

组织机制方面，中心采用联盟会员制度，会员来自增材制造供应链的上中下游，包括相关企事业单位、高校、科研院所、协会等。自 2017 年 2 月筹备以来，会员数量迅速发展，参与程度越来越高，形成行业集聚发展、协同创新的大好局面。会员每年通过技术服务、现金或实物支付会员费。创新中心围绕产业需求组织成员单位进行增材制造领域深入的前沿技术和产业化共性技术研究、技术标准研究与取证咨询、产业化应用的技术成果转化推进、增材制造从业人员的教育培训工作等。

人才管理方面，创新中心人才团队建设分为专职与双聘两部分，鼓励各成员单位科研人员在履行本单位岗位职责的同时，书面提出兼职申请，经所在单位同意的，可以到中心兼职，为实现高新技术成果转化、技术攻关提供有偿服务，并获得兼职报酬。同时鼓励高校和科研院所技术人员离岗创业，在企业孵化期间（3~5 年）内保留人事关系，原有聘用合同暂停。创业人员及所在创业企业可以通过办商明确创业孵化期限、聘用合同更变、科研成果归属、收益分配等事项。

知识产权方面，创新中心将在立项之初就进行知识产权划分。结合科研成果转化奖励机制，根据项目的出资情况、研发人员投入情况进行知识产权清晰化划分。使之更有利于成果转化和产业化扩散。创新中心设立详细的章程和知识产权协议，规范中心成员的活动，包括话语权、参与度、成果与信息分享权等。

（二）运行成果

1. 技术创新

中心通过跨界协同、网络化产业生态体系建设，积极整合成员单位的行业资源与渠道，引荐整合了更多的高校、企业、研究机构加入协同创新网络，如上海海事大学、复旦大学、中山医院、法国圣戈班集团、天际汽车集团、捷豹路虎研发中心、通用泛亚等机构，先后联合承担了诸多方向的技术创新任务。

（1）中心开展基于面曝光技术的医学 3D 打印专用设备关键技术和临床应用研究，新申请知识产权 4 件 研发军民两用便携式 3D 打印专用装备，样机处于调试阶段，新申请知识产权 8 件；研究汽车零部件创成式设计与增材制造关键技术，已通过北汽新能源动力总成系统右转向节的初期开发验证，达到零部件减重 30% 的实际效果，填补国内这一应用领域空白。

（2）创新中心联合上海交大医学院附属第九人民医院戴尅戎院士团队，进行医学 3D 打印体系开发，形成"医学 3D 打印协同创新联盟"项目，由中心首席科学家戴尅戎院士担任带头人，把医学 3D 打印的远程诊疗、远程定制、临床手术指导、个性化定制、医工人员培训、数字医学中心建设集成整体技术解决方案，推广到全国近 30 个三甲医院，最远已达新疆、内蒙古、甘肃等地。

（3）创新中心联合上海交大医学院附属第九人民医院、艾富特健康医疗合作，完成针对足部畸形诊疗专用设备与个性化定制方案开发，形成"定制化足部矫正鞋垫"项目，为足部畸形患者提供 3D 打印个性化定制康复鞋垫诊疗方案，由医学 3D 打印协同创新联盟网络推广应用，已为全国十余家三甲医院提供足部畸形个性化矫正辅具。

（4）创新中心联合天际汽车集团、纽泰格科技股份、上海海事大学，创成式设计与增材制造技术的系统技术研发，共建"新能源汽车创成式设计与增材制造工程技术中心"，已通过技术招标承担北汽新能源汽车动力总成部分的右转向节技术开发委托，已完成整体技术解决方案。

（5）创新中心联合极臻三维、苍寻智能科技、华缇智能科技，通过"3D打印+"的模式，以"3D打印+文化创意+人工智能"，完成基于5G环境下的IOT物联方式搭建非接触式人工智能协同应用系统第一阶段开发，搭建国内首个"基于3D打印和人工智能技术的创新体验驿站"样板工程并向社会开放。

2. 成果转化和企业孵化

技术转移转化方面，创新中心先后在临港新片区集聚了上海云铸三维、创轲新材料、华缇智能科技、苍寻智能科技、禹秩智能科技、长肯实验设备等10家企业，工业级3D打印装备保有量达50余台套，为全市产业园区工业装备保有量之首。逐步围绕临港航空航天、新能源汽车等重点领域，如为商发制造、上海飞机、上汽集团、天际汽车集团等进行产业配套，在临港重装备产业地区初步形成了数字设计、数字制造、增材制造精益生产特色生产型服务集聚区，2019年度总体营收近6000万元，服务企业逾200家。

产业创新行动方面，通过系列产业创新行动带动产业创新发展，形成典型案例示范和系统技术输出能力。如上海市新能源汽车创成式设计与增材制造工程技术研究中心通过创成式设计、快速验证、3D打印工艺完成北汽新能源汽车动力总成右转向节技术开发订单100万元；"基于面曝光的医学3D打印专用设备"项目实现技术交易175万元（技术交易已备案），相关设备目前与多家医院招有供需关系；3D打印+人工智能创新应用场景示范场馆与多地合作中。

项目培育与孵化方面，创新中心成立之初，就把技术成果转化和项目培育列为重要工作之一，创新中心于2019年获得浦东新区"创新型孵化器"认定，目前入孵企业12家。借助"3D打印+人工智能"创新应用场景示范场馆，孵化器联合上海工程技术大学、上海海事大学签订产学研合作协议，同期开展了系列双创和科学普及工作。

3. 行业服务

创新中心聚焦航空航天、数字医学、汽车及零部件、文化创意等增材制造重要发展领域，整合行业力量，通过共性技术研发、技术创新应用、联合攻关、技术服务、仪器设备共享等方式，向企事业单位和社会各界提供服务逾300次。

4. 交流合作

国际交流合作方面，自创新中心成立以来，先后两次主办规模近千人的"SAMA 国际论坛"，积极搭建增材制造产业技术国内与国际交流合作渠道；通过与联合国工业发展组织紧密合作，获得"联合国工业发展组织上海全球创新网络增材制造示范中心"认定；2019 年 10 月，协办科技部"一带一路医学 3D 打印国际培训班"，负责上海临港地区实训教培任务；先后搭建"创新中心-Renishaw 联合实验室"，"创新中心—新加坡国立增材制造创新中心联合实验室"。国内交流方面，中心先后与杭州、宁波、嘉兴、常州、南通等长三角地市开展交流合作，并以技术合作、整体技术方案输出的方式，向各地提供服务。

四、上海市智能网联汽车创新中心

（一）建设进展

1. 组建情况

上海市智能网联汽车创新中心共有测试认证部、集成应用部、前瞻技术部、标准研究部、大数据部、综合规划部、平台建设部和办公室共 8 个部门，拥有专业的人才团队，功能齐全的测试设备，完善的封闭区和开放道路测试环境，科学规范的测试流程。2019 年，创新中心组织管理架构和模式总体稳定，各项工作稳步开展。

2. 队伍建设

创新中心汇聚了车辆工程、交通工程、计算机、通信工程等跨学科高端人才，截至 2019 年 12 月，在职员工 50 人，研发人员占比近 90%，团队秉持"专业、高效、自信、开拓、创新"的理念，为打造一流的测试服务水平和技术研发能力，争创国家级制造业创新中心的目标而努力奋斗。

3. 机制建设

科研项目管理方面，创新中心积极联合行业合作伙伴开展智能网联汽车领域的科研工作，同时，积极配合股东单位开展国家及省市级科研课题项目的申报与执行，建立了成熟的智能网联汽车科研项目管理机制。

市场化运营方面，创新中心建立了由商务前期技术和商务对接，项目确定后技术部门负责具体技术执行并形成交付物完成交付，商务部门完成相关商务流程的完善的市场化运营机制。

成果转移扩散方面，基于已有的封闭测试区和开放测试道路的建设运营管理经验，创新中心积极整合相关的设备和技术资源，建立了成熟的智能网联汽车示范区建设"上海模式"输出机制，具备提供完整、全面地设计和建设方案的能力，目前已为多个地区智能网联示范项目建设提供技术方案输出。

知识产权协同运用方面，针对智能网联汽车关键和共性技术开发，汽车城（集团）主要为创新中心源头开发提供相应支撑保障，创新中心负责具体开发任务，两者建立了一套闭环运行的知识产权协同运用机制。

4．平台建设

依托国家智能网联汽车（上海）试点示范区，创新中心建设了"一场、一路、一库、一中心"4 个创新服务平台。"一场"是指研究制定技术方案，协助汽车城集团建设国内第一个智能网联汽车专用封闭测试区，并负责具体运营和管理。目前，已累计为 80 余家国内外企业提供超过 1200 余次、超过 10000 小时的测试服务，完成 1000 余次参观接待及 100 余次的商业活动、媒体采访及会议和赛事服务。"一路"是指研究形成道路智慧化建设系统解决方案，协助汽车城集团建设国内第一条面向智能网联汽车测试运行的智慧道路并负责具体管理，率先实现车路网云一体化。上海开放测试道路达到 87.5 千米，测试安全里程超过 16.8 万千米，累计测试时长达 7498 小时。"一库"是指建设国内第一个智能驾驶全息场景库，定义和梳理了"中国工况"。目前，已积累 2000 例交通事故深度调查数据，完成 20 余类场景的提取工作。"一中心"是指研究制定建设方案，协助汽车城集团建设国内第一个智能网联汽车道路测试数据分析和监管中心，实现人、车、路、环境数据实时动态采集，确保道路测试安全有序可控。

（二）运行成果

1．技术创新

创新中心积极开展前瞻共性技术研究，取得了 4 项关键技术成果，即建立一套智能网联汽车应用关键技术体系并突破一批核心技术、构建一整套完善的智能网联汽车测试评价体系、建设一套智能驾驶全息场景库、研发一套关键设备产品。

1）建立一套智能网联汽车应用关键技术体系

围绕"可运行、可推广、可监控、可认证、可提升"的总体目标，创新中心率先建立了一套智能网联汽车应用关键技术体系。突破一批核心技术，包括大规模组网条件下 V2X 应用技术；高精度协同定位技术及动态高精度地图增量技术；自然交通场景下人机混驾冲突消解技术；基于三网合一及大数据构建时空一张图；多维驾驶态势的抽象泛化、变尺度重构等；基于虚拟仿真和平行实验技术的环境适应性量化评估与优化技术等。

2）构建一整套完善的智能网联汽车测试评价体系

一是在国内率先构建一整套完善的测试体系。创新中心在国内率先构建多目标复杂场景的链化测试方法，形成从仿真到开放道路的完整体系，建成国内领先、国际先进的智能网联汽车测试体系。同时打通多车协同控制技术壁垒，在国内首次实现多车协同测试。二是建立国内最齐全的测试工具体系。面向全行业提供持续性测试服务和研发支持，系统地支撑上海智能网联汽车进入公共道路前的准入测试，并支持企业的研发测试。

3）建设一套智能驾驶全息场景库

2017 年，创新中心提出"昆仑计划——中国典型道路智能驾驶全息场景库建设"，积极开展相关数据积累与各项研发工作，为智能网联汽车研发及测试奠定数据基础，为功能和技术指标定义提供数据依据。2019 年，场景库已经积累了 2000 例交通事故深度调查数据（CIDAS）。同时，通过自然驾驶获取上海及长三角周边城市车辆驾驶与环境数据，基于该数据库，已完成 20 余类场景的提取工作，形成依据驾驶行为划分、交通参与对象运动关系和道路交通环境分类的中国典型道路全息驾驶场景库。

4）研发一套关键设备产品

为配套示范区开放道路测试环境建设，创新中心完成了 Sibox 产品技术研发、集成和搭建工作，实现了多种不同协议类型信号机跟 V2X 设备的对接和数据读取，支持在不更换信号机的前提下实现 V2X 功能，同时支持跟 LTE-V、5G 微基站以及数据中心的通信。2018 年 7 月，"Sibox 产品开发项目"荣获 2018 年中国汽车智能化技术优秀创新项目。2019 年，在开放测试道路上完成了 24 个 Sibox 设备安装和调试工作。

2. 成果转化和企业孵化

目前，创新中心已与海南、苏州、绍兴、常熟以及上海奉贤、金桥等多个地区开展合作。一是为智能网联示范项目提供技术输出，推进绍兴快速路建设，建设国内首个面向自动驾驶的城市快速路系统。二是推进苏州园区智能网联示范区建设，国内首个面向基于 5G 的自动驾驶汽车的智慧交通园区。

三是推进海南博鳌东屿智能网络示范区建设，成为国内网联汽车与智慧交通应用示范区。四是推进常熟中国智能车综合技术研发与测试中心建设，建成中国首个智能车研发与测试中心。五是承担奉贤南桥园区智能网联汽车地库及园区测试示范区解决方案编制，涉及园区及测试场的改造、数据中心建设、开放道路规划、应用展示及体验中心方案等。六是承担金桥智慧交通建设方案编制，在金桥范围内打造 5G 智慧交通应用示范区、建设智能网联汽车新技术与标准研究的国际交流合作平台，以及技术测试与应用展示的窗口。

3. 行业服务

围绕服务政府、服务行业和服务技术，创新中心持续打造 3 个公共服务平台，不断提升公共服务能力水平。政府智库服务方面，创新中心积极承担政府智库角色，支持上海市相关委办开展智能网联汽车测试管理政策研究制定工作。牵头起草并成功推动发布《上海市智能网联汽车产业创新工程实施方案》《上海市智能网联汽车道路测试管理办法（试行）》（沪经信规范〔2018〕3 号）和《上海市智能网联汽车道路测试和示范应用管理办法（试行）》（沪经信规范〔2019〕7 号）等一批管理政策。行业公共服务方面，受推进工作小组委托，创新中心作为第三方机构，受理智能网联汽车测试主体提出的测试申请，主导完成企业申请材料审核、实车检查与测试安排，并对智能网联汽车道路测试过程中的相关数据进行采集和监控，形成测试分析报告并统一上报。技术创新服务方面，创新中心积极联合行业合作伙伴开展智能网联汽车科研项目申报和执行。2017—2019 年，创新中心成功牵头申请、参与科研项目 8 项，支持汽车城集团成功申请科研项目 22 项，涉及智能网联汽车、大数据、信息安全、5G 通信等多方面前沿技术领域，在智能网联汽车前瞻共性技术方面做出了重大突破。

同时，创新中心积极参与国际、国家、行业和团体标准的研究、制定、验证工作。作为工业和信息化部智能网联国标工作组成员、交通运输部智能网联国标工作组委员单位以及上海市智能网联汽车测试与评价标准化唯一试点单位，目前创新中心参与国际标准 1 项、国家标准 7 项，参与行业标准 2 项，牵头团体标准 3 项，参与团体标准 2 项，牵头制定团体标准《智能网联汽车测试场设计技术要求》并于 2020 年 3 月公示，成功获批上海市标准化协会团标 2 项。

4. 交流合作

创新中心积极拓展对外合作交流，支持世界人工智能大会、世界智能网

联汽车大会、中国国际进口博览会以及博鳌亚洲论坛年会等一系列世界级重大会议的自动驾驶展示体验活动。

1）支持世界人工智能大会

受上海市经信委的委托，创新中心具体负责 2019 年世界人工智能大会场地搭建、运营、维护、安保、接待、媒体采访等工作，共组织 12 家企业参与，车辆总数达 34 辆，接待市区各级政府领导体验 20+批次，共接待游客 4000 余人次，观众上车试乘体验 1000 余人次，接受各级媒体采访 50 余次。

2）支持 2019 年世界智能网联汽车大会

创新中心作为国际智能网联汽车合作联盟（IAMTS）技术委员会主席单位，在大会期间牵头举办 IAMTS 联盟专题论坛—"ICV 全球协同测评技术"。邀请了国内外核心主机厂、自动驾驶科技巨头、造车新势力、第三方评价机构、高校以及国内外智能网联汽车测试示范区等企事业单位，共同探讨智能网联汽车测试评价技术，推动 ICV 安全性测试、认证的全球协同。同时，创新中心积极支持 IAMTS 联盟开展《全球测试场景库》《全球 CAV 测试场和能力目录》《物理测试与仿真测试的相关性》3 项技术项目研究工作。

3）支持 2019 年第二届中国国际进口博览会

2019 年，创新中心承接第二届中国国际进口博览会汽车创新技术及自动驾驶体验展，负责场地规划、设计、建设以及运营工作，活动共 4 家企业 12 辆车辆参与，涉及氢燃料电池车辆、大马力赛车、5G 远程自动驾驶等展示。体验展活动接待副国级领导 2 位、省部级领导 10 余名、相关领导 30 余名、媒体 50 余家、试乘观众 2800 余位。

4）支持 C-V2X "四跨"互联互通应用示范活动成功举办

2019 年 10 月 22—24 日，由汽车城集团联合信通院等启动的 2019C-V2X "四跨"互联互通应用示范活动在上海举办，淞泓公司为活动提供技术支持。活动集聚了 20 余家国内外整车企业，30 余家终端厂商和安全厂商，成功实现国内首次"跨芯片模组、跨终端、跨整车、跨安全平台"C-V2X 应用展示，充分展示了国内 C-V2X 全链条技术标准能力，进一步推动产业化落地。

第二十八章

广东省

第一节　总体进展与经验特色

广东省坚持把自主创新作为推动经济高质量发展的重要支撑，大力实施创新驱动发展战略，加快推进制造业创新体系建设，促进以制造业为主体的实体经济实现高质量发展。广东省制造业创新中心建设工作紧紧围绕新一代信息技术、高端装备制造、绿色低碳、生物医药、数字经济、新材料、海洋经济等战略性新兴产业以及制造业转型升级需求，立足于共性技术研发、工程化攻关及成果转化 3 个定位，突出协同化、市场化、产业化和可持续发展，汇聚各方创新资源，以重点领域关键共性技术研发供给、转移扩散和首次商业化为重点，由企业、科研院所、高校等各类创新主体自愿组合、自主结合，以企业法人形式建立新型创新平台，努力将制造业创新中心打造成为共性技术研发高地、成果转移转化高地、创新人才汇集高地、国际合作交流高地。

截至 2020 年 4 月，广东省已经在新一代信息技术、高端装备、新材料、生物医药、新能源等战略性新兴产业领域布局建设 4 个批次共 20 家省级制造业创新中心。持续加大国家制造业创新中心建设力度，对标国家制造业创新中心要求，组建国家印刷及柔性显示创新中心、国家高性能医疗器械创新中心两家国家制造业创新中心，逐步构建起以制造业创新中心为核心节点的制造业创新体系。出台《省级制造业创新中心建设管理办法》，进一步规范省级制造业创新中心的培育建设、管理运行、监督考核等工作。

2019 年 11 月 21 日，广东省委、省政府高规格召开全省推动制造业高质量发展大会，省主要领导为省级制造业创新中心亲自授牌。大会提出促进制造业发展"六大工程"，出台实施《关于推动制造业高质量发展的意见》，全力推动广东省制造业高质量发展、加快建设制造强省。下一步,广东省将继续以提升制造业技术创新能力为目标,坚持市场主导和政府引导相结合、技术创新和社会资本相结合、资源整合与人才发展相结合、自主创新与开放合作相结合的基本原则,逐步构建起以国家、省级制造业创新中心为核心节点的多层次、网络化制造业创新体系,助力广东省制造业高质量发展。广东省制造业创新中心建设进展情况见表28-1。

表 28-1 广东省制造业创新中心建设进展情况

序号	创新中心名称	运营公司/牵头单位	建设进展	时间
1	国家印刷及柔性显示创新中心	广东聚华印刷显示技术有限公司	国家级	2017 年
2	国家高性能医疗器械创新中心	深圳高性能医疗器械国家研究院有限公司	国家级	2020 年
3	广东省机器人创新中心	广东省机器人创新中心有限公司	省级	2016 年
4	广东省轻量化高分子材料创新中心	国高科高分子材料产业创新中心有限公司	省级	2016 年
5	广东省智能网联汽车创新中心	广东省智能网联汽车创新中心有限公司	省级	2017 年
6	广东省智能海洋工程创新中心	中国国际海运集装箱(集团)股份有限公司	省级	2017 年
7	广东省半导体智能装备和系统集成创新中心	广东佛智芯微电子技术研究有限公司	省级	2017 年
8	广东省未来通信高端器件创新中心	深圳市汇芯通信技术有限公司	省级	2018 年
9	广东省小分子新药创新中心	深圳市小分子新药创新中心有限公司	省级	2018 年
10	广东省石墨烯创新中心	深圳石墨烯创新中心有限公司	省级	2018 年
11	广东省能源互联网创新中心	国创能源互联网创新中心(广东)有限公司	省级	2018 年
12	广东省智能化超声成像技术装备创新中心	广东智能化超声成像技术装备创新中心有限公司	省级	2018 年
13	广东省工业云制造创新中心	广东粤云工业互联网创新科技有限公司	省级	2018 年
14	广东省宽禁带半导体材料及器件创新中心	东莞南方半导体科技有限公司	省级	2018 年
15	广东省小家电智能制造区域创新中心	广东国创智能科技有限公司	省级	2018 年

续表

序号	创新中心名称	运营公司/牵头单位	建设进展	时间
16	广东省高档数控机床及关键功能部件创新中心	广州数控设备有限公司	省级	2019 年
17	广东省智能化精密工具创新中心	富士康工业互联网股份有限公司	省级	2019 年
18	广东省 CPS 离散制造数字化创新中心	广州明珞汽车装备有限公司	省级	2019 年
19	广东省智能家电创新中心	中国电器科学研究院股份有限公司	省级	2019 年
20	广东省超高清视频创新中心	深圳龙岗智能视听研究院、创维集团	省级	2019 年

一、发挥产业基础优势，谋划创新中心建设

广东省是制造业大省，产业基础良好，产业配套和创新活力优势显著。例如，在医疗器械领域，广东省拥有 16 家上市医疗器械公司，约占全国总数的一半，拥有一批医疗器械龙头企业和优势产品、重大研发平台、科研创新团队和高端人才，已初步构建起医疗器械产业创新技术体系。在迈瑞和深圳先进院牵头下，广东省高性能医疗器械创新中心于 2018 年正式组建，目前已经升级为国家级制造业创新中心。该创新中心吸收了上海联影、先健科技等国内自主研发生产全线高端影像医疗设备、心血管介入设备的龙头企业，以及哈工大等医疗康复机器人技术科研单位。对进一步壮大相关产业，激发产业创新需求，营造产业创新生态，推动创新中心面向产业发展具有重要意义。

二、强化创新能力建设，加快创新成果产出

按照国家制造业创新中心建设相关要求，广东省认真指导创新中心按照建设实施方案稳步推进建设，大力支持创新中心开展创新能力建设。目前，多个创新中心以创新能力项目建设为支撑，不断完善研发平台、开展技术研发、打造创新型人才团队、完善专利布局，初步完成阶段性任务目标，在平台建设、技术攻关、人才培养、产业孵化等方面取得突破，为推动制造强省提供了有力支撑。

三、严控建设质量，提高创新中心建设水平

广东省严格控制制造业创新中心建设质量，通过详细摸查全省创新资源及产业链龙头企业，对优质企业进行了全面辅导，每年组织一批省级制造业创新中心培育建设工作。对制造业创新中心按照"成熟一个批复一个"的原则进行组建，全面提升建设质量。同时为落实"一核一带一区"区域发展要求，带动粤东、粤西、粤北地区制造业创新发展，逐步探索建设符合当地产业发展需求、服务于特色产业集群提质升级的制造业创新中心，拓展制造业创新中心内涵，提高对产业的支撑带动作用。

四、加强人才引进和培训，壮大创新中心人才队伍

配合落实"强化人才支撑　推动我省制造业高质量发展"专题调研工作，广东省着力优化人才政策环境，提高人才服务水平，发挥人才在创新中心建设中的支撑引领作用。创新中心作为制造业创新公共服务平台，提供了技术委托研发、试验检测、标准研制和试验验证、知识产权协同运用、人员培训等公共服务，是制造业创新人才的培育基地，通过建立产、学、研、用紧密结合的人才培养机制，有效集聚高水平领军人才，对创新团队建设及国际化人才交流与合作起到了引领作用。

第二节　典型创新中心建设进展

一、广东省未来通信高端器件创新中心

（一）建设进展

1. 组建情况

广东省未来通信高端器件创新中心采取"公司+联盟"的形式，以龙头企业共同遵守的标准为基础，成立由核心企业联合出资、共同发起的核心技术研发公司，组建了深圳市汇芯通信技术有限公司（简称汇芯通信）。

建立 5G 产业技术联盟，充分发挥 5G 产业技术联盟在产业共性技术协同创新领域的纽带作用。以产业技术供应链为切入点，形成跨地区、跨行业、跨学科的共性技术攻关，建立上下游企业共荣共生的 5G 产业技术联盟，解决上游企业技术推广应用和下游企业"缺芯少魂"问题。

创新中心设置董事会作为最高决策机构。为提高产业链企业在创新中心治理架构中的话语权，董事会设为 7 席，产业链企业通过董事会结成一致行动联合体，主导公司重大经营事项。汇芯通信组织架构如图 28-1 所示。

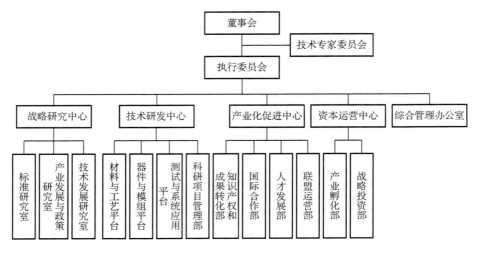

图 28-1　汇芯通信组织架构图

2．队伍建设

创新中心设置技术委员会，技术委员会是创新中心的内部咨询机构和技术指导机构。技术委员会委员由 8 名院士和 15 名领域内顶尖专家担任。汇芯通信现有员工 50 余人，其中科研人员占比近 70%，均为海内外知名企业和高校的高级科研人员和优秀留学生，规划 5 年内员工规模达到 160 人。

3．机制建设

创新中心按照市场化运营，通过研发核心技术实现核心技术使用的有偿服务，同时建立紧密的资本型协作机制。按照以资本为纽带，以联盟为依托，责权明确、科学管理的模式运行，建立利益共享、风险共担的运行机制。

4．平台建设

创新中心搭建科研创新网络平台和科研资源共享平台，建立资源开放共享机制。

创新中心打造特色半导体行业协同服务创新平台。该平台将为特色半导体企业，尤其是以射频器件为主要业务的各类初创企业提供制造、技术开发、供应链金融、企业融资、产业链协同服务，在较短时间内实现国内通信射频器件技术的广度和深度积累，构建有效的创新生态，成为相关企业技术研发、生产制造、测试封装、资金、人才团队等多元素的资源共享与资源对接平台，从而大幅提升产业链整体能力和资源利用效率。

创新中心建设共享中试平台。该平台的切入技术是代表国际最新技术路线趋势的 8 英寸硅基 GaN 射频和毫米波的器件和工艺技术。该平台建设完成后将实现两项目标：一是聚焦器件的新材料、新结构、新工艺和量产制造技术研发，着重解决从中试到量产的共性技术问题；二是提供以硅基 GaN 为基础的射频和毫米波的高端器件的中试和小批量对外服务能力，即目前国内尚属空白的大尺寸硅基 GaN 量产技术研发和小批量量产的制造能力。

（二）运行成果

1. 技术创新

围绕下一代硅基 GaN 射频器件的超高技术要求和未来射频前端高度集成化（硅基 GaN 的主动器件和高密度被动器件）的技术发展趋势，开展核心共性技术研发，目前已实现将 LC 滤波器与功率放大器集成到同一芯片上，同时可用 HEMT 晶体管制作 LNA 和开关，实现整个射频前端一体化集成。此外，开展 GaN HEMT 射频功率放大器芯片集成方案、GaAs HBT 和 GaAs PHEMT 射频集成方案的研究，以及用于毫米波和太赫兹通信的基于 InP HBT 和 InP HEMT 的集成器件的研究，并已取得突破性进展。这个集成化方案将为 5G 移动通信 Sub-6GHz 频段的射频前端提供一个创新的共性技术解决方案，也为 5G 毫米波应用提供了一个可行的共性技术路线。基于上述重大技术突破，已申请 21 项发明专利、8 项软件著作权和 4 项集成电路布图设计，其中发明专利授权 1 项，软件著作权和集成电路布图已全部授权。

2. 成果转化和企业孵化

创新中心在成果转化方面已取得多项成果；同时，向方正微电子等产业链企业输出技术能力，提高其研发效率、良品率和产品可靠性等。

企业孵化方面，创新中心孵化器目前在孵企业 6 家，均为产业链上下游优秀的创业企业和团队。

3. 行业服务

行业培训方面，筹建产业技术联盟培训中心。针对企业对产业人才的迫切需求，面向社会开展 5G 网络建设、芯片设计、网络优化、5G 行业应用等专业领域课程开发和专业培训，为企业输送实用型人才。

产业链龙头企业合作方面，与包括华为、中兴等在内的国内龙头企业开展多项战略合作，解决多个通信高端器件的技术突破问题，包括射频前端相关芯片的共性技术研发与应用、下一代硅基 GaN 的小尺寸射频开关芯片技术研发等。

4. 交流合作

高校和科研院所合作方面，创新中心与多所国内外知名大学和科研机构开展合作交流，包括西安电子科技大学、中科院深圳先进技术研究院、清华大学、南方科技大学、澳门大学、香港科技大学，以及英国剑桥大学、意大利 L'aquila 大学、ZIREC、新加坡南洋理工大学等国内外知名高校。

行业大赛方面，协办全国集成电路"创业之芯"大赛。同时创新中心于 2020 年上半年举办"5G+"全球产业创新大赛，该大赛由深圳市福田区政府主办，创新中心承办，预计将吸引 5G 相关领域项目 1000 余个，有效提升我国在 5G 领域的自主创新能力和国际影响力。

行业论坛方面，举办 2019 汇芯（中国）产业技术发展论坛，充分发挥创新中心的行业引领作用，为我国在移动通信用高端芯片领域实现更大技术突破、推动技术成果转化和技术标准制定，提供良好的合作平台。创新中心将每年持续举办该论坛，从而建立一个长效沟通机制，推动产业链上下游企业融合发展。

二、广东省半导体智能装备和系统集成创新中心

（一）建设进展

1. 组建情况

广东省半导体智能装备和系统集成创新中心以"公司+联盟"的运作模式，共同开展创新中心的建设。2018 年，依托中科院微电子所、广东工业大学省部共建精密电子制造技术与装备国家重点实验室，汇聚华进半导体、安旭特等 8 家行业龙头企业和高校科研机构，共同成立广东佛智芯微电子技术研究有限公司。2019 年 6 月 28 日，创新中心联合华为海思、迈矽科、汇芯通信、阿达智能装备、中电科、中科光纳、亚智科技等 10 余家上下游企业共同成立板级扇出型封装创新联合体，该联合体的建立旨在通过组织国际会议、开展技术合作等方式，为行业提供技术交流平台，促进产业链融合和互利发展。

2. 队伍建设

为推进人才队伍建设，创新中心成立了由刘建影院士领衔的技术专家委员会，该委员会汇集了崔成强教授、林挺宇博士、曹立强研究员、贺云波教授等高端人才，在设备研发、工艺研发、材料研发、产品设计等各方面均具备较强实力。同时，创新中心引进了专业的人员管理、项目管理、知识产权管理等管理类人才，搭建成全面的管理团队。

3. 机制建设

在团队管理方面，创新中心完成了创新人才引进管理办法、科研团队管理办法、知识产权管理办法、知识产权奖励制度等 10 余项管理办法和制度的制定工作。同时，创新中心组建了专职管理团队，通过建立先进的组织管理机制、科学的项目管理机制、高效的技术研发人员分工及管理机制、完善的收益分配机制、优良的资源配置机制和国际交流合作机制等，保障创新中心的可持续运营和高效管理。此外，创新中心依托板级扇出型封装创新联合体，推进公司间的市场合作与技术交流。

4. 平台建设

创新中心自建立以来，致力于半导体芯片封装技术的研发，现建有三大技术研发服务平台，分别为半导体封装材料研发与验证服务平台、板级扇出型三维异构封装技术服务平台、高清密检测技术研发服务平台（FA 实验室），可为芯片封装和可靠性检测提供成套解决方案。

（二）运行成果

1. 技术创新

创新中心目前已经开展多项产品开发。例如，基于控制芯片+MOS 整合扇出型封装技术的扇出封装功率器件 MOSFET，2020 年 6～7 月完成用户测试；下一步将重点开发基于毫米波芯片（整合天线）扇出型封装技术的高频扇出芯片、基于 3D SIP 整合扇出型封装工艺技术的 NFC 芯片产品等。在技术研发方面，围绕半导体封装、检测装备及关键共性技术开展技术攻关，已攻克高速阵列式大板贴片设备、大板高精度 AOI 检测设备关键技术，完成塑封、真空压合、重新布局布线等大板扇出封装关键工艺研发，已经掌握 3D 扩展＆高散热扇出型封装工艺、SIP 整合扇出型封装工艺、毫米波芯片扇出型封装工艺等多项半导体扇出封装工艺，目前已申请 30 余项国家发明专利。

2．成果转化和企业孵化

创新中心积极对接国内知名企业，已与北京中电科电子装备有限公司等近 10 余家公司签订了共建大板扇出先进封装示范线的战略合作协议，实现了半导体封装领域的技术成果融合互利，推动半导体封装产业高速发展。

3．行业服务

依托板级扇出型封装创新联合体，创新中心积累了一大批半导体封装行业的企业、专家资源，并与众多企业开展项目合作、技术服务及封装设备交易等。创新中心为莫戈纳、坚核半导体、多派科技等 10 余家公司提供半导体装备及技术服务，包括可提供板级扇出型封装芯片翘曲及偏移解决方案；可实现车载大功率电驱模块的设计开发；可为企业提供大板扇出型封装超短脉冲激光修复服务；可实现最小线宽线距达 10μm/10μm 的高密度精细线路制作；可实现线路 I/O 端的高质量盲孔、通孔填充，为国内半导体封测领域提供芯片封装的低成本、高性能解决方案。

4．交流合作

为推进半导体封装产业发展，创新中心多次参与 2019 ICEPT 等国际半导体交流会，并主办 5 次半导体封装专题会议。2019 年 2 月 22 日，举办大板扇出材料设备专题说明会，会议邀请国内外半导体封装行业的优秀企业家开展了大板扇出材料设备的专题交流，奠定了板级扇出封装示范线的基础；2019 年 6 月 30 日，举办国际板级扇出型封装交流会，会议促进了全球半导体先进封装技术的交流，同时，成立了大板级扇出型封装创新联合体；2019 年 12 月 17 日，举办大湾区半导体领域大板级扇出型国际交流会，会上举行了板级扇出封装示范线的启动仪式，此举标志着佛山半导体封装行业将跨入新时代；2020 年 3 月 18 日，板级扇出型封装创新联合体 2020 年度第一次会议成功举办，由于疫情原因，会议采取 Skype 远程视频的形式，由广东佛智芯微电子技术研究有限公司、广东芯华微电子技术有限公司联合举办。

三、广东省轻量化高分子材料创新中心

（一）建设进展

1．组建情况

创新中心以汽车轻量化材料领域的前沿技术和共性关键技术的研发供给、转移扩散和首次商业化为重点，由金发科技股份有限公司等企业及华南理工大学等高校和科研院所联合出资建立独立的法人单位，根据市场需求，开展企业化运作。目前，创新中心已初步完成轻量化高分子研发中心及分析测试平台建设，研发人员逐步到位，设备采购合同全部签订、部分设备已安装到位，项目研究均有序推进。

2. 队伍建设

创新中心决策机构由理事会、技术专家委员会、中心负责人组成，理事会是创新中心的最高决策及监督机构；由来自学术界、企业界的专家组成技术专家委员会组成，包括主任委员、副主任委员、委员的 9 人专家团队，其中蹇锡高院士为主任委员，翟金平、王玉忠两位院士为副主任委员。专家委员会是创新中心的内部咨询机构。创新中心人才队伍由基本研发队伍和外部协作队伍构成。基本研发队伍是吸纳组建单位最有实力的科研团队成员，且面向全球招聘高分子材料人才，进入创新中心开展全职工作；同时采用特聘或兼薪兼职等方式吸引国内外优秀人才参与项目研发，构成创新中心的外部协作队伍。

3. 机制建设

采用产业联盟+创新中心+孵化器"1+1+1"创新模式运行，其显著特色是集产业共性技术研发、成果转化、公共服务和人才培养于一体，横向与"高分子先进制造装备产学研技术创新联盟""高性能复合材料产业技术创新联盟""高分子材料资源循环高效高值利用产业技术创新联盟""广州校地协同创新联盟"等协同创新，纵向与孵化器开展合作，实现技术成果有效转移。

依托国家先进高分子材料产业创新中心的知识产权管理中心对平台的知识产权进行管理，覆盖企业知识产权运营中的许可、转让、投资、融资（质押融资、信托融资、资产证券化融资）、特殊事项法律诉讼等多个运营形式的需求，实现了从提出发明申请、受理申请、审查、授权、年费、放弃等贯穿专利生命周期的流程管理。

4. 平台建设

创新中心技术创新平台（一期）将从复合技术（与粒子复合增强技术：粒子处理技术、分散技术、制造技术、增韧技术、新型粒子的开发及其应用技术等；与纤维复合增强技术：长、短纤维增强技术，纤维的表面处理技术、结构设计技术和制造技术）、合金化技术（增容技术、增韧技术、形态控制技术）、新树脂合成技术（特种工程塑料树脂、高性能降解塑料、高结晶高分子）等方面入手，解决制约我国高分子材料发展的若干关键共性问题，为轻量化高分子材料的发展提供技术支撑。

将建成汽车用塑料可靠性评价实验室、环保安全评价实验室、阻燃能评价实验室 3 个平台,宗旨是建设成为集高分子材料性能检测及应用安全评估、解决方案制订、国际认证、标准制订于一体的综合性能检测与评价机构,开展与其他国家的试验数据互认工作,取得国内权威实验室标准认可,争取取得美国保险商实验室（UL）资格认可。

（二）运行成果

1. 技术创新

技术创新平台（一期）研发中心将组建一支全职研发人员数不少于 30 人的研发团队,购置先进研发设备及仪器,主要针对我国汽车行业对轻量化高分子材料及制品的不同技术需求,建设关键共性技术协同创新平台,通过化学微发泡技术、汽车制件薄壁化技术、长玻纤增强技术等一系列关键技术问题研究,开发出高性能轻量化高分子材料,满足汽车行业轻量化材料的发展需求。

2. 行业服务

通过分析测试平台建设,创新中心为先进高分子材料产业的创新者提供整条创新链的创新要素服务。

3. 交流合作

与中科院南海海洋研究所座谈交流后,创新中心梳理出了海洋、海防建设对高分子材料的关键需求,有利于创新资源的有效整合和优势项目的转移转化;与中科院长春应化所黄埔先进材料研究院筹建团队进行深入交流,确定后续合作方向,明确双方平台资源共享模式。

四、广东省小分子新药创新中心

（一）建设进展

1. 组建情况

广东省小分子医药创新中心依托深圳市小分子新药创新中心有限公司（以下简称小分子中心）运营,股东涵盖上市企业、医药央企、知名民企、行业协会、新型研发机构、医药投资机构、专业经营团队等单位。依托股东资源,小分子中心聚焦粤港澳产业资源,组建粤港澳生物医药产业联盟,与各股东单位、联盟单位紧密合作、有机发展，构建生物医药上中下游产业链，为小分子中心提供产业资源、技术支持、资金保障及服务集成。小分子中心现已注册并有序经营，将筹备联盟成立事宜。

2．队伍建设

创新中心成立专家咨询委员会，负责中心战略和研发方向的规划指导、项目的立项评审和技术咨询。专家咨询委员会人数在 30 人以内，设主席 1 名、执行主席 1 名、副主席 1 名、秘书 1 名、委员若干，由在本专业领域内威望较高、造诣较深的专家学者组成，涵盖生物、法务、财务、知识产权等领域。目前，由董事会聘任蒋宇扬为专家咨询委员会执行主席，专家咨询委员会成员包括但不限于奥萨医药董事长徐希平、澳门科技大学副校长姜志宏、香港浸会大学中医药学院张宏杰副教授等领军人才。

3．机制建设

项目管理方面，项目可通过股东推荐、全球征集或自主立项等渠道获取。征集的项目由项目部进行初筛，对拟立项项目开展前期研判、协商工作，达成合作意向后制定项目合作意向书，与项目可行性报告一并提交专家咨询委员会评审，项目评审通过后由董事会决议是否立项，确定立项的项目由创新中心制定详细的项目实施方案，最终由项目实施小组负责项目的实施与成果转化。

资源共享方面，小分子中心秉承"轻资产、重项目"的原则，成立初期仅购置基本、必要的仪器设备，特殊仪器设备尽可能利用股东、联盟成员单位已有的仪器设备，以及政府已布局的其他公共服务平台等，活化现有设备资源，后续根据实际需求逐步购置。通过整合现有的分散于企业、高校院所、医疗机构的工程中心、重点实验室等资源，进行统一管理，形成覆盖药物创新上中下游全链条的服务能力，避免重复建设，减少资源浪费，提高各公共服务平台的资源利用率。

人才管理方面，小分子中心依托联盟资源及中心引进项目，吸引人才落地，并围绕培育周期定制个性化服务，发挥行业优势构建医药人才链，为人才提供导师精准服务、科技转化服务、交流联谊服务、创融推广服务、宣传培训服务等人才提升服务，同时通过保障性住房或住房补贴及帮助解决配偶就业或子女入学问题等措施稳定人才，最大限度地激发人才创新、创造及创业活力，推动学术进步和技术成果转移与产业化，促进技术和产业人才交流和互动。

知识产权方面，小分子中心与合作单位采用创新模式开展合作研发项目。合作单位以多种专利技术转让方式，如技术方案或成果转让、专利权或申请权转让、专利授权许可等，将技术转移至小分子中心，小分子中心承接该技术后续开发与产业化，项目成功转化后双方按合同约定比例分享权益。通过与合作单位签订知识产权转移与转化权益共享协议，可加速创新成果首次商业化，同时促进小分子中心创新成果共享，为最终形成产业生态奠定基础。

4. 平台建设

小分子中心将在 2020 年逐步搭建技术合作服务平台、科技金融服务平台、科技资讯服务平台、高层次人才引进平台等，并整合深圳市已有创新载体，满足深圳市创新企业技术研发需求。

第二十九章

山东省

第一节　总体进展与经验特色

2017 年以来，山东省率先开展了制造业创新中心培育工程，制定了《山东省制造业创新中心建设工作指南（试行）》，按照"先行先试、分别指导"的原则，结合全省产业发展现状，围绕新旧动能转换重点领域，积极开展培育试点工作，截至 2019 年年底，已有 12 家创新中心通过省级验收。山东省制造业创新中心建设进展见表 29-1。

表 29-1　山东省制造业创新中心建设进展

序号	创新中心名称	运营公司/牵头单位	建设进展	成立时间
1	国家先进印染技术创新中心	山东中康国创先进印染技术研究院有限公司	国家级	2019 年
2	山东省高性能医疗器械创新中心	山东高创医疗器械国家研究院有限公司	省级	2017 年
3	山东省船舶与海洋工程装备创新中心	山东深海工程装备与船舶研究院有限公司	省级	2018 年
4	山东省工业互联网创新中心	青岛蓝鲸科技有限公司	省级	2018 年
5	山东省高性能轮胎制造创新中心	山东浦林成山轮胎技术研究有限公司	省级	2018 年
6	山东智能农业装备创新中心	山东合创农装智能科技有限公司	省级	2018 年
7	山东省软磁复合材料创新中心	山东精创磁电产业技术研究院有限公司	省级	2018 年
8	山东省高端智能家电创新中心	青岛国创智能家电研究院有限公司	省级	2019 年

序号	创新中心名称	运营公司/牵头单位	建设进展	成立时间
9	山东省海洋药物创新中心	青岛海洋生物医药研究院股份有限公司	省级	2019 年
10	山东省虚拟现实创新中心	青岛虚拟现实研究院有限公司	省级	2019 年
11	山东省高端铝合金材料创新中心	山东智铝高性能合金材料有限公司	省级	2019 年
12	山东省生物医药创新中心	烟台荣昌生物医药产业技术研究院有限公司	省级	2019 年

一、严格按照国家级创新中心的标准条件和要求建设创新中心

山东省制造业创新中心以"公司+联盟"的运作方式，按照规定的标准条件和要求开展创建，以打造成制造业创新资源整合的枢纽、共性技术研发供给的基地、创新服务的公共平台、领军人才的培育基地为目标，开展以下3 项工作。一是进一步规范制造业创新中心的培育建设和认定工作，制定了《山东省制造业创新中心培育申报材料编制提纲》和《山东省制造业创新中心验收报告编制提纲》。二是指导已建成的创新中心突出共性技术突破、产学研协同、市场导向、成果转移转化和可持续发展能力等方向，注重市场化运行，创新商业运作模式，增强自我造血功能。三是加强管理考核和绩效评估，建立"有进有出"的动态管理机制，每 3 年组织一次管理考核和绩效评估，考核不合格的，给予最长 1 年整改期，整改后仍不合格的予以摘牌。

二、鼓励龙头企业在优势领域和战略性新兴产业领域布局创新中心

山东省鼓励优势产业集群龙头企业牵头创建省级制造业创新中心，充分发挥创新中心对行业创新的支撑和引领作用，明确行业龙头企业、产业链上下游重点企业及重点科研院所投融资机构，共同注册成立创新中心实体公司，对标国内技术空白领域和关键技术等进行研发创新。未来，山东省将进一步加大建设力度，力争在全省五大主导产业领域和十大战略性新兴产业领域分别布局一个制造业创新中心，构建以龙头企业为引领的较为完善的制造业创新体系，对全省优势产业发展起到较强的支撑引领作用。

三、搭建技术研发、人才引进和对外交流合作的新型创新平台

山东省制造业创新中心建设工作自启动以来，对于本省制造业创新的推动作用已经显现效果。截至目前，累计研发项目 230 余项，完成科技成果转化 70 余项，科技成果转化收入近 7000 万元，公共服务收入达 6 亿元。累计突破关键共性技术 110 余项，获得省级以上科技奖 20 余项，参与国际合作项目 40 余项；主持或参与制定的国际、国家、行业、团体、企业标准达 80 余项。申请专利 1300 余项，其中发明专利申请 700 余项；专利授权 1000 余项，其中发明专利授权 230 余项。发表学术论文 200 余篇；引进高层次人才 400 余人，其中引进、合作院士 40 余人，高级职称人员达 260 余人，具有博士学历的人员达 220 余人。

第二节　典型创新中心建设进展

一、山东省高性能医疗器械创新中心

（一）建设进展

1. 组建情况

山东省高性能医疗器械创新中心以"公司+联盟"的模式组建。山东高创医疗器械国家研究院有限公司由威高集团有限公司、山东新华医疗器械股份有限公司、中国通用技术（集团）控股有限责任公司、东软医疗系统股份有限公司、上海瑞邦生物材料有限公司、山东华安生物科技有限公司、威海德生技术检测有限公司等国内细分领域龙头骨干企业，以及中国科学院苏州生物医学工程技术研究所、山东大学、工业和信息化部威海电子信息技术综合研究中心等科研院所共同出资 2 亿元合作建设。组建了以葛均波院士为理事长的中国高性能医疗器械产学研创新联盟，以及由国内企业、医院、高校、科研机构、行业组织等自愿组成的非独立法人的联合体。

2. 队伍建设

人才队伍以山东高创医疗器械国家研究院有限公司为基础和核心组建，依据公司法建立、完善现代法人治理结构。创新中心组建了包含葛均波、刘昌胜、塞锡高、宁光、于起峰、蒋士成、张英泽 7 位院士牵头的技术委员会院士专家团队，并组建了以院士专家团队领军的科研管理团队，共包括 114

名研发骨干。

3. 机制建设

（1）运行机制

创新中心按市场化机制运行，通过建立现代法人治理结构，形成市场化的技术、人才、资金保障体系和市场化研发设计、测试服务、产业孵化等成果转化的运营体系，经营活动自主决策、自负盈亏、自我发展。

创新中心各股东单位资源共享，整合包括科研基础设施、大型科研仪器、科技工程数据、知识产权、科技文献，以及人才、技术、标准、信息、资本等在内的各类创新资源，打造产、学、研、用紧密结合的协同创新载体，实现资源的最大化利用。

创新中心采取网络化科研模式，利用互联网、云计算、大数据等新一代信息技术，建设覆盖包括股东单位和联盟成员单位的科研创新网络平台，实现多学科、跨领域、跨地区的技术创新，优势互补、资源开放共享，充分发挥创新资源合理配置的协同优势，提升持续创新能力。创新中心根据各成员单位提供的创新资源进行评估，确定利益分配比例。

（2）协同创新机制

创新中心采取联合开发、优势互补、成果共享、风险共担的协同创新机制。创新中心成员单位可以申报创新中心下达的项目，获得项目资金支持，项目转化产生的利益可根据相应的利益评价和利益分配标准进行分配。建立两头放开的合作机制，一是项目源头放开。通过各成员单位，将医疗器械技术、产品来源全面扩展至院所、医院和海外研发团队。充分利用各方优势资源，解决企业技术及产品需求。二是成果输出共享。创新中心成员单位享有科技成果优先转化权，项目合作各方（包括研发人员）以有偿方式共同推动成果产业化。

（3）项目征集机制

创新中心将技术委员会制定的研究发展规划和年度研发计划下达到各研发中心，由各研发中心进行自主研发、联合研发或委托研发。对于联合或委托研发的项目，各研发中心将规划制定的各领域年度研发项目对创新中心内的企业进行发布，项目申报采取公开招标模式进行，项目招标周期大致为6个月。项目评审组委会将针对问题阐述、研究方法、创新性、项目管理计划、团队资质、成本费用、利益分配等方面对申报书进行打分。竞标成功的项目，由项目承担单位与创新中心签署项目合同书，约定双方的项目指标、完成期限、出资比例、资金拨付方式、知识产权归属、利益分配等问题，合同书签署后由创新中心按合同书拨付项目资金，创新中心将对支持的项目进行定期检查和项目验收。

（4）知识产权管理机制

创新中心建立人才、设备、信息共享机制。成员单位共享共同研发成果，知识产权根据项目来源具体规定，国家资助项目和自立项目知识产权归创新中心所有，成员单位优先使用，委托项目知识产权的归属在研发合同中规定。

4. 平台建设

创新中心位于威海市火炬高技术产业开发区高性能医疗器械产业园内。截至目前，创新中心已完成全部7.9万平方米建筑面积的房屋建设，完成了约5.2万平方米建筑面积的研发和办公楼的装修，并已投入使用。搭建了创新共享平台，将牵头股东单位的国家工程实验室、威高研究院、国家专业化众创空间、国家高端药品和医疗器械检测平台、涂层共性技术转化平台等数亿元的研发、中试、检测设备进行共享共用，支持创新中心迅速形成创新能力。创新中心围绕智能医疗器械、植介入技术、生命支持、放射治疗、新型生物医用材料、智慧医疗六大方向搭建先进治疗技术研发平台和临床医疗技术转化平台，开展关键共性技术研发。

（二）运行成果

1. 技术创新

创新中心整合牵头股东单位的研发资源，先期已启动了人工肝、人工肺、手术机器人、可降解心脏支架、聚砜类原料及其血液透析膜材料等12个项目的建设，项目总投资超过1亿元，其中有6个项目共获得政府扶持资金3400万元。创新中心研发投入占比超过50%。与17家中科院下属研究院所、"双一流"高校、三甲医院等顶级科研机构达成实质性项目合作；获得国家技术发明二等奖1项，国家科技进步二等奖1项；获批10项国家级课题支持，5项省市级课题支持；申请发明专利78项，发表论文97篇，获得15件医疗器械产品注册证，制定5项产品企业标准。

2. 成果转化和企业孵化

创新中心重点在研项目包括微创手术机器人、可降解心脏支架、活性人工肝系统、骨创伤手术机器人产业化研究、系列高端高性能医用导管的研制与产业化、聚己内酯辐照交联及在放疗定位膜中的应用、新型血液灌流材料

的研发与产业化、可吸收骨科植入产品研发及应用、cfDNA 专用真空采血管的关键制备技术及应用等 10 项，其小试及中试在山东省高性能医疗器械创新中心内完成，注册及正式生产任务等成果转化均由股东单位承担。累计创造经济效益已达数亿元。截至目前，创新中心已成功孵化 8 家企业。

3. 行业服务

创新中心依托山东大学、山东第一医科大学、通用技术集团和联盟资源，整合附属三甲综合和专科医院及央企医院集团开展医疗技术服务。提供从产品研发注册到生产服务的一站式系统服务能力，打造国际水准的医疗器械一站式 CMO/CRO 创新公共服务平台。为国内的医疗器械企业、医疗机构提供技术委托研发、标准研制和试验验证、知识产权协同运用、检验检测等公共服务。

4. 交流合作

创新中心与 17 家中科院下属研究院所、"双一流"高校、三甲医院等科研机构达成实质性项目合作。依托"威高杯"全球医疗器械创新创业项目大赛，搭建智力对接资本的崭新桥梁。面向全球征集医疗器械项目，建立起海内外医疗器械项目与投资者、产业园之间的合作平台，以此推动科技、人才、资本的有机结合，提升区域内医疗器械的整体技术水平，加速高端医疗器械产业集群的形成。

二、山东省高端智能家电创新中心

（一）建设进展

1. 组建情况

创新中心采用"公司+联盟"的方式组建。其中，运营公司以资本为纽带，以企业法人为实体，整合家电行业领军的整机及零部件企业、高校、科研院所、创新团队、产业基金等产业链上下游及相关企业等多元化创新资源和行业优势资源。随着公司的经营和发展，公司正在进行第二期股东增资，计划增资到注册资本 2 亿元，股东数增加到 10 家以上，充分吸纳行业骨干企业和上游优势的科技企业，共同面向行业进行关键共性技术攻关和技术成果商业化。

2. 队伍建设

专家委员会作为创新中心的技术咨询机构，汇聚了高端智能家电领域产学研一流专家，推动创新中心发展规划、项目投资和科技创新等工作开展，提高创新中心决策能力。根据创新中心目标和总体布局，专家委员会分为技术咨询委员会和投资咨询委员会。创新中心通过自主招聘、核心成员单位借调部分全职和兼职人员、股东派驻人员、项目合作支持人员，目前已形成 80 人的团队，其中研发和相关技术创新活动的科技人员为 60 人，占企业职工总数的比例为 75%，预计成熟期该比例将保持高于企业职工总数的 90%。

3. 机制建设

为加强创新中心的组织管理，保证创新中心的研究能够高质、高效地发挥高端智能家电研究的作用，创新中心建立了科学合理的共享开放机制、成果转化机制、专利许可制度及产业孵化机制，为知识产权保护、成果转化、产业孵化提供有力保障。

4. 平台建设

创新中心构建了五大公共服务平台，包括云安全平台，采用 PKI 公开密钥基础架构技术，提供面向高端智能家电的身份认证服务，签发和管理数字证书，构建智能家电安全根服务体系；数据服务平台，通过安全体系建设，建立安全数据库和数据运营中心，实现智慧家庭产品的互联互通和行业标准的统一，建成具有一定规模的高端智能家电大数据平台，支持千万级智能家电设备实时交互；开源服务平台，通过安全体系建设，建立安全数据库和数据运营中心，实现智慧家庭产品的互联互通和行业标准的统一，建成具有一定规模的高端智能家电大数据平台，支持千万级智能家电设备实时交互；标准检验检测平台，打造国家智能家电安全防护体系，建立"标准体系→检验检测→CA 证书和强制认证"流程；中试服务平台，围绕中试与产业化过程中的工程化需求，构建面向智能家电产品的专业化中试服务平台。

（二）运行成果

1. 技术创新

创新中心构建了以六大技术研发为基础的技术创新体系，其具体内容如下。

（1）智能家电安全技术，形成比较完善的面向智能家电的安全体系框架，基于信息安全体系，以安全芯片为基础，建立了"云-管-边-端"一体化的信息安全防护体系。

（2）智能家电核心芯片技术。

（3）智能家电核心软件技术，以物联网操作系统为核心的面向智能家电

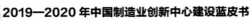
的物联网需求分析、整体方案研究及架构设计，构建了基于物联网智能家电基础软件平台的应用生态。

（4）智能家电集成模组技术。

（5）智能&健康技术，研究大健康所涉及的共性技术并进行技术成果转化，为用户提供创新性的智慧健康生活解决方案。

（6）传统家电核心零部件，对高端智能家电所涉及的核心零部件进行研究及技术成果转化。

2. 成果转化和企业孵化

创新中心致力于形成一个从技术基础到成果转化，再到应用推广的完整高端智能家电技术创新体系，攻克高端智能家电产业的前沿与共性关键技术，转移并扩散重大科技成果。目前，取得技术成果 8 项，申请发明专利 3 项，软件著作权 2 项，编制标准 12 项，承担国家科技项目 2 项。

3. 行业服务

针对当前智能家电多业务、多系统、多类型、多企业综合集成的技术难点，创新中心准备构建一套科学、行之有效的高端智能家电标准体系，解决智能家电行业无标准的现状，打破企业壁垒，实现不同企业、不同系统、不同类型家电间的互联互通及互操作。

4. 交流合作

高端智能家电创新中心携手设计师、用户、极客、发烧友、供应商，共同创建一个全新的创新生态圈，面向全球提供专业的技术对接、技术转移服务。与清华大学、剑桥大学、山东大学、中国海洋大学、华中科技大学等国内外知名高校就冰箱食材检测关键技术、健康可视净水机等智能家电共性技术开展合作研究，并取得突破性进展。与中国科学院、中国家用电器研究院等科研机构就智能家电安全、芯片及核心软件等技术开展合作研究。与 inno360、ninesigma、whatif、陶氏、施乐、强生、弗吉亚等全球众多创新创业公司在家电制造业数字化、智能化制造等方面开展合作。

三、山东省海洋药物创新中心

（一）建设进展

1. 组建情况

创新中心依托青岛海洋生物医药研究院股份有限公司建设，股东由青岛中国海洋大学控股有限公司、上海绿谷制药有限公司、青岛优特购投资有限公司、管华诗院士团队等组成，重点从事海洋药物领域的科技开发和技术服务，致力于加速海洋生物科技成果熟化开发和技术转移转化，支撑、引领海洋生物医药产业的发展。

创新中心联合国内海洋医药领域的企业、科研院所和高校等设立了中国（山东）海洋药物创新发展战略联盟（以下简称联盟）。联盟的主要发起单位包括中国海洋大学、山东大学等高等院校，中国医学研究院药物研究所、中国科学院海洋研究所等科研院所，中国生物制药有限公司、上海医药集团、山东绿叶制药有限公司等我国医药行业的代表性企业。

2. 队伍建设

海洋药物技术专家委员会设主任 1 名、副主任 5 名、委员 10 名，目前委员会主任为国家药物领域领衔专家——陈凯先院士，副主任包括管华诗、欧阳平凯、George R. Stark（乔治·R·斯塔克）、王琦 4 位院士和林文瀚教授，委员包括多所高校、科研院所和企业的行业内专家。

创新中心现有核心团队固定成员 191 人，从事研发和相关技术创新活动的科技人员 156 人；研究院公司全职职工共 132 人，其中从事研发和相关技术创新活动的科技人员 93 人，占企业职工总数的 74.2%。研发队伍中，有中国工程院院士 3 人、美国三院院士 1 人、国际欧亚科学院院士 1 人、长江学者 2 人、国家"优青" 2 人、泰山学者 5 人，教授级高层次专家和高级专业技术人员 84 人，研发人员中具有博、硕士学位的人员占 90% 以上。研究院公司下设科技研发部、质量管理部、市场运营部等 7 个管理部门，配备了专业的科技研发管理团队 30 余人，其中博士、硕士人员占比接近 50%。

创新中心 2019 年引进英才工程人员 4 名，截至目前，通过人才计划共引进 12 位中国海洋大学毕业生全职在创新中心工作。此外，申报的山东省首批"蓝色人才"专项顺利通过评审并已公示，创新中心优势人才团队建设不断丰富和完善。

3. 机制建设

创新中心以产业链协同、产学研融合为创新机制，采取"研发平台全球化、研发投入多元化、研发管理企业化、研发产品市场化"的运营机制，引领山东省海洋药物产业的发展壮大，加快实现科技成果的产业化和商业化，进而推进中国海洋药物行业跻身世界舞台。

项目管理方面，通过创新机制吸引国内外优质成果，构建了"蓝色药库"

开发项目池，提前部署一批海洋创新药物重点项目。创新中心通过开辟新药创制、大健康产业两条管理路线，分别实行横向与纵向的项目管理，大大提高了项目管理的质量和效率。

人才管理方面，创新中心建立了战略科学家、首席科学家、项目科学家、PI 和青年骨干、团队成员人才板块，在新药创制、大健康产品开发、知识产权、财务管理等服务领域团队完整，团队成员素质高、能力强，能够从新药立项、项目管理、知识产权服务、成果转化与孵化、市场运营等方面全程化、全方位地为专家提供优质服务。

知识产权方面，创新中心建立了知识产权动态管理机制，通过规范体系加强对知识产权工作的引导、指导，并帮助强化知识产权创造、运用、管理和保护。

4. 平台建设

创新中心建设了三大平台：海洋功能制品平台、海洋中药平台、工程中心平台。海洋功能制品平台的建设方向为海洋特色医疗器械开发；海洋中药平台探索贝类开发、平台公司联动的发展模式；工程中心平台所开拓的生物质炼制耦合生化工程的海洋活性物质高效制备技术，有望在海洋废弃物处理等方面实现突破性进展，获得相对丰厚的经济效益与较好的社会效益。

（二）运行成果

1. 技术创新

创新中心重点新药项目取得阶段性突破。2019 年 11 月 2 日，由中国海洋大学、中国科学院上海药物研究所和上海绿谷制药联合研发的海洋新药 GV-971 获批有条件上市。在重大品种进行聚集开发方面，创新中心与正大制药（青岛）共同开发的"蓝色药库"重点新药项目抗肿瘤一类新药 BG136 正进行临床前系统研究的收尾工作及新药临床准入材料的编制工作。抗 HPV 医疗器械 TGC161 已开展临床研究。

创新中心共申请国内自主知识产权发明专利 89 项，通过 PCT 途径共有 9 项专利进入国际申请阶段；现共拥有 34 项授权专利，其中 2 项国际发明专利授权，29 项国内发明专利授权。

2. 成果转化和企业孵化

创新中心产学研融合推进成果转化取得新进展。创新中心与青岛啤酒合作开发的海洋特色健康饮料上市发布，海洋虾青素产品、同源产品也已经问世。创新中心与黄海制药、海氏海若集团合作分别成立的青岛海济生物医药有限公司、海生健康科技（青岛）有限公司正式运行，标志着社会资本（企业）直接介入、协力推动"蓝色药库"开发计划实施，推动海洋生物医药研发成果加速转化。

创新中心积极与优质合作企业对接，拓展成果转化外部资源。先后与常州九福来生物科技有限公司、杭州珀莱雅化妆品公司、山东润中药业、青岛阿斯顿技术转移有限公司等企业进行深度沟通交流，积极为科研成果在外转化开辟途径。

3. 行业服务

创新中心现有仪器设备总数运2500余台（件），总价值近亿元，与成员单位之间实现了资源开放共享；药物平台基于前期建立的海洋天然产物三维结构数据库、智能超算与生物实测耦合的创新药物研发体系，目前收集化合物信息7万多条，获得300余个海洋药物苗头化合物（成药潜力大），截至2020年3月月底，搭建发布的"2019-nCoV药物靶标结构信息共享平台"的注册机构总数为159个、注册用户总数为240人、总下载次数为934次。2019年，创新中心共签订128项横向项目，服务国内海洋生物企业33家，在海洋生物医药领域与其他单位进行了不同程度的技术对接，充分展现出了创新中心以技术创新带动产业升级、推动区域经济发展的良好动能。

四、山东省虚拟现实创新中心

（一）建设进展

1. 组建情况

山东省虚拟现实创新中心以"公司+联盟"的方式组建，包括青岛虚拟现实研究院有限公司和虚拟现实产业联盟，围绕产业链建立开放、协同的创新机制，强化产学研深度融合的技术创新体系，打造创新资源集聚、组织运行开放、治理结构多元的综合性虚拟现实产业技术创新平台。青岛虚拟现实研究院有限公司由歌尔牵头，联合国内知名虚拟现实企业、科研院所等机构共同组建成立。虚拟现实产业联盟成员涵盖中国电子信息产业发展研究院、北航虚拟现实技术与系统国家重点实验室、歌尔股份、宏达通讯（HTC）、川大智胜等400多家虚拟现实领域的主要企业、研究机构。

2. 队伍建设

创新中心设立了以赵沁平院士为主任，包含王涌天教授等 12 名行业知名专家、学者的专家委员会。创新中心拥有全职员工 46 人，其中核心管理团队 8 人，技术研发团队 38 人，技术人员占比达到 83%，包括虚拟现实领域国内外专家教授、工程师等专业人才和经营管理人才。

3. 机制建设

创新中心通过新型运营模式，建立健全的运营保障机制，包括产学研协同创新、人才培养、知识产权保护、市场化运行，等等。制定了明晰的现代企业管理制度，包括基本管理制度、知识产权管理、科研项目管理，等等。创新中心还建立了健全的人才培养架构体系，包括虚拟现实校企培养、区域培养等人才培养模式，以及虚拟现实人才培养课程体系等。采用歌尔与北航创新合作的模式，共建实训基地，积极开展互动式人才培养。

4. 平台建设

创新中心充分发挥现有技术资源优势，建设了 6 个创新平台，服务于 VR 核心硬件、软件及应用、智能制造、光学微纳、VR 服务（评测）、VR 培训和推广 6 个方向。同时，创新中心以科技资源整合为主线，实现与成员单位间的资源开放共享，共建设了 4 个资源共享平台，包括国家虚拟现实工程实验室、青岛市虚拟现实工程技术研究中心、青岛市虚拟现实技术与应用公共研发平台、虚拟现实技术与应用开发公共研发平台。

（二）运行成果

1. 技术创新

创新中心面向虚拟现实战略必争的头显轻薄化、抗眩晕、光学、VST 混合现实技术等前沿及共性关键技术领域，开展 VR 核心硬件、VR 软件及应用、VR 智能制造、光学微纳加工等技术研发及创新，突破产业链关键技术屏障，带动山东省虚拟现实产业转型升级。

截至目前，创新中心团队已申请专利 491 项，其中发明专利 237 项，实用新型专利 228 项，获得授权专利 326 项，其中发明专利 31 项，实用新型专利 261 项。申请计算机软件著作权 8 项，获得授权计算机软件著作权 7 项。

创新中心积极参与虚拟现实国家标准的制定与评审，并与标准化研究院在智能穿戴、物联网等其他领域达成了战略合作协议，力争解决技术上的开放性、兼容性和互动操作性问题，目前已参与 6 个虚拟现实行业国家标准的

制定和评审。

2. 成果转化和企业孵化

创新中心共性技术扩散推广 2 项，包括歌尔联合 kopin 分享 VR 头显参考设计方案和 WaveOptics 合作共推光波导元件量产；技术转移 2 项，包括一种虚拟现实场景中优化运月图像的方法和装置、一种可调式头戴结构。目前已孵化 4 家企业，包括歌尔微电子有限公司、青岛小鸟看看科技有限公司、青岛歌尔微电子研究院有限公司、青岛歌尔智能传感器有限公司。

3. 行业服务

创新中心构建基础研发和服务体系，通过 VR 解决方案支持、VR 技术和系统评测服务、人员培训服务、信息化支持、工具软件提供和源代码开放等服务，促进科研资源的合理利用。

4. 交流合作

创新中心为国内外 22 家知名科技企业提供产品设计、工艺设计、测试、一体化解决方案设计等服务，与国际一流客户达成稳定、紧密、长期的战略合作关系。创新中心聘请各界企业技术专家，打造兼具创新性和实践性的研究院特色讲堂，已举办 6 期"北罩创新实践讲堂"；在北京航空航天大学青岛研究院举办了 7 次与虚拟现实相关的交流合作主题会议。

第三十章

湖南省

第一节　总体进展与经验特色

近年来，湖南省工业和信息化厅认真贯彻湖南省委、省政府提出的创新引领发展战略，围绕加快建设制造强省总目标，组织实施湖南制造业创新能力建设工程专项行动，加快建设以创新中心为核心载体的制造业创新体系，取得较大进展。目前，湖南省共认定了 4 家省级制造业创新中心，其中先进轨道交通装备省级制造业创新中心获批升级为国家级创新中心，另外 2 家省级创新中心正在创建中，未来将进一步布局新材料、新一代信息技术、生物医药及高性能医疗器械等重点产业领域的制造业创新中心，并以此为基础突破一批行业关键共性技术，实现创新成果首次商业化应用和创新中心自我发展，进一步推动先进轨道交通装备、功率半导体等重点产业高质量发展。湖南省制造业创新中心建设进展情况见表 30-1。

表 30-1　湖南省制造业创新中心建设进展情况

序号	创新中心名称	运营公司/牵头单位	建 设 进 展	成 立 时 间
1	国家先进轨道交通装备创新中心	株洲国创轨道科技有限公司	国家级	2019 年
2	湖南省制造业创新中心（功率半导体）	湖南国芯半导体科技有限公司	省级	2018 年
3	湖南省制造业创新中心（智能网联车辆测试）	湖南湘江智能科技创新中心有限公司	省级	2018 年
4	湖南省制造业创新中心（智能电力装备）	湖南能创科技有限责任公司	省级	2019 年

续表

序号	创新中心名称	运营公司/牵头单位	建设进展	成立时间
5	湖南省制造业创新中心（电磁装备）创建单位	湖南和创磁电科技有限公司	试点培育	2018 年
6	湖南省制造业创新中心（集成电路装备）创建单位	湖南楚微半导体科技有限公司	试点培育	2019 年

一、持续加强政策支撑力度，政策体系不断完善

为认真贯彻实施工业和信息化部制造业创新中心建设工程，湖南省先后发布了一系列重要文件，指导全省制造业创新中心建设。2015 年 11 月，湖南省政府印发《湖南省贯彻〈制造强国战略〉建设制造强省五年行动计划（2016—2020 年）》，提出在制造业领域建设省级制造业创新中心的目标。2016 年 2 月，湖南省工信厅印发《关于开展省级制造业创新中心建设试点的意见》，就创新中心的定位和功能、建设试点原则、实施步骤和保障措施等提出了明确的指导意见。2016 年 3 月，湖南省工信厅印发《湖南制造业创新中心能力建设工程专项行动方案》，明确提出了"加快建设制造业新型创新载体""开展制造业重大关键共性技术研发攻关"等重点工作。2017 年 10 月，湖南省工信厅印发《湖南省制造业创新中心认定管理办法》，对全省制造业创新中心创建、认定和管理等相关工作做了严格规范，并提出了支持政策措施。2019 年 4 月，湖南省委组织部、省工信厅联合印发《关于加强湖南省工业新兴优势产业链人才队伍建设的若干措施》，明确对制造业创新中心科研团队予以奖励。2019 年 12 月，湖南省工信厅印发《湖南省制造业创新中心建设领域总体布局》，将在包括先进轨道交通装备、工程机械、新材料、新一代信息技术、生物医药及高性能医疗器械等重点产业领域组织建设 25 个制造业创新中心，强化全省制造业创新中心建设顶层布局，引导开展制造业创新中心建设。

二、发挥联盟综合优势和独特作用，建立协同创新机制

湖南省推动创新中心发挥联盟平台资源集聚效应，在全球创新资源对接、关键共性技术研发、产学研协同创新、产业研究智库等方面发挥积极作用，为创新中心建设提供有力支撑。引导与牵头单位、股东及联盟各成员单位间建立资源共享机制，持续整合各成员单位现有的仪器、设备等资源，开

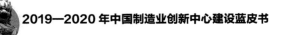

展研发设计协同，共享检测试验资源，充分发挥创新资源合理配置的协同优势，提升持续创新能力。同时，鼓励有共性技术需求的企业共同出资，联合研发，分担研发风险。湖南省多家创新中心通过项目合作、高水平技术和团队引进、联合研发等方式，与非成员单位建立了协同创新机制。

三、充分运用市场化运营方式，形成循环发展的商业模式

湖南省严格按照工业和信息化部要求，要求创新中心以企业为主体，采取独立法人形式组建，按照自主决策、自我管理的方式，基本形成了产、学、研、用协同的创新机制，拥有责权明晰的董事会和经营管理团队，实现了企业化正常运行。湖南省鼓励各创新中心通过技术成果转化、企业委托研发、检测检验和为行业提供公共服务等方式，自主开展各类经营活动，从而达到收支平衡或微盈利状态，鼓励将运营盈利部分重新投入平台建设，实现创新中心的自我可持续发展。

第二节　典型创新中心建设进展

一、湖南省功率半导体制造业创新中心

（一）建设进展

1. 组建情况

功率半导体制造业创新中心由湖南国芯半导体科技有限公司及中国功率半导体技术创新与产业联盟（以下简称联盟）组建而成。该公司与 15 家产业链上下游高校、企业实现了合作签约，总投资超过 1 亿元。联盟已发展成员企业 60 余家，覆盖了国内功率半导体领域 50% 以上的国家级创新平台。

2. 队伍建设

创新中心建有以 8 位院士领衔的专家委员会、指导委员会，员工队伍目前已发展至 80 余人，其中中国工程院院士 1 人、中组部"人才计划"人才 2 人、湖湘学者 1 人、博士 15 人、硕士 20 人，具备教授级高级工程师职称的有 8 人，从事研发和相关技术创新活动的科技人员占企业职工总数的比例超过 70%，其他为技术服务团队人员和管理人员。

3. 机制建设

创新中心制定了科学的项目管理制度，优化了项目管理体系，编制了《项

目管理手册》。与高校、企业以项目委托、联合研发、定制开发等多种形式开展联合、协同技术创新活动，形成了机制灵活、形式多样的产学研协同创新机制。探索了具有吸引力的薪酬待遇体系、柔性的人才激励机制，初步建立了市场化的知识产权与技术成果转化机制。为调动科研团队、科研人才的积极性和创造性，编制了《专利基本管理办法》《增效奖励管理办法》《职务发明奖酬管理办法》等制度，对技术研发、成果转化等工作成效以较大比例进行激励。

4. 平台建设

2019 年，创新中心初步建设了设计中心、试制中心和检测中心。设计中心建设了具有芯片仿真、热学仿真、电磁仿真和流体仿真能力的仿真技术平台、半导体器件/工艺设计仿真平台、半导体模块电/热/磁仿真平台及 Transfer molding 仿真设计平台。试制中心的应用实验室建设目前已进行至关键设备采购阶段，后期将建设成为可提供定制化功率半导体器件测试服务平台、功率半导体应用系统测试服务平台。检测中心实验室一期建设已完成主要设备采购、可靠性及失效分析实验室厂务改造，目前具备被动热循环测试能力、高温高湿反偏测试能力、功率循环测试能力、动静态特性测试能力。未来将提供全套 Si IGBT、SiC 等功率器件可靠性测试能力及解决方案，产品失效分析能力及服务，并获取国家级资质认证。

（二）运行成果

1. 技术创新

创新中心科研团队完成了模块结构设计、芯片上表面金属镀层设计、转模注塑设计、封装工艺开发和整合，试制出 1200V/200A 半桥结构双面散热碳化硅样品，技术性能达到国际先进水平，取得了双面银烧结工艺开发、先进热管理、模块低感化等技术成果。在超高压封装技术方面，通过模拟仿真软件分析，对模块封装材料、封装工艺及模块结构进行优化，提升功率模块电绝缘性能，使模块的整体耐受电压大于 15kV，局部放电量小于 10pC。在 SiC MOSFET 栅氧可靠性研究方面，掌握了栅氧化层-SiC 之间的界面态密度、栅氧化层中的可动离子、TDDB 的测试表征方法和栅氧氮化工艺条件对界面态密度和场迁移率的影响规律，获得了 SiC MOSFET 电容的界面态密度小于 $7e^{11}cm^2$，横向 MOS 器件的场迁移率大于 $15cm^2/(V \cdot s)$。在 SiC 芯片上表面金属化技术研究方面，掌握了碳化硅芯片上表面金属化镀层类型及厚度对剪切力大小的影响规律，获得了剪切力大于 50Mpa 的上表面可焊的 SiC 芯片。

2．成果转化和企业孵化

创新中心于 2019 年成功向企业实现 1 项共性技术的转移扩散，解决了 3300V/1500A 功率模块功率端子焊接过程中焊接引脚变形严重、断裂、衬板损坏等失效情况，工艺成品率可提高 50%。创新中心还解决了 X 型功率模块功率端子焊接工艺瓶颈，搭建了模块样品试制的工艺平台。

3．行业服务与合作交流

创新中心已组织编制完成 13 项技术标准，累计主导出版 20 多期联盟专业期刊，编制多项本领域产业和技术发展路线图。创新中心承接中物院微太中心关于双向耐压 SiC GTO 工艺开发与工艺代工服务的业务、时代电气公司关于功率半导体模块的检测业务。同时，创新中心与湖南大学、中南大学、西安电子科技大学签订了科研项目合作及专利转让协议，与西安交通大学签订了培训协议及菁英班合作协议，目前已面向国芯科技内部科技人才开展了内训班，巩固、提高科技人才在功率半导体器件、材料及应用等方面的理论知识，未来将合作共建"功率半导体国芯菁英班"，共同培养对功率半导体技术感兴趣、有志于从事相关领域研究的本科生、硕士研究生、博士研究生。

二、湖南省智能电力装备创新中心

（一）建设进展

1．组建情况

2018 年 9 月，湖南省工信厅批复湖南省智能电力装备创新中心为湖南省制造业创新中心创建单位。创新中心以湖南能创科技有限责任公司为运营主体，协同湖南省/长沙市智能电力设备产业技术创新战略联盟，采取"企业法人+联盟"的形式，通过政府引导、企业主导、高校和科研机构合作支持，充分整合智能电力装备行业优势创新资源，积极打造集技术研发、孵化、转化及首次商业化运用于一体的创新平台。长沙市智能电力设备产业技术创新战略联盟是在长沙市科技局牵头、长沙市高新区管委会的指导下，于 2013 年 10 月正式成立的社会团体，该联盟现有由华自科技股份有限公司、威胜集团有限公司等知名企业、科研院所、高校组成的 52 家成员单位。湖南省智能电力装备创新中心成员单位及股权结构见表 30-2。

表30-2　湖南省智能电力装备创新中心成员单位及股权结构

序号	类　别	单　位　名　称	出资金额（万元）	股权占比（%）
1	牵头企业	华自科技股份有限公司	520	28.18
2	参与单位	湖南金龙电缆有限公司	400	22.45
3		中国能源建设集团湖南省电力设计院有限公司	400	22.45
4		长缆电工科技股份有限公司	400	22.45
5		长沙能聚科技合伙企业（有限合伙）	62	3.48

2．队伍建设

创新中心已经组建了一支包括电力技术、管理、财务等领域高端人才的队伍，由相关组建单位董事长或总经理组建决策层，主要负责创新中心的框架搭建、商业模式设计、资源共享等战略发展。目前拥有全职职工共 20 人，人员均来自知名电力工程设备企业，有丰富的电力行业背景知识和产品研发、运营经验。其中研发人员 11 人，检测试验人员 4 人，管理人员 5 人；具有硕士学位的人员 9 人，具有中级技术职称以上的人员 4 人。

创新中心组建电力设备智能化技术专家委员会，聘任电力设计、设备研发、生产等关键技术领域的教授、专家，为创新中心建设提供科学管理与宏观决策的技术支持和服务，开展创新中心建设的研究、咨询、指导、评估、服务等工作。首批技术专家委员会共包括 28 名专家，其中具有高级技术职称的专家25 名，教授12 名，分别来自中南大学电力电子与可再生能源研究所、国家电能变换与控制工程技术研究中心、国网湖南电力科学研究院、中南大学、湖南大学、长沙理工大学、中国能源建设集团湖南省电力设计院有限公司等科研院校和牵头及参与单位。

3．机制建设

创新中心建立现代企业制度，实现企业化运营。创新中心遵循市场化运行机制、产学研协同创新机制、人才培养与激励机制和知识产权共享及应用机制，建立行政管理、财务管理、人力资源管理、技术管理 4 个方面的管理制度。

产学研协同创新方面，积极与股东及联盟各成员单位建立资源共享机制。创新中心持续整合各成员单位现有的仪器、设备等资源，开展研发设计协同，共享检测试验资源，充分发挥创新资源合理配置的协同优势，提升持

续创新能力。同时，鼓励有共性技术需求的企业共同出资、联合研发，分担研发风险。创新中心通过项目合作、高水平技术和团队引进、联合研发等方式，与非成员单位建立协同创新机制。项目申请过程中，主申请人必须是创新中心的成员单位，其他单位可以是非成员单位。根据项目需要，创新中心为企业开展定向的人才培养。根据项目约定，创新中心通过成果转化获取一定的收益。

人才培养方面，建立人才培养、引进和管理体系。创新中心基于《长株潭高层次人才聚集工程实施方案（试行）》和其他湖南省创新整合与人才政策，为创新型人才提供科研经费、补贴及奖励等经费支持。通过薪酬待遇、项目支持、职称晋升、岗位培训、继续教育等多方面的人才激励措施，激发科研人员的工作积极性。

知识产权方面，建立了知识产权信息共享、利益共享和推广应用机制。创新中心面向所有成员单位开放知识产权基本信息，组织专业力量开展共性关键技术研究，形成知识产权信息共享机制。创新中心根据创新贡献，以奖励、专利股权化、成果收益主体确定化等方式建立各个创新主体、各参与单位之间的知识产权利益分享机制。创新中心充分创新联盟机制，通过交叉许可、标准制定、专利与标准协同等方式促进自主知识产权的推广和应用。

4. 平台建设

创新中心经过不断探索，已搭建专家技术咨询平台、设备资源共享平台、人才引进管理平台三大平台。建立专家技术咨询平台，从项目研发技术甄别到技术研发、首次商业化运行过程中，从技术专家库中优选对应领域专家对项目进行跟踪咨询，保障项目研发全过程的权威性。建立设备资源共享平台，实现项目各合作企业、成员单位的实验、检测、生产资源的共享，根据实际情况签订创新中心共建协议，为项目研发和成果转化提供设备支持和管理。同时，启动技术孵化平台、产业化推广平台的筹建工作，筹建工作由平台部牵头，综合办公室、财政部配合，技术专家委员会指导。

（二）运行成果

1. 技术创新

创新中心创建至今，已完成电力设备智能巡检共性技术研究及应用、电力设备故障在线诊断关键技术研究及应用、电力智能终端信息安全防护关键技术研究、电力运维服务云平台共 4 项关键共性技术研发及应用，申请发明专利 1 项，实用新型专利 2 项，顺利实现产品端应用。

（1）电力设备智能巡检共性技术研究及应用。该项目由湖南能创科技有限责任公司牵头，与华自科技联合研发，最终于华自科技实现成果转化，目前已启动 HZNet 智能生产运维平台的建设，并已申请专利。

（2）电力设备故障在线诊断关键技术研究及应用。该项目由湖南能创科技有限责任公司牵头，联合华自科技及长沙理工大学共同研发，最终由华自科技进行成果转化。该项目的研究获得了湖南省科技厅"湖南省战略性新兴产业科技攻关与重大科技成果转化项目"的立项支持，目前该项目已建立声音、振动信号测试仿真验证平台，对声音、振动信号进行建模，经滤波、FFT 变换等算法分析处理，提出特征值。经仿真模拟分析，初步达到设计要求，但在准确性及灵敏度方面仍需进行优化提升。电力线路故障定位功能的高压线路保护装置已完成系统方案设计，设备硬件开发正在进行，已完成电路 SCH 原理图设计，通过设计评审后完成 PCB 电路板设计及打样、生产焊接样机，并已申请发明专利。

（3）电力智能终端信息安全防护关键技术研究。该项目由长沙理工大学牵头，联合湖南能创科技有限责任公司及华自科技共同研发。目前已完成需求定义、功能与版图设计、原型验证，完成电力终端信息安全监测多模态数据库并通过专家评审，完成电力系统边缘计算下电力终端轻量级、实时安全接入研究报告。

（4）电力运维服务云平台。该平台由华自科技牵头联合湖南能创科技有限责任公司共同开发，目前平台已基本搭建完成，处于推广应用阶段，其中共性技术转移包含 BIM 二次开发平台，创新中心基于基础 BIM 平台引擎做 BIM 三维模型定制开发。电力运维服务平台主要对转换过程中出错的模型进行修复或重新建模，将模型依照实景赋予适当的材质与贴图，并体现出重量感与体积感。

2. 行业服务

创新中心积极与股东及联盟各成员单位建立资源共享机制，持续整合各成员单位现有的仪器、设备等资源，开展研发设计协同，共享检测试验资源，充分发挥创新资源合理配置的协同优势，提升持续创新能力。例如，创新中心受华自科技的委托开展"智能物联网测控技术研究及样机开发"，通过多种类物理参量的精确测量和数据采集，目前已成功研制出样机，并进入样机功能试用阶段。创新中心已通过企业委托研发、检测检验和为行业提供公共服务等方式，实现了 150 余万元的收入。

3．交流合作

在对外技术合作方面，充分利用股东资源，建立资源开放共享机制，与长沙理工大学电气与信息工程学院、中南大学电力电子与可再生能源研究所分别签订了产学研合作协议，各方发展各自优势，共同推进企业与学校的全面技术合作，努力实现"校企合作、产学双赢"。同时，在产学研合作协议的基础上，创新中心与华自科技、长沙理工大学电气与信息工程学院进一步签署了技术合作框架协议，三方就电力设备智能巡检共性技术研究及应用、电力设备故障在线诊断关键技术研究及应用、电力智能终端信息安全防护关键技术研究、电力运维服务云平台四大关键共性技术开展联合研发，合作各方的设备、人员、社会资源等均在一定程度上实现共享。创新中心与威胜集团、长缆科技、金杯电工、先步信息、华翔翔能共 5 家电力行业领先企业分别签订了创新中心共建协议，各企业为创新中心共性技术的研发提供研发人员和科研设备支持。2019 年 11 月，创新中心作为牵头单位，积极组织包括华自科技、中国能建湖南院、长缆科技等在内的 5 家企业，共同编制 2020版《湖南省制造业重点领域产业链技术创新路线图》。

在对外技术交流方面，创新中心利用联盟组织的影响力，积极与国内外知名高校院所、企业合作，广泛开展技术交流与合作，成功同包括智能电力联盟、悉尼科技大学、天津大学、上海交通大学、同济大学等在内的合作院校和企业开展了两场技术成果推介会、一场行业技术交流会、两场行业技术培训，为企事业单位搭建了"产学研政媒"共同交流与探讨的平台，为解决企事业单位技术难题提供了科研支持。

三、湖南省智能网联车辆测试创新中心

（一）建设进展

1．组建情况

2018 年 12 月，湖南湘江智能科技创新中心有限公司获批湖南省制造业创新中心（智能网联车辆测试）。湖南湘江智能科技创新中心有限公司是湘江新区管委会下属智能网联汽车平台公司，是市属国有企业，也是湖南省智能网联汽车检测的第三方监管单位。

2. 队伍建设

该公司目前人员数为 65 人，其中研发人员和专业测试工程师 20 余人，所有测试和研发人员均为大学本科以上相关专业毕业，均具有汽车、IT、通信、交通等领域技术背景和项目经验。

3. 机制建设

项目管理方面，创新中心采取项目制运营管理模式，探索建立项目负责人责任制，目前已成立 6 个项目小组，包括华为云项目组、智能系统检测仿真实验室及测试区场景完善项目组、智慧高速二期项目组、智能网联汽车检验检测总部及产业孵化基地项目组、云控平台建设项目组、城市开放道路二期项目组。同时，成立了领导小组、专家组、督查协调组，做到责权利对等，调动整体人员的工作积极性。

人才管理方面，创新中心成立了湘江人工智能学院，并抓好湘江人工智能学院运营，完成了第一批招生培养，牵头组织 214 名高校学子进入测试区、智能驾驶研究院、华诺星空等企业开展了集中实训。

员工培训方面，结合公司业务和员工发展，打造"湘江智谷汇"产业链学习交流平台，组织开展自动驾驶技术、信息安全等各类培训 12 期；组织 6 人次赴清华、人大、厦大进修班学习。

知识产权方面，公司已拥有 9 项软件著作权，已申请了 1 项发明专利，开展了知识产权导航分析、知识产权内部培训等工作，并编制了公司知识产权管理制度。

（二）运行成果

1. 技术创新

创新中心选择智能网联汽车作为人工智能技术的切入点和突破口，加快相关技术的应用场景建设，以场景建设为牵引，推动产业和技术发展。重点推进两个"100 千米"项目建设，以 100 千米智慧高速、100 平方千米范围内城市开放道路和国家智能网联汽车（长沙）测试区、智慧公交线为载体，基于多传感器融合感知技术、C-V2X 通信技术、边缘计算技术、分层云控技术打造一个从封闭到半开放再到全开放的智能网联汽车测试示范体系，服务于智能网联汽车上下游生态伙伴；同时通过路侧和车载设备收集数据并与交警数据管理平台互联互通，为交管提供辅助决策和管理信息，后期可对相关数据进行定制化的深度加工，为人民群众的出行、消费提供增值服务。同时，创新中心加快测试数据管理平台升级开发，在数据管理平台方面详细分析调研现有的数据管理平台，完成测试区新云平台软硬件的安装调试，完成现有数据管理平台的软件迁移和更新工作，协调跟进测试区和智慧公交网络打通工作，编写了 NICVT 测试数据管理平台总体方案，完成《NICVT 数据库结构》的编写工作。与长沙北斗产业技术研究院联合申报的"北斗智能可信导航及增强应用示范工程"获得省工信厅专项资金项目的支持。在工业和信息化部的主导下，创新中心与国内 15 家智能网联汽车第三方测试平台共同签署了《智能网联汽车测试区（场）共享互认协议》，实现资源共享、资质互认、标准共建。

2. 成果转化和企业孵化

成果转化方面，目前已将自动泊车示范项目成功推广到岳麓山大学科技城停车场项目，下一步将在湘江新区乃至湖南省进行技术推广；同时，目前开放道路智能化改造技术方案已实现对河北沧州的成功输出，完成河北沧州智能网联开放道路测试规程、路线技术方案，支撑沧州智慧城市建设工作，实现营业收入 100 多万元。

企业孵化方面，公司 2019 年与百度、舍弗勒等合作的首席项目已落地，合资成立了湖南阿波罗智行科技有限公司和湖南湘江鲲鹏科技有限公司，初步实现了产业孵化。

3. 行业服务

测试区运营方面，创新中心获批湖南省首个、测试区运营主体中唯一一个车联网直连通信频率资质；明确将"两个 100"V2X 网联监管平台打造成为车联网监管平台，发布了测试区定价管理体系，建立了测试区运营方案，与 SPV 公司签订了测试区场地租赁协议，完善了测试区 PPP 项目运营权考核方案。2019 年洽谈测试企业及单位 30 余家，储备测试客户 10 余家，新引进大陆、赢彻科技、深兰科技、国防科大、陆军军事学院等测试单位 15 家，累计开展测试 3000 余场次，正式发布商用车、乘用车、公交车测试规程，为 5 个企业发放 49 张测试牌照，发牌数量居全国第二位。智慧公交运营方面，配合未来智能科技公司完成了智慧公交验收和移交工作，编制了智慧公交运营方案，智慧公交累计测试里程 30000 公里，试运行近 600 趟次，技术方案的稳定性和安全性得到验证。

4. 交流合作

创新中心积极参与协办了 12 场行业会议和活动，如 2019 年人工智能春

季创新大会、CCF 学术交流活动、岳麓峰会、"院士专家长沙行"、2019 世界计算机大会、2019 世界智能网联汽车大会暨第七届中国国际新能源和智能网联汽车展览会（计划）、钟志华院士智慧车列、2019 湖南网络安全·智能制造大会、第 83 届 IEC 大会、C-V2X 工作组第八次会议、926 开放道路智能驾驶长沙示范区启用暨演示体验日活动。

第三十一章

安徽省

第一节　总体进展与经验特色

安徽省制造业创新中心建设，旨在围绕重点行业关键共性技术需求，突破一批行业技术瓶颈，打造一批区域性的制造业创新中心，实现创新资源的整合协同，聚焦先进技术研发，促进技术成果转移扩散和商业化应用，实现核心技术突破，推动安徽省制造业高质量发展。安徽省典型省级制造业创新中心建设进展情况见表 31-1。

表 31-1　安徽省典型省级制造业创新中心建设进展情况

序号	创新中心名称	运营公司/牵头单位	建设进展	成立时间
1	安徽省数字化精密铸造创新中心	合肥工业大学智能制造技术研究院	省级	2017 年
2	硅基新材料创新中心	硅基玻璃新材料创新中心（安徽）有限公司	省级	2017 年
3	工业机器人创新中心	埃夫特智能装备股份有限公司	省级	2017 年
4	高安全动力电池创新中心	合肥国轩高科动力能源有限公司	省级	2017 年
5	肿瘤精准治疗产品创新中心	安徽安科生物工程（集团）股份有限公司	省级	2017 年
6	汽车活塞环创新中心	安徽环新集团有限公司	省级	2017 年
7	安徽省智能语音创新中心	合肥智能语音创新发展有限公司	省级	2018 年

序号	创新中心名称	运营公司/牵头单位	建设进展	成立时间
8	智能光伏发电系统创新中心	阳光电源股份有限公司	省级	2018 年
9	煤矿安全采掘装备创新中心	安徽理工大学	省级	2018 年
10	聚乳酸新材料创新中心	安徽丰原集团有限公司	省级	2018 年
11	智能家居创新中心	合肥荣事达电子电器集团有限公司	省级	2019 年
12	铜基新材料创新中心	铜陵有色金属集团股份有限公司	省级	2019 年
13	智能传感器创新中心	华东光电集成器件研究所	省级	2019 年

一、聚焦重点领域

从国家的 36 个重点领域中，优选安徽省具有比较优势、有一定技术和产业技术基础的建设领域，明晰省制造业创新中心培育发展路径，指导安徽省行业龙头企业及科研机构有针对性地开展省级制造业创新中心建设，提升安徽省制造业创新能力，制定安徽省制造业创新中心建设布局规划。

二、落实功能定位

安徽省制造业创新中心一个领域只培育认定一家企业，创建单位围绕安徽省确定的重点领域，汇集创新要素，重点解决创新资源分散、创新链各环节相互脱节、高端装备供给不足、产业共性技术供给不足、科技成果转化不畅、对外技术依存度高、关键核心技术受制于人等问题。安徽省硅基新材料创新中心成立后，不断强化技术攻关，会同相关单位共承担研究课题 20 余项，其中"十三五"国家重点研发计划 2 项，省部级项目 10 项，横向合作项目 3 项，自立课题 7 项，带动硅基新材料领域发明专利授权量近百项，推动 0.15mm 触控玻璃实现量产，实现了从"超薄"到"极薄"的跨越，刷新了国内最薄玻璃纪录。

三、突出协同创新

制造业创新中心不同于已有众多的企业技术中心、国家实验室、工程技术中心等各类创新载体，是一个开放的创新平台，打破了单元、组织、区域和行业的界限，整合了制造业创新资源，可以有效提升制造业协同创新能力。安徽省工业机器人创新中心的牵头单位埃夫特智能装备股份有限公司，目前是国家（芜湖）机器人产业集聚试点龙头企业，成功收购国际知名的汽车自动化解决方案公司 O.L.C.I.，逐步形成了具有整合国际化优势资源，打通安徽省内外高校、研究院所、应用企业的机器人全产业链的鲜明特色。同时，参与中科院沈阳自动化所、哈尔滨工业大学、新松机器人等国内机器人行业龙头单位企业组建的沈阳智能机器人国家研究院有限公司，共同建设国家机器人创新中心。目前，芜湖集聚机器人及智能装备企业近百家，率先在全国实现核心零部件国产化、机器人本体全面接近国际一流水平、机器人系统集成日趋成熟的全产业链发展态势，全产业协同发展态势已形成。

四、强化资金支持

紧紧把握建设全面创新改革试验区和合芜蚌国家创新示范区建设的历史机遇，安徽省在政策制定上敢于打破常规，勇于先行先试，先后密集出台了《制造强国战略安徽篇》《支持制造强省建设若干政策实施细则》等 7 项省级公共政策文件，初步形成了制造强省良好的政策红利。在对创新中心的资金支持上，省、市配套资助，对获得省级制造业创新中心的企业，省财政给予一次性奖补 100 万元。

五、加快科技成果转化步伐

安徽省制造业创新中心以市场和产业技术需求为导向，主攻产业关键共性技术。汽车活塞环创新中心组建后，已完成新技术、新工艺研发 109 项，新产品研发 102 个，成果转化率达 91%，新产品销售收入达 24 亿元。硅基新材料创新中心通过技术攻关和成果转化，生产出 CIGS 薄膜太阳能全尺寸冠军组件，有效面积光电转换效率达 16.6%，产品可同时满足光伏建筑一体化和光伏电站一体化应用需求，成功打通科技成果转化"关键一公里"。智能传感器创新中心完成了光 MEMS 器件的工程化研究，实现每月量产 20 万颗芯片，填补了国内空白。

第二节　典型创新中心建设进展

一、安徽省智能语音创新中心

（一）建设进展

1. 组建情况

（1）企业

合肥智能语音创新发展有限公司是安徽智能语音创新中心运营管理单位，成立于 2019 年 10 月 9 日。该公司聚集了我国智能语音行业顶尖的创新资源，股东单位包括科大讯飞、寒武纪科技、优刻得、中科类脑、淘云科技、启明科技等单位（见表 31-2）。

表 31-2　合肥智能语音股东情况表

股 东 名 称	首批投资额（万元）	增资额度（万元）	增资后股比
科大讯飞股份有限公司	610	2235	22.35%
安徽淘云科技有限公司	300	1335	13.35%
合肥中科类脑智能技术有限公司	160	980	9.80%
广东讯飞启明科技发展有限公司	120	735	7.35%
北京中科寒武纪科技有限公司	120	735	7.35%
优刻得科技股份有限公司	120	735	7.35%
重庆重邮科技开发公司	40	245	2.45%
海尔智家股份有限公司	—	1000	10.00%
安徽省信息产业投资控股有限公司	—	1000	10.00%
国家工业信息安全发展研究中心	—	500	5.00%
中科大资产经营有限责任公司	—	200	5.00%
奇瑞汽车股份有限公司	—	300	3.00%
合　　计	1470	10000	100%

（2）联盟

智能语音创新中心依托中国语音产业联盟建设，中国语音产业联盟是由中国境内从事语音技术和产品研究、开发、应用、服务及相关业务的企业、科研院所和服务机构自愿组成的全国性非营利社会组织。联盟主要成员包括

科大讯飞、国家工业信息安全发展研究中心、联想集团、华为、中国电信、中国移动、中国联通、中国科大、清华大学、中科院自动化所、四川长虹、创维集团、新浪、奇虎 360 等，其中，科大讯飞是理事长单位，秘书处设立在国家工业信息安全发展研究中心。

2．队伍建设

（1）技术专家委员会

技术专家委员会由智能语音领域的知名专家、学者和企业家组成，负责提供研发方向、技术路线等方面的战略咨询和决策，每年至少召开一次全体会议，听取创新中心年度工作报告，参与年度技术规划、成果评估、开放课题评审等。技术专家委员会由高文院士担任主任，负责研发方向、技术路线等方面的战略咨询和决策。

表 31-3　安徽智能语音创新中心技术专家委员会名单

序　号	专家姓名	专家委员会职务	职　称	研 究 方 向	单　　位
1	高　文	主任	院士	人工智能应用	北京大学
2	黄河燕	成员	教授	多语言语音识别与机器翻译	北京理工大学
3	李世鹏	成员	研究员	信号与图像处理	科大讯飞股份有限公司
4	陈景东	成员	教授	语音分析及合成	西北工业大学
5	吴　及	成员	教授	语音识别与信号处理	清华大学
6	李爱军	成员	研究员	语言和语音学	中国社会科学院语言研究所
7	莫显峰	成员	研究员	云计算	优刻得
8	刘少礼	成员	副研究员	深度学习处理器	寒武纪科技

（2）管理团队

创新中心实行董事会领导下的总经理负责制，设立董事会、总经理、专家委员会，下设不同的部门机构。创新中心由胡国平任董事长，王智国任总经理。创新中心集聚各联合单位的顶尖技术专家，分别负责各个研发领域的技术路线制定、研发项目实施和管理。安徽智能语音创新中心各方向技术带头人见表 31-4。

表 31-4　安徽智能语音创新中心各方向技术带头人

技 术 领 域	技 术 专 家	所 在 单 位	职务/职称
类脑智能	刘海峰	中科类脑	董事长
信息安全	胡峰	重庆邮电	教授
智能芯片	江厂	寒武纪科技	研究院院长
语音大数据	戴礼荣	中国科大	教授
云计算服务	叶里灯	优刻得	副总监
智能家居	苏腾荣	海尔智家	人工智能总监
智慧教育	汪张龙	讯飞启明	总经理
智能玩具	刘庆升	淘云科技	董事长
智能汽车	邬学斌	奇瑞汽车	执行总监
检验检测	李向前	国家工业信息安全发展研究中心	副所长
产业孵化	祁东风	安徽信投	董事长

（3）科研团队

目前，创新中心已引进 124 名科大讯飞 P3 级别以上的智能语音及人工智能优秀科研及管理人才，其中高级别专家人员 17 人，高级研究员 35 人，中级研究员 72 人，预计 2023 年创新中心团队人员将达到 300 人。

3．机制建设

（1）人才管理

建立开放的人才引进机制。充分依托国家"人才计划""长江学者"，安徽省"百人计划""省特支计划""115 创新产业团队"等人才项目，面向海内外直接引进一批具有国际影响力的高层次人才；建立人员双轨制，以任务合作的柔性引进方式，通过共同研发、委托研发、兼职等多种途径和方式，开展合作研究。

创新高层次人才聘用模式。围绕建设目标和重点任务，根据岗位设置和要求，聘任科研平台负责人、骨干研究人员、博士后、管理人员；采用聘任制、年薪制、项目制等方式聘任高层次人才，以合同的形式明确岗位设置、岗位职责和聘任期限，且人员经费不纳入绩效工资总额调控范围。

制定竞争力强的人才政策。对引进的"人才计划""长江学者"等高层次人才，按照政策给予一次性安家补贴与启动经费；开辟绿色通道，协调解决人才落户、居留和出入境、子女入学、医疗保险等问题；鼓励各类人才以专利、技术、科技成果等作价入股。

（2）知识产权管理

创新中心建立知识产权运营管理中心。一是根据创新中心的总体思路和建设目标要求，以知识产权为核心、建立集中统一的科技成果管理体系。二是以成果转化平台公司进行商业化、专业化运营，建立以知识产权为核心、集中统一的科技成果管理体系，促进科技成果高效转化。

4. 平台建设

创新中心在合肥高新区建设"一中心、两平台"。具体包括：

智能语音技术研究中心。智能语音技术研究中心开展音视频共性技术、IT 基础设施国产化、智能语音关键技术、智能处理器技术、类脑人工智能技术及国产化智能语音芯片研发等一系列技术研发工作，提高创新中心行业关键共性技术供给能力，为行业应用发展提供核心技术支撑。

智能语音"云数"开放创新服务平台。重点建设 AI 数据处理平台、AI 模型生产平台、AI 业务编排平台，为行业用户提供海量 AI 数据存储分析，帮助用户建立 AI 模型并提高模型的精度，使用户创造新 AI 的能力成为可能。该平台面向行业开放，提供语音应用开发服务，面向智能终端、智能家电、汽车电子、语音教育、智能客服、信息安全等行业提供定制化技术解决方案。

产业孵化公共服务平台。面向智能语音行业各类企业，提供技术委托研发、测试认证、成果评估、应用推广、企业孵化、信息服务、项目融资等一系列公共服务，成为成果转化和产业孵化的重要载体。

（二）运行成果

1. 技术创新

创新中心针对平台共性技术、国产化硬件智能计算进行技术攻关，在算法优化、运算效率及音视频技术方面取得显著突破。创新中心通过与寒武纪科技、华为的战略合作，确定了 CPU/GPU 的国产化替代攻关任务。针对智能语音数据复杂多变、国产化平台难以满足智能语音的高算力等问题，创新中心创新性突破并开发了低运算量深度学习模型训练和推理方法，实现了效果无损情况下降低算力的要求，对比 2019 年同期运算量降低 40%，并完成了部分语音引擎版本的国产化移植工作。此外，在具有广泛应用前景的音视频会议技术方面，创新中心开发了具备抗丢包 30% 的低延迟、低功耗多屏互动方案，实现了 1080P 延迟小于 250ms、720P 延迟小于 150ms。创新中心整体技术达到了业界领先水平，为创新中心成果转化、能力输出及商业运营实现"自我造血"奠定了技术基础。

2. 成果转化和企业孵化

创新中心通过建设智能语音"云数"开放创新服务平台，打造行业共性数据处理平台、行业共性模型生产平台、行业共性能力编排平台三大行业共性平台，支撑智能语音产业协同创新。其中，行业共性数据处理平台已实现方言、视频、图片、文本等数据批量处理。行业共性模型生产平台已在方言及小语种识别、语音唤醒、图像分类/检测/分隔等方面实现模型定制，大幅降低了 AI 能力定制及优化门槛。行业共性能力编排平台实现了可视化编排、外部能力拓展、一键服务化发布等功能，提升了语音翻译、语音交互、图像翻译等行业应用产品的落地效率。安徽智能语音创新中心成果转化和企业孵化如图 31-1 所示。

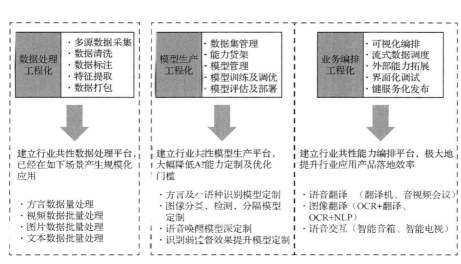

图 31-1 安徽智能语音创新中心成果转化和企业孵化

3. 行业服务

创新中心建设了涵盖企业孵化、产品设计、综合技术服务、手板制作、注塑加工、产品检测检验、公共营销展示的创新服务综合体，为企业提供全方位一站式服务。一是搭建产品检测检验中心。为做好产业加速集聚的配套检验检测工作，与国家工业信息安全发展研究中心合作建立国家级智能语音检验检测分中心，服务企业发展。二是建设产品设计中心。委托第三方专业机构为企业提供包括产品外观、内部构造、电子电路、芯片等在内的设计服务。三是建设综合技术服务中心。规划了互联网+创新创业平台、政策辅导、融资辅导、人才培训等综合技术服务平台，为入驻企业提供全方位的技术服务。

二、安徽省数字化精密铸造创新中心

（一）建设进展

1. 组建情况

安徽省数字化精密铸造创新中心于 2017 年 10 月首次经安徽省经信委批准建设，最终确立股东单位 11 家，联盟单位 25 家。安徽省数字化精密铸造创新中心股东单位见表 31-5。

表 31-5　安徽省数字化精密铸造创新中心股东单位

序　　号	股 东 单 位	备　　注
1	合肥工业大学智能制造技术研究院	高等院校
2	合肥工业大学	创新平台
3	苏氏精密制造技术（北京）股份有限公司	精铸企业
4	中国精造协会	行业协会
5	机械科学研究总院江苏分院	研究院所
6	安世亚太科技股份有限公司	软件公司
7	奇瑞新能源汽车技术有限公司	汽车集团
8	中航工业合肥江航飞机装备有限公司	军工企业
9	安徽全柴动力股份有限公司	上市公司
10	东风精密铸造（安徽）有限公司	精铸企业
11	安徽神剑科技股份有限公司	军工集团

2. 队伍建设

创新中心以合肥工业大学材料学院为主体，以专职数字化精密铸造技术研发团队为依托，组成了精干的技术研发团队，现有教授 7 名、副教授 9 名、讲师 10 余名、专职研发工程师 5 名、研究生 30 多名。创新中心聘请了多名拥有成熟研发经验的工程师，专业从事数字化精密铸造生产线装备研发，目前已初步具备成套装备试制技术条件。

3. 机制建设

（1）知识产权及利益分享机制

创新中心成员单位签署了"知识产权合作协议"，明确了创新中心和成员单位之间的知识产权关系，建立了知识产权共享机制，成员单位共享产业研究、测试验证标准和方法等方面的知识产权。技术创新成果根据项目来源具体规定，国家资助研究成果按国家有关规定执行；联盟设立项目知识产权归联盟所有，联盟成员单位可以优先使用研发成果；合作研究项目在项目研发合同中具体规定研究成果归属。在科技成果或专利收购的同时明确产权关系，创新中心自主立项课题的成果属于创新中心，创新中心与企业或高校合作研究的课题事前约定权益分配，成果转化时主要以知识产权或专有技术入股，并约定权益。

（2）开放合作机制

随着精密铸造行业的发展壮大，通过对创新中心按照公司增资扩股，不断吸收领军企业及重点用户加入创新中心核心层，吸收其成为新股东。创新联盟吸纳新会员，扩大行业覆盖面。股东单位选派流动科研人员轮流合作研究，与会员单位联合申报国家科研项目及国际合作项目，使创新中心在更高的层次上与全球创新要素深度融合。

（3）技术转移扩散推广方式

一是建立有效的资源汇聚机制。通过创新中心内各成员单位的资源汇聚，推进平台建设，实现跨越式发展。创新中心内各成员单位需根据创新中心运行需要投入必要的房屋、设备、信息平台、后勤保障等资源，同时有管理资源的义务，保障创新中心的正常运转和项目发展的需要。

二是建立有效的资源共享机制。创新中心投建的资源，所有权归主体单位所有，各成员单位均有使用权，由创新中心负责具体调度；创新中心在运行过程中获得的公有信息，各成员单位均可共享；创新中心承担社会责任时形成的固定资产统一管理和调度，所有权归创新中心，各成员单位均有使用权；创新中心内各成员单位的信息平台等资源，根据相关项目研究需要，在不涉及企业机密的前提下可以实现资源共享。

（二）运行成果

1. 技术创新

研发成果主要包括两项，一是一体化乘用车门精密铸造技术研发，研发铸造铝合金车门结构件集成再设计与精密制造成形工艺参数，为车门结构件轻量化设计开发提供技术基础，研究成果可优先在纯电动轿车上应用推广。二是精密铸钢浇注生产线，研发的精密铸钢浇注生产线可在 3.5 分钟内自动、高效、合格地完成熔化炉出钢、撇渣、盖包、输送、换包、浇注及剩余钢液倾倒等全流程工序，是国内外精密铸钢生产的首台套数字化浇注生产线。目前，创新中心申请专利 30 余项；已授权发明专利 3 项，授权实用新型专利 5 项。

2. 成果转化和企业孵化

创新中心自成立以来，已与 5 家企业建立长期合作关系，累计签订横向技术开发与合作合同 14 份，合同额累计 1308 万元。合作项目内容包括"铝合金多功能显控台关键制造技术研究""轨道交通自动门承载驱动关键铸钢件工艺研发与优化""铸造试制工厂及设备研发设计""铝合金电机壳消失模铸造工艺优化设计""铸钢壳型生产线研发设计"等。

3. 行业服务

创新中心自成立以来已累计帮助 4 家企业挖掘自身潜力，成功申报省重大科技专项 4 项——"轨道交通自动门承载驱动关键铸钢件工艺研发及产业化""长寿命高耐蚀钢铝复合线材关键技术研究及产业化""高比强铝合金多功能显控台关键技术及产业化""智能化精密熔铸生产线研制"，累计行业技术开发投入 7000 多万元；省科技面上攻关项目 1 项——"新能源汽车轻量化电机壳高性价比成形技术的研发项目"。

三、安徽省硅基新材料创新中心

（一）建设进展

1. 组建情况

（1）企业

创新中心主要依托硅基玻璃新材料创新中心（安徽）有限公司，前期注册资金为 6200 万元，由中建材蚌埠玻璃工业设计研究院有限公司牵头，联合武汉理工大学、凯盛科技股份有限公司和蚌埠投资集团有限公司共同组建，后期通过增资扩股方式引进行业龙头新股东，注册资金达2亿元。

（2）联盟

创新中心主要依托硅基新材料产业创新战略联盟和中关村材料试验技术联盟，拥有玻璃新材料领域内国家重点实验室、国家工程实验室及国家工程技术研究中心等国家级创新平台18家。

2．队伍建设

创新中心已建立了一支梯队年龄与知识结构合理、学历层次高、专业覆盖面广、技术力量雄厚的科研队伍。创新中心现有固定人员106人，其中，高级职称49人，中级职称39人；博士14人，硕士55人，硕士以上学历人员占总人数的65%；中国工程院院士1人，专家3人，国家"百千万人才工程"专家1人，安徽省战略性新兴产业技术领军人才7人，安徽省115产业创新团队3个。

3．机制建设

创新中心在运行过程中采用商业化、市场化的运行机制，盈利所得将持续再投入研发，股东权益回报不采用分红模式，相关股东单位可通过技术成果优先转化权、平台资源优先共享权和成果转化产品优先使用权等方式获取投资回报。

创新中心制定"高层次人才全球招聘计划"，在高精尖领域引进一批国际、国内知名的领军人才和优秀青年拔尖人才，积极推行"领军人才+创新团队"的人才引进模式；建立青年技术人员导师制和联合培养机制，有序培养青年技术人员快速成长。

创新中心实行项目经理负责制，在项目开发规定期限内能完成或提前完成全部开发要求或取得突破性、阶段性进展的，给予项目团队和个人一定的奖励；建立科技成果转化收益分配和激励机制，以技术转让或者许可方式转化科技成果的，从技术转让或者许可所取得的净收入中提取不低于30%的比例用于奖励；采用股份形式实施技术成果转化的，技术成果作价出资设立公司或者开展股权投资时，可以从该科技成果入股时作价所得股份中提取30%用于奖励。

4．平台建设

创新中心围绕行业关键性、前瞻性和共性技术等方面的战略需求，大力推进研发机构建设，申请建设了硅基材料安徽省实验室、中国玻璃发展中心物化检测所、国家建筑材料工业平板玻璃热工测试中心、国家建筑材料工业平板玻璃集装器具质量监督检测中心、安徽省电子信息显示玻璃基板工程技术研究中心、安徽省工业设计中心、安徽省企业技术中心等。目前，创新中心拥有国家级创新服务平台 7 家、省部级创新服务平台 12 家。

（二）运行成果

1．技术创新

创新中心累计承担相关课题 90 项，其中国家"973"、"863"、国家支撑计划、国家火炬计划、"十三五"国家重点专项等各类国家级项目共 7 项，安徽省科技计划、安徽省国际合作计划等各类省部级项目 12 项。申请发明专利 292 项，授权发明专利 106 项；制定国家标准、行业标准 17 项。其中，"防电势诱导衰减、超白高透太阳能玻璃产业化关键技术研发及应用""硅基功能材料梯级加工关键技术研发及产业化"获 2019 年安徽省科技进步奖二等奖，"薄膜太阳能电池用高应变导电玻璃成套技术及装备开发"获 2018 年安徽省科技进步奖一等奖，"超薄触控玻璃关键技术与成套装备开发及产业化项目"获 2018 年工业大奖、全国制造业单项冠军。

2．成果转化和企业孵化

（1）信息显示产业

创新中心研发并量产 0.12mm 的超薄触控玻璃，目前全球市场占有率近 30%。主持承担的"十三五"国家重点专项 8.5 代 TFT-LCD 玻璃基板项目于 2019 年 9 月成功下线，实现我国高世代液晶玻璃基板零的突破。开发出具有自主知识产权的高性能空心玻璃微珠并在蚌埠产业化，产品成功应用于我国首台 4500m 级深海潜水器系统"海马号"上，2019 年通过了万米深海浮力材料实验测试。

（2）新能源产业

创新中心采用"薄膜电池用高应变点玻璃核心技术与成套装备"自主知识产权技术，在蚌埠建成投产国内唯一一条薄膜电池用高应变点玻璃生产线，产品出口德国、日本。创新中心成功实现了薄膜电池的产业化及规模化示范应用，2017 年，中国首条具有国际先进水平的 CdTe 薄膜电池工业 4.0 示范生产线正式投产，成功下线单片面积世界最大的 $1.92m^2$ 的 CdTe 薄膜电池；同年，我国首条具有完全自主技术的 CIGS 薄膜电池生产线在蚌埠成功投产；2019 年 300mm×300mm 组件转换效率达到 19.2%，再创世界纪录。

3．行业服务

创新中心大型仪器设备（如扫描电子显微镜、能谱分析仪等）纳入了国家、省大型仪器共享服务平台，为陕西彩虹电子玻璃公司、彩虹（合肥）液晶玻璃有限公司、浙江大学等上百家行业企业、高校提供了仪器共享服务。截至 2020 年 4 月，创新中心提供了 7433 个元素的化学成分分析和 5642 个样品的大型仪器分析，开展了 5000 余人次的科普教育。

4．交流合作

创新中心与美国新泽西理工大学、清华大学、北京大学、浙江大学等国内外高校和科研院所建立人员互访、学术交流和项目合作计划。截至 2020 年 4 月，创新中心共承办国内学术会议 5 次，创新中心人员参加国内外学术会议达 300 余人次，在国内外学术会议上做学术报告 20 余次，包括 2017 年国际玻璃协会伊斯坦布尔年会、2018 年国际玻璃协会日本横滨年会、第十二届国际太阳能光伏与智慧能源大会、II-VI 族化合物太阳能电池研讨会、土耳其伊斯坦布尔"ŞIŞECAM 国际玻璃会议暨第三十四届 ŞIŞECAM 玻璃研讨会"。

第三十二章

宁夏回族自治区

第一节　总体进展与经验特色

作为推进制造业高质量发展的重要任务，宁夏回族自治区围绕重点行业转型升级和新一代信息技术、先进装备制造、新材料、现代煤化工、现代纺织、特色食品、生物医药、节能环保等领域创新发展的共性需求，持续推进建设一批制造业创新中心。按照政府引导、协同创新、试点先行、择优升级的创建思路和原则，有序推进制造业创新中心建设。着重在现代煤化工、先进装备制造等领域培育制造业创新中心试点，目前自治区内已建成3家省级制造业创新中心，涵盖离散型智能工厂、智能化轨道交通供电设备、煤气化技术与装备三大领域。宁夏回族自治区制造业创新中心建设进展见表32-1。

表 32-1　宁夏回族自治区制造业创新中心建设进展

序号	创新中心名称	运营公司/牵头单位	建设进展	成立时间
1	离散型智能工厂创新中心	共享智能铸造产业创新中心有限公司	试点培育	2017 年
2	智能化轨道交通供电设备创新中心	卧龙电气银川变压器有限公司	试点培育	2019 年
3	煤气化技术与装备创新中心	宁夏神耀科技有限责任公司	试点培育	2019 年

一、完善顶层设计，强化制度保障

宁夏回族自治区高度重视制造业创新中心建设工作，《自治区党委　人民政府关于推进创新驱动战略的实施意见》中，明确提出"支持创建国家和自治区级制造业创新中心，获批后分别给予 1000 万元、500 万元奖励"。制定出台了《宁夏回族自治区制造业创新中心建设实施方案》，明确建设思路、建设要求、组织实施和支持措施。印发《宁夏回族自治区级制造业创新中心认定管理办法（暂行）》，从建设情况和运行情况等方面对列为试点和已建成的制造业创新中心，进行认定和动态管理。通过出台指导性文件和鼓励政策，逐步完善创新中心建设的顶层设计和政策体系。

二、落实工作安排，积极组织动员

宁夏回族自治区根据制定的实施方案和认定管理办法，采用"成熟一个、启动一家"的方式，先进行试点论证批复，再进行评价认定授牌。在全区范围内征集试点单位，进行定向培育，帮助牵头建设制造业创新中心的企业做好建设方案的编制工作，鼓励股权多元化，运行机制市场化，科研目标产业化。2019年年底，在现代煤化工、先进装备制造等自治区优势领域，由国家能源集团宁夏煤业有限责任公司牵头创建的煤气化技术与装备创新中心、共享智能铸造产业创新中心有限公司牵头创建的离散型智能工厂创新中心、卧龙电气银川变压器有限公司牵头创建的智能化轨道交通供电设备创新中心为自治区首批制造业创新中心试点单位。建设期满后，宁夏回族自治区对申请认定的试点企业按照认定管理办法要求，进行评价认定、授牌拨款等工作。

三、开展分级培养，探索可持续模式

宁夏回族自治区围绕重点行业转型升级和新一代信息技术、先进装备制造、新材料、现代煤化工、现代纺织、特色食品、生物医药、节能环保等领域，以加大优势产业重点领域关键共性技术的研发供给、转移扩散和首次商业化为目标，加快推进国家和自治区级制造业创新中心培育建设，引领带动重点行业和领域创新能力提升。对通过认定的自治区制造业创新中心，对其运行情况进行动态管理，每三年定期进行一次评价。对技术创新做出重大贡献、发挥重大作用、形成重大影响的，且符合国家制造业创新中心建设要求的，由工业和信息化厅推荐申报国家制造业创新中心。宁夏回族自治区下一步将争取对创新中心提供更大的资金支持力度，改革目前认定后一次性给予500 万元奖励资金的财政政策，实现对运行良好的自治区制造业创新中心，给予一定的资金和政策支持。

第二节　典型创新中心建设进展

一、煤气化技术与装备创新中心

（一）建设进展

1. 组建情况

宁夏神耀科技有限责任公司围绕煤气化技术应用和开发，开展气化技术升级和相关领域技术创新，重点攻克激冷流程煤气化技术能量利用率低的重大技术瓶颈，推动煤气化技术向着"大型化、能量高效利用、环境友好"等方面进步。联合国内知名的粉煤气化工艺技术工程设计公司中国五环工程有限公司、特种燃烧器设计制造专业研究院所中国船舶重工集团第七一一研究所、环境及化工领域知名院校浙江大学等共同开展技术研发，通过自主开发、合作研发、委托研发等方式，形成以宁夏神耀科技有限责任公司为中心的技术开发团队，共同组建煤气化技术与装备创新中心。

2. 队伍建设

创新中心团队成员包含了来自煤化工行业顶尖的研发、设计、生产、管理企业，现有团队成员 37 名，其中博士 5 名、硕士 18 名、本科 11 名，高级工程师 20 名。以创新中心主任及团队骨干为主，吸收浙江大学能源工程学院所长岑可法院士、浙江大学可持续能源研究院院长倪明江教授、浙江大学环境工程研究所副所长官宝红教授、中国五环工程有限公司副总工程师徐才福和中国船舶重工集团公司第七一一研究所副总工程师张世程等共同组建煤气化技术与装备创新中心专家委员会，保证技术开发顺利进行。管理团队中，创新中心主任匡建平博士入选宁夏回族自治区"国家级百千万人才后备人选"，副主任罗春桃高工先后主持承担国家级科研项目 9 项，并荣获"中国专利金奖"一项，曾获得"全国三八红旗手""全国优秀科技工作者"荣誉称号；首席科学家刘水刚博士在荷兰皇家壳牌煤气化技术公司工作十余年，具有丰富的干煤粉气化技术开发和管理经验。

3. 机制建设

在研发管理方面，实行开放式管理，设置了高效的人员流动体制，依据研究开发项目工作进展情况，可随时引进或退出相关方向的科研人员或技术团队，同时与参与的团队成员单位建立合作共享机制，依托自身和合作单位的人才优势、实验设备、口试平台等，减少同类设备采购建设，推动创新中心研究开发项目的高效化、集约化开展。

在知识产权保护方面，一方面，创新中心支持科技研发人员将创新成果申请专利保护、成果鉴定等；另一方面，切实做好创新成果的技术保密，保障中心合法权益不受侵犯，保护中心安全和经济利益。

在人才激励方面，创新中心充分尊重科技研发人员的创新劳动，对项目研究成果研究做出突出贡献的科研人员给予充分的物质奖励和荣誉奖励。

（二）运行成果

1. 技术创新

创新中心依托宁夏回族自治区 2017 年东西部合作项目、2018 年重大科研项目和 2018 年重点科研项目 3 个科研项目，开展了废锅流程粉煤加压气化技术研发和煤气化灰水专用处理药剂的研发工作。目前已完成辐射废锅气流床气化技术工艺设计、气化炉和辐射废锅结构设计，工艺流程图绘制和特种燃烧器开发等工作，完成了适用于高灰分粉煤加压气化灰水处理药剂开发及工业应用，首台套滤饼干化设备开发及应用等工作，极大地提升了自治区煤气化产业的技术水平和行业影响力。

截至目前，创新中心主要开展的技术创新项目如表 32-2 所示。

表 32-2　创新中心主要开展的技术创新项目

序号	项 目 名 称	主要技术突破
1	500t/d 投煤量干煤粉下行废锅气化技术的成套技术和装备	开展气化烧嘴结构、辐射废锅结构及气化烧嘴结构与气化炉匹配的研究；干煤粉气化炉辐射废锅积灰防控新方法及关键技术研究；煤粉密相输送稳定运行技术、高压条件下含灰合成气高效气固分离技术研究
2	4000t/d 级气化炉工业示范所需要的成套技术和装备	包括气化炉、组合式烧嘴、辐射废锅等核心装备技术大型化的技术开发和装备制造；大型气化炉水动力计算技术及软件包；大型加压气化炉"智能化一键启停/安全运行软件包"以及气化炉顺控、安全联锁保护系统等
3	脱水干化创新技术及装备	针对煤炭加工转化领域产生的三废处理需求，针对带液废固，开发一种高效、节能、环保的脱水干化创新技术及装备，解决制约固废资源化利用的瓶颈问题；针对煤气化黑灰水，研究开发高效的水处理工艺和产品，改善系统水质，提高水资源利用率；针对环保要求的煤化工废气排放要求，开发热风炉低氮燃烧技术（$NO_x < 30mg/m^3$）

截至目前，创新中心累计申请专利 34 项，其中已授权实用新型专利 11 项，进入实质审查阶段发明专利 17 项，登记软件著作权 1 项，发表论文 4 篇，逐步构建了煤气化技术与装备创新的"专利池"。

2. 成果转化和企业孵化

创新中心专利"201721237879.7 一种均匀出料的烧嘴装置"已应用于国家能源集团宁夏煤业公司（简称国能宁夏煤业）400 万吨/年煤炭间接液化项目新型高压气化组合式燃烧器的改造工程，该专利技术有助于煤粉在出燃烧器煤粉通道前实现均匀分布，进一步提升煤粉弥散效果，减少煤粉偏烧造成水冷壁烧损的可能性，同时有助于提升气化炉生产的粗煤气中的有效气组分，也为下一步开发更大规模的煤气化炉奠定基础。

3. 行业服务

创新中心 2018 年与山西兰花科创签署了气化装置改造合同，并在 2019 年增补了 1 台气化装置；2018 年与宁夏鲲鹏清洁能源乙二醇项目签订了"神宁炉"技术许可合同；2019 年与安徽碳鑫科技焦炉煤气综合利用项目签订了"神宁炉"技术许可合同；2019 年，"煤气化灰水处理系统细渣脱水干化成套技术"在宁夏煤业 400 万吨/年煤炭间接液化项目煤气化装置上，建立首套处理量 20 吨/小时示范装置，成功应用于中国船舶重工集团第七一一研究所开展的煤气化燃烧器技术研究，并与国能宁夏煤业签订了技术服务协议，保障了国家能源集团宁煤煤制油分公司、烯烃分公司气化炉装置的长周期、稳定运行。

创新中心参与编写的行业标准《气流床煤气化单元能效计算方法》，已于 2020 年 5 月 1 日开始实施。截至目前，创新中心已参加 30 多场技术交流活动，介绍气化技术、神耀科技产品和技术，拓展客户资源。

二、离散型智能工厂创新中心

（一）建设进展

1. 组建情况

（1）公司

离散型智能工厂创新中心依托共享智能铸造产业创新中心有限公司建立，创新中心由共享装备股份有限公司控股，与中国铸造协会、新兴铸管、汉得信息、顺亿资产、银川经济技术开发区、烟台冰轮、中机六院、力劲集团、日月股份、立鑫晟研究院、宝信铸造 11 家股东，以"跨界融合、共建共享、联通各方、服务产业"为共识，共同组建而成。创新中心于 2017 年 6

月成立，注册资本为 23000 万元，现有在册员工 295 人。

（2）联盟

创新中心牵头组建了中国智能铸造产业联盟，并在宁夏回族自治区工信厅指导下成立了宁夏工业互联网产业联盟，形成"创新中心+联盟"的创新模式，推动行业和区域制造业创新发展。

2. 队伍建设

创新中心依托中国智能铸造产业联盟成立了技术专家委员会，该委员会拥有干勇院士、卢秉恒院士、潘复生院士等 22 位行业相关专家。创新中心具备独立法人实体，实行公司化运作、企业化管理。创新中心管理团队主要包括股东会、董事会和总经理。按照《中华人民共和国公司法》和公司章程要求，通过股东会选举确立董事会，再由董事会选举和聘任总经理。创新中心以离散型智能工厂关键共性技术问题为主攻方向，组织 150 余人开展研发工作。

3. 机制建设

创新中心在项目管理上建立了"互联网+项目"的协同研发机制，围绕离散型智能工厂关键共性技术问题，培育智能制造（铸造）软硬件研发孵化器，建立关键共性技术研发、成果转移转化、产业化应用示范的运行机制，持续为行业和区域制造业提供创新发展活力，促进企业转型升级。

在资源共享方面，创新中心汇集了各方优势资源，包括共享装备、铸造企业新兴铸管，信息技术领域企业汉得信息，金融企业顺亿资产，以及银川经济技术开发区、烟台冰轮、中机六院、力劲集团、日月股份、立鑫晟研究院、宝信铸造，跨界融合创新资源，"政产研用金"紧密协同。"互联网+项目"协同研发机制示意图如图 32-1 所示。

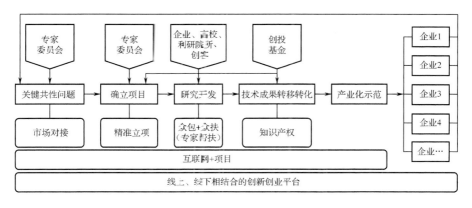

图 32-1 "互联网+项目"协同研发机制示意图

（二）运行成果

1. 技术创新

创新中心围绕离散型智能工厂关键共性技术问题开展协同研发，已成功完成了铸造 3D 打印设备、AGV、热法再生设备、工业微波烘干设备、全流程虚拟制造、智能单元、云网关等 30 余项关键软硬件的项目研发，累计申请专利 312 项，其中发明专利 198 项，软件著作权 15 项；承担"绿色智能铸造工厂设计及关键技术研发""铸造 3D 打印砂型后处理及再生循环利用成套技术装备研发""高端铸造用增材制造设备及材料""智能铸造用重载机器人关键技术研发"等自治区级重大科技研发项目。创新中心形成了智能铸造标准体系，已发布 12 项团体标准。

2. 成果转化和企业孵化

创新中心围绕离散型智能工厂关键技术产业链开展创新创业孵化，目前已孵化出铸造 3D 打印产业，4 个分中心（独立法人企业），宁夏宏宇智创科技、宁夏乐道智能科技、宁夏畅为科技等 12 家企业。在内部孵化出工业互联网、创客工坊、产教融合、工业机器人等多个创新团队。

3. 行业服务

创新中心组建了 50 余人的智能制造集成商专业团队，利用物联网、云计算、大数据等技术，构筑了"云+网+厂"的新一代铸造智能工厂架构，形成了完整的铸造数字化车间/智能工厂解决方案，为行业企业提供数字化智能化网络化转型服务。

创新中心已为 30 余家企业提供了智能制造诊断服务，为中钢邢机、新兴铸管、徐工集团、烟台冰轮、福建神悦等 10 余家企业提供绿色智能制造（铸造）系统解决方案，已累计设计、建设 10 个绿色智能铸造数字化车间/智能单元，其中宁夏银川建成世界首个万吨级铸造 3D 打印智能工厂，其综合集成技术世界领先。创新中心正在按照"标准+示范"的模式推进制（铸造）行业绿色智能转型。

4. 交流合作

创新中心开展"智享计划"，搭建产、学、研、用、金协同发展平台，通过产教协同双师培养、共建实训基地、共建新工科、共建共享学院、协同项目合作、协同创新创业六大模块的逐步落地实施，探索形成了产教融合新模式。目前，创新中心与西北工业大学、中国科学院金属研究所、马来西亚彭亨大学、重庆大学、太原理工大学、宁夏大学、北方民族大学、兰州理工大学、西安理工大学、上海交通大学（银川）材料产业研究院、辽宁科技学院、宁夏职业技术学院、宁夏工业学校、浙江机电职业技术学院等近 18 所高校及研究院所从战略层面上签订了合作协议，与高校协同研发项目 10 余项，共建实训基地 10 个、共建智慧教室项目 1 个，完成学生工程实训 750 余人，培养双师型教师近 64 人，引入线上精品课程 1000 余个，举办线下培训、学术交流、竞赛活动近 20 场，共建工业机器人新专业 3 个。

三、智能化轨道交通供电设备创新中心

（一）建设进展

1. 组建情况

智能化轨道交通供电设备创新中心以产业为导向，以"产学研用金"创新主体为创新生态，以产业技术关盟为组织形式，推动产业共性技术攻关及重大科技成果产业化应用，构成产业转型升级的引擎，切实提升科技支撑经济发展的能力。

智能化轨道交通供电设备创新中心由卧龙电气银川变压器有限公司牵头，红相股份有限公司、沈阳变压器研究院有限公司、沈阳沈变所电气科技有限公司、宁夏银利电气股份有限公司、宁夏力成电气集团公司、无锡巨龙硅钢股份有限公司、贵州长征电气有限公司、潍坊汇胜绝缘技术有限公司、西南交通大学、北方民族大学 10 家单位，以产业技术联盟形式共同组建，暂未申请成立独立法人机构。

2. 队伍建设

智能化轨道交通供电设备创新中心人员总数 64 人，其中专职科研人员 46 人，科研服务人员 10 人，科研管理人员 8 人。成立了由 7 位高级专家组成的技术专家委员会，其中包括中国工程院朱英浩院士，行业高级专家狄建华、李世成、陈奎、王茂松，以及来自高校的单得根、何道刚教授。技术专家委员会负责对创新中心的研究开发、重大技术问题及项目的可行性进行咨询和评估等，对技术人员进行技术指导和培训。管理团队包含总经理 1 名、副总经理 2 名、业务部门经理 7 名、财务人员 3 名、行政专员 2 名、管理文员 2 名。

3. 机制建设

创新中心实行董事会领导下的总经理负责制，董事会是创新中心的领导

决策机构，由创新中心股东单位及相关部门的代表组成。

创新中心通过开放式运行、科研课题公开招标和科研合作等方式实现创新中心的资源共享。结合国家科技发展需求和行业共性关键技术，与技术成果生产、使用单位紧密合作，使技术成果以最为高效的形式转化为生产力；坚持以市场化取向，建立"产学研用金"合作项目载体，建立风险共担机制，明确各方权利及义务。

创新中心实行"开放、流动、联合、竞争"的运行管理方针，采取多种机制吸引国内外优秀人才，通过各种规章制度鼓励公平竞争，创造有利于人才脱颖而出和生产高水平创新成果的人文环境。

4. 平台建设

创新中心正在建设试验验证中心，主要从事高速铁路用牵引变压器、轨道交通主变压器、变电所配套设备系统集成、试验方法及标准等研究，进行设备测试及系统集成技术测试，同时开展变压器、高压开关、监测与保护系统、互感器等供电设备的系统试验，以提高创新中心自主创新能力和产业核心竞争力，满足轨道交通供电设备战略任务和重点工程对技术的迫切需求。试验验证中心于 2019 年 12 月开工建设，现阶段已完成主体结构施工，预计2020 年年底交付使用。建设完成后，将形成一流的轨道交通供电设备系统测试能力，成为完整的轨道交通供电设备研发试验技术创新平台。

（二）运行成果

创新中心积极开展技术创新活动。2020 年，重点开展"基于互联网技术的轨道交通供电设备健康管理系统"开发，其子课题"多物理场信息采集技术研究"已开始实施。创新中心已经完成了多智能传感器变压器器身结构设计项目，通过变压器结构优化、传感器分布设计，保障智能传感信息采集的有效性。

第三十三章

福建省

第一节　总体进展与经验特色

福建省十分重视省级制造业创新中心创建工作，2017 年起在全省陆续开展 10 家省级制造业创新中心的试点建设工作，探索建设制造业创新中心的有效途径，2019 年认定了全省首家增材制造创新中心。福建省制造业创新中心建设进展见表 33-1。

表 33-1　福建省制造业创新中心建设进展

序号	中心名称	运营公司/牵头单位	建设进展	成立时间
1	福建省增材制造创新中心	中国科学院海西研究院（中国科学院福建物质结构研究所）	省级	2019 年
2	智能化无线通信创新中心	厦门大学	试点培育	2018 年
3	工业云制造创新中心	福建中海创集团有限公司	试点培育	2018 年
4	机器人基础部件与系统集成创新中心	福州大学	试点培育	2018 年
5	环境友好高分子材料创新中心	福建师范大学泉港石化研究院	试点培育	2018 年
6	数字化装备与柔性制造创新中心	中国科学院海西研究院泉州装备制造研究所	试点培育	2018 年
7	钨深加工产业创新中心	厦门钨业股份有限公司	试点培育	2018 年
8	物联网智能感知应用创新中心	福建新大陆科技集团有限公司	试点培育	2018 年
9	生态环保产业创新中心	福建龙净环保股份有限公司	试点培育	2019 年

续表

序号	中 心 名 称	运营公司/牵头单位	建设进展	成立时间
10	不锈钢产业创新中心	福建青拓特钢技术研究有限公司	试点培育	2019 年

一、在本省产业重点领域内布局制造业创新中心

福建省在新一代信息技术、高档数控机床和机器人、节能与新能源汽车、海洋工程装备及高端高技术船舶、先进轨道交通设备和电力装备、航空工业、特色农机装备、新材料、石化基础材料、生物医药等重点领域，兼顾传统优势产业提质增效和制造业转型升级需求，建设一批省级制造业创新中心。

二、利用一系列政策扶持创新中心建设

2016 年 10 月，福建省颁发了《福建省制造业创新中心建设工程实施方案（2016—2020 年）》，提出福建省制造业创新中心建设的建设目标、定位与功能、创建方式、运行管理、组织实施和政策措施。福建省制造业创新中心建设遵循"唯一性、开放性、独立性、公开性、前瞻性、持续性"的原则，按照"一个中心一个方案"的工作思路，"成熟一家、认定一家"，突出市场运作、实效评估。对被认定为省级制造业创新中心试点的牵头单位给予 100 万元资金扶持，对被认定为省级制造业创新中心的牵头单位给予 1000 万元资金扶持。

三、实现了省内创新力量的集聚和初步协同

目前，福建省已认定或者试点的 10 家制造业创新中心单位，由有较强经济实力和研发能力、在业内具有较大影响力的单位牵头，联合产业上下游企业、科研院所、高校、行业组织，面向制造业创新发展重大需求，突出协同创新取向，以重点领域前沿技术和关键共性技术的研发供给、转移扩散和首次商业化为重点，打造创新链、产业链、资金链、政策链、人才链五链融合的制造业创新生态系统。

第二节　典型创新中心建设进展

一、福建省增材制造创新中心

（一）建设进展

1. 组建情况

（1）组织架构

福建省增材制造创新中心依托中科院福建物质结构研究所组建，为依托单位的二级机构，理事会是创新口心的决策机构，技术专家委员是创新中心的学术机构和决策咨询机构，具体运作实行理事会领导下的创新中心主任负责制，并设立了技术开发部、综合管理部、计划财务部、培训推广部4个部门。福建省增材制造创新中心组织机构见图33-1。

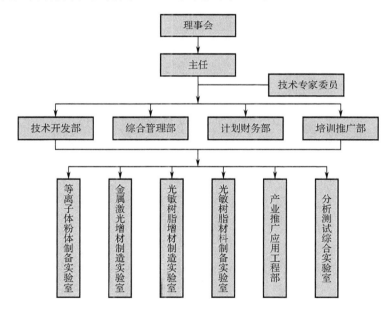

图33-1　福建省增材制造创新中心组织架构

（2）参与单位

创新中心联盟主要参与单位包括福建福晶科技股份有限公司、福建中科光汇激光科技有限公司、永悦科技股份有限公司、丽声助听器（福州）有限公司、福建时创电子科技有限公司、福建省增材制造行业协会、厦门理工学院、厦门五星珑科技有限公司、福建华峰新材料有限公司、厦门恩里克机电科技有限公司、福建国锐中科光电有限公司等多家企业。创新中心合作交流单位包括厦门大学、上海交通大学、中科院半导体所、中科院光电研究所、中国工程物理研究院、中国商飞上海飞机制造有限公司、中国增材制造产业联盟等 30 多家。

2．队伍建设

（1）技术专家委员会

技术专家委员会由理事单位推举提名后，经常务理事会表决通过，由 11 位增材制造领域的知名专家和各单位的主要工程技术骨干组成，其中，中国增材制造产业联盟首批特邀专家及福建省 3D 打印技术产业联盟首席专家 1 人，国家领军人才 1 人，中科院"关键技术人才" 1 人。

（2）科研和管理团队

创新中心已形成一支较为完善、职责分明、能力较强的队伍，团队人数 55 人，其中科研人员 44 人，管理人员 11 人。创新中心依托高校和科研机构，通过多种模式引进和培养国家增材制造产业急需的高端人才，使创新中心成为集聚人才、培养人才和使用人才的重要基地。试点建设期间，引进高层次人才共 10 人。

3．机制建设

（1）制度建设

创新中心根据自身发展需要，制定了相关的章程制度，主要有《福建省增材制造创新中心章程》《福建省增材制造创新中心规划目标》《福建省增材制造创新中心开放基金暂行管理办法》《福建省增材制造创新中心项目管理细则》等，为创新中心的运营提供了有力保障。

（2）项目管理

在项目实施管理方面，创新中心针对每个项目成立项目领导小组、技术攻关团队和项目管理小组，规范和加强项目的实施和过程管理。设置科研财务助理，协助科研人员编制年度财务预决算信息、管理日常经费报销及协调沟通等，提供专业化的财务服务。项目领导小组负责协调落实各攻关团队需求，执行有关管理规定，协调推动项目组成员之间的合作，对项目实施过程中的重大管理问题提出处理建议。技术攻关团队负责协调解决项目实施过程中的重大技术问题，对技术目标的实现负全责，对配套的需求进行协调和管理等。项目管理小组负责分阶段、分层次组织交流和评估考核，指导中期及结题科研验收工作，并协助科研财务助理从预算编制、执行监督、日常报销、中期及结题审计验收等方面，全面参与对项目经费的全流程管理，保证项目的顺利实施和结题验收。

（3）资源共享

创新中心以 3D 打印现有仪器、设备等资源共享服务为核心，以整合资源和集成为主线，建立 3D 打印仪器设备资源共享平台，对创新中心联盟成员单位的企业、科研院所、高校等现有的 3D 打印技术设备、测试分析仪器等及其相关的资源进行整合和共享建设，形成覆盖创新中心各成员单位乃至全省增材制造相关企业部门的 3D 打印仪器设备共享支撑体系，促进管理创新、服务创新，实现 3D 打印仪器设备资源面向全社会的高效运行。

（4）人才管理

创新中心通过多种模式引进和培养国家增材制造产业急需的创新人才，使创新中心成为集聚人才、培养人才和使用人才的重要基地。一是创新中心鼓励自身及成员单位积极引进增材制造领域的高层次创新人才，建立吸引和留住人才的工资待遇体系，在科研经费、团队建设、休假制度、安家补贴等方面，对高层次人才予以相应的支持；二是创新中心在创新科技人才选拔任用上引入竞争机制，加大各类人才选拔和选聘的力度，积极为各类人才干事创业和实现价值提供机会和条件，促进人岗相适、用当其时、人尽其才，形成有利于各类人才脱颖而出、充分施展才能的选人用人机制；三是创新中心在材料、器件、装备等增材制造技术研究和产业化领域多方面加强高素质科技人才队伍建设，通过加强科技人才的继续教育和培养专业技术人才的实践能力，加快科技人才培养；四是创新中心鼓励专业技术人才交流，按照个人自愿、企业需要、组织调配、因才施用的原则，根据增材制造产业发展方向，针对现有材料、器件、集成技术等各类专业技术人才成长的不同特点、不同发展方向，促进专业技术人才深入企业一线锻炼，不断加强专业技术人才的合理交流，实现人才的有序流动。

（5）知识产权管理

建立现有知识产权的投入和共享机制。创新中心成员在加入创新中心前，以及在创新中心组织的项目以外、未利用创新中心资源和条件自行研发的现有技术成果，知识产权仍归其享有；在创新中心组织的项目中，项目合作方应签订协议，明确各自投入的现有知识产权及其权利共享的范围和方式；创新中心组织项目的合作方，未经许可不得将他人投入的知识产权用于创新中心项目之外的其他用途。

建立新知识产权的权利归属、使用和利益分配机制。创新中心成员共同开发的创新技术，归完成单位共同所有。项目成果的分享和利益分配按"谁投资，谁受益"的原则，新知识产权采用"一事一议"的方式，按照对项目的贡献大小确定利益分配比例，由参与项目各方结合实施情况以合同的方式进行约定。创新中心成员单位对这些知识产权内容的使用拥有优先权。

建立创新中心知识产权管理和保护机制。属于创新中心的知识产权内容，须经由技术专家委员会确认，理事会批准生效，综合管理部负责存档管理。创新中心的知识产权内容的对外转让须经由理事会批准，培训推广部负责实施。

建立成果及知识产权转移转化机制。创新中心项目所形成的科技成果，在符合市场化的前提下可进行成果转移转化，根据转移扩散机制、种子项目融资主导、孵化企业、股权、期权激励和奖励等多种方式进行辅助，将成果转移至商业化应用和产业化。

4. 平台建设

在中科院海西研究院的支持下，创新中心目前已完成约 1000m^2 办公基地的建设，并建有"福建省增材制造创新应用展厅"，地点位于中科院海西研究院 2 号楼 16 层。创新中心主要构建 3D 打印和智能制造产业集群，形成协同效应，提高创新创业效率、成功率和效益，提升孵化科研成果质量。

一是建立了 3D 打印仪器设备资源共享平台。创新中心以 3D 打印现有仪器、设备等资源共享服务为核心，促进 3D 打印仪器设备资源面向全社会高效运行。

二是建立了仪器设备公共服务平台。创新中心与其他科研机构、大学、企业等紧密交流互动，形成了常态化对外开放交流机制。通过开放共享平台，将创新中心的仪器设备开放使用，采取共享收费和无偿等方式，提升设备使用率，为其他企业、高校、科研机构提供更便捷的平台。

三是建立了开放基金，对国内外高校、科研院所和企业开放基金项目申请，主要针对材料、关键器件、系统集成、工艺等有重要应用前景的增材制造技术相关研究进行资助。重点突破行业发展中的重大设备、重要材料、关键工艺、核心软件、核心元器件等共性关键技术，以新机制、新模式开展协同创新活动，提升增材制造产业核心竞争力，推动福建省乃至全国增材制造产业实现跨越式发展。

（二）运行成果

1. 技术创新

创新中心瞄准当前增材制造技术发展的瓶颈，开展航空应用钛合金球化粉末、高分子树脂等系列材料制备技术研究，突破高品质光纤/紫外激光晶体元件等关键器件技术研发，研究金属 SLM、高速连续面成型 3D 打印机等各类型金属/非金属 3D 打印设备等系统集成技术，并结合各成员单位优势，实现增材制造材料、器件和设备的产业化及应用。福建省增材制造创新中心技术路线图如图 33-2 所示。

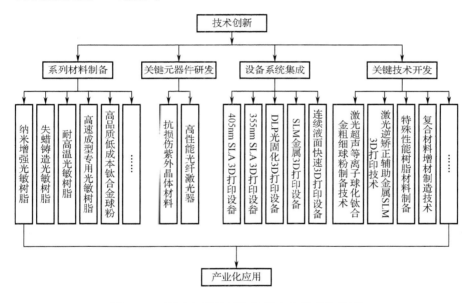

图 33-2　福建省增材制造创新中心技术路线图

在开发系列材料制备技术方面，针对目前增材制造行业需求最大的两类材料——金属球化粉末材料和非金属增材制造材料，重点研究和突破高速成型、生物相容、失蜡铸造、耐高温树脂，低温 FDM 线材等 8 种增材制造用的高性能、高分子光敏树脂材料，TC4 精细球粉、Ti80 合金球粉等 2 种航空航天领域应用材料，高品质 TC4 钛合金球化粉末材料等相关制备技术与工艺，并与企业进行联合开发，或通过技术转让的方式实现增材制造材料的产业化。

在核心关键元器件研发方面，创新中心发挥相关企业在激光器件领域的技术优势，着力开展抗损伤紫外晶体材料、高品质光纤激光器的研发，自主研制获得抗潮解紫外晶体材料 BBSAG、新型非 π 共轭深紫外非线性光学晶体 $NH_4NaLi_2(SO_4)_2$ 晶体和 $(NH_4)_2Na_3Li_9(SO_4)_7$ 晶体 3 种新型抗损伤紫外晶体材料，以及型号为 GTL-1000 和 CYM-6000 的 2 种高性能光纤激光器，为增材制造设备的集成提供优质的短波长紫外激光器件和近红外光源。

在增材制造打印系统设备工艺研发方面，创新中心研究增材制造系统集成技术，开发适用于液态光敏树脂、金属或合金粉末两大类材料的快速成型设备，并与企业联合开发或新建高科技公司，实现增材制造设备的产业化。研制了 405nm SLA 光固化、工业用 355nm 大尺寸 SLA 光固化、DLP 光固化、金属 SLM、高速连续液面成型等共 12 种不同类型的 3D 打印设备，设备类型覆盖低、中、高端不同应用领域。

在共性关键技术开发创新方面，形成以下 7 项处于国际领先水平的技术成果：激光超声等离子球化钛合金精细球粉制备技术、连续液面成型光固化增材制造技术、激光逆矫正辅助金属 SLM 3D 打印技术、大尺寸 405nm SLA 下打印光固化技术、耐高温 100℃光敏树脂材料制备技术、FDM 低温线材制备技术和热塑性复材激光原位成形增材制造技术。

在知识产权和标准制定等方面，新申请发明专利、实用新型专利、外观专利共 42 项，软件著作权 7 项，并已向企业实现了 19 项专利技术成果的转移扩散；获得授权专利 22 项，其中授权发明专利 14 项、实用新型专利 8 项；参与国家标准制定"装修防开裂用环氧树脂接缝胶"项目 1 项，参与"莫代尔纤维本色布""纺织品织物起拱变形试验方法""鞋类吸附性能试验方法" 3 项企业标准制定。

2. 成果转化和企业孵化

创新中心实现科研成果转移转化共 23 项，其中，19 项以专利成果形式转移至企业，4 项以项目合作形式实现转移转化。已进入产业化阶段的共性关键技术包括钛合金精细球粉制备技术、光敏树脂材料制备技术、FDM 线材制备技术、中高功率光纤激光器技术、数字投影（DLP）光固化 3D 打印系统集成技术等。新建和培育了福建国锐中科光电有限公司、福建天蕊中科光电有限公司等 5 家企业。

3. 行业服务

创新中心与福建省教育厅签署战略合作关系，积极推进福建省校长、骨干教师的增材制造综合培训工作。建立了福建省增材制造教师专项培训基地、福建省增材制造生产性实训基地。创新中心还举办了多场培训会，包括

"3D 打印光学设计""405nm SLA 和 DLP 3D 打印工艺控制技术""激光知识简介与安全防护""金属 3D 打印技术及应用""金属 SLM 3D 打印系统设计及工艺参数控制"等多个主题培训，传授企业、高校等专业人才技术知识，帮助解决增材制造的各类技术问题。2018 年 11 月，创新中心主办了 2018 福建省第一届"国锐杯"3D 打印应用综合技术培训班及邀请赛。2019 年 11 月 19 日，创新中心开展了 2019 年职业院校"双师型"骨干教师 3D 打印专业技能提升培训。

4. 对外合作交流情况

创新中心积极、主动地开展人员交流互访，召开专题研讨会，组织项目对接会活动，搭建国内外科技交流合作的纽带，打造区域产业服务平台。包括派代表参加工业和信息化部组织的中国增材制造产业联盟年会，邀请新加坡国立大学光科学与工程中心主任、教授、博导洪明辉教授到中科院海西研究院进行学术交流；与中国增材制造产业联盟、中国中小商业企业协会、福建中海创科投资有限公司签订了战略合作协议；参与多项国际会议等。

二、物联网智能感知应用创新中心

（一）建设进展

1. 组建情况

创新中心遵循"产研主体、市场运作、创新驱动、重点突破"的原则，由新大陆科技集团有限公司牵头，联合福建上润精密仪器有限公司、用友网络科技股份有限公司、厦门信达物联科技有限公司、福州西诚电子有限公司、福州大学、福州物联网开放实验室、福建新大陆电脑股份有限公司、福建省物联网产业联盟、福建省海峡物联网应用促进中心、福建新大陆自动识别技术有限公司、江苏智联天地科技有限公司、福州金泽科技有限公司等单位，共同组建物联网智能感知应用创新中心。

2. 队伍建设

创新中心汇聚了来自各单位的高水平、高素质的，长期从事自动识别、微电子、多媒体视频通信、图像处理、信号处理和系统集成等多学科交叉领域研究的专业人才，目前已邀请国内、省内智能制造、应用电子、标准化等领域的知名专家参与研究或评审，如中国电子技术标准化研究院技术总监王立建、中国电子技术标准化研究院感知技术研究所副所长高健、福建省产品质量检验研究院副院长陈子彪、福建省电子产品监督检验所副所长黄斌、福建省电子工业质量管理协会会长张平等，共同推进制造业创新中心发展和产业技术进步。

3. 机制建设

（1）项目管理机制

创新中心项目管理采用理事会、学术委员会、技术研究部分级管理的形式，实行理事会领导下的管理委员会制，积极发挥创新中心学术委员会的技术创新主导作用。学术委员会对创新中心的技术发展规划、年度计划、研发项目等提出咨询意见，负责对研发项目进行前期评估与筛选，以及对研发项目的管理、研发经费的使用、研发人才的培养引进提出指导意见。技术研究部根据确定的研发项目具体实施研发工作。

（2）资源共享机制

创新中心制定了《实验室仪器设备及资源开放共享管理规定》，将现有的仪器设备资源对外开放共享。创新中心现有的仪器设备资源，对成员单位优先开放。此外，大型仪器联网到省大型仪器实验设备共享平台，采用更加公开透明的运行机制，在原则范围内尽可能地提高设备的运行效率，避免设备、平台建设的重复性资源浪费。

（3）人才管理机制

创新中心采用各种形式"吸引创新人才、整合存量人才、发掘人才潜力、拓宽育才渠道、搭建施才舞台"。在全员整体素质进一步提高的基础上，逐步形成一支以创新人物和各类人才为代表的人才团队。结合创新中心管理运行机制，制定了较完善的晋级、培训、工资、奖励、福利等一系列分配制度和激励机制，鼓励员工最大限度地发挥主观能动性和团队协作精神，积极参与创新中心工作，与创新中心共同发展。

（4）知识产权机制

创新中心规定凡是利用创新中心的物质条件及完成创新中心下拨的科研任务等取得的产品专利、标准等成果，以及以此申报的奖励归创新中心与牵头单位、合作单位所共有。

4. 平台建设

创新中心充分整合"骨干企业+重点高校+产业联盟"的创新资源，针对福建省在工业物联网领域的重要应用需求，打造贯穿物联网创新链、产业链的"政产学研用融"六位一体的产业生态圈，为福建省物联网智能感知产业发展提供技术支撑体系和创新平台，全面提升福建省乃至我国的制造业竞争力。

（二）运行成果

1. 技术创新

创新中心研究高端工业条码识别和机器视觉技术及应用，完成工业DPM识读技术、工业领域视觉图像分层分级技术的研究；开展压力、流量、温度MEMS智能传感器研究，突破高精度、高可靠性MEMS压力、流量、温度传感器批量化制造工艺一致性、稳定性、可靠性等关键技术，形成批量化生产技术规范；建设汽车制造行业物联网智能感知应用示范基地，实现智能仓库管理；开展面向鞋服行业供应链管理的RFID物联感知技术及应用的研究，研究一种鞋服生产加工厂RFID设备；建设石化行业企业生产管理业务集成平台，完成平台需求调研分析、方案论证与确定，开展软件开发。

2. 成果转化和企业孵化

创新中心依托在物联网智能感知方面的核心关键技术，形成一批技术成果和应用，推动技术转化扩散。例如，完成了面向移动支付等二维码主流应用场景、高性价比的二维码解码SoC芯片0610研发，以及芯片的功能评测和性能评测，并导入量产。完成了基于深度学习算法与边缘计算，具有人脸识别功能的AI智能盒子研发，并实现产品化，推向教育实训、智慧校园、智能商业等市场。

3. 行业服务

（1）产业服务

目前，创新中心已经对物联网企业实施开放创新中心检测资源和设备，在其产品前期技术和质量上进行充分验证，提升产品质量和效率，降低技术和质量风险；同时对于部分企业（如福建龙净环保股份有限公司）的产品提供工程化技术服务，对其产品进行改进。

（2）标准制定

围绕物联网条码感知技术的行业应用，开展标准制定任务，如智能制造、产品追溯等；积极开展物联网、人工智能领域标准的研究。主持或参与10项标准制定，主要包括表33-2所示的标准。

表 33-2　福建省物联网智能感知应用创新中心标准制定情况

序号	项　目	角　色	具体内容或进程
1	工业和信息化部智能制造综合标准化项目	主持	负责 6 项条码在智能制造领域相关标准的研究，同时搭建试验验证平台，进行测试验证
2	NQI 项目（国家质量基础的共性技术研究与应用）	参与	开展《信息技术 生物特征数据交换格式第 5 部分：人脸图像数据》标准研究
3	《信息技术 条码测试版》行业标准	主持	通过专家审查，2019 年上报工业和信息化部审批
4	《信息技术 自动识别和数据采集技术数据载体标识符》国家标准	参与	2019 年通过立项
5	《信息技术 移动设备生物特征识别第 3 部分：人脸》国家标准	参与	2019 年已发布
6	《物联网 面向智慧停车管理系统的感知设备通用规范》团体标准	主持	2019 年已发布
7	《汽车维修配件编码、标识与追溯应用规范》团体标准	参与	2019 年已发布

4．交流合作

创新中心先后与澳门大学、中国电子技术标准化研究院、福州大学、厦门大学、中国科学院大连化学物理研究所、福建师范大学、福建（泉州）哈工大工程技术研究院、福建医科大学、福建农林大学机电工程学院等科研院所、高校建立了合作关系。

三、生态环保产业创新中心

（一）建设进展

1．组建情况

福建省生态环保产业创新中心由福建龙净环保股份有限公司为牵头单位，清华大学盐城环境工程技术研发中心、清华大学煤燃烧工程研究中心、国电环境保护研究院有限公司、厦门大学化学化工学院、福建省环境科学研究院、福建新大陆环保科技有限公司、江苏龙净科杰环保技术有限公司、福建国环环境检测有限公司 8 家单位为参加单位共同建设。

2. 队伍建设

创新中心引进教授级专家钟安良博士组建土壤修复研发团队，负责山水林田湖草生态修复项目。聘请北京大学环境科学与工程学院教授刘阳生教授为创新中心开展重金属污染防治与土壤修复、固体废物污染控制与资源化方面的研究工作提供技术支持。为支持发展需求，创新中心在组建期团队 50人的基础上，引进和自主培养水治理、VOCs 治理、土壤修复等新业务领域市场、研发、设计等各方面人才 29 人。在研发创新、技术咨询、成果孵化、管理与服务咨询等方面，构建形成多层次梯队的人才团队，积极推动创新中心各项工作的持续、健康、协同发展。

3. 机制建设

创新中心成立项目管理领导小组，由创新中心主任任组长，各联合单位研发团队主要负责人员为副组长，向创新中心理事会负责。领导小组负责审批创新中心科技发展规划和年度科技开发计划，决定新技术、新领域开发立项和科技投入、技术转让及产业化、孵化企业相关事项，确定创新中心重大科技成果奖励方案，研究解决项目管理体制和机制的重大问题。组建技术专家委员会，主持评审创新中心自有和承接研发项目的立项、验收及技术指导。秘书处负责项目工作统一归口管理，组织、协调各项目资源分配。各研发团队是创新中心科技创新、成果转化的主体，负责开展所属专业领域的科技创新、成果转移具体实施工作，负责做好人员、设备、时间等资源的组织保障。

4. 平台建设

创新中心在原有的共享大气检测实验室的基础上，扩建了水质检测实验室、土壤及固废检测实验室、VOCs 检测实验室，投入约 250 万元，购置了气相色谱（带吹扫捕集和 ECD 检测器）、手持重金属检测仪、深层动力土壤采样器、水分分析仪、德图 350 烟气分析仪等重要设备，建设了滤袋寿命实验系统、脱硫废水零排放蒸发试验装置等一批中试平台。

（二）运行成果

1. 技术创新

为落实创新中心创建实施方案各项主要科研任务，创新中心在大气污染治理、水处理、土壤修复及固废处置等领域组织开展了 15 项行业共性关键技术开发，各项技术开发成果申请发明专利 20 项、实用新型专利 10 项，获实用新型授权 18 项、软件著作权 3 项，合计 51 项；依托龙净环保制定企业

标准 2 项，制定国家、行业标准 4 项、待立项答辩标准 2 项，合计 8 项；取得了较为显著的技术创新成果。

2．成果转化和企业孵化

创新中心积极探索建立以市场化机制为核心的成果转移转化机制，推动生态环保产业的技术交流和产业技术的发展。依托牵头单位龙净环保强大的市场推广和工程转化能力，创新中心 15 项技术开发项目中，有 8 项新技术新产品实现成果转化，都已取得较好的工程应用业绩。创新中心初步尝试依托牵头单位龙净环保通过投资方式，孵化了"福建龙净环保智能输送工程有限公司"，在该公司投资建设耐高温氧化、耐磨损、高过滤精度、低阻长寿命合金滤料生产线。

3．行业服务

创新中心提供基础设施和仪器的资源共享能力，牵头单位龙净环保拥有多功能热态电除尘实验台、湿式电除尘实验台、电袋复合除尘实验台、湿法脱硫及湿式电除尘综合实验台、烟气脱硝流体仿真试验平台等一大批大型中试试验装置，具备了很强的技术创新中试验证能力；建立了设备精良的检测中心，拥有烟气细颗粒物分级采样测试系统、滤料过滤性能实验系统、扫描电镜、英国进口激光粒度分析仪、日本进口原子吸收分光光度计、德国进口烟气分析仪、美国进口热重成分分析仪、汞分析仪等一批先进实验仪器设备。

4．交流合作

创新中心与国际一流的研究机构一直保持合作，如澳大利亚颗粒技术咨询有限公司 Granular Technology Pty Ltd 等。2019 年，创新中心邀请了澳大利亚新南威尔士大学袁蔚凌博士、清华大学朱润儒博士、中国环境科学院郭观林研究员等专家，组织开展了城市生活垃圾水热碳化技术、城市固废焚烧处置关键过程、水中等离子放电技术的开发与应用技术、污染场地环境修复现状及发展趋势、餐厨垃圾处理技术等多项行业技术培训，合计完成培训 786 人时，每场培训最多实到人数 82 人。

第三十四章

云南省

第一节　总体进展与经验特色

云南省为贯彻落实国家制造强国战略、工业和信息化部等四部委《制造业创新中心建设工程实施指南（2016—2020 年）》、工业和信息化部《关于完善制造业创新体系，推进制造业创新中心建设的指导意见》和《云南省人民政府关于贯彻"制造强国战略"的实施意见》等文件精神，加快推进制造业创新中心建设，2019 年出台了《云南省制造业创新中心培育创建工作方案》和《云南省工业和信息化厅关于开展 2019 年云南省制造业创新中心申报工作的通知》。2020 年，确定了云南省尾气环保后处理制造业创新中心等 4 家单位列入云南省制造业创新中心第一批创建名单，云南省稀贵金属功能材料制造业创新中心等 5 家单位列入云南省制造业创新中心第一批培育名单，实现了云南省制造业创新中心零的突破。云南省制造业创新中心建设进展见表 34-1。

表 34-1　云南省制造业创新中心建设进展

序号	创新中心名称	运营公司/牵头单位	建设进展	成立时间
1	云南省尾气环保后处理创新中心	云南同润尾气环保科技有限公司	省级	2020 年
2	云南省心脑血管领域小分子药物创新中心	云南创新药物研究有限公司	省级	2020 年
3	云南省智慧停车创新中心	昆明市智慧停车建设运营有限公司	省级	2020 年
4	云南省液态金属创新中心	云南科威液态金属谷研发有限公司	省级	2020 年

续表

序号	创新中心名称	运营公司/牵头单位	建设进展	成立时间
5	云南省稀贵金属功能材料制造业创新中心	昆明贵研新材料科技有限公司	试点培育	2020 年
6	云南省新型人用疫苗创新中心	云南沃森生物技术股份有限公司	试点培育	2020 年
7	云南省磷产业创新中心	云南磷化集团有限公司	试点培育	2020 年
8	云南省增材制造创新中心	云南增材佳唯科技有限公司	试点培育	2020 年
9	云南省铝材料应用创新中心	云南富源今飞轮毂制造有限公司	试点培育	2020 年

一、统一思想，提高认识

建设制造业创新中心，是落实创新驱动发展的具体举措和构建制造业创新体系的重要内容，是制造强国战略提出的国家战略任务和五大重点工程之一，旨在解决关键核心技术受制于人、产业共性技术供给不足、创新成果产业化不畅问题。云南省工业和信息化厅对制造业创新中心建设工作非常重视，要求全省工业和信息化系统，以及相关企业、科研院所等单位要深入贯彻党的十九大精神，落实创新驱动发展战略和"创新、协调、绿色、开放、共享"发展理念，积极推进创新体系建设，以增强产业技术创新能力为目标，集聚整合省内外企业、科研院所、高校等各类创新主体的资源及优势，完善产、学、研、用协同创新机制，突出协同配合，加强省内外合作，打造贯穿创新链、产业链的制造业创新生态系统，全面提升制造业创新能力的创新平台，推动建设制造业创新中心。

二、制定工作方案，启动建设工作

2019 年，云南省深入贯彻落实工业和信息化部和云南省委、省政府有关部署要求，进一步推动制造业创新中心建设，在深入领会工业和信息化部实施指南和指导意见、学习借鉴其他省市的经验做法的基础上，结合云南省制造业实际，出台了《云南省制造业创新中心培育创建工作方案》和《云南省工业和信息化厅关于开展 2019 年云南省制造业创新中心申报工作的通知》，2020 年 3 月，经单位申报、州市推荐、材料审核、专家评审、现场调研、综合评估及网上公示等程序，印发了《云南省工业和信息化厅关于公布云南省制造业创新中心（第一批）培育创建名单的通知》，加快推进云南省制造业创新中心建设工作。

三、强化指导服务，加大政策支持

云南省对制造业创新中心的培育创建实行分类指导，对有实力、有意愿的龙头企业加大相关文件解读宣传，动员企业积极申报；对列入培育的创新中心进行辅导，推动其尽快达到条件，争取创建；对列入创建的创新中心进行年度评估和定期考核，对成效明显的创新中心及时进行宣传推广；对建设进度落后或未按方案建设的创新中心进行督导。视不同对象、不同情况，进行分类服务。与此同时，云南省从政策上落实推动制造业创新中心建设，明确规定列入省级制造业创新中心创建和培育名单的，可申报 2020 年云南省省级工业和信息化发展专项资金项目，由省级财政资金对制造业创新中心创新能力建设给予支持。

四、建立多元化法人实体，实现市场化运营

制造业创新中心是省级创新平台的重要形式，是由企业、科研院所、高校等各类创新主体自愿组合、自主结合，以企业为主体，以独立法人形式建立的新型创新载体。云南省制造业创新中心依托投资主体多元化的企业独立法人实体，建立现代企业制度，实现企业化运行。创新中心的经营活动实行自主决策、自负盈亏、自我发展，形成跨学科、跨行业、跨区域强强联合、协同发展。例如，由昆明云内动力股份有限公司牵头，无锡恒和环保、深圳铭特科技、云南菲尔特、成都大运汽车、昆明贵研催化剂等单位参与组建，成立了云南同润尾气环保科技有限公司。该公司作为云南省尾气环保后处理制造业创新中心的依托实体，实行企业化运营，聚集各创新主体的创新研发能力，已开展制造业创新中心的各项工作。

五、围绕重点优势产业，攻克关键共性技术

云南省制造业创新中心围绕重点优势产业布局，聚焦产业关键共性技术和短板，面向前沿和共性关键技术需求，突破技术瓶颈，支撑产业创新发展。尾气环保后处理制造业创新中心围绕柴油机及后处理系统可靠性研究、系统性能研究、柴油机-电机关键性技术研究；心脑血管领域小分子药物制造业创新中心围绕心脑血管领域小分子药物研究开发；智慧停车制造业创新中心

围绕智能停车装备关键技术与设备开发；液态金属制造业创新中心围绕液态金属共性技术研发。各省级制造业创新中心将发挥协同力量，集创新中心平台研发技术、人才、设备之合力，努力攻克关键共性技术，为制造业高质量发展提供有力支撑。

第二节　典型创新中心建设进展

一、云南省稀贵金属功能材料创新中心

（一）建设进展

1. 组建情况

（1）公司

云南省稀贵金属功能材料创新中心初步以昆明贵研新材料科技有限公司（原昆明贵金属研究所）为牵头单位，联合西北有色金属研究院、有研工程技术研究院有限公司、昆明云内动力股份有限公司、贵研铂业股份有限公司、贵研资源（易门）有限公司、昆明贵研催化剂有限责任公司、贵研检测科技（云南）有限公司 7 家企业成立。

（2）联盟

创新中心依托联盟为国家贵金属材料产业技术创新联盟，该联盟由贵研铂业股份有限公司、金川集团、中国石油化工股份有限公司催化剂分公司等 14 家企业，清华大学、中南大学、吉林大学等 12 所高校，北京有色金属研究总院、西北有色金属研究院、中国科学院金属研究所等 9 个科研院所联合成立。

2. 队伍建设

（1）技术专家委员会

创新中心公开聘请由学术界、企业界的各领域院士、"长江学者"、"杰青"等权威专家共同组成技术专家委员会，作为指导稀贵金属功能材料技术和产业发展的智库。技术专家委员会设主任委员 1 名、副主任委员 3～5 名、委员若干名。

（2）管理和科研团队

创新中心统一使用一套机制，一个团队，各个成员单位的创新平台、软硬件资源由创新中心统一集成调配和管理。创新中心将成员单位现有的各领域专家、30 名博士、技术带头人、创新团队进行整合，搭建创新中心研发团队基本构架；再市场化引进各领域博士 70 人，同时借鉴深圳模式，柔性引

进院士、"长江学者"、"杰青"等高层次人才及其团队，新建纳米材料、表面材料、循环利用、合金材料 4 个科研团队。

3. 机制建设

创新中心建设中央研发平台。中央研发平台负责创新中心各领域科技创新顶层设计及各创新平台统筹整合，包括项目管理、资源整合、人才团队统筹管理、知识产权管理等。

在团队建设模式上，采用"固定+柔性"组合形式，固定研发团队、辅助研发人员及管理团队是创新中心的基本构架，柔性团队是根据研发需要组建的联合研发团队，人员根据需要确定。

在知识产权管理和成果转化上，相关知识产权及成果归创新中心所有，建立成果转化收益共享机制，成果转化收益 50%归团队所有，另外 50%作为创新中心发展基金，用于后续研发工作。

4. 平台建设

创新中心与国家级、省级实验室紧密联合，构建从基础研究到关键技术攻关、产业化验证，再到产业化的实施完整的科技创新链条。建设贵金属新材料产业的增量源技术研发平台，侧重于基础研究、核心关键技术的研究，解决"无"的问题；建设贵金属新材料产业的源技术扩散平台，侧重产业技术的研究开发及产品产业化验证等工作，打通基础研究、成果转移扩散和产业化链条核心关键环节。

（1）先进技术创新平台

重点在贵金属特种功能材料、贵金属信息功能材料、贵金属化学与催化材料、贵金属高纯材料、贵金属分析测试技术五大领域完善和建设创新平台，主要负责稀贵金属材料应用基础、前沿技术、共性关键技术、成套工艺和装备等开发，构建稀贵金属技术协同创新体系、知识产权和技术体系。

（2）科技成果转化平台

科技成果转化平台主要负责科技成果的内外部转化工作。重点加强研究开发、孵化转化、辐射推广、技术服务等能力建设，建立以资本和股权为纽带、"技术+资本"深度融合的科技成果转化机制，通过供需双方的对接，为科技成果向中试和产业化转化提供服务。通过创新中心以"一揽子"工程的方式，对实施转化成果提供技术、工程等全方位一站式服务，加快科技成果转化。

（3）公共服务平台

公共服务平台下设测试评价中心、知识产权与标准中心，面向创新中心和行业提供分析测试与应用评价、知识产权和标准服务、成果评估等公共服务。

（4）人才引进培养平台

形成以云南省为中心、多个"引智站"辐射全球的人才引培平台，营造国际化、市场化的人才生态环境。进一步健全具有区域竞争力和引领性的引培机制、高端人才中长期激励机制和科技成果孵化机制，形成"人才促发展，发展聚人才"的良性循环。

（5）产业化示范平台

布局若干产业化示范线，为新技术、新成果中试和转化提供场地、厂房、融资等配套服务，弥补从实验室样品向生产线产品过渡的短板和弱项，解决新技术、新成果转化难、应用难、推广难的问题，推进新技术、新成果的商业应用；通过示范效应，形成技术成果产业转化模板，推进全行业科技成果转化进程。

（二）运行成果

1. 行业服务

贵金属有机化合物合成技术平台、电接触材料电性能评价检测平台、冶金新技术研发平台、贵金属钎焊材料研发平台、陶瓷制备/加工/实验平台、高介电陶瓷测试平台等多个平台持续建设并对外开放，为相关高校、院所科研人员开展贵金属材料分析、评价及其表征等研究工作提供服务。

2. 交流合作

交流合作主要形式为举办学术会议，以及参加国际性及行业学术会议。创新中心内部不定期开展学术交流与专项技术研讨活动，包括邀请国内外知名专家学者举办大型学术交流会，以及各成员单位组织的学术技术交流。定期邀请香港城市大学、北京科技大学、厦门大学、清华大学、浙江大学、中科院沈阳金属所、美国宾州州立大学等一大批国内外知名高校及科研院所的院士及专家团队到创新中心开展讲座及进行技术交流。

二、云南省液态金属创新中心

（一）建设进展

1. 组建情况

（1）公司

云南省液态金属创新中心以云南中宣液态金属科技有限公司为牵头单

位，注册成立了由云南科威液态金属谷研发有限公司，以该公司作为创新中心的依托实体，注册资本为 1000 万元。

（2）联盟

液态金属制造业创新中心联盟由清华大学、中国科学院大学、云南大学等 5 所高校，华为、烽火通讯、深圳市森瑞普电子有限公司等 9 家企业，中科院理化所、昆明冶金研究院 2 个科研机构，云南省液态金属产品质量检验中心及普禾资本联合成立（见图 34-1）。

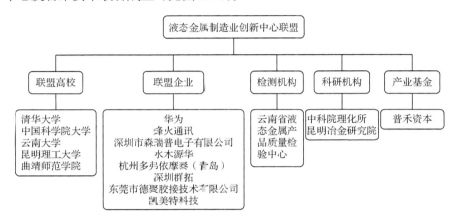

图 34-1　液态金属创新中心联盟组成架构

2．队伍建设

（1）技术专家委员会

创新中心成立了以周远院士、液态金属首席科学家刘静教授牵头的技术专家委员会，以干勇院士、工业和信息化部专家组、省政府政研室、辛向阳教授团队等组成的咨询委员会。

（2）管理和科研团队

云南科威液态金属谷研发有限公司以刘静为公司董事长，邓中山为公司总经理。该公司实行董事会领导下的总经理负责制，在公司内设立产品开发部、研发中心、综合办公室、营销部、财务部、生产部、质管部、人力资源部、科技部等职能管理部门。

创新中心科研团队由中科院理化所刘静、邓中山团队，昆明理工大学甘国友、胡劲团队，曲靖师范学院陈文国、李哲团队，以及云南省创新团队液态金属应用研发组周远、桂林区队组成。

3. 机制建设

在资源共享机制建设上，创新中心建设覆盖成员单位的科研创新平台，通过协同技术、装备、人才、资金等各类资源，打通前沿技术和共性关键技术、研发供给、技术扩散和首次商业化的链条，形成协同创新的生态圈。建立产业发展基金、首次新材料应用产业保险，支持产业集群发展、技术分享，解决新产品首次应用推广的难点问题。

在人才引进及管理机制建设上，创新中心通过云南省"高层次人才引进计划"、云南省"高层次人才培养支持计划"及"两类人才""珠源百人计划"引进包括两院院士和知名高校专家教授、博士研究生等在内的优秀人才。采取现代企业管理成熟经验，面向股东、员工及外部创新研发合作伙伴建立多种合作激励机制。

4. 平台建设

创新中心已建立了研究开发中心、测试验证中心、中试孵化产品设计基地、产业发展服务平台 4 个模块。另规划建设中心工作场所 $5000m^2$，以整合云南省液态金属企业重点实验室、工业设计中心、企业技术中心、液态金属制备与应用工程研究中心、检验中心、研发中心等资源。

（二）运行成果

1. 技术创新

创新中心已完成液态金属热界面材料技术、液态金属低温环保焊料技术、液态金属手写笔及电子油墨技术、液态金属光伏叠瓦技术的研发工作。技术团队还研究开发了具有自主知识产权的气相均热加热系统，是目前国内外首创的满足液态金属合金熔炼的先进加热和控温体系。

2. 成果转化和企业孵化

截至目前，创新中心已参与组建产业化生产线 10 条，成功孵化跟液态金属应用相关的企业 5 家。

3. 行业服务

创新中心依托研究开发中心、中试孵化产品设计基地和测试验证中心，开展测试评价、人才培养、国际合作、科技成果转化，为产业发展提供服务，组织开展行业规划、信息交流分享、产业动态咨询跟踪。云南省液态金属创新中心行业服务建设如图 34-2 所示。

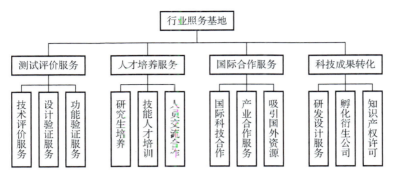

图 34-2　云南省液态金属创新中心行业服务建设

4．交流合作

创新中心与云南大学、昆明理工大学、曲靖师范学院合作组建分中心及联合实验室，对液态金属相关技术进行高科技攻关，与华为、烽火通信等 9 家下游应用企业进行交流合作，开发相关技术解决方案。

三、云南省心脑血管领域小分子药物创新中心

（一）建设进展

1．组建情况

（1）公司

云南省心脑血管领域小分子药物创新中心的运营公司为云南创新药物研究有限公司，该公司由昆药集团股份有限公司牵头，联合昆明中药厂有限公司、昆明贝克诺顿制药有限公司、西双版纳版纳药业有限责任公司、昆药集团医药商业有限公司、昆药集团生物科技（禄丰县）有限责任公司共 6 家企业，共同出资 1000 万元组建。目前，云南创新药物研究有限公司共有股东单位 6 家（见表 34-2）。

表 34-2　云南创新药物研究有限公司股东结构

序号	股　　东	出资额（万元）	占比（%）
1	昆药集团股份有限公司	610	61
2	昆明口药厂有限公司	100	10
3	昆明贝克诺顿制药有限公司	100	10
4	西双版纳版纳药业有限责任公司	100	10

续表

序号	股　东	出资额（万元）	占比（%）
5	昆药集团医药商业有限公司	50	5
6	昆药集团生物科技（禄丰县）有限责任公司	40	4
	合　　计	1000	100

创新中心设 1 名总经理、1 名业务副总经理，下设 5 个业务及管理部门。云南创新药物研究有限公司组织架构见图 34-3）。

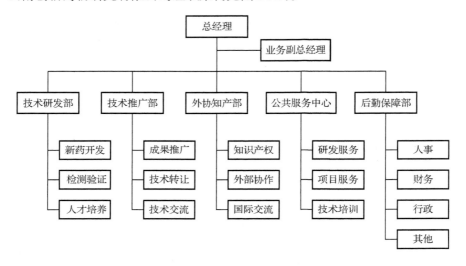

图 34-3　云南创新药物研究有限公司组织架构

（2）联盟

创新中心依托联盟为云药产业发展联盟，是在昆明市高新区生物医药产业促进会现有会员资源中，遴选出云药产业技术研发、生产、应用、测评、标准等的优势会员单位，扩充吸纳医药流通行业的龙头企业，整合相关资源，以发挥各自优势。

2．队伍建设

（1）技术专家委员会

创新中心技术专家委员会由云南省人才计划及省技术创新人才等专家组成，通过技术委员会研判行业发展重大问题，从公司技术发展规划、重大研发项目、重大科研建设项目等方面为创新中心提供意见。技术专家委员会成员见表 34-3。

表 34-3　技术专家委员会成员

序号	姓　名	单　位	工作部门	职　称	技术领域	人　才　类　型
1	刘军峰	昆药集团股份有限公司	药物研究院	无	管理	省技术创新人才
2	杨兆祥	昆药集团股份有限公司	药物研究院	副高	药学	省技术创新人才
3	周荣光	昆药集团股份有限公司	董事会办公室	正高	药物化学	省技术创新人才
4	王剑	西双版纳版纳药业有限责任公司	总经办	正高	生物医药	省技术创新人才
5	孙蓉	昆明中药厂有限公司	研发中心	副高	中药	省技术创新人才

（2）管理和科研团队

创新中心管理团队由各股东单位推荐组成，如表 34-4 所示。

表 34-4　创新中心管理团队

序号	姓　名	学　历	单　位	职　称	职　务
1	钟祥刚	本科	昆药集团股份有限公司	无	总裁
2	徐朝能	硕士	昆药集团股份有限公司	副高	副总裁
3	周荣光	本科	昆药集团股份有限公司	正高	项目管理
4	杨承权	本科	昆明中药厂有限公司	无	总经理
5	孙磊	本科	昆明贝克诺顿制药有限公司	无	总经理
6	王剑	本科	西双版纳版纳药业有限责任公司	正高	总经理
7	刘鹏	本科	昆药集团医药商业有限公司	无	总经理

创新中心科研团队主要由昆药集团股份有限公司及昆明中药厂有限公司团队组成。昆药集团股份有限公司拥有包含 15 名博士和 81 名硕士研究生在内的研发团队。昆明中药厂有限公司科研团队中有高级职称人员 2 人、中级职称人员 6 人、研究生及以上学历 3 人、本科学历 16 人。

3. 机制建设

（1）管理机制

在日常管理方面，创新中心建立了以职业经理人为管理核心的组织架构，在总经理的带领下，由副总经理统筹，各部门经理具体办理的日常经营管理机制。目前，创新中心已建立了财务管理制度、科研项目管理制度、科技成果转移转化制度、产业公共服务制度、绩效考核制度等。

（2）经营机制

在经营机制方面，以创新中心制定的各项规章管理制度为依据，在经费使用等方面建立完善、合理的投入机制；在创新中心内部建立合理的协作共享模式，结合创新中心运营实际情况，建立合理、完善的绩效考核方式；在运营过程中不断总结各类经验，并进行适时调整。

（3）激励机制

创新中心结合科研管理制度、薪酬绩效奖励制度，对研发人员一视同仁、提供平等的机会，保证激励的公平性和程序的透明性；研发人员绩效考核标准、奖惩标准遵循合理、公正原则；根据研发人员个人需求不同，采取多样化的激励措施，更好地满足研发人员的个人发展规划。鼓励研发人员为创新中心的新药研发目标努力工作，多做贡献。

4. 平台建设

（1）以曲札芪苷为代表的新药研发共性关键技术研究及技术服务平台

创新中心以临床用药需求为导向，建设以曲札芪苷为代表的新药研发共性关键技术研究及技术服务平台，依托高通量测序、基因组编辑等先进技术，促进转化医学发展，在提升创新中心新药研发能力的基础上，整合产业内部创新资源，与中国科学院医学生物学研究所、沃森生物建立战略合作关系，加快创制新型抗体、蛋白及多肽等生物药，开发治疗性疫苗、核糖核酸干扰药物、适配子药物，以及干细胞、嵌合抗原受体 T 细胞免疫疗法（CAR-T）等生物治疗产品；研究抗体/多肽-小分子偶联、生物大分子纯化、缓控释制剂、靶向制剂等可规模化生产技术，完善质量控制和安全性评价技术；依托现有化合物库资源，在肿瘤、重大传染性疾病、神经精神疾病、慢性病及罕见病等领域实现药物原始创新。

（2）中药饮片质量标准共性关键技术研究及技术服务平台

创新中心依托昆明中药厂有限公司现有技术平台和优势，建设中药饮片质量标准共性关键技术研究及平台，建立更加适合中药特点的质量控制方法和体系，服务省内中药饮片企业，提升云南省的中药饮片质量标准研究水平。创新中心计划通过 2020—2022 年 3 年的平台建设，完成约 200 个中药配方颗粒的质量标准起草，30～50 个传统中药饮片省级质量标准的修订和提高，并承接省内中药饮片行业质量标准提升业务。

（3）以三七、灯盏花、天麻为重点的云南省特色天然药物研发及技术服务平台

创新中心依托成员单位拥有的云南省合成药物工程研究中心、云南省注射剂工程技术研究中心、云南省天然药物国际科技合作基地、云南省食品药品质量控制和技术评价实验室、云南芒泰高尿酸痛风研究中心、云南昆药血塞通药物研究院、昆明市药物冻干工程技术研究中心、昆明市青蒿素企业重点实验室等平台，重组建设以三七、灯盏花、天麻为重点的云南省特色天然药物研发及技术服务平台，致力于该领域关键共性技术的研究，带动和促进云南省特色天然药物的发展和做大做强。

（二）运行成果

1. 技术创新

创新中心将重点围绕曲札芪苷、中药饮片等开展前沿和共性关键技术研发，强化知识产权储备与布局，突破传统产业发展的共性技术供给瓶颈，带动传统产业转型升级。

2. 行业服务

创新中心将提供技术委托研发、检验检测、计量校验、标准研制和试验验证、知识产权协同运用、项目孵化、人员培训、市场信息服务、项目技术可行性研究、项目评价等公共服务。

3. 交流合作

创新中心将利用各类渠道优势，广泛开展国内外技术交流合作，积极跟踪生物医药领域国际发展前沿，通过技术交流合作，引入国内外创新要素，提升产业整体发展水平。

四、云南省智慧停车创新中心

（一）建设进展

1. 组建情况

云南省智慧停车创新中心以昆明市智慧停车建设运营有限公司为运行实体，由昆船设备集团有限公司、昆明交通产业股份有限公司和昆明钢铁控股有限公司3家股东单位联合投资组建。

2. 队伍建设

（1）技术专家委员会

创新中心以高级技术专家、行业专家为主建立了技术专家委员会，技术委员会负责公司科技管理、技术研发论证、评审、咨询建议、成果转化模式研究。主要负责对项目科技开发节点的实际完成质量进行评定，并提出意见；负责制定公司科技管理政策和相关制度，对公司重要决策所需的技术专题、项目立项进行评估、论证与咨询；针对公司研发项目、工程项目的科学性、可行性、经济性等方面组织评审并提出意见；组织公司科技成果奖励的评审及推广与实施工作。

（2）管理和科研团队

创新中心正逐步完善创新团队建设，目前拥有研究生学历 7 人，本科学历 27 人，高级职称 4 人，中级职称 11 人，享受国务院特殊津贴专家 1 人、云南省技术创新人才 1 人、昆明市学术技术带头人 1 人，并且多人拥有注册会计师和建造师专业资格。创新中心拟组建涵盖总体规划、机械设计、电控设计、软件设计研发、大数据、人工智能、物联网、区块链等专业技术的创新团队。

3. 机制建设

（1）项目管理方面

创新中心建立健全了项目管理制度，每个研发项目划分阶段性节点，节点任务的完成情况均由科技委员会进行评审和考核，阶段成果将进行知识产权的申报及产品的相关测试，同时实现对项目的管理与激励。科技开发项目专款专用，建立项目全流程核算机制，确保研发投入核算的规范和准确。

（2）资源共享方面

借助中船重工的智海协同创新平台，面对经济发展新常态下的趋势变化和特点，以解决技术问题为切入点，创新中心促进智海平台成员单位、创客资源与创新中心的资源对接，并对外进行技术输出，以互联网的模式创新带动创新中心的科研管理、技术研发。

（3）人才管理方面

为引进和培养科技人才，创新中心建立了完善的制度，通过严密的绩效考核评价体系、岗位晋升管理办法、薪酬管理办法、年度经济责任制考核办法等一系列措施，建立了从职位、职务到待遇等多种渠道的人才晋升方式。按照年度计划对员工进行技能及各项专业培训，鼓励员工不断精进职业技

能，提高职业素养。

（4）知识产权方面

遵照《知识产权认证管理办法》，创新中心确定知识产权工作的方针、政策和规则，对知识产权工作中的重大问题做出决策，指导知识产权工作的执行，落实知识产权工作的经费，确定知识产权奖惩制度，以此规范和加强知识产权管理工作，科学和合法运营知识产权制度，加强知识产权保护，维护创新中心利益，鼓励创造发明，促进技术进步和创新，提高创新中心的竞争能力。

4. 平台建设

利用物联网、互联网、大数据、人工智能、区块链等先进技术，创新中心初步建成了以泊位共享为核心，涵盖停车场信息化和智能化建设联网，形成城市停车信息公共服务中心，提供智能停车场/库管理系统和智能充电管理系统两大管理系统，提供公众停车服务、运营管理服务、政府监管服务、开放服务四大综合服务的城市级停车平台，为广大车主、车场、政府主管部门提供停车综合信息服务。

（二）运行成果

1. 技术创新

创新中心共获得知识产权 13 项，其中发明专利 1 项，实用新型专利 3 项，软件著作权 9 项。

2. 成果转化和企业孵化

城市智慧停车信息平台为近 100 个智慧停车场提供服务，成果转化实现经济效益 3700 万元；智能机器人装备及系统成果转化实现经济效益 3512 万元。

后　记

制造业是实体经济的主体，是立国之本、强国之基。实施国家制造业创新中心建设工程，既是深化科技体制改革的有益探索，又是推进和落实制造强国战略的关键举措。建设国家制造业创新中心，构建形成一批开放、协同、高效的制造业共性技术研发平台，对突破制约行业发展的关键共性技术、加速科研成果转移扩散和商业化应用、促进制造业高质量发展具有重要意义。

在本书的编写过程中，得到了国家动力电池创新中心、国家增材制造创新中心、国家印刷及柔性显示创新中心、国家信息光电子创新中心、国家机器人创新中心、国家智能传感器创新中心、国家集成电路创新中心、国家数字化设计与制造创新中心、国家轻量化材料成形技术及装备创新中心、国家先进轨道交通装备创新中心、国家农机装备创新中心、国家智能网联汽车创新中心、国家先进功能纤维创新中心、国家稀土功能材料创新中心、国家集成电路特色工艺及封装测试创新中心、国家高性能医疗器械创新中心、国家先进印染技术创新中心 17 家国家制造业创新中心，以及江苏省、河南省、四川省、湖北省、江西省、北京市、上海市、广东省、山东省、湖南省、安徽省、宁夏回族自治区、福建省、云南省 14 个省、直辖市、自治区的工业和信息化主管部门的材料支持和帮助，在此一并表示感谢。

本书由王鹏担任主编，何颖、宋亮担任副主编，郭英、石敏杰、王凡、张原、姬少宇、梁鲲等研究人员参与编写。全书共分为综述篇、进展篇、区域篇 3 篇。

综述篇：宋亮负责统稿，全篇由宋亮撰写。

进展篇：石敏杰负责统稿，其中第四章至九章由石敏杰撰写；第十章至十五章由王凡撰写；第十六章由宋亮撰写；第十七章至十九章由张原撰写；第二十章由梁鲲撰写。

区域篇：郭英负责统稿，其中第二十一章由宋亮撰写；第二十二章、二十三章、二十四章、二十九章、三十二章由郭英撰写；第二十五章、二十六章、二十七章、二十八章、三十章、三十三章由姬少宇撰写；第三十一章由王凡撰写；第三十四章由梁鲲撰写。

由于时间仓促，难免有疏漏和不妥之处，欢迎并期盼各界专家、学者提出宝贵意见和建议。希望本书对完善我国制造业创新体系、推进制造业高质量发展提供参考价值。

反侵权盗版声明

电子工业出版社依法对本作品享有专有出版权。任何未经权利人书面许可，复制、销售或通过信息网络传播本作品的行为，歪曲、篡改、剽窃本作品的行为，均违反《中华人民共和国著作权法》，其行为人应承担相应的民事责任和行政责任，构成犯罪的，将被依法追究刑事责任。

为了维护市场秩序，保护权利人的合法权益，我社将依法查处和打击侵权盗版的单位和个人。欢迎社会各界人士积极举报侵权盗版行为，本社将奖励举报有功人员，并保证举报人的信息不被泄露。

举报电话：（010）88254396；（010）88258888

传　　真：（010）88254397

E-mail：　dbqq@phei.com.cn

通信地址：北京市海淀区万寿路 173 信箱

　　　　　电子工业出版社总编办公室

邮　　编：100036

面向政府　服务决策

思想，还是思想
才使我们与众不同

《赛迪专报》	《安全产业研究》	《产业政策研究》
《赛迪前瞻》	《工业经济研究》	《军民结合研究》
《赛迪智库·案例》	《财经研究》	《工业和信息化研究》
《赛迪智库·数据》	《信息化与软件产业研究》	《科技与标准研究》
《赛迪智库·软科学》	《电子信息研究》	《无线电管理研究》
《赛迪译丛》	《网络安全研究》	《节能与环保研究》
《工业新词话》	《材料工业研究》	《世界工业研究》
《政策法规研究》	《消费品二业"三品"战略专刊》	《中小企业研究》
		《集成电路研究》

通信地址：北京市海淀区万寿路27号院8号楼12层
邮政编码：100846
联 系 人：王　乐
联系电话：010—68200552　13701083941
传　　真：010—68209616
网　　址：www.ccidwise.com
电子邮件：wangle@ccidgroup.com

赛迪智库
面向政府　服务决策

研究，还是研究
才使我们见微知著

规划研究所	知识产权研究所	安全产业研究所
工业经济研究所	世界工业研究所	网络安全研究所
电子信息研究所	无线电管理研究所	中小企业研究所
集成电路研究所	信息化与软件产业研究所	节能与环保研究所
产业政策研究所	军民融合研究所	材料工业研究所
科技与标准研究所	政策法规研究所	消费品工业研究所

通信地址：北京市海淀区万寿路27号院8号楼12层
邮政编码：100846
联 系 人：王 乐
联系电话：010-68200552　13701083941
传　　真：010-68209616
网　　址：www.ccidwise.com
电子邮件：wangle@ccidgroup.com